財富不能改變你，

只會揭露你的真面目。

The Billionaire Who Wasn't

How Chuck Feeney Secretly Made and Gave Away a Fortune

天堂裡用不到錢

查克·菲尼人生故事：一場散盡家財的神祕布局

Conor O'Clery

康納・歐克勒瑞 著　　尤傳莉 譯

因而，一般認為富人應有的責任是：首先，樹立謙遜的典範，生活不奢華，避免炫耀或鋪張；對於那些倚賴他們的人，應適度滿足其合理欲望；盡到了上述的責任之後，再將自己得到的盈餘收入一概視為信託基金，而自己只是被選派來管理的人……為社會製造出最大的利益。

——安德魯・卡內基（Andrew Carnegie, 1835-1919）

目次

｜導讀。沈雲驄｜

平凡的美好生活

The Joy of Giving

也許你沒聽過查克．菲尼這個人，但只要你出過國去過機場，很可能就光顧過他開的免稅店：Duty Free Shoppers。

讀這本書（英文書名 *The Billionaire Who Wasn't*，舊版中文書名《趁我們還活著》），就像看一部節奏緊湊的電影，帶我們走進一個截然不同的商業世界，看這位有智慧的老富翁，如何一次又一次在商場上旗開得勝。

身為企業家，菲尼比誰都精打細算。當年，DFS要到各國機場投標，標金都靠他的精準預估。創業那段期間，正是日本經濟起飛的年代，旅客傾巢而出。就像今天的陸客，人數多，撒錢姿態凶猛，「把累積已久的存款，用來買家鄉買不到或價格太貴的舶來品。」菲尼說，從烈酒與香水，搶到手錶、鋼筆、珠寶與皮件。「最早的那批日本客人都是鄉巴佬，走進店裡後，解開皮帶脫下褲子，從胯下掏出一疊日幣，」他回憶：「一邊吼叫一邊血拼。」「櫃檯常常被日本人推倒，壓到售貨小姐身上。」

更神的是，海削了日本客人後，他並沒有把從日本客人身上賺來的白花花日幣，直接存進銀行。相反的，他判斷日幣會隨著日本經濟起飛而升值，因此他特地跑到匯豐銀行，租了一個超大型保險櫃，然後要員工們每天用鐵皮箱裝著鈔票，放到保險櫃去。囤積好幾個月，看到日幣大升值後，再拿出來兌換，狠狠地又賺一筆匯差。

從接手這家免稅商店那一刻起，直到後來將股份賣掉退出江湖，這位神祕富豪總共賺走了兩千多億台幣。如果你平常就愛看財經書，不要錯過這一本。

別忘了，我們都有幫助他人的義務

但這本書，不只是一個讓人熱血沸騰、有為者亦若是的白手起家故事，更不是那種成功企業家高調炫富的作品。正好相反，多虧了有這本書，今天大家都知道了，菲尼極可能是所有億萬富豪當中，生活最低調、最簡樸的一位。他沒豪宅，沒私人飛機，出入若不是開著多年前買的中古車，就是搭公共交通工具；就算搭飛機出差，也只肯坐經濟艙。人家開董事會，有黑頭車司機接送，前呼後擁，但是菲尼通常拎了個環保袋就出門，開完董事會再搭公車回家。

「如果唐納．川普過著完全相反的生活，他就是查克．菲尼。」《紐約每日新聞報》這樣形容菲尼的作風。

別誤會，菲尼這本授權傳記要講的，也不是什麼「人要活得簡樸」、「不浪費」之類的大道理，更沒有要大家像他一樣，如此富有卻如此低調。「錢是你們辛苦打拚賺來的。」他說，每個人都有權利決定要怎麼花。

英國的《經濟學人》、美國的《紐約時報》、《彭博商業週刊》等媒體，之所以不約而同地給這本書極高評價，是因為菲尼在書中傳達了一個影響世界深遠的人生觀：一個人有多成功，與存到多少財富無關，而是要看他如何分配與運用所賺來的錢。

他深信，世界上每一個人，除了把錢用在讓自己過得更好的事情之外，只要經濟能力許可，都有幫助別人的義務。

因此，菲尼做了一個後來震驚世界的決定：他把自己所賺來的錢，全部捐獻出來。是的，全部，約兩千多億台幣。不是這裡捐一點那裡給一點，也不是等到自己百年以後才奉獻，而是趁自己還活著，就把全部財產捐出來。

WHY? 好不容易把生意做這麼大，為什麼不好好享受成功致富的果實，為什麼不留給子孫吃上幾代，卻選擇把白花花的財富送得一乾二淨呢？

有了錢，要回去過小時候的美好生活

首先，菲尼說，他創業的初衷，本來就不是想當有錢人。他只是認為，應該努力工作而已。其次，努力工作掙來這麼多錢，很開心是當然，但他卻不覺得需要因此而改變自己的人生。

「某些人有錢會得到快感，但我不會。」對他而言，成功不等於必須改變自己的生活方式。很多人有了錢，會開始追求更高檔的享受，例如豪宅名車、好酒精品，總之，想盡辦法讓自己與家人，擺脫過去的生活型態。

但他相反，「我努力過那種我小時候過的生活，」他說：「那種平凡、快樂無慮的生活。」在書中，他回憶從小跟著父母過的那種節儉日子。他所謂的節儉，並不是那種勒緊褲帶地苦苦省錢，而是單純的討厭浪費。例如手錶，「一個十五塊美金的錶照樣走得很準，我何必花錢去買勞力士？」同理，他出門搭巴士，拒絕大禮車接送，也是因為壓根兒覺得多餘。「我想不出有什麼理由，要找個人開著六門凱迪拉克來載我，」他說：「用走的，還讓我更健康呢。」

菲尼發現，當他不想過那種需要花很多錢的生活，心靈從此獲得解放。他不再需要把人生花在滿足自己的欲望上，不再為了追逐更高檔消費而終日想賺更多錢。他開始能關心他人、幫助他人。於是只要生意上賺到錢，他就拿出來捐給學校、教會、弱勢團體。

年輕時的菲尼，受到卡內基（Andrew Carnegie）很大的啟發。卡內基於一八八九年發表的〈財富〉，據說他讀了很多遍，也常要求家人與他所帶領的主管閱讀。「利用財富的最佳方式，」卡內基說：「就是提供有志者向上爬的梯子。」這句話，後來也成了菲尼的座右銘。

菲尼的善行今天已不是祕密，網路也瘋傳過，你可以google一下，就明白為什麼布拉格的修女為他禱告，為什麼從越南、愛爾蘭到南非，數以萬計的孩子感謝這位大慈善家。

他所身體力行的Giving While Living（生前捐獻）觀念，很快就在世界各地傳開。比爾．蓋茲與巴菲特這兩位地球上最有錢的人，正是受到他的感召，決定有為者亦若是，一起趁自己還活著，就把大部分財產捐出，只留一小部分給子孫，其他的用來改善世界。

只是說也奇妙，隨著他幫的人越多，生意也越做越大，財富越滾越多。總計下來，DFS的成功，讓菲尼與另外三位股東都成了令人稱羨的大富豪。

有趣的是，本書也讓我們看見四位DFS創業夥伴，在致富之後分別選擇了四條不一樣的人生道路。例如另一位大股東米勒，就是我們所熟悉的富豪典型——熱中上流社會生活，住豪宅，開名車，出入最高檔的場所，享用一切最頂級的東西。另一位股東帕克，雖然也活得很頂級——住在瑞士一棟俯瞰日內瓦湖的古堡，但與米勒不同的是，他非常低調，從不接受採訪，過著隱士般的生活。第三位股東皮拉洛，股份較少，則是在致富之後把錢全用在「生活」（對自己好）與「給予」（對社會好）這兩件事情上，日子過得不錯，但帳戶裡從來沒有像米勒與帕克那樣，擁有驚人的數字。

至於菲尼，據說將家產全部捐出之後，有一度名下的資產還不到一百萬美元。

So what?「裹屍布上是沒有口袋的。」他說。

本文作者為「早安財經文化」發行人。

｜作者誌｜

這位億萬富豪真正教給我們的事

我第一次見到查克・菲尼（Chuck Feeney），是在一九九四年三月十七日的白宮晚宴。我以駐華府記者的身分獲邀出席。菲尼則是因為對愛爾蘭和平的貢獻而成為受邀賓客。我只知道他名列《富比士》（*Forbes*）雜誌的億萬富豪榜，還有，他手上戴著便宜手錶。但當時我不知道，那晚跟柯林頓總統夫婦在白宮宴會廳的其他人也不知道，菲尼是全世界最大的祕密慈善家。一點也不像億萬富豪的他，名下甚至沒有任何房子或汽車。

得以認識菲尼，則是在二〇〇二年，當時報社派我負責跑華爾街新聞，一個共同的朋友介紹我們認識。我們一起吃過幾次午餐，大部分是在他最喜歡的餐廳——位於第三大道的克拉克小館（P. J. Clarke's），他同意和我合作寫一本記錄他生平的傳記，以推廣「生前捐贈」（giving while living）的觀念。他保證會放棄他要家人、朋友、同事、受贈人長期堅守的保密誓約，而且讓我進入他的檔案室查閱。他從不曾試圖對我的寫作進行任何干預。他或他的慈善事業也沒有以任何方式資助本書。

隨後我得到豐富的管道。我陪著他旅行世界各地，目睹他不斷尋求將基金會的財富善盡其用。在遙遠如檀香山和胡志明市這類地方，我愉快地和他與他的友人共同進餐。幾乎每個在事業和慈善生活中認識菲尼的人，都熱心想幫忙說出他的故事，就算是在事業上曾與他失和的人也不例外。我旅行美國本土各地，還到夏威夷、英國、愛爾蘭、法國、瑞士、越南、澳洲、泰國、香港、百慕達群島，與他一生中不同時期所結識的諸多人士進行訪談。

我特別感激菲尼的耐心和好脾氣，忍受多次長時間訪談；也要謝謝查克和賀爾佳（Helga）夫婦讓我到舊金山、布里斯班、都柏林拜訪他們。菲尼家族的成員都特地幫忙：卡洛琳（Caroleen Feeney）、丹妮葉（Danielle Feeney）、黛安（Diane Feeney）、萊絲麗（Leslie Feeney Baily）、茱麗葉（Juliette Feeney Timsit）、派屈克（Patrick Feeney）、吉姆與阿琳夫婦（Jim and Arlene Fitzpatrick），以及娥蘇拉（Ursula Healy）。他們深入的眼光太寶貴了。

如果沒有紐約大學教授、同時也是大西洋慈善基金會創辦董事長哈維・戴爾（Harvey Dale），以及該基金會二〇〇一年至二〇〇七年執行長約翰・希利（John Healy）的熱心協助，本書絕無可能誕生。

我特別感激菲尼在「DFS環球免稅店」（Duty Free Shoppers）的事業夥伴——羅伯特・米勒（Robert Miller）、阿倫・帕克（Alan Parker），以及東尼・皮拉洛（Tony Pilaro）。他們好心邀我到他們分別位於日內瓦、約克郡、瑞士格施塔德（Gstaad）的家中，暢談他們與這位帶領他們成為鉅富的男子之間時而火爆的情誼。

同時感謝以下人士為本書接受採訪：Gerry Adams、Harry Adler、Fred Antil、Adrian Bellamy、Padraig Berry、Gail Vincenzi Bianchi、Christine Bundeson、Jack Clark、Peter Coaldrake、Ron Clarke、

Bob Cogen、Frank Connolly、Mark Conroy、Eamonn Cregan、Roger Downer、Francis "Skip" Downey、Jim Downey、Tass Dueland、Jim Dwyer、Joel Fleishman、Ken Fletcher、Phil Fong、John Ford、Howard Gardner、Jean Gentzbourger、John Green、Ray Handlan、Paul Hannon、Mark Hennessy、Ted Howell、Farid Khan、Hugh Lunn、Aine McCarthy、Vincent McGee、Jeff Mahlstedt、Colin McCrea、Michael McDowell、Michael Mann、Bob Matousek、Thomas Mitchell、John Monteiro、James Morrissey、Gerry Mullins、Frank Mutch、Niall O'Dowd、Chris Oechsli、Danny O'Hare、Pat Olyer、Le Nhan Phuong、Bernard Ploeger、Frank Rhodes、Chuck Rolles、David Rumsey、Dave Smith、Jim Soorley、Sam Smyth、Lee Sterling、Ernie Stern、Bonnie Suchet、Don Thornhill、Tom Tierney、Jiri Vidim、Ed Walsh、Sue Wesselkamper、Mike Windsor，和Cummings Zuill。

其他曾對這本書有所貢獻的包括Jonathan Anderson、Jane Berman、Loretta Brennan Glucksman、Mark Patrick Hederman、Chris Hewitt、Desmond Kinney，以及Esmeralda、Sylvia Severi、Paddy Smyth，以及Walter Williams。Patrick O'Clery閱讀草稿並給了我極有幫助的建議。Declan Kelly協助本書出版事宜。我要特別感謝我的經紀人Esther Newberg的鼓勵，以及PublicAffairs出版公司的編輯總監Clive Priddle寶貴的建言。最後，謝謝我眼光敏銳又充滿想像力的妻子Zhanna投入大量的時間，發揮她的編輯才華，因而這本書是共同努力的成果。對我們兩人來說，這是一份出於愛而不計較報酬的工作。若有任何疏漏或謬誤之處，自應由我個人負起全責。

除了少數要求匿名或不具名的人，本書中所有資料來源均已列明。

序曲

一九八四年感恩節，在巴哈馬群島……

一九八四年十一月二十三日星期五一早，陽光普照，一群來自紐約的旅客在三小時航程後，來到巴哈馬群島首府拿騷（Nassau）的國際機場。他們大部分是來此過感恩節假期的美國旅客。一名看來相當隨和的中年男子走出經濟艙，他身穿運動夾克和開領襯衫，除了那雙銳利的藍色眼珠，他一點也不起眼。他和太太搭了計程車到電纜灘的一棟辦公大樓，這個區域位於機場和拿騷市區之間，一排飯店和公寓緊臨著大西洋的粉藍色海水。這是他熟悉的地方，以前他常來這裡處理生意，使他成為舉世最富有的人士之一。但這回他要處理的交易，跟以往完全不同，而且將會從此改變他的一生。

那天上午，兩名律師也要到巴哈馬和他會合。馬區（Frank Mutch）是從百慕達飛來，擔任這件交易的法定證人。另一位則是戴爾（Harvey Dale），他從佛羅里達出發，會把一切所需文件帶來。之前戴爾一絲不苟地小心處理這件事的種種細節。經過兩年的計畫，這個交易將會在巴哈馬簽訂，以規避龐大稅金。這位出身哈佛法學院的律師向巴哈馬一家信託公司借到了電纜灘上的一個會議室，要在那邊簽訂所有法律文件。

這個複雜的過程將會花掉三個小時，但還是來得及讓每個人趕搭晚班飛機，各自回到原來出發的地方。

但簽約時間到了，戴爾卻不見蹤影。那天早上佛羅里達州棕櫚灘的機場因為大雷雨持續不斷，所有飛機都無法起飛。隨著時間分秒過去，卻一直沒有通知登機，戴爾覺得愈來愈不妙。在巴哈馬等待的人中午出去吃了炸魚和薯條，然後回到辦公室坐在會議桌前，有一搭沒一搭地聊著。

中午過後，戴爾終於登上了班機。他們鑽入仍隆隆作響的雲層，顛簸了一陣子，但很快就沒事了；一個小時後，飛機降落在巴哈馬群島。下午四點左右，他衝進會議室，上氣不接下氣。再過一小時，他們就得離開這棟大樓了。他打開公事包，把協議書、授權書等各種法律文件攤在桌上。「沒時間談了，你在這裡簽名，你在那裡簽名。」隨後他一一收起文件，大家匆忙出門趕飛機去了。

在前往機場的車上，那名穿著運動夾克的男子查爾斯．菲尼（Charles Feeney）有種深深的解脫之感。那天早上飛來巴哈馬時，他是個非常富有的人；但現在離開時，屬於他名下的財產，只比他三十年前白手起家時多一點點而已。在那個感恩節週末，正當幾百萬美國人為了有幸得到的物質享受而感恩時，他卻在慶祝自己擺脫了龐大的財富。

這一切都在極度機密的狀態下完成。接下來有很長一段時間，除了那天相聚在巴哈馬的這一小群人，很少人知道那天發生了什麼事。直到四年後，《富比士》（*Forbes*）雜誌公布全美富豪排行榜，將菲尼列為第二十三名，並宣稱他身價十三億美元。但《富比士》搞錯了，而且往後還會繼續錯上好幾年。查克．菲尼早就擺脫那些財富了。他是有名無實的億萬富豪。

I

致富

第1章
十歲就展現賺錢天賦的「搗蛋鬼」

一九三一年春天，紐約的帝國大廈啟用，成為「咆哮的二〇年代」經濟繁榮期的最後一波盛事之一。在此同時，美國經濟開始遭受一連串衝擊。經濟大恐慌籠罩美國，銀行紛紛倒閉，失業率急速增加。就在這個美國歷史上的重要關頭，一九三一年四月二十三日，查克・菲尼誕生在新澤西州艾莫拉（Elmora）工人區一個貧苦的愛爾蘭裔美國人家庭中。

他的父母李歐（Leo）和瑪德琳（Madaline）於幾年前從費城搬到新澤西州。在這個位於紐約市旁邊、離哈德遜河另一岸只有幾哩的繁榮地帶，這對新婚夫婦熱切期望能展開新生活。兩人的父親都在費城鐵路公司工作，送給他們的結婚禮物是賓州到新澤西州的火車周遊券，好讓他們能常回老家。

這對夫婦先是住在紐華克的韋斯堡（Vailsburg），後來才搬到艾莫拉。這個區域地跨伊麗莎白鎮（Elizabeth）和聯合鎮（Union）兩個鎮區。李歐找了份保險公司的內勤核保工作，瑪德琳則是當護士。他們有三個小孩，全都在伊麗莎白鎮的奧倫治紀念醫院出生：兩個女兒阿琳（Arlene）和娥蘇拉（Ursula），夾在中間的老二是他們唯一的兒子查爾斯・法蘭西斯・

菲尼（Charles Francis Feeney）。

在大恐慌期間，菲尼一家過得比大部分鄰居要好些。夫妻兩人都勤奮工作。小查爾斯當時看著母親在奧倫治醫院值兩班，父親則破曉就穿西裝打領帶出門，長途通勤去紐約市的皇家環球保險公司上班。他們先是租屋而居，後來祖父過世，他們繼承到兩千美元，才付得起頭期款，在伊麗莎白鎮買了棟位於柵欄路的兩層樓紅磚小房子，附近的街坊大半是愛爾蘭裔天主教徒和義大利裔。那棟房子現在還在，屋旁有棵高大的雲杉，安靜的小街兩旁是一戶戶獨棟住宅，四周包圍著繁忙的高速公路：花園州立高速公路、七十八號州際高速公路、二十二號美國國道，以及八十二號州道。

菲尼家的家用很緊。任何一九三〇年代住在新澤西州的工人階級家庭，都了解當時的一塊錢有多大。即使兩夫妻都在工作，他們的可支配所得還是很少，除了每個月三十二元的房屋貸款，還得供養家裡那輛老爺車。那是輛哈德遜車廠製造的綠色汽車，車底板破破爛爛，每次轉彎喇叭就會亂響，有時還會在一家人開去賓州的路上拋錨（那些火車周遊券早就過期了）。他們偶爾會去帕茲維爾拜訪瑪德琳的親戚，這家人被公認很有錢，因為他們開了一家所謂的「蝴蝶脆餅工廠」，其實那不過就是廚房裡的一個大烤箱。

在那些困頓的年頭，人們都會彼此照顧。瑪德琳是個周到的好人，總是為善不欲人知。有回她注意到一個罹患漸凍症的鄰居每天會走路經過他們家，到巴士站等著搭車去紐約，於是瑪德琳總在他經過門口時，假裝自己也要開車出門，順道載他一程。「他從來不曉得她根本沒要出門。」娥蘇拉回憶。二次世界大戰期間，瑪德琳夜裡會穿著藍色制服出門，去紅十字會當護士義工。她從來不懂，其他紅十字會工作人員做「義務」工作，怎麼可以領錢；這件事後來被報紙揭發，成了一時轟動的醜聞。

李歐每天都會去參加彌撒，而且花很多時間幫助他人。他加入了「哥倫布騎士會」（Knights of Columbus），這是一個天主教的兄弟會社團，為會員及其家庭提供財務援助。他一直有「錢要花得值得」的觀念。幾個小孩大一點時，他就會帶他們去圖書館。「我們繳了稅，」他會告訴孩子，「就要好好利用這些設施。」

故意作弊被退學

小菲尼是個活潑的男孩，根據他姊姊阿琳的說法，還有點皮。「他小時候因為太不乖，還曾被幼稚園踢出來。他倒沒有惹太多麻煩或什麼的，不過他向來很會搞笑。我每天最開心的事，就是跟他坐在一起大笑。他是個活寶，很有急智。我媽最疼他了。她老說，『我們家查爾斯，我們家查爾斯……』」

早在十歲時，菲尼就展現出賺錢的天賦。「那時我們什麼都沒有，」朋友道尼回憶。「那個時代一毛錢就很大了。」菲尼人生的第一個創業經驗，就是挨家挨戶推銷聖誕卡，卡片是跟他的哥兒們布魯伊特的父親批來的。布魯伊特在當地街坊推銷，菲尼就去別的地區。快到聖誕節時，他還會幫郵差送信，多賺幾毛錢；下雪了，他和朋友佛立就去幫鄰居清車道賺錢。「我負責拉生意，每戶收兩毛五，他負責鏟雪，賺來的錢我們平分，」他說。從這個工作中，他學到了過度擴張企業的第一個教訓。「如果我收錢的速度領先太多，就得去幫他鏟雪了！」

菲尼老在想新的賺錢計畫，不管有多麼不切實際。十一歲那年的一個夏日午後，他在道尼家玩，拿了根黑蠟筆在門廊上寫了「道尼氏啤酒與蝴蝶脆餅」的字樣，抱著很小的希望，看會不會有人經過時，肯花錢點杯啤酒什麼的。道尼的母親看到了，告訴小菲尼，「查爾斯，如果太陽下山前你不弄掉，你就休想看到明天的太陽出來。」但她很疼查克，道尼說，「他是那種樂天派。我媽喊他『鎮長』，因為他認識每一個人。」

八年級時，菲尼成為全校唯一拿到「瑞吉斯中學」獎學金的男孩。這是一所教會學校，位於曼哈頓東八十四街，招收家境清寒且「來自紐約大都會地區，智力與領導潛力均表現優越的羅馬天主教年輕男性」。他討厭這個學校。每天他都得一大早起床，走四十分鐘到車站，趕七點四十五分的火車到渡輪碼頭，搭船越過哈德遜河，再轉地鐵到八十六街。晚上常常七點以後才到家，又有很多功課要做。由於通學路途遙遠，他在曼哈頓交不到新朋友，從小跟他一起長大的朋友，全都去念了鎮上的「聖母升天中學」。

小菲尼過了一年半悲慘的日子，又眼看著父母撙節度日以省下他的交通費用，於是他故意被瑞吉斯中學開除。「我在宗教課考試被抓到帶小抄，但我是故意的。如果你宗教課考試被抓到帶小抄，他們就會把你退學。」

在聖母升天中學，菲尼快樂多了。幾乎所有學生都跟他一樣是愛爾蘭裔，任何活動他都是主角。學校公演喜劇《超級壁花》時，他飾演其中的維恩。在美式足球校隊裡，他穿三十八號球衣。他被一九四七年那屆畢業生選為「最聰明的」學生。大家還票選他為那一屆的「搗蛋鬼」，因為「他老是到處混，什麼都能拿來搞笑」，他的朋友寇根說。

他最要好的朋友是卡斯泰羅，他們兩個還弄了個相聲表演。一九四八年的校刊登了一則廣告：「要享受愉快的晚間娛樂節目，請蒞臨無憂俱樂部，觀賞美國喜劇新秀：**查理・菲尼與約翰・卡斯泰羅**。」對十來歲的男孩來說，聖母升天中學就像天堂：全校有一百個女生，但只有三十五個男生，另外學校對面還有另外一家女校。這時菲尼已經長成一個清瘦的帥小子，而且，「她們會朝我們尖叫，好像我們是披頭四。」寇根說。

菲尼總是一心想賺錢，他週末會去伊麗莎白港附近一個高爾夫球場當桿弟賺零用錢。「打九個洞的桿弟費是一元，外加小費兩毛五；打十八個洞是一塊七毛五，小費同樣是兩毛五。」他回憶。「我總希望找到兩個打九洞的人。」

暑假時，他媽媽會暫停護士工作，去新澤西州海濱的歡樂角租一棟寄宿房屋，收一些短期遊客。菲尼的工作則是在木板步道上擺攤子，出租海灘毛巾和海灘傘，同時自己泡在一個桶子裡，讓玩遊戲的人朝他丟球，每次賺個幾分錢。他超會玩滾球遊戲機，每次都能贏到一堆絨毛玩具，搞得當地開遊戲機的店都不讓他去，他只好去別區玩。到最後，那些遊戲機的老闆乾脆雇他到店裡負責換零錢。

在那個時代，那片海灘由新澤西州黑手黨底下的小幫派掌握。他們有海灘特許權，進入海灘的人要收兩毛五的入場費。「如果你要在海灘待一整天，他們就賣你一條彩色絲帶，讓你用安全別針別在身上，」菲尼說。「那幾個守著入口的傢伙會說，『小鬼，讓我看你的入場絲帶。』」他媽媽會提供絲帶給住客。有個學校的朋友想出可以重複使用絲帶，或者把一條剪成兩條，從中撈個幾分錢。「那些黑幫很不高興，跑去警告他們，後來他們就不敢了。」阿琳說。

當時菲尼十來歲，他會邀請朋友到寄宿房屋過週末，跟他擠在閣樓裡過夜。早上他們出去吃早餐，店還沒開，送來的甜甜圈擺在門外的盒子裡，這些飢餓的男孩就自己動手拿。到了晚上，他們會去步道蹓躂，或者去看電影。道尼回憶，十六歲那年，有回他開車載菲尼去派拉蒙戲院，那是新澤西州海灘區的約會勝地。戲院後門的看門人認識菲尼，免費讓他們進去。他們就爬上銀幕後方的梯子，走過一道狹小天橋，再爬下一個梯子，到銀幕的另一頭找座位。

多年以後，他的朋友凱許回憶，菲尼是「那種會讓你覺得他是你最要好的朋友，而且你任何時候跟他講話，他都一副正在趕路的樣子；他總是想得比別人快一步」。卡斯泰羅則記得，他的朋友是賣海灘傘的超級推銷員，而且他「老在工作，老在賺錢」。

派駐日本的甜蜜之旅

一九四八年六月畢業後，過了四個月，當時還十七歲的菲尼跟卡斯泰羅到紐華克的徵兵處，加入美國空軍。「他是志願從軍的，」他妹妹娥蘇拉說。「他不必的，但他跟科瑞根想提早入伍。有天晚上他們還想從家裡溜出去。但他們哪裡都去不了，車子發不動！他們打算謊報年齡去從軍，還要我陪著去給一些家長同意書簽名。」當時美國仍維持徵兵制度，菲尼知道反正再過兩年也還是要當兵。「所以我想，好吧，反正閒著也沒事做，還不如早點去，於是我就申請自願從軍三年。」

從軍為這個年輕人開啟了新視野。在德州拉克蘭空軍基地受過通訊兵的訓練後，菲尼被派到日本的美國駐軍部隊服役。那是他第一次離開美國。他現在有了新生活，還有個新的名——在空軍裡，每個人都開始喊他「查克」（Chuck，譯註：查克〔Chuck〕或查理〔Charlie〕都是Charles的暱稱）。

這個特別聰明的新兵，被派到位於日本南端福岡縣的蘆屋空軍基地，屬於美國第五空軍通訊中隊第十二機動分遣隊。這是最靠近朝鮮半島的空軍基地。他的中隊負責攔截並解譯電波類情報——這個情報部門屬於國家安全局，曾在二次世界大戰末期破解了日本軍方的密碼。

日本當時仍處於戰後的廢墟狀態，但年輕的美國軍人在那邊的日子並不艱苦。「那裡的勤務被視為美國軍人的甜蜜之旅，」報導作家霍伯斯坦（David Halberstam）曾如此寫道*。「當時美元非常值錢，日本女人很友善，一般美國大兵過得像貴族。」然而，菲尼中士花很多閒暇時間去學習日語，以加強自己的情報工作技巧。他在美軍開的外語班上課，同時還看日本漫畫，當時日本這些漫畫書大部分是給兒童看的。

一九五〇年六月二十五日，韓戰爆發，美軍F—八〇噴射戰鬥機和C—一一九運輸機負責空投軍用物資給前線官兵，蘆屋空軍基地便成為這些飛機的中途站。菲尼的服役時間從三年延長到四年。他沒被派上戰場，但內勤工作變得更吃緊了。他所屬中隊的任務，就是攔截日本海上空蘇聯飛機的無線電波通訊。蘇聯飛行員也會接收美國飛機從蘆屋發出的頻率。如果空中那條線有人越過，美國和蘇聯之間的冷戰就會當場變成一場小型熱戰；美國飛機只要越界，就會被視為懷有敵意。

有一回，一名剛滿二十歲的新飛行員才飛過那條線，五分鐘後，蘇聯飛機便緊急起飛應戰。美軍軍機被當場擊落，飛行員殉職，機上還有兩名兩天前才跟菲尼一起值過夜班的俄文專家。他在耳機中親耳聽到他們的喊叫聲。回到美國後，菲尼去紐約拜訪了其中一名陣亡同袍的家人。他不知該說什麼。「他們死掉是因為這個傢伙不遵守規定，明明就規定得很清楚——不准越過那條線。」

在日本服役的四年，菲尼一次都沒回家過。「他聖誕節會打電話回家，我們全都坐在廚房，等著他打來，」姊姊阿琳回憶。電話費由家裡付。「我們沒錢，所以每次都會——『不要講太久！』」他的家人從沒親眼看過他穿軍服。不過《伊麗莎白日報》（*Elizabeth Daily Journal*）刊登過一張菲尼中士和卡斯泰羅下士的照片，兩人都穿著空軍軍服，旁分的頭髮抹了髮油，正在東京享受三天的休假。照片底下的圖說，引用菲尼說的話，「一場戰爭還不足以把我和傑克分開。」

在家書中，菲尼說他不能透露自己的工作。「或許他是因此才會習慣保密，」阿琳說。「他每次回來時，就會坐在那裡這樣，」她迅速敲打著桌子，「噠、噠、噠、噠。然後他會說，『抱歉，摩斯密碼，在軍中用的。』我不曉得他是不是在『思考』，但他偶爾就會這樣，在那邊噠、噠、噠。」

---

* David Halberstam, *The Fifties* (Villard Books, 1993).

第2章 再也不玩機率遊戲

一九五二年仍派駐日本期間，菲尼就開始思考退伍後，要怎麼利用他有資格獲得的美軍獎學金。根據小羅斯福總統在一九四四年頒布的《美國軍人權利法案》，會以金錢資助返鄉的二次大戰退伍軍人接受高等教育，後來又擴及參加韓戰的退伍官兵。這項法案改變了許多退役軍人的一生，比方後來擔任可口可樂總裁的基歐（Donald Keough），還有成為美國參議員的杜爾（Bob Dole）。道尼懷疑，他的老同學菲尼從頭到尾就在覬覦軍人獎學金。菲尼家沒錢供他上大學，但「他心裡很清楚，自己非上大學不可，於是他加入空軍，就可以適用於軍人法案了」。

菲尼到空軍基地的圖書館借書，開始為上大學用功。他在《讀者文摘》看到〈一所培育廚師的學院〉一文，報導了康乃爾大學（Cornell University）的飯店管理學院（School of Hotel Management）。「我就在想，我可以去念，我可以服務人群。」那個學院的課程為他的創業傾向提供了一個途徑。

康乃爾位於紐約州北部的依薩卡（Ithaca），是全世界第一個設有「飯店管理」學位的大學。伊麗莎白鎮上有兩家大飯店

（現在沒有了），菲尼從未踏進去過，但他喜歡「旅行、高雅的環境、人們為你服務」的想法。他申請進入該學院就讀，然後被通知到東京和一個康乃爾的招生代表面談。負責軍中日文班的女士認識這位招生代表，「她站在那個代表背後偷看，發現他坐在那邊淨寫我的好話！」

一九五二年七月一日，菲尼從美國空軍退役，領了六百三十四元三毛三的累積薪餉，回到新澤西的家，等待他申請大學的結果。離家多年，他的歸來讓家人欣喜若狂，但他父母卻不太喜歡他挑的大學。在那個時代，聖母升天高中畢業的天主教男孩，不會去念常春藤聯盟的大學。

他父親的摯友杜愛爾是一所天主教中學的校長，他建議他們到離家比較近的西東大學參觀，這是一所私立天主教大學，杜愛爾在那邊有一些關係。他很擔心小菲尼想去念一所主流的名門貴族學校，恐怕是太好高騖遠了。但無論如何，次日康乃爾的錄取通知寄來了，邀請菲尼九月入學。當年聖母升天中學同屆畢業的，只有兩個男孩上了大學。另一個拿到的是新澤西州立羅格斯大學的獎學金。

抓住校園裡的商機

那封錄取通知書成了菲尼家的一件大事。他們家從沒有人上過大學。但菲尼早已顯示出貫徹一生的強烈特質：目標遠大，立志要達到最好結果，即使看起來似乎遙不可及。「他沒想到竟然會被康乃爾錄取，」飯店管理學院前院長傑克．克拉克（John Jack Clark Jr.）說，他是麻州波士頓人，也是愛爾蘭裔天主教家庭出身，他了解對年輕的菲尼來說，跨越那條線是何等大事。「查克和我那輩的人，大都是家裡第一代上大學的。五〇年代的康乃爾大學，天主教學生並不多，其他長春藤聯盟大學也是如此。」

康乃爾大學的所有學院中，飯店管理學院所要求的「學術能力測驗」（Scholastic Aptitude Test，簡稱SAC，申請大學需要這個測驗的成績，用以評估學生的潛力）分數是最低的，但該學院卻持續培養出最成功的創業家，包括「漢堡王」的兩位創辦人麥克拉摩（James McLamore）與艾哲敦（David Edgerton），以及建立起全美第三大租車連鎖企業阿拉摩（Alamo）的伊根（Michael Egan）。

「其他學院的人有點瞧不起我們，」克拉克說。「你不必了解整部希臘文化史，也可以被飯店管理學院錄取；這個學院尋找的，是腦力和體能都良好的學生。」

菲尼的姊姊和妹妹相信，一開始，這個弟弟感覺自己脫離了原來的社會階級，高攀到另一個世界。其他同學好像都來自富貴子弟出身的大學預校，而且都有汽車。但他很快就適應了在依薩卡的生活，找到了一群志同道合的朋友——萌芽階段的創業家，渴望受教育、探索世界，以及成功致富。「既然他們肯收我，那我就一定可以跟其他同學競爭，」他回憶。「我得去證明這一點。」

菲尼很快就展露出創業才華。他立刻看到一個利基市場。當時依薩卡沒有溫娣漢堡或麥當勞。學生夜裡會餓，而且大部分都是權貴子弟，口袋裡不缺鈔票。菲尼開始做三明治，到各個兄弟會和姊妹會販賣。他很快就成了校園知名的「三明治人」。他需要額外的收入，因為他的美軍獎學金每個月只有一百一十美元，交了學費就所剩無幾了。

一開始，他都在星期五晚上才買三明治材料，這樣支票到星期一才會兌現。「這是我第一個赤字融資的經驗。」他回憶。菲尼會提著一籃三明治，身穿野戰外套，上頭有很多大口袋可以裝零錢，然後到各個兄弟會外頭吹哨叫賣。一個當時的同學安提爾記得，菲尼會固定到他的兄弟會賣三明治，他老拿他的三明治有多薄來開玩笑。

這個平頭、愛熱鬧的帥小子很容易交到朋友，也有辦法說動朋友來他的公寓幫忙做三明治。「他是個鬼靈精，老是笑咪咪的。我常被抓去幫忙，我想我幫他做過一萬六千個三明治。」以前的室友杜蘭說。生意最好的時候，他估計一星期可以賣掉七百個三明治。另一個同學羅爾斯（Chuck Rolles）開玩笑說，菲尼都交不到女朋友，因為當他女朋友必須很會做三明治才行。羅爾斯後來成為菲尼一生的好友，創辦了連鎖的查克牛排屋（Chuck's Steak House）。他回憶「三明治人」會告訴幫手，在那個號稱「燻腸乳酪三明治」裡，只准放一片火腿，免得害他利潤縮減。

什麼活動都有菲尼的份。有回，羅爾斯拿到在足球場賣節目單的特許權，因為他體育很行——儘管身材矮小，他卻在一九五二年創下一項全國籃球紀錄——菲尼就成為他的推銷員之一。「他向來很有急智，」羅爾斯說。「我記得那天我們和普林斯頓大學校隊比賽，有個普林斯頓的學生跟查克開玩笑，『我不需要節目單，我不識字。』查克就說，『啊，那你一定是普林斯頓的學生！』」

另外菲尼還在校園裡賣聖誕卡，寒暑假則曾在伊麗莎白鎮的「產業食品工坊」當學徒、在紐約州火島的夏令營當指導員，一度還去麵包廠當試吃員。

一九五五年夏天，他們在康乃爾的最後一個暑假，菲尼和羅爾斯一起到夏威夷打工兼度假，好讓羅爾斯跟女友吉茵在一起。「到了飯店登記入住時，查克忽然跟那些女服務生講起日文，」羅爾斯說。「我從來不曉得他會講日文。」

那個夏天他們租了個小木屋，菲尼在檀香山的艾吉威．瑞夫旅館當夜班職員，工作之一就是幫忘了帶鑰匙的夜歸客人開房門。當時菲尼二十四歲，在美國之外獲得了生平第一個旅館業的工作經驗（當時夏威夷還不是美國的一州），而且他喜歡這個富有異國情調的地方。他從此愛上了旅行。儘管當時他不可能知道，但日後命運將會召喚他回到夏威夷。

一九五六年，菲尼從康乃爾畢業，拿到了飯店管理學士的學位。他有幾個在知名連鎖飯店工作的機會，但在那些連鎖大旅館裡面往上爬的前景並不吸引他。他母親不明白他怎麼會拒絕那麼好的工作，但他告訴她，他在等待正確的機會。他迫不及待想看看這個世界，成為一個創業家。他和羅爾斯決定從新澤西州開車橫越美國，去看看加州有什麼好機會。

零，是唯一會讓我們輸的數字

出發前，羅爾斯來到伊麗莎白鎮，在一家當地酒館裡，菲尼跟他介紹幾個老朋友。其中一個是海軍退役軍人，吹噓說他發明了一套方法，可以在賭場裡的輪盤贏錢。唯一要確定的是那個輪盤上只有一個零。不可能輸的，他說。

這兩個康乃爾畢業生決定在路上試試這個方法。他們去了內華達州的雷諾，找到了一個上頭只有一個零的輪盤。當時的雷諾是個成長迅速的賭城，城裡有幾家賭場，包括哈洛德俱樂部（Harold's

Club）與哈樂斯（Harrah's）。他們在一家住滿建築工人的膳宿旅舍住下，開始每天到賭場閒晃觀察。「我們會拿瓶啤酒或什麼的坐在那邊，花一個小時記下輪盤出現的數字。」羅爾斯說。然後回到旅舍房間，研究那些數字。

過了兩天，他們準備好了。他們估計需要五百元的賭本。羅爾斯身上的現金夠付一半，但菲尼就得把他的手提打字機和照相機押在雷諾的一家當鋪了。羅爾斯拍了一張他走進當鋪前的照片，身上穿著短褲和他去年在夏威夷買的夏威夷衫。

「我們到賭場裡，從晚上十一點開始賭，賭了一整夜。老天，結果那套系統還真的奏效。」羅爾斯說，「我們在六個數字各押了一毛錢，只要其中一個號碼中了，我們就能倒贏五毛。我們三十六個數字全都押過，唯一會害我們輸的數字就是零。其他的每一把都贏。」

事情按照他們的劇本發展，他們一直在賺錢。他們會賭六個小時，回旅舍跟建築工人吃早飯，睡一下，去打打籃球，然後晚上再回賭場賭六個小時。「我們走在馬路中央回旅舍，很怕有人會曉得我們身上有多少錢，」羅爾斯說。「我們每天贏個兩三百塊，覺得自己好有錢。」

這兩個贏昏頭的康乃爾畢業生還夢想，乾脆繼續賭個兩年，他們就可以發財退休了。「所以我們決定不放棄，」羅爾斯說。「我們繼續賭。然後忽然間，有天清晨，大概五點半的時候，情況開始不對勁了，我們開始踢到鐵板。我們算出十二個數字，把錢都押上去。玩了大概二十來把，我們的十二個數字一次都沒出現，之前我們還以為這種事情永遠不會發生哩。唔，結果就發生了。我們押了最後一把，結果還是輸了，所以我想把所有錢押在下一把——我差點想連我的命都賭上去。」

但菲尼不讓他賭。「不，」他說。「我們玩夠了。」他們兌現了籌碼離開，一個人分到約一千六百元。菲尼去當鋪贖回打字機和相機，然後兩個人開車到加州，在洛杉磯市郊的聖塔蒙妮卡跟另外兩個朋友租了個小木屋過夏天。

他們無所事事，在沙灘上打了幾天排球。羅爾斯記得查克早上會溜出門，去加州大學洛杉磯分校上課。「我們其他三個人常常睡很晚，但查克會一早出門，去上暑期班的俄文課。」在康乃爾，菲尼修過法文和俄文。當時他有點考慮以後可以從事情報工作。當年退伍的任務簡報會上，國家安全局曾想吸收他。一個官員告訴他，「像你這樣的人才，可以繼續報效國家。在這裡簽名就行。」他想了幾秒鐘，然後說，「不，謝了。」

一個月後，沒當過兵的羅爾斯接到入伍通知，得去佛羅里達州報到。這兩個人於是開車回東岸。他們再度經過內華達州，在一個偏僻加油站旁的小賭場停下來。這回輪到菲尼想再測試那個系統。羅爾斯說他賭夠了，在車上等就好。菲尼進了賭場，羅爾斯就在車上睡覺。過了三十分鐘，菲尼回來了，只說，「我們趕緊離開這個鬼地方吧。」羅爾斯回憶，「他從沒告訴我他輸了多少。」

從此菲尼再也不玩機率的遊戲。「從那之後，我就一直很討厭賭博。」他說。「當年我們運氣很好，在那個系統失靈前就賺了三千兩百元平分，而且在輸光前就停下不賭了。」

消息傳到新澤西那家酒館裡，說那套輪盤賭的系統有效，菲尼和羅爾斯賺了大錢。於是酒館常客們湊了一筆錢，送兩個代表去內華達州想賺一筆。結果他們輸得一乾二淨。

| 第 3 章 |
亮出刻著字母 C 的戒指

到了一九五六年仲夏，菲尼還是不曉得要拿他的大學文憑做什麼。但在康乃爾過了四年，他自信可以到世上任何地方。他有兩千元的資金，主要是賭場贏來的錢；而且政府可以提供三十六個月的美軍獎學金，他只用掉了三十二個月。不過要領到剩下的四個月獎學金，他就得去註冊上課，在國內國外都行。

他在圖書館看過很多觀光和旅遊方面的書，早已渴望出去看看外頭的世界。他一直想去歐洲，錢擺口袋裡不花也難受。於是他到法國領事館詢問法國大學的學費事宜。結果很吃驚地得知，法國的大學教育是免費的。這樣就更好了。他買了張「庫納德郵輪」的便宜船票，幾個星期後來到巴黎。在巴黎大學上了一個月法文密集課程後，就寫信去申請格勒諾勃（Grenoble）和史特拉斯堡（Strasbourg）的大學。

九月初，格勒諾勃大學的辦公室裡，行政秘書抬起頭看著這名二十五歲的平頭美國小伙子。「我來了，我想註冊，進入貴校的政治學院。」菲尼用口音很重的法文說。「院長現在不見客。」秘書堅定地說。「唔，那我就在這裡等吧。」他說。

「我一直坐在那裡看雜誌，那個秘書不斷進出那個房間。」

菲尼回憶。最後那秘書有點生氣地說，「院長有空見你了。」「沒問題。」菲尼用法文回答。進了辦公室，那位院長說，「菲尼先生，你是個很有趣的申請人。」「是啊，謝謝你！」「是這樣的，你是我碰到第一個想申請史特拉斯堡大學政治學院，卻把信寄來格勒諾勃的人！」原來菲尼把申請函裝錯信封了。他立刻回答。「沒錯，但我人在這裡，顯然我想讀的是貴校。如果我想去史特拉斯堡，我就不會來格勒諾勃了。」院長兩手舉起，「有何不可！」他讓菲尼進了這所創立於十四世紀的大學，修政治碩士課程，成了該學院唯一的美國人。這點他一直覺得很光榮。

格勒諾勃的生活費很便宜，這個景色壯觀的城市位於一個廣闊的河谷，周圍環繞著白雪蓋頂的阿爾卑斯山。菲尼每個月的基本生活花費大約是十五美元。他的法文、網球、滑雪都突飛猛進。美國政府每個月寄給他一百一十元的獎學金支票，不曉得為什麼連寄了六個月，而不是四個月。**上頭那裡有人喜歡我**，當時菲尼心想。

在自由城當起孩子王

八個月的碩士課程結束後，菲尼帶著他的旅行袋和網球拍，一路搭便車往南，尋找賺錢機會。當時要搭到便車很困難，因為競爭激烈，路上有太多人都拿著牌子，上頭寫著目的地。菲尼在網球拍上貼了張紙，上頭用大大的字母寫著：「提供英語交談」，從此搭便車就沒困難了。

在地中海岸，菲尼遇到一個美國老師，他一堆學生的家長都是美國海軍軍官，服役的軍艦基地就在濱海自由城（Villefranche-sur-Mer）。自由城是賽倫艦（USS Salem）的停泊基地，這艘重型巡洋艦是美國第六艦隊的旗艦，船上官兵有將近兩千人。「我這才明白，原來那裡有這麼多海軍家屬，」菲尼說。「我問那個老師，他們暑假都在做什麼，他說都閒得發慌，於是我決定為海軍子女辦個類似夏令營的課程。」菲尼見識過企業開辦，這點很有用。他在自由城一家膳宿公寓租了個房間，辦起海灘夏令營。慶幸不已的海軍家長們送來了將近七十個美國小孩讓他照顧，菲尼還得另外雇人來幫忙。

在自由城，菲尼和當地網球俱樂部的經理講好，用打掃球場交換免費打球。他在球場上認識了一位來度假的法屬阿爾及利亞精神科醫師莫拉里—達力諾斯（André Morali-Daninos），他是個戰功顯赫的老兵，曾於二次世界大戰期間加入法國反抗軍，一九四五年舉家遷居巴黎。他對這位受過高等教育的美國青年很感好奇，因為他肯去做法國學生不屑做的事。

醫師二十三歲的女兒丹妮葉（Danielle）當時還是巴黎大學的學生，她有點被入侵沙灘那幾十個尖叫的小孩以及吹哨子的美國人指導員弄得倉皇失措。不過那位領頭的帥小子主管對待小孩和氣又堅定，給她的印象特別深。活潑的法屬阿爾及利亞姑娘和二十六歲的愛爾蘭裔美國人交談起來，從此展開戀情。

在那時，菲尼認識了一個外幣兌換商，他買下一整排舊寄物櫃，出租給海軍官兵，讓他們下船後可以去那兒換上便服，把制服寄放在櫃裡。於是八月有兩個星期，菲尼晚上就去幫忙當寄物櫃管理人，替那些去酒吧或離開酒吧的美軍大兵開櫃子，額外又多賺了點錢。

那個夏天結束後，菲尼計畫再回北方。他喜歡學生生活，而且「已經存夠了錢，可以去找個德國大學念書了」。但總之，有天晚上他在自由城的酒吧認識了一個英格蘭人艾德蒙茲，他正想創業，打算把免稅烈酒賣給地中海沿岸各港口的美國海軍軍人。他要求菲尼幫他。

美軍在軍艦上是不准喝酒的，但艾德蒙茲已經查清楚，這些海軍軍人可以買最多五瓶烈酒免關稅，當成另外托運的「後送行李」運到美國本土的基地港。這可能是個很大的市場：美國第六艦隊在地中海沿岸有五十艘軍艦，船上人員每年要輪調三次。這些軍人的累積薪餉很多，而且幾乎船上每個軍人都買得起五瓶烈酒回美國。五瓶免稅烈酒在歐洲只要十元美金，還包括運費；但在美國買同樣的五瓶酒卻至少要三十元。艾德蒙茲自己單打獨鬥，他亟需一個美國人來幫他。

「最近有個艦隊大移防，有四十艘船會進港，」他告訴菲尼。「我只能見二十艘。我需要找個人去見另外二十艘。」「什麼意思？」菲尼問。「去跟他們談買酒的事情啊。」

菲尼和艾德蒙茲開始上船拉訂單，主要是加拿大俱樂部（Canadian Club）和施格蘭（Seagram's VO）這兩個牌子的加拿大威士忌。然後他們安排從比利時安特衛普和荷蘭鹿特丹的倉庫出貨，把酒運到美國港口。這個生意不必先付錢買貨，所以不需要本錢。

他們做了一陣子獨門生意，然後競爭者很快就來了。艾德蒙茲跑去加勒比海沿岸尋找新的商機，同時菲尼去艾德蒙茲位於英格蘭南部肯特郡的老家海斯鎮（Hythe）處理訂單。菲尼十月回到自由城，得知美國第六艦隊出發去巴塞隆納了。於是他趕搭火車到西班牙的這個海港，到了才曉得艦隊會延後進港。

菲尼曾在一份康乃爾校友通訊上，看到飯店學院的另一個畢業生羅伯特・米勒（Robert Miller）

到巴塞隆納的麗池酒店工作。既然閒著沒事，他就前往林蔭夾道的加泰隆尼亞宮廷大道，找到了麗池酒店。一進飯店大廳，他就看到接待櫃台後面米勒熟悉的身影，一頭濃密而蓬亂的褐髮和大膽的笑容。他們在康乃爾並不熟——米勒比菲尼高一屆——但米勒立刻認出這個瘦而結實的藍眼美國人。

「菲尼，」他說。「你跑來這兒幹嘛？」查克回答，「你跑來這兒幹嘛？」

國際企業史上獲利最高的合夥關係之一，就從這段輕鬆的對話展開。

跟著收垃圾的人爬上軍艦

米勒到歐洲的旅程跟菲尼一樣偶然。他從小在波士頓南邊的昆西鎮（Quincy）長大，父親是當地一家工業油品公司的業務員。他家經濟也不寬裕，拿到康乃爾大學獎學金就學後，米勒得在一家快餐店打工當侍者和廚師。一九五六年畢業後兩個月，他正在一家餐廳當助理廚師，接到父親捎來的消息，說他的兵單寄來了。報到後，他加入了海軍陸戰隊，被送到聖地牙哥的新兵訓練營。

然而在體檢時，醫師發現他頭部有個童年時期意外留下的傷疤，一名上尉要他簽一份棄權書，這樣萬一他日後作戰時頭部受傷，就不是海軍陸戰隊的責任，然後那名上尉又說，如果他不肯簽，就會光榮退役。米勒決定光榮退役，他領了七十八美元，登上前往聖地牙哥市區的巴士。

跟菲尼一樣，米勒也不想當白領階級的上班族。他讀過一大堆海明威的作品，也曾夢想要成為作家或軍人。退役後他跟一艘遠洋捕鮪船簽了約，打算出海三個月。即將上船的那個週末，他跑到墨西哥的邊境城市提華納（Tijuana）狂歡，結果捲入一場群架，被打得很慘，還被關進牢裡。等到被放出來時，他一身破爛襯衫，鞋子只剩一隻，而且那艘捕鮪船已經出發了。那是他人生的最低點，他決定要好好整頓自己。米勒回到美國的飯店工作，存了三千元，然後搭乘希臘油輪「菲德麗卡皇后號」到西班牙。他一路到了馬德里，再到巴塞隆納，然後得到了麗池飯店接待櫃台職員的工作。

那天米勒下班後，就和菲尼一起去吃晚餐。米勒那三千元存款還沒動，也已經厭煩在飯店裡「穿著猴子裝」工作。他們決定合夥出資，想辦法做美軍艦隊的生意賺錢。

米勒正在忙辭職的時候，菲尼就去報名上西班牙文課。「他就是那種過動兒，老是精力旺盛，他想他人都來到西班牙了，就去順便學點西班牙文好了。」米勒回憶道。

免稅商品生意在戰後的歐洲很普遍，米勒也已經對這一行略有所知。他告訴菲尼，有個香港神父在巴塞隆納做黑市的美金兌換生意。他讓米勒看過他後頭辦公室一小批要賣的手錶、膠卷、相機、香菸，都是他藏在道袍裡，從庇里牛斯山脈裡的小小避稅天堂安道爾（Andorra）走私過來的。「放心，我賺的錢都會交給教會。」他樂呵呵地說，還叫米勒該去香港，那裡幾乎樣樣東西都免稅。

菲尼和米勒以濱海自由城為基地，開始接海軍官兵的烈酒訂單。他們需要汽車，於是菲尼買了一輛雷諾Dauphine小車，米勒買了一輛Simca車廠的汽車。然後他們開始開車或搭火車，奔走地中海沿岸美軍艦隊停靠的每一個港口：馬賽、坎城、巴塞隆納、瓦倫西亞、直布羅陀、熱那亞、拿坡里。他們常常好幾個星期都見不到一面，然後回自由城會合，講好下一步要做什麼，接著又分頭趕路去了。

查克設計了一種業務信封拿到軍艦上分發，裡頭裝著威士忌的價目表。他們在船上找了些「包工」

幫忙拉訂單，答應讓他們抽佣金，說服海軍官兵訂購五瓶裝烈酒，等回到美國基地港再提貨。免稅烈酒的提貨單在船上實在太常見了，連打撲克牌都可以拿來代替賭金。

一九五八年初，賣酒生意的競爭變得很激烈。這兩名康乃爾校友就想找其他的東西來賣。四月時，他們去布魯塞爾參觀了世界博覽會，得到了新增商品的點子，決定加上香水、相機、玩具火車之類的東西，以及電晶體收音機這項最新的科技產品，另外還有德國大啤酒杯，上頭加印一些標誌，比方海軍陸戰隊軍徽、拉丁文銘言「誓死效忠」。

成功的關鍵，就是要登上軍艦——通常平民是不准上船的。他們必須和來自法、英、荷、比的商人競爭。但如果打扮成體面的美國人，加上一口美國腔英語，通常就能通過海岸巡邏兵那一關，登上軍艦，見到補給官。補給官同意後，才能公然賣東西給船上的官兵。他們有時候會「亮出戒指」——康乃爾大學特有的畢業金戒指，上頭的青金石刻著字母C——跟船上的康乃爾校友軍官攀上關係，接下來這些校友就會請他們上船共進午餐。他們還設法跟美國的熟人打聽，看有沒有在海軍服役的康乃爾校友要派往地中海沿岸，尤其是飯店學院出身的補給官。有回菲尼去拿坡里，為了要登上一艘嚴禁平民進入的軍艦，就跟著收垃圾的人爬上舷梯，然後對補給官說，「我是來收垃圾的。」

「有很多傳說，說查克一開始在海灘上，然後不知怎地他就上了一艘小船，接著就上了大船，再過來他就在那艘航空母艦的軍官活動區推銷了，」曾在海軍服役的羅爾斯回憶。「那裡根本禁止外人進入，沒有人曉得他是怎麼進去，又是怎麼離開的。」康乃爾同屆、曾服役於海軍陸戰隊的安提爾還記得，他曾聽說菲尼有回出現在一艘航空母艦的上船梯板上，艦上的海軍上將問他，「你怎麼老知道我們在哪兒？」查克回答，「上將，你以為是誰派你們來的？」

更麻煩的問題，就是查出那些軍艦接下來要去哪兒。基於安全考量，美國海軍會在最後一刻才改變目的地。米勒追求的一位年輕小姐在尼斯的美國領事館工作，她會把第六艦隊的動向跟米勒通風報信。有回她告訴他，一艘航空母艦和一艘驅逐艦預定要前往希臘羅德島（Rhodes）。米勒輾轉前往，在最後一段航程中，他才發現自己不是唯一知道這項移防機密的人。還有個香港來的「瘦巴巴的華人」，叫微笑老周，專門賣訂做西裝給海軍。他們到達羅德島之後，不得不合住一個旅館房間。米勒看到這位華人裁縫的短褲內縫著一大疊美金鈔票，身上還有一把軍刀，說，「所以別打鬼主意！」

微笑老周告訴米勒，他賣西裝賺的錢比賣烈酒還要多，而且有另一個更賺錢的好地方。就跟巴塞隆納那位神父一樣，他告訴米勒，「你該去香港。」

訂單和錢逐漸累積。菲尼跟米勒誇耀說，他們將會賺到一百萬。他們自稱「青年土耳其黨」（Young Turks）。在外奔波時，這兩個美國推銷員往往塞了滿口袋的美金和美國國庫支票到處跑，等到有空時，就把錢和支票存進瑞士日內瓦洛伊德銀行（Lloyds Bank）的一個帳戶。米勒說，在瑞士的銀行開美金帳戶，比在法國「少點麻煩」，同時也有租稅上的優點。在他們所參與的這場商業遊戲中，贏家的要訣之一，就是不但要賺錢，而且得把要繳的稅減到最低或零。

米勒在自由城租了一棟有小花園的洋房，有回他邀父母來玩，他父親看到書桌上一堆支票。「老天，那堆支票總共有多少錢？一定有三四萬吧。」他父親說。「他無法想像，」米勒說，「我聽了好得意。」

| 第 4 章 |

永遠在想新點子

一九五〇年代末期，二次世界大戰已成遙遠的記憶，美國遊客開始大量出現在歐洲。從經濟大恐慌時代前就開始逐漸壯大的美國中產階級，到了這時第一次有了可支配所得，而且不必全花在民生必需品上頭。雞尾酒是他們的社交潤滑劑，電視廣告助長了烈酒的需求。有天菲尼發現，這些背著相機、穿著俗氣外套來度假的美國人，只要是美國十五個州的居民，就可以在國外買免稅酒類帶回家。美國海關允許他們每三十一天免稅進口五瓶裝烈酒一次——加起來共計一加侖。

「我忽然明白，狗屎，這些酒你可以在任何地方賣給任何人。」菲尼說。「你在哪裡買、貨從哪裡運來的，根本都無所謂，只要你回到美國時申報就行了。」

菲尼的難題在於，他要說服美國觀光客向他和米勒買酒，然後還得想辦法幫他們送回家。海軍顧客比較簡單，只要把酒從保稅倉庫運到美國港口，讓進港的軍人提貨；但平民顧客的挑戰就比較大了。於是菲尼飛到紐約，看能不能想出辦法。

他發現答案就是美國快遞公司（Railway Express Agency），這家國營小包裹快遞公司（現在已經不存在了）的綠色載貨卡車，常在美國各地的道路上出現。按照法律規定，只要收件地在美國，該快遞公司就不能拒絕運送。菲尼印了幾萬份宣傳小冊子，發給赴歐洲旅遊的美國觀光客，告訴他們這個好消息：他們可以跟「遊客國際」（Tourists International）——他和米勒取的企業名稱——購買免稅烈酒，運送到美國的家門口，只要他們住在以下十五個州：紐約、康乃迪克、羅德島、麻州、賓州、新澤西、德拉瓦、華盛頓特區、俄亥俄、亞歷桑納、愛達荷、伊利諾、密蘇里、西維吉尼亞、北達科塔。

他找了個安特衛普的船運雜貨商處理訂單，把酒送上貨櫃，運到美國港口，再由美國快遞公司接手。付費買了這些烈酒的觀光客，在回美國經過海關時，會申報他們有另外托運的後送行李，然後把收據寄回菲尼在歐洲的辦公室，他們就會送出烈酒。那些願意填表格並等待貨物寄到的旅客，可以拿到好價錢。五瓶裝的施格蘭威士忌在美國要賣四七．七五美元，但「遊客國際」送貨到家只要二二．五元。類似的還有美國的傑克丹尼爾威士忌、愛爾蘭的特拉莫爾露威士忌（Tullamore Dew）與詹姆森威士忌（Jameson），以及蘇格蘭的約翰走路、海格（Haig）、貝爾氏（Bell's）等威士忌。

娶了年輕時髦的法屬阿爾及利亞姑娘

查克．菲尼老在出差，因而沒有什麼自己的時間，不過他和丹妮葉在自由城海灘邂逅的一年後，又再度巧遇。丹妮葉到紐約度假，查克則到那邊為他的五瓶裝烈酒制定運送方案。他們後來設法約去英格蘭相聚了一陣子，等到一九五九年五月查克來到巴黎，他們決定結婚。

丹妮葉是猶太人，家裡本來期望她嫁給一個他父親的同事，是個體面的巴黎猶太青年。但丹妮葉和查克同樣富有冒險精神，菲尼為她打開了一個全新的世界。她年輕時髦，又受過良好教育，為這段愛情增加了法國的精緻氣息。她的活潑朝氣和菲尼的精力無窮正是絕配。她和家人先後被這名美國青年吸引，而此時菲尼也已經說得一口流利的法語，而且總是熱心幫忙。他們於一九五九年十月在巴黎結婚，先在第十六區的區公所登記，次日在教堂舉行婚禮，羅爾斯是伴郎。

婚禮之後，查克和丹妮葉開著那輛松石綠的雷諾Dauphine車到瑞士，打算在那兒建立永久的居所。菲尼說，他得在歐洲找個「棲身之處」。他們在中世紀古城琉森（Lucerne）北邊的艾比孔（Ebikon）找到一戶沒有裝潢的公寓，簽了一年的租約，買了一張床和一套沙發。不過他們只在那邊過了三夜，就又開車到列支敦斯登（Lichtenstein），這裡才是菲尼真正的目的地。

這個內陸小公國位於瑞士和奧地利之間，面積比華盛頓特區還要小一點。該國的居留法令非常嚴格，他們無法在那邊取得正式的住處。「不過那是個避稅天堂，」菲尼說。「大家也喜歡我們去那裡做生意。」

當地幾乎沒有金融和稅務管制。他們住進了首都瓦杜茲（Vaduz）一家四層樓的森林旅館內，這個建於十三世紀的首都位於萊因河畔，城內最高處是一座位於高聳岩石上的城堡。不過他們發現，每七天他們就得收拾行李退房一次，因為警察會打電話來，確保遊客沒有逾期居留。

菲尼把「遊客國際」的第一個世界總部，設立在這個旅館的兩個房間內，外頭環繞的冷杉樹林俯瞰著萊因河谷，他還雇了兩個英格蘭女子，每天來幫他打字並處理文書工作。他們做了個「遊客國際」

字樣的黃銅牌子掛出來，正式營業地址是「老溪街五三四號歐貝拉旅館」，有幾十家幽靈海外公司都登記在這個地址。

一年後，一封信寄到這家森林旅館給菲尼，寄信人是司特齡（Leon Sterling），他是菲尼當年的康乃爾同學，家住紐約，現在人在德國服役，負責管理司徒加（Stuttgart）地區的一個軍官俱樂部。司特齡和查克一樣愛上了歐洲，希望退伍後找個工作留下。他在康乃爾飯店學院的校友通訊上，看到「三明治人」現在人在列支敦斯登，於是寫信來打聽，看瓦杜茲那邊有沒有什麼好的旅館工作。

菲尼邀請他加入自己的公司。司特齡於一九六〇年十月二十四日搭火車抵達列支敦斯登。不久之後，菲尼要他接管瓦杜茲的辦公室。「他說，『我們就是在做這些。』然後就走了。」司特齡說。「我這才慢慢了解查克的作風。他就是那種會給你責任，讓你獨當一面的人。他不會盯著你，不會待在你旁邊；而是出門去接更多生意。」

菲尼去了日內瓦，想跟一個威脅到他生意的新興美國公司達成協議。他的一個業務員偶然拿到一本銅版紙印刷的彩色商品目錄，是一家叫「免稅購物客」（Duty Free Shoppers）的商號印行的，地址在日內瓦的隆河街，公司名稱叫「泛洋」（Transocean）。這本二十八頁的小冊子號稱以「超贊的價格」提供美國遊客各式各樣商品，比方Le Galion和Molyneux的香水、喀什米爾羊毛衣、手錶，以及其他奢侈品，很多都只有美國零售價格的一半。

菲尼相信這家公司在免稅業這一行遙遙領先。但心想既然他們不賣酒，那麼或許會答應他的要求，把他的烈酒宣傳小冊子夾在他們的下一次商品目錄中。一九六〇年十二月十九日，他抵達日內瓦，在隆馬爾區（Longemalle）一家簡樸的湖畔旅館登記入住，然後打電話到泛洋公司要求找經理。他很驚訝接電話的人就是經理，還請他馬上過去。菲尼於是在聖誕節的購物人潮中，找到隆河街的那個地址。

「免稅購物客」是戴蒙（Stewart Damon）想出來的點子，他是美國海軍派出的交換軍官，曾派駐在拿坡里。這家商號的目標是把免稅商品賣給出國旅遊的美國遊客。他和另一個美國創業人阿德勒（Harry Adler）說服紐約的十七個投資人，湊出了總額九萬五千美元的股本，還安排好廠商替他們包裝並運送產品。他們印了五十萬本商品目錄，在日內瓦設立辦公室，以處理他們預期將會是雪崩式的訂單。但結果迎來的只有幾片小雪而已。

戴蒙那年九月已經返回美國，想進行公司改組卻告失敗，於是辭職，留下人在日內瓦的阿德勒和三千七百元債務，還有一千七百元的香水存貨。菲尼出現的這一天，阿德勒剛付掉了一些過期的帳單，把辦公桌清空。他跟幾個親戚借了點錢，準備和太太及兩個小孩飛回紐約。那是公司營業的最後一天。

然後這個「金髮藍眼的小伙子，看起來頂多二十歲」的男子走進辦公室，自稱名叫查克．菲尼，阿德勒回憶。其實當時菲尼已經快三十歲了，他不知道這個公司已經陷入淒慘的困境，立刻告訴阿德勒說他們公司的想法很了不起，想必做得非常成功，然後提議把自己的烈酒小冊子夾進他們下一次的目錄中，所有因此得到的烈酒訂單，他都會付佣金給他們。

「真是太諷刺了！」阿德勒後來在自己的回憶錄中寫道。「眼前出現的這名男子，認為這個想法不可能失敗，而且希望我們幫他發那些廢紙傳單。我真的別無選擇，只能告訴他實話。『親愛的朋友啊，』我說，『我們發的這個商品目錄是一次定生死的豪賭，而到了現在，已經是輸得一敗塗地了。』」

找到稱職的法國地頭蛇

菲尼一臉震驚，但完全沒說出他的感想，阿德勒說。「他用一種高音調很快問我，那這個公司、這個辦公室，以及還沒收到的訂單怎麼辦？」接著這個「迷人的年輕小子」拿出一枝派克鋼筆，開始用他後斜的筆跡記了一大堆筆記。然後菲尼說要打電話給同事米勒，次日會再來找阿德勒談。

菲尼相信這個公司的概念沒問題，只要適當行銷，這個公司就可以存活，而且鴻圖大展。這個公司是他自己免稅商品生意領域的合理擴展。次日他提了條件給阿德勒，建議明年初和阿德勒飛回美國一趟，菲尼會以一萬美元買下該公司的全部股份。同時「遊客國際」以月薪一千美元雇用阿德勒，還會先預支他三個月薪水。阿德勒簡直不敢相信他所聽到的話。

那天晚上，查克帶阿德勒和他太太艾拉（Ella，她是二次大戰期間逃過納粹大屠殺的倖存者）去吃晚餐，阿德勒記得那頓飯「相當奢華」。「我搶著付帳單，讓他印象深刻。」菲尼回憶。更讓阿德勒印象深刻的是聖誕節前兩天，菲尼從瓦杜茲寄了合約給他，附上一張預支三個月薪水的三千元支票，外加一張到紐約的來回機票。「才四天之內，我的整個世界就完全翻轉過來了，從悲慘的輸家變成一個有價值的人，眼前有令人興奮的未來在等著我。」阿德勒回憶。

在此同時，瓦杜茲的運作碰到麻煩了。列支敦斯登當局決定，他們已經忍受菲尼夠久了。一九六一年三月，旅館老闆頗為心煩地來找他。「你們得離開了。我再也敷衍不了警察了。」他懇求。菲尼決定，他們得在歐洲另外找個對企業友善的地方。最接近的地方是摩納哥，全世界第二小的獨立國家，就在自由城東邊的地中海海岸。

到那時為止，瓦杜茲的「遊客國際」已經累積了龐大的檔案和公司資料，還有一些打字機和櫃子。他們沒辦法就這樣跳上車穿越國界。「我們得經過好幾道邊境，第一個就是進入瑞士，」菲尼說。「我們沒有那邊的入境許可。邊境檢查官員會問，『那一車子鬼玩意兒是幹嘛的？你們帶著這些紙要做什麼？』每個人都知道瑞士人的做事方法，如果你沒有許可，他們就會罰你錢。」

他們決定半夜搬家。司特齡事先開車到德國路德維希堡（Ludwigsburg）的美軍基地，在那裡暫時把他那輛小車交給當地的軍醫院院長老友歐馬洪尼中校，換來中校那輛較寬敞的旅行車。回到瓦杜茲，他們把檔案櫃和辦公設備裝上那輛美國軍車，上頭蓋著髒衣服。菲尼把檔案和其他紙張放在他那輛雷諾Dauphine的後車廂裡，上頭蓋著床單和髒襯衫。

他們在一九六一年三月十六日深夜離開瓦杜茲，沿著N—十三號公路往南，經過瑞士，在清晨三點到達義大利邊境。司特齡把美國陸軍上尉的證件亮給邊境的警察看，解釋說他才剛退伍。那名移民局的警察也剛退役。「你對一個老兵還能怎麼樣？」他問。他們給了點小賄賂，那警察就揮揮手讓他們過了。

他們進入法國邊境，一路順利開到摩納哥。雖然實際基地已經不在瓦杜茲，菲尼卻不打算放棄列支敦斯登這個避稅天堂。他雇了個列支敦斯登的永久居民史卡雷（Arno Scalet），打算以後讓他當秘書和「遊客國際」名義上在列支敦斯登總部的負責人。那個公司名牌還掛在瓦杜茲老溪街原來的地方。

摩納哥對外國企業人士相當寬容。菲尼在一條充滿紅瓦屋頂老住宅的安靜街道蘇福隆・雷蒙街找了個新辦公室，然後讓司特齡坐鎮負責。跟在列支敦斯登一樣，他們沒有營業許可。為了避免引起注意，他們需要一個地頭蛇，必要時替他們解決麻煩，同時幫他們過濾法國的供貨商。

他們找到這個人是出於偶然。「有天我聽到有個人在大喊大叫，我出去，看到這個塊頭挺大的年輕人，」司特齡說。「結果是我們擋住了他的卡車。幾天後，同樣的事情又發生了。他會講英文，而且好像很靈光，於是我說，『你乾脆來替我們工作吧？』」那個卡車司機甘茨柏傑（Jean Gentzbourger）是打過阿爾及利亞戰爭的法國退役軍人，當時他負責開車送木料到建築工地，月薪六百法郎。司特齡開了八百法郎的薪水要他跳槽到「遊客國際」。甘茨柏傑去找他的老闆說要辭職。「我替你加薪兩百法郎。」他的老闆說。甘茨柏傑回答，「太遲了。」

這個法國人很快就搞清，「遊客國際」辦公室裡面進出的這些美國推銷員全是非法的。「你們得拿到工作許可，不然你們全都會有麻煩。」甘茨柏傑告訴司特齡。「你是唯一合法的人，所以你就當我們的代表。」司特齡這麼跟他說。於是甘茨柏傑就成了辦公室經理，也就是這個辦公室的法定代表人。他的一部分工作，就是在這些推銷員引起摩納哥警方注意時，替他們擺平麻煩。

有一回，一個推銷員騎著他的機動腳踏車，從義大利熱那亞趕回來，一身塵土髒兮兮的，於是就被警察抓起來。甘茨柏傑利用他的軍方關係，把那名推銷員保釋出來。「當時我們做生意就是這樣。」

在他現居那棟俯瞰坎城的別墅中，甘茨柏傑回憶起這段往事。

菲尼偶爾會來去一趟，總是走得很快，就連手上提著塞滿廣告傳單的沉重行李時也不例外。他永遠在想新點子。他的下一個新事業，就是在巴黎和平路十二號開一家全新的店：眾多美國遊客，其中許多人是參加四天四國旅遊團，他們可以在這家店一次買足，訂購比方一件來自蘇格蘭的喀什米爾針織衫、一個來自奧地利的珠編包、一件來自愛爾蘭沃特福（Waterfort）水晶廠的產品，以及一個來自義大利的皮夾，然後把這些東西以「後送禮品」的名義申報，再從原產地運到顧客在美國的家中。

他們不需要花錢買存貨，只要有商品貨樣就行了。這家店會雇用迷人的銷售小姐，到全巴黎五家最大觀光飯店的大廳收訂單。菲尼派甘茨柏傑去經營這家店。這位法國地頭蛇說他覺得自己像個拉皮條的，因為那些年輕小姐每天晚上都帶著一大堆訂單和滿皮包的鈔票回來。

菲尼到巴黎時會來店裡。「他會來個兩天，在奎許小店（La Quesh）吃中餐，」他回憶。「我們會坐在吧台。他老是點今日特餐，上菜後，他就邊講話邊心不在焉趕快吃，然後就要離開。我後來就學會要吃快一點。他老在講講講，他的腦子快得像卡通裡那隻墨西哥飛毛腿老鼠，總是跑得飛快。」

他們對官僚制度的反感有時也會害到自己。「查克或司特齡會帶著新款手錶來巴黎，把舊款換掉。」甘茨柏傑哀嘆道。「有天一個海關官員來店裡檢查那些商品，發現上面的商品號跟發票沒有一個對得上。」結果那家店被罰款兩萬法郎。而甘茨柏傑這個好經理，則把罰金殺價到一千法郎。

｜第5章｜
騎在老虎背上

菲尼和米勒忙著收集海軍軍艦上的訂單時，常碰到有人問他們是不是賣汽車的。當時不是，但很快就會開始了。他們發現在海外服役的美國軍人可以免稅買汽車，運回美國的基地港，而且有些對手推銷員已經開始在賣車了。米勒和菲尼去汽車經銷商那邊拿了宣傳小冊子，帶到船上。他們發現賣車就像賣酒一樣。他們先收一筆訂金，付頭期款給車商，然後訂車運到顧客的基地港。

一旦大家知道他們是賣車的，訂單就排山倒海而來。歐洲的汽車製造業才剛復甦，而歐洲車在美國很受歡迎。他們開始雇用推銷員巡迴地中海沿岸的港口和軍事基地，還雇了一些退伍美國軍人，例如曾在西德陸軍服役的萊恩斯（Joe Lyons）和馬圖謝克（Bob Matousek），就負責去德國的軍事基地拉生意，那裡的美國駐軍總共有三十萬人。

他們把這個事業取名為「汽車國際」（Cars International）。業務擴張得很快。菲尼奔走西歐各地建立代理商網絡，把汽車、烈酒、香菸賣到美國去。他設計傳單，還在《星條旗》（*Stars and Stripes*）這類軍方出版品上登廣告。就跟在海軍的軍艦上一樣，這些推銷員的成功與否，要看能不能設法進入軍營裡的士官與軍官俱樂部，以及軍營。這些推銷員當過兵，自然熟知門路，當過陸軍上尉的馬圖謝克這麼說。

對於當時想在西歐賺錢的美國人來說，那真是一段美好時光。很多年紀較長的歐洲人把美國人視為解救者，而當時的美國軍隊又是對抗蘇聯共產主義的保護者。美國電影和消費品很受戰後歐洲年輕一輩的歡迎。這個知名的「經濟奇蹟」為西德帶來一段政治穩定的時代，法國和義大利則進入空前的繁榮歲月。

為菲尼工作的那些退役美國軍人，自己也得到了新的自由，他們服完義務役，又脫離一九五〇年代風氣極端保守的美國。他們可以迅速賺錢又花錢，歡樂享受人生。查克．菲尼和他的員工積極、自信，而且遊走在法律邊緣。他們享受一種充實的袍澤之情。美國處於一個富裕的新時代，意味著他們的美國顧客有更多可以花的現金，而且這些錢大量湧進他們的公司。他們占盡了天時與地利。

成功關鍵在於不必有存貨

菲尼和米勒在西德設立了八個汽車銷售中心。在法蘭克福美國軍區的心臟地帶，他們接收了一處富豪（Volvo）汽車的展示中心，從其他車商那裡弄來樣品車展示給顧客看。他們還在一家酒吧隔壁租下了原來軍火廠的空間。他們印刷大量的宣傳小冊子，寄給無法到他們展示中心來的軍人。這些小冊子裡面列出各種當時風行的外國車款：陽光 Tiger、奧斯汀 Healy、保時捷九一一、雷諾 R-8 轎車、

MG跑車、Spitfire、富豪，還有福斯金龜車。德國汽車設計家保時捷（Ferdinand Porsche）所設計這款耐用、可靠的金龜車，在美國是非常炫的車子，也最多人買。一名軍人在美國買福斯金龜車要一千七百美元，但買免稅的就可以省五百元。買家預付「汽車國際」百分之十的車款，該公司則交給車商百分之五的訂金以訂購車子。「消費者提供我們資金，而車商也用很可笑的方式讓我們賒帳。」菲尼說，如果那些軍人需要，他還會安排美國的政府僱員保險公司（Geico）提供貸款。

一如往常，他們成功的關鍵在於不必有存貨。他們賣酒也賣車，兩者都不需要半毛預付貨款。而且他們是「境外公司」，表示他們不必繳稅給美國政府。這似乎是個完美的企業模式。顧客可以在法國或德國領車，或等到回美國再領。如果顧客在歐洲先開過一陣子，那就成了舊車，回美國要繳的牌照稅更低。馬圖謝克有回賣了兩輛車子給一名厭惡納稅的中將。「他就把車開到下一個街區又回來，然後把車當成在德國開過的舊車，運上船載回美國。」

跟一般的汽車銷售員沒兩樣，這些退役的美國軍人最大力吹噓品質的車子，就是能讓他們抽最多佣金的款式。不過他們的主要問題不是拉訂單，而是讓歐洲車廠交車。當時法、德、義的汽車供給量，都趕不上暴增的國內需求。在法國，車主數量在一九五〇年代翻了三倍，達到六百萬。「汽車國際」有時還得買通車廠裡的熟人把車子弄成「水貨」，也就是說，把原來應該送到別處的車交給他們。

米勒吸收了在司徒加賓士車廠六C出口部門當主任的夏佛（Hans Schaefer）處理韓國的配額，以提供水貨車給他。在書面作業部分，這些車是運到了韓國，但事實上則是運到了美國。這個詭計後來被拆穿，是因為一個海軍少校到賓士車廠看他之前訂購的車，講好要運到佛羅里達州。車廠的人告訴他，「啊，是的，少校。這車會運到韓國首爾，大約要八個星期。」然後遊戲結束。夏佛和他的德國秘書賀爾佳・弗萊茲（Helga Flaiz）立刻被解雇，但旋即被「汽車國際」法蘭克福辦事處雇用。

在全盛時期，「汽車國際」買下了《時代》（*Time*）週刊海外軍隊版的整頁廣告。上頭吹噓「『汽車國際』獨一無二的『美國本土運送方案』，讓美國大兵可以用低廉的出口價格，從四百九十二種美國和歐洲車中挑選」。廣告上還印了訂購單，上頭註明：購車四十五天內若消費者不滿意，「銷售總監查爾斯・菲尼獨家保證」原款奉還。

菲尼也運用高超的公關技巧促銷產品。他捐了輛兩千六百五十美元的英國MGB跑車，給航空母艦佛瑞斯塔號（USS *Forrestal*）上的五千名官兵當摸彩獎品，在他們發給海軍官兵的小冊子上說這輛車是：「泡妞武器……如果你沒有老婆，MGB將可助你一臂之力！」得主是一名來自密西根的機工軍士，下一期的宣傳小冊子引用了他的話，「老婆？有了這個漂亮的小東西，誰還需要老婆？」

菲尼進一步開拓事業戰場。只要有軍事基地的地方，就有潛在的顧客。他搭飛機跑遍世界各地，尋找建立銷售處的機會，包括當時美軍剛開始增兵進駐的西貢，他還曾由哈瓦那飛到古巴南部的美軍基地關塔那摩（Guantanamo）。也許無法避免地，美國中央情報局也把「汽車國際」視為其間諜活動的良好掩護。曾在海軍陸戰隊服役的瑞得（Brooks Read），就曾在拉丁美洲拿著「汽車國際」的宣傳小冊子當推銷員。後來前中情局探員艾吉（Philip Agee）在其著作《中情局內幕紀事》（*Inside the Company: CIA Diary*）中揭發，說瑞得其實是中情局的專案探員。

在這個時期，另一個康乃爾校友加入了這家汽車公司，後來成為拓展全球業務的有力幫手。默斯代特（Jeffrey Mahlstedt）也是康乃爾飯店學院畢業的，家在康乃迪克州南邊的老格林威治（Old Greenwich），以前在學校是菲尼三明治生意的老顧客。他在太平洋地區的美國第七艦隊擔任少尉時，接到了菲尼的信，上頭說，「你退伍後一定要來歐洲。這裡很好玩，天氣很好，而且有很多美女。」但緊接著菲尼很快就又寫信來，提出完全不同的建議：默斯代特應該留在太平洋地區，設法在那邊替「汽車國際」賣車。「我告訴他，說我們做得很好，就要發財了，而且整個遠東地區都是開放的。」菲尼回憶。「我說我們就要賺到人生的第一個一百萬了，於是他說，『我加入！』」

「汽車國際」和「遊客國際」在歐洲碰到前所未有的嚴酷競爭。各路推銷員搶著賣各式各樣的東西，從汽車到香水和酒類，而且想盡辦法排擠別人，好讓自己登上美國軍艦。菲尼相信，在比較不擁擠的太平洋地區，應該會比較有利可圖。他寄了一些有關生意的資料給默斯代特參考。

一九六〇年一月，默斯代特預定此時從海軍退役，他說服船長在橫須賀放他下船。這個位於東京灣口的海港，有一個很大的美國海軍基地，美國駐遠東海軍司令部便設立於此。港口中不斷有美國船隻進出，但除了世界各地港口都會有的種種休閒活動之外，戰後的日本沒太多東西可以讓海軍官兵花錢。默斯代特發現，沒有人在那邊賣任何免稅商品給美軍。那邊也沒有烈酒的市場，因為第七艦隊的美軍基地在加州，那裡只准每個軍人帶一瓶免稅烈酒入境。於是他就開始賣車。

「我住進一家日本小旅舍，交了個日本女友當翻譯，」默斯代特說。「我每天會到海軍基地，用我以前的軍人證進去。我會上一艘船，然後他們會問我，『你來做什麼？』我會說，『只是來看看朋友。』然後我就到軍官室去找人搭訕。」或許因為這裡的軍人沒想到會有推銷員出現，所以很多人疑心默斯代特在搞什麼鬼，過了三星期，他一輛車子都沒賣掉。他的第一筆生意是有天去東京度週末時拉到的，他在火車上跟一個美國陸軍上尉聊起來，他說他想買輛車，問默斯代特有什麼建議。

這個腦筋動得很快的推銷員往下瞄了眼他膝上那本《時代》週刊，看到一個標緻汽車的廣告，於是就問對方，「你知道標緻是年度最佳汽車嗎？」他下火車前，那名上尉給了他四百美元訂購了一輛標緻汽車。「我想他告訴過我他口袋裡有多少現金，於是我就把訂金講得多一點。」默斯代特回憶。

默斯代特在橫須賀的堅持不懈，終於有了回報，接下來三星期，他收到二十輛汽車的訂單。在他的日本旅舍房間裡，他盤腿坐在一張日式床墊上，把那些訂單打字傳送到自由城給菲尼和米勒。他印了名片，上頭瞎掰自己是代表「遊客免稅公司，瓦杜茲，列支敦斯登」。「那些字念起來太拗口了，」他說，「根本沒人聽得懂我在說什麼。」

「什麼都有，什麼都賣」

默斯代特相信，在遠東地區真要有所作為，不會是在日本，而是在香港，那裡是美國軍艦返國的停泊處，海軍官兵都會在返回美國前盡情揮霍。一九六〇年初，他訂了一張日本貨輪到香港的船票。他在日本做的最後一筆生意，是在一艘同樣即將前往香港的航空母艦上，賣了輛汽車給一名隨營牧師，牧師給了他兩百美元訂金。默斯代特的船延遲了，那名牧師先到了香港，找不到他，就報案說他被騙了。一名海軍上將發出全艦隊通緝令，警告海軍官兵：「小心傑夫瑞・默斯代特，他自稱來自列支敦斯登瓦杜茲。」默斯代特在香港入境時被捕，解釋了前因後果，最後牧師取到了他的車。

默斯代特把辦公室設在九龍彌敦道一家華人旅館的一四○四號房。他在牆上貼了一堆汽車海報，並於一九六○年六月二十三日辦理公司登記，公司名稱是「遊客免稅銷售有限公司（香港）」（Tourist Duty Free Sales Company〔Hong Kong〕Limited），董事包括菲尼、米勒，以及默斯代特。他的「辦公室」小得不得了，顧客要從床旁邊走出去之前，還得請他先把房門打開，才能出得去。

太平洋地區的美國海軍官兵們紛紛風聞有免稅品可以買，於是他們的生意也蒸蒸日上。菲尼建議米勒應該去香港，幫默斯代特擴大遠東地區的業務，而菲尼自己則留在歐洲發展。「可以說，我們把世界給瓜分了。」米勒說。他在一九六○年九月來到香港，開始跟前任海軍少尉默斯代特一起工作。

兩個月後，米勒和默斯代特穿著深色西裝，打上領帶，在灣仔的「麗的呼聲大廈」為他們的汽車展示中心揭幕。他們開香檳，還放了一長串鞭炮以驅逐惡鬼。「我還記得日期，因為當天我們茶几上攤著一份打開的《南華早報》，上頭標題就是『約翰．甘迺迪當選美國總統』，那是一九六○年十一月九日。」米勒回憶道。那家展示中心的地點很好。戰艦附屬的小艇會停在大樓前的防波堤邊。附近一大堆有陪酒女郎的上空酒吧和歌廳，同一條街往前就是六國酒店，是那一年的賣座電影《蘇絲黃的世界》（*The World of Suzie Wong*）裡的主要場景之一。「麗的呼聲大廈」樓頂還剛好就有一個三尖形的星狀霓虹燈，看起來就像賓士汽車的標誌，默斯代特都告訴那些水兵，一上岸就找那個霓虹燈。

「我們什麼都賣，」默斯代特說。「如果你想要一輛賓士和一輛陽光阿爾卑斯，沒問題。不必問我們有沒有，我們什麼都有。」等到帶五瓶烈酒進入加州的禁令解除後，他們也開始賣酒給遠東地區的海軍軍人。當時單打獨鬥的艾德蒙茲已經跑到加州首府沙加緬度（Sacramento），聲稱原來的規定是歧視軍人，因而成功說服加州議會放鬆管制。

在此同時，米勒也早已得知夏威夷有免稅商品生意的機會。到香港的途中，他曾在夏威夷稍作停留，拜訪他的老友費錫安（Peter Fithian），是一九五一年那屆畢業的康乃爾飯店學院學長。滿頭金髮的費錫安是波士頓人，當時他在夏威夷開了一家叫「夏威夷歡迎者」的公司，雇了一堆女郎穿著呼拉舞裙，在機場迎接到境旅客，為他們戴上花環並獻吻。

當時飛檀香山航線的泛美航空和美國航空，已經把飛機從八人座的DC－八型小飛機，換成了更大的波音七〇七，帶來了一波波的觀光人潮，機場旁正在蓋新的航廈。費錫安介紹米勒參觀機場裡的幾個特許店。「他們問我是做哪行的，我就說我是賣免稅商品的。」米勒說。「他們聽了就說，『啊，真有趣，因為新的航廈就要完工了，這裡會有一個免稅店營業權的招標。』」

一年多之後，米勒在日本出差時，接到費錫安電話，告訴他檀香山機場免稅店營業權的投標截止日就在那個週末。如果他想參加競標，就得馬上趕到夏威夷，並繳交公司財務報表和押金。米勒打電話到日內瓦找菲尼，菲尼找了會計人員弄出了一堆數字，同時琢磨他們該出多少投標金，然後以電傳打字系統傳給米勒，他再飛到夏威夷。他們以「遊客國際銷售有限公司」為名義提出的投標金，是保證付給機場七萬八千美金，取得免稅商店特許權，時間從一九六二年五月三十一日開始，為期五年。

對於新機場裡一個小小的零售空間而言，這是筆很大的金額，但他們賭的是當地觀光業會起飛，免稅商品生意也會隨之興旺。開標前那一夜，米勒幾乎整夜睡不著。競標的總共有五家公司。他們聚集在一棟政府大樓內，看著交通部門主管在一面大黑板上寫下數字。「遊客國際」得標了。第二高的競標者是一家叫「水星國際」的匯兌商，那位經理提議以十萬元請米勒棄標。「門都沒有！」他說。

啟德機場第一個免稅店特許權，到手

幾個月後，米勒和菲尼也拿到了香港啟德機場第一個免稅店的特許權。那裡也蓋了新航廈，同時跑道正在進行延伸工程，以容納波音七〇七型飛機的起降。一名兼差汽車推銷員在一本週刊上看到機場競標的消息，報導指出香港政府也有意在新航廈推出免稅菸酒專賣店，於是便告訴他的老闆們。

菲尼和米勒以「旅遊國際（香港）銷售公司」的名義競標這項特許權。米勒到香港民航處的辦公大樓，將寫著投標金額的紙條扔進一個箱子內。為了得到為期三年的合約，他們保證支付總銷售額的二八％，外加一筆象徵性的小數目，支付這個特許權和所有服務費用。這個英國殖民地並沒有公開的開標程序。米勒只是有天上午收到一封政府來函，通知說他們得標了。

當時，這四名正在推銷汽車和烈酒的康乃爾校友創業家——菲尼、米勒、司特齡、默斯代特——覺得這兩家機場免稅店只是副業，可能賺錢也可能不賺錢。他們為兩家免稅店進貨、指派經理人，但太平洋地區的旅遊風氣才剛起步，這兩家店開張時都沒什麼生意。真正賺大錢的，是靠賣汽車給美軍、賣烈酒給美國遊客。不過無論如何，只要有機會出現，他們就隨時準備冒險。儘管他們做生意抱著投機的態度，也沒有寫下什麼計畫或策略，但他們卻一路愈來愈壯大。「那就像是騎在老虎背上，」

米勒說。「隨牠跑到哪裡，你也只能跟著去。」

這段期間，菲尼也在探索北美洲另一個新出現的潛在商機。他一九六一年初曾和阿德勒搭機回美國，準備買下當時在瑞士一敗塗地而破產的「免稅購物客」股份。他們回到美國才發現，那些原來的股東，都已經在報稅的時候提列投資損失，把這些股權一筆勾消了。

這個公司背後的概念是：免稅商品可以在美國境外的任何地方，賣給美國遊客。菲尼和阿德勒飛到墨西哥城，測試那邊的市場。他們花了五千美元買通了一個地頭蛇後，在這個大都會核心地帶粉紅區（Zona Rosa）的倫敦街開了一家小店鋪，貨架上放著一堆從附近商店買來的貨樣，包括手錶、披巾、喀什米爾毛衣、咕咕鐘，以及瓶裝烈酒。除了這些樣品，他們沒有任何存貨。

「美國遊客進來店裡，就從商品目錄或店裡的樣品選購，」阿德勒說。「我們告訴他們，『我們會寄去給你。』等遊客回美國時，就申報他們在國外時買的東西將會以『後送行李』的方式送來，比方一件蘇格蘭Pringle品牌的喀什米爾毛衣。他們的訂單會傳到日內瓦去，然後從阿姆斯特丹的倉庫出貨。郵差會把包裹送到顧客家門口，跟顧客說，『你得付稅。』顧客就會說，他從墨西哥回來時，已經申報過這件後送行李了，然後把存根交給郵差。那個郵差就會寄回存根。整套運作得很順暢。」

菲尼的下一個動作，就是去加拿大邊境，開拓免稅商品業的機會。如果美國遊客在法國和德國都可以訂購烈酒，再從歐洲的保稅倉庫運出，那他們也可以在加拿大訂購才對。菲尼查過以後，發現從沒有人利用過這個機會——除了一個住在海地的加拿大船上供應商努斯塔斯，他一九六〇年開始在海地做郵購烈酒的生意。菲尼去海地首都太子港拜訪他，請教他是怎麼運作的。然後他聯絡香港的默斯代特，要他來紐約幫忙，開辦「遊客國際」在加拿大的郵購事業。默斯代特很樂意離開遠東，因為他一直跟米勒處不好，於是就來到紐約了。

碰到生意上的事情，菲尼一向是能省則省，他和默斯代特每天上午在咖啡店碰面，商量他們的策略。「我們會寫一堆筆記，用店裡的公用電話找人談，直到店家把我們趕出來為止，」默斯代特回憶。「我們會再換一家咖啡店。在店裡剪剪貼貼，然後送去印刷廠。所有的預支成本就是那些傳單的印刷費。而且我們當然不會馬上付錢給印刷廠。接下來我們就租了個辦公室，在第五大道和四十二街交口一棟破建築的頂樓。我在香港的飯店房間都要大一點！你一進門，就得擠過辦公桌旁邊。查克的立場是，『你看，這個地址多棒──第五大道耶，有什麼比得上？』」

菲尼老是能想出新點子，他設計了一種邊緣穿孔的訂閱表格，可以從傳單上撕下來。默斯代特相信，這樣的東西用於郵購是史上頭一回。菲尼還想出在傳單裡夾上付給「遊客國際」的空白支票，讓顧客使用。那份訂閱表格告訴旅客，「無論您要去加拿大、墨西哥、加勒比海地區、歐洲、遠東地區，或是帕哥帕哥（Pago Pago，譯註：位於南太平洋，美屬薩摩亞的首府），您都有資格訂購免稅五瓶裝烈酒送到家……還有喀什米爾織品、相機、手錶、瓷器、水晶、銀器、珍珠、皮件、玉器、滑雪裝備，以及其他眾多商品，全都是免稅價格。」

他們只要在歸國海關時申報這些購買的商品為「後寄物品」，填寫表格航空寄到瑞士日內瓦隆河街九十四號的「遊客國際」免稅銷售部──菲尼買下阿德勒那家破產公司時所接收的辦公室。「剩下的交給我們……你回家不久後，我們就會通知已收到您的訂單，並告知貨品送達府上的大約日期。」

這個訂購過程很複雜，而且要等上六週才能收到貨，但顧客可以省下高達五〇%的錢。最重要的是，這些酒不必是遊客去拜訪的國家所生產的。到加拿大玩的美國人可以訂購五瓶蘇格蘭生產的約翰走路威士忌，等他們把海關表格寄到日內瓦後，阿姆斯特丹的保稅倉庫就會把訂購的貨品送出。

菲尼還找了電傳設備，處理這些按照字母排序的訂單，上頭顯示每個收件人的名字和地址、每個包裹的內容，以及收件人的參考號碼。每批貨物平均有兩千個包裹，上頭都貼著收件人的名字和地址，從阿姆斯特丹以貨櫃運到紐約的港口。海關結關後，就由美國快遞公司接手，一一送到遊客的家中。「遊客國際」從來不持有這些烈酒，所以他們也不必租倉庫或花錢買存貨。

生意太好，還被加拿大騎警隊跟蹤

默斯代特去加拿大，在尼加拉瀑布的公園飯店設立了一個免稅賣場。才一年下來，他就已經在邊境開了六家免稅店，供美國旅客訂購五瓶裝的免稅酒。他在加油站發廣告小冊子，派各地的業務代表到美國遊客常去的飯店和汽車旅館分發傳單和訂購表格。表格上有編號，這樣有人訂購時，業務代表和飯店職員就可以抽佣金。

生意愈來愈好，菲尼就叫歐洲的司特齡過來幫忙。他們開設展示店，推銷各式各樣其他商品，例如好幾個月才能寄到的手織挪威毛衣。但真正賺錢的還是烈酒銷售，在早期時賺進了默斯代特所謂的「巨額」利潤。第一個夏天，他們是全加拿大唯一在做郵購烈酒生意的。不久，營業量就達到五十萬瓶。擁有酒類專賣權的加拿大安大略省政府，則眼睜睜看著自己的銷售量下降。默斯代特忙著四處分發廣告傳單時，皇家加拿大騎警隊還跟蹤他，卻發現他沒做任何違法的事。

以今天的標準來看，有的廣告傳單還真是「政治不正確」。比方有個廣告上畫了笑得很開心的一家人——母親、父親，外加一個十歲左右的小孩——每人面前都有一組五瓶裝烈酒，廣告詞是：「家裡每個人都可以訂購一加侖」。還有張圖畫是巴黎的艾菲爾鐵塔，宣稱如果把一年內透過「遊客國際」訂購的酒瓶直立疊起，將會有這個鐵塔的一百一十五倍高。

然後競爭來了。「我們剛開始做這個五瓶裝業務時，還沒想到這可不是獨門生意，結果市場上馬上就出現其他十五家公司，也做同樣的事情。」菲尼說。靠近加拿大邊界的飯店和汽車旅館，湧入了其他廠商的傳單和訂購單，同時在美國，反對他們生意的阻力也愈來愈大。

「在水牛城，烈酒零售商都說他們被我們打得很慘，」默斯代特說。「通常只要大家一曉得我們，就會開車過個橋進入加拿大國境，訂了酒，再走另一條橋回到美國，說他們已經去了四十八小時。而且當時沒有年齡限制，他們會在車上載十個小孩，每個都申報五瓶酒。」

美國零售業者不斷向政府抱怨，美國某些州的州檢察長便想透過法律途徑，阻止這股訂購烈酒的熱潮。有一天，一個紐約州酒牌管理局的官員來到「遊客國際」的紐約市辦公室，見到阿德勒。「阿德勒先生，你沒有賣酒許可，卻在賣酒給紐約州的人，」他聲稱。「沒有啊，我們只賣給遊客。」阿德勒反駁。紐約州酒牌管理局想起訴「遊客國際」，卻告失敗。

過了不久，阿德勒就離開「遊客國際」，到鳳凰城經營家具生意。「跟查克共事很好玩，」他回憶。「查克成天提著公事包東奔西跑。什麼事都跟生意有關。他會做很多古怪的事情。我變成他口中『開發處女地』的一員，因為他身邊都是大學畢業的聰明年輕人，大部分都單身，急著想『征服世界』。我是他那些『牛仔』裡頭年紀最大的，老是給他澆冷水，跟他說，『你瘋了啊？』不過那是我人生中很刺激的一章。」

那段期間，查克和丹妮葉夫婦一部分時間在紐約，一部分時間在巴黎，他們在巴黎的蒙馬特區有一戶公寓。歐洲各地都有生意要照顧。菲尼太常出差了，根本就沒有永久地址。「那時候我沒有永久地址；也沒有必要。」他說。但後來他們就需要有個安定的住家了。他們的長女茱麗葉（Juliette）於一九六二年一月來到人世，次女卡洛琳（Caroleen）則是同年的十二月，都是在巴黎出生的。

回新澤西老家時，菲尼不會炫耀自己的成功——那不是他的個性，而且伊麗莎白鎮那些還時常聯絡的老同學也不會歡迎這類舉動。不過他決定要給父母親一個昂貴的禮物。一九六三年十一月，他說服爸媽去參加一個遊輪之旅。他已經偷偷安排要趁他們離家期間，整修那棟柵欄路的老房子。工人進駐之前，他和阿琳的丈夫費茲派區（Jim Fitzpatrick）先把房子清空。

「我們進了地下室，丟掉一堆東西，」費茲派區回憶。「老菲尼先生從來不丟東西。他會把舊報紙都留下，一路堆到天花板。這樣很容易引起火災的。閣樓也是一樣。所以查克和我就租了輛卡車，把那些東西全扔掉。菲尼太太從遊輪之旅回來後，一看高興得不得了。整棟房子亮晶晶，有新窗簾和各式各樣的新家具。她說，『早知道會變得這麼漂亮，我就把船長帶來家裡玩了！』但老菲尼先生一回家就跑到地下室。他氣得想殺人！我趕緊逃走。」

第6章 永遠被成功的欲望驅動

到了一九六四年中，「遊客國際」已經在二十七個國家營業，擁有兩百名員工。在紐約，菲尼把總部搬到萊辛頓大道一個比較大的辦公室。這個日漸壯大的多國企業還包括「汽車國際」、兩個機場免稅店，但四個負責經營的校友卻從未共聚一堂。這年九月，菲尼打電話要他們到紐約參加第一次年度董事會議。這個公司由一堆半獨立的堡壘組成，在不同的國家以不同的公司名稱登記，而菲尼則在中央提供驅動力、眼界，和點子。他們需要一個適當的管理結構。

大家坐下來後，菲尼告訴米勒、默斯代特、司特齡這三個夥伴，說他很擔心「遊客國際」不曉得會變得多麼龐大。眼前的首要目標，就是為這個公司建立基礎，以利未來的循序成長和全面擴張。在短短五年之內，這四個美國人就達到了令人驚訝的成功，但他們卻沒有任何成長計畫，沒有公司組織圖，沒有公司歷史，沒有共同目標，連公司員工的名單都沒有。

「這個公司一定要成為一個更有效率、充滿活力的組織。」他說。為了要讓經營更有效率，他指派他們每個人擔任常務董事：米勒負責遠東地區，默斯代特負責北美洲，司特齡負責歐洲。菲尼的職責，則是協調其他三個地區的各種報告，並決定政策。

菲尼和米勒是共同創辦人，他們也決定出這個企業的股權分配。他們同意兩人各占三八・七五%；默斯代特占一二・五%，司特齡則是一〇%。司特齡不太滿意，因為他覺得自己應該得到跟默斯代特同樣的待遇。這是口頭協議，沒有任何書面的形式。

每個人都以為這個公司正在賺大錢。他們每個月售出高達四千輛汽車。現金滾滾流入。但沒有資產負債表，他們也無從得知自己到底做得有多好。米勒在香港雇了一個很愛說大話的英格蘭會計師柏恩（Desmond Byrne），他們便指派柏恩擔任公司的財務主管，要求他把會計流程集中管理，並直接向菲尼報告。

公司生意很好，但，「錢都跑哪去了？」

大概就在這個時期，菲尼碰到一個老家的好友，聊到自己在全世界有二十七個公司。那個朋友問他：「可是你們賺錢嗎？」這是個中肯的問題。等到四名董事再度聚首，是在一九六五年的第二次董事會，這回是在日內瓦賀維提克大道七十六號的辦公室，柏恩報告他巡迴各個分公司的結果。這個公司生意很好，但長期缺乏現金。「各位，我們根本沒錢，」柏恩直率地說。「錢都跑到哪兒去了？」

柏恩宣布，汽車銷售部門有很嚴重的問題。汽車運送後要拖很久，他們才能收到錢。他們跟服務人員先收到了訂金，然後用這些錢付各種費用和汽車的運費。

四個董事都很震驚。他們以為有很多存款，只是在各個公司的網絡之間流通而已。他們決定削減支出，然後想辦法解決問題。菲尼建議他們先各自減薪。他們每個月的薪水本來是兩千元，這是旅外美國人的免稅上限。他們同意把月薪降為一千兩百元。

「我們根本不曉得財務上該怎麼處理，」默斯代特回憶。「如果哪裡有家公司開張，手上有錢的人就把錢送過去。真是瘋狂。根本沒有會計概念。倒不是我們沒記帳。我們送錢到香港，或香港送錢去加拿大，可是都沒匯總在一起。」由於企業擴張得太快速，他們也沒太留心記帳的事情。「我們根本沒花時間在公司結構或其他類似的事情上頭，我們只是忙著賣車，賣免稅菸酒，努力賺錢進來，再存進銀行，錢進錢出。」米勒回憶。

這四個康乃爾畢業生在飯店學院時，已經學會了如何經營飯店或餐廳，但現在卻必須學著掌握原則，管理一個忙碌的全球企業網絡。他們傳閱一本史隆（Alfred Sloan）一九六三年的暢銷書《我在通用汽車的歲月》（*My Years With General Motors*），在書中史隆將自己經營通用汽車的成功，歸因於分權管理與財務控管。「遊客國際」有前者，但沒有後者。「我們不需要財務控管啊，」回憶起來，菲尼自嘲道。「因為我們根本就沒有錢可以管！」

他們的問題之一，就是汽車業現在也面臨了美國軍方的激烈競爭。一九六〇年以前，海外的軍中福利社（Army Exchange Service，通稱PXs）不賣美國製造的汽車或奢侈品。但現在軍中福利社也開始賣美國汽車——免稅的——給駐歐洲的官兵，並送貨到家。他們提供展示空間給三家美國車廠：通用汽車、福特，以及克萊斯勒。「他們的條件當然很吸引人，」菲尼說。「你在歐洲服役時，就訂好車子，等回國後，就可以到自己家附近的福特經銷商領車。這一招大概就把我們的生意給搶光了。」

在香港，汽車銷售也碰到了其他競爭者。菲尼和米勒的銷售代表在香港一直是做獨門生意，直到一艘第七艦隊的軍艦從太平洋地區移防到地中海，停靠在義大利的拿坡里，第一個競爭對手的汽車推銷員上了船後發現，船上的軍官已經在香港買了車。祕密就此曝光。

菲尼把加拿大邊境的烈酒郵購生意所賺到的現金，持續挹注在「汽車國際」上，但在仿效的競爭者持續攻擊下，加拿大的業績也衰退了。從一九六三年的兩千萬美元，下降到一九六四年的五百萬。

此外，由於一年前在紐約街頭的一次巧遇，這四個合夥人發現他們正深陷另一種麻煩，可能會害他們被告上法庭。司特齡碰到一個剛出道的律師老友哈維．戴爾（Harvey Dale），老家在紐約州長島的大頸鎮（Great Neck），也是康乃爾校友，司特齡告訴他自己正在從事的汽車生意。戴爾才剛進入紐約的柯瑪氏律師事務所（Curtis, Mallet-Prevost, Colt & Mosle）工作。這名菜鳥律師對國際法還算熟悉，知道這些企業家可能有嚴重的稅務麻煩。「你們最好把狀況搞清楚，因為稅法正在修改。」他說。

司特齡把他聽到的回報之後，菲尼和米勒就到柯瑪氏去諮詢細節。等菲尼大略說完他們的財務運作概況後，那些律師驚異地搖著頭。他們解釋，對於住在海外並在外國經商的美國公民，美國政府在這一年已經把稅務法規改得更嚴，因此這四名經營汽車和烈酒生意的股東，也面臨稅務和課稅問題。

戴爾也參加了這場會議。他在康乃爾時期主修哲學，跟菲尼不熟，畢業後進了哈佛法學院，以優等成績畢業。菲尼和米勒要求戴爾到他們世界各地的營業點跑一趟，看看該怎麼重新調整，以避免嚴重的課稅問題。這段剛起步的合作關係，後來將使得戴爾成為影響菲尼一生最重要的人。

因為稅務問題，也讓菲尼認識了另一個律師皮拉洛（Anthony Pilaro，暱稱東尼），他是個活潑而健談的義大利裔美國人，生於布魯克林，日後將同樣在菲尼的事業中扮演重要的角色。

皮拉洛才剛從維吉尼亞大學法學院畢業，已經加入這家律師事務所，也參加了那場會議擔任紀錄。儘管個子小，高中時卻是棒球、美式足球、籃球校隊的隊長。菲尼對這位聰明、自信滿滿的年輕律師印象很深，後來在一九六四年十二月，當他聽說皮拉洛正打算跳槽到巴哈馬群島一個律師事務所，便說服他加入自己的「遊客國際」。皮拉洛感覺到菲尼是個有天分的企業家，日後一定會非常成功，於是就答應了。他不太曉得菲尼希望他做什麼，但他猜想自己會擔任稅務顧問，並負責交易的談判。

戴爾很快就確定，這四名康乃爾校友所面對的問題，會比破產還要嚴重。「他們運作的方式有很多法律風險，有可能會害他們坐牢。」他回憶。「這很嚴重，因為他們所做的，雖然不是故意的，但卻是拿了要給甲的委託金，然後把這錢花在送貨給乙上頭——這是老鼠會，是詐欺罪。最壞的情況，可能還要負刑事上的責任。這些股東在財務上和刑事上，都會有嚴重的風險。」

白宮插手阻止免稅酒郵購生意

這個財務危機還把另一個人物帶進這個公司，往後幾年也將扮演重要的角色。一個普華會計顧問公司（Price Waterhouse）的資深合夥人看過他們的帳簿之後，建議他們找個好會計師，並向他們推薦了阿倫．帕克（Alan Parker）。帕克生於非洲羅德西亞，有英國公民權，是個很有才華的法務會計師，前額高而圓，戴著一副大眼鏡，當時住在日內瓦。菲尼要求他到倫敦面談。帕克對那次會面最記得的，就是菲尼在街上走路的速度。「我老是落後他三步，」他說。「不管我走得多快，反正永遠趕不上查克。」此時菲尼走路之快，已經很有名了。他的倫敦辦公室經理蘇雪（Bonnie Suchet）說，「有時他會一邊跟你講話，一邊就往外走，你還得一路追著他下樓梯。」

帕克受雇後，很快就認清「這些人花錢像瘋了似的。在日內瓦，每個人出去吃中餐都是花公司的錢。米勒會付帳單，或是默斯代特。我馬上就阻止他們。我說，『你們不能再這樣花下去了。』」。

更糟糕的還在後頭。菲尼在加拿大邊境帶頭做起來的生意變得太大，受影響那幾州的國會議員便開始向白宮施壓，白宮於是插手，企圖阻止郵購烈酒的銷售。一九六五年二月二十五日，詹森總統宣布要推動法案，將五瓶免稅額縮減到一瓶，並規定年滿二十一歲的成人才能訂購。開車的遊客再也不能為每個車上的人都申報五瓶酒，小孩也沒有免稅額了。詹森總統指出，這個行動是基於一個國際收支餘額的問題，美國人出國消費額創下歷史新高，他認為這「在當前是沒有道理的」。

他的法案必須經過參、眾議院通過，才能成為正式法律。菲尼帶著皮拉洛飛到華府，遊說參、眾議員反對這個措施。當時菲尼三十三歲，皮拉洛二十九歲，兩個人年輕得相信他們可以對付華府，以理服人。皮拉洛說，「我們真的很帶種。」他們住進希爾頓飯店，雇了在華府關係很好的「阿諾、佛塔斯暨波特」法律事務所替他們進行遊說。佛塔斯（Abe Fortas）是總統的好友兼心腹，波特（Paul Porter）則是華府最有影響力的律師之一。波特告訴他們，「如果你們能告訴我一個不會讓總統難堪的理由，我們就接這個案子。」

菲尼和皮拉洛知道，他們登記的公司總部在列支敦斯登的瓦杜茲，這點恐怕很難讓議員對他們產生同情，於是他們以「美國遊客與貿易協會」會長和秘書長的身分出現，這個號稱以「觀光貿易」為主旨的組織，其實是專門為了遊說而設立的，還找了幾個也在美國做五瓶裝免稅酒郵購生意的競爭對手加入。阻止這個法案通過，已經成了全美國這一行同業的共識了。

波特說動了伊利諾州的共和黨參議員德克森（Everett Dirksen），可以接見菲尼十分鐘。這位強烈反共的參議院少數黨領袖，最為人記得的就是這句名言：「這裡花個十億，那裡花個十億，很快地，就累積成一筆大錢了。」脾氣欠佳的德克森參議員有一頭濃密的白髮和強壯的下顎，他一開始抱著懷疑的態度。「他請查克和我坐下，招待我們喝印第安那州生產的葡萄所製成的白蘭地，所以我們也就曉得他的暗示，知道他根本不屑那些來自海外的法國白蘭地。」皮拉洛回憶。

菲尼盡可能快快講，他表示「這個法案會是一個嚴重的不公義，會把酒從這些替我們全國人賣命的阿兵哥手上搶走」。德克森沒記筆記，也沒提任何問題，菲尼回憶，「不過他很在意對阿兵哥們公平與否，於是他走出來發表了一段你所能想像最慷慨激昂的演說。」

菲尼把希望寄託在自己以「美國遊客與貿易協會」會長以及「遊客國際」公司董事的身分，在眾議院預算支出委員會面前作證。他花了好幾天在希爾頓飯店準備講稿，打算屆時表達他反對這項被列為「眾議院第七三六八法案」的立場。

聽證會在一九六五年五月三日至四日舉行，菲尼來到國會山莊時，發現自己面對著一堆美國政府的大官。第一個作證的是財政部長佛勒（Henry Fowler），他告訴該委員會，由於國家預算赤字高達三十一億美元，「這實在不是鼓勵國外旅遊的時候。」佛勒表示，這項法案將會對國際收支餘額及海關部門有正面效益。他指出，「後送物品」的特別優惠權被過度濫用，導致一些州酒類稅收減少，因此有必要取消這項優惠。

波特代表「美國遊客與貿易協會」的利益，反駁說美國的烈酒總消費量共兩億七千五百萬加侖，而「後送物品」只占四十五萬加侖。他隨之笑著補充——他是知名的酒鬼——「我不知道自己是不是也在享受應有的優惠。」

菲尼在第二天被叫上台作證，主持聽證會的主席是肯塔基州的民主黨眾議員瓦茲（John Watts），而肯塔基州正是美國波本威士忌產業的老家。菲尼在發誓過後的證詞中表示，送貨到家這項服務的點子是他想出來的，但現在已經有大約十五家公司跟進。取消這項優惠「將會殘酷地終止整個產業」。更甚者，這項法案對美元流出的影響只是九牛一毛，卻會導致數百名美國人失業。

菲尼悲哀地敘述這項法案通過後，將會對紐約甘迺迪國際機場的旅客增加多少痛苦，他們得奮力穿過一道等同於「大學美式足球賽起攻線」的人潮，申報他們隨身帶回國的酒；另外他呼籲眾議院裡愛國的議員們，不要歧視諸如「過去幾個月都在對抗共產黨侵略的年輕飛行員」這類返鄉官兵。

這一切都無法動搖該委員會的決心。民主黨多數派投票贊成詹森總統的法案，在參議院也順利過關。不過菲尼等人對德克森參議員的懇求還是產生了某些效果。德克森和參議院財政委員會的賈維茲（Jake Javits）參議員聯手，把該法案的實施日期從一九六五年六月一日延到十月一日。菲尼和皮拉洛得到了四個月的緩衝時間。

關，但不能馬上關

菲尼從沒指望贏得這場論爭，根據替他們遊說的事務所裡一名律師的說法，「這事情要開始推動前，詹森總統就把國會的領導階層叫到辦公室來，告訴他們，『我們要改變免稅優惠的額度。沒得商量。』」那名律師說，他在華府這麼多年，從沒見過像詹森總統那天這麼強勢的施壓。

當時波本威士忌受歡迎的程度已經大幅下滑（雖然不光是因為他們），而且波本威士忌酒商也指控免稅業「只賣蘇格蘭威士忌和法國白蘭地」。一名專欄作家後來寫到，詹森總統的法案背後，是美國烈酒業者的利益，並由一名常和詹森共飲波本威士忌的知名華府說客寇克蘭（Tommy Corcoran）協助。多年後皮拉洛在西班牙參加一個商業會議，碰到了寇克蘭，問起他這件事，但寇克蘭完全拒談這個話題。

於是在一九六五年仲夏，創辦這個公司八年，一路看著它擴張成為舉世最大跨國零售商之一的菲尼和米勒，面臨了種種不利因素同時發生而形成的風暴。這家公司遭受到一連串挫折的打擊：詹森總統對五瓶裝產業的徹底封殺、地中海沿岸和加拿大邊境拚命搶生意的對手、軍中福利社在汽車銷售的競爭、亞洲的汽車獨占狀態告終，然後再加上會計上的一筆爛帳和大量超支，正是一個典型範例，證明一個有願景又有領導力的創新企業，也還是有可能垮掉。

在國會山莊挫敗的幾天後，菲尼展開了搶救行動。他收掉日內瓦的營業處，把一切集中到紐約。被解雇的其中一員，是受雇剛滿四個月的帕克。司特齡把他們之前得到的三十六個瑞士工作許可證賣給考菲德（Bernard Cornfeld），這個國際金融家利用瑞士當總部，在美國透過一個公司銷售組合型基金，這個公司後來垮掉，還毀掉好幾家美國和歐洲銀行。

帕克正在設法找工作時，默斯代特從紐約打電話給他，請他回來工作。帕克在歐洲研究數字的能力，給默斯代特留下深刻的印象。他要求帕克趕緊到美國幫忙處理公司財務。這位會計師正要結婚，不過他同意了。他在六月十二日結婚，隨即帶著他丹麥籍的新婚妻子潔黛（Jette）搭飛機到紐約。當時他覺得有點冒險。他從沒去過美國。

米勒也才剛在五月結婚，新婚妻子香朵（Maria Clara "Chantal" Pesantes）是一名厄瓜多爾美女。他正在馬來西亞著名的避暑勝地金馬崙高原（Cameron Highlands）度蜜月時，菲尼設法傳話給他，「我們碰上大麻煩了。你得立刻趕回紐約。」米勒於是縮短蜜月，和香朵一起趕回美國。

到了紐約，帕克發現情況無法控制了。現金「瘋狂地」流入，但每當交車時間到了、必須付款給車商時，卻長期都資金短缺。他們面對著一個難題：他們必須關閉汽車部門，卻不能馬上關，因為這個部門可以製造現金。

帕克自信而冷靜地帶著一小組審計人員仔細查帳。到達紐約三天後，他終於可以宣布狀況有多糟。他們有一百六十萬美元的缺口。「這在今天只是小錢，但在當時可是一大筆巨款。」他們瀕臨破產邊緣，或許根本已經破產了。

在一九六五年那個悽慘的仲夏，公司裡每個有專業證照的人都嚇跑了。默斯代特還記得，柏恩、皮拉洛，以及一名加拿大會計師劉易士（Bob Lewis）一起來到萊辛頓大道的「遊客國際」辦公室見四名股東，宣布說他們不能冒著專業聲譽受損的危險而留下。他們都害怕被扯進財務醜聞。柏恩說得很坦白：「你們快破產了。這個公司頂多只能再撐兩三個月。我不玩了。我是有執照的會計師，如果這個公司破產我還待著，我的名聲就毀了。」米勒問他公司撐下去的機會有多大。「百萬分之一。」柏恩離開時這麼說。

皮拉洛是下一個。「他很緊張地說，他也得離開了，」米勒說。「所以皮拉洛走了。柏恩走了。他們就像一群老鼠，趕緊跳離一艘正在下沉的船。」他一直忘不了皮拉洛的反應，他說，「狀況變得棘手時，東尼就怕了。」

默斯代特也離開了。他對債務倒是不那麼擔心，他說，但他每天工作十七個小時，全年無休，這種日子已經過了五年，他再也受不了了。「我屁股都挪不動，完全累垮了。」他說，而且皮拉洛忠告過他，「盡快離開那個爛攤子。」皮拉洛的警告「不幸影響我的決定」。默斯代特告訴查克和羅伯特，他希望他們別放走帕克，把他那份一二·五%的股權給他——雖然當時這些股份也根本不值錢了。然後默斯代特開著他們給他當成清算抵帳的六千元凱迪拉克轎車，駛向加拿大邊境。他後來在尼加拉瀑布開了一家名叫「地下酒吧」的餐廳，那個地方在禁酒時代的確曾是一家地下酒吧——在禁酒年代，甘迺迪總統的父親喬·甘迺迪就是那類專門從加拿大運私酒到美國的人。

幫忙經營「汽車國際」的布萊德利（Dick Bradley）是康乃爾飯店學院的校友，也是菲尼的老友，他也離開了，不久後創辦了「維多利亞車站」（Victoria Station）。這家連鎖餐廳後來擴張到一百家分店，遍布美國、加拿大、日本。

「那段時間真的很辛苦，」米勒說。「我有個才剛結婚兩個月的年輕妻子。公司看起來快破產了，幾個核心人物都急著跑掉了。」他找了外頭一個審計公司的會計師伍爾夫（Lester Wulff）重新獨立查一次帳，看看他們是不是完全沒救了。伍爾夫研究整個現金流動的狀況，弄清銀行戶頭裡還有多少錢、要送出的車子有多少輛、必須解雇多少人、帳單什麼時候要付。經過幾小時之後，伍爾夫說，「知道嗎，我覺得你和查克撐得過去。但你們的開銷太多了，一定要趕緊砍掉才行。」米勒跳起來，緊緊抱住那個嚇一跳的會計師，親了他一記，然後宣布，「伍爾夫先生，我愛你！」

米勒打電話回公司給帕克，要求他別離開。「我這兒得有個主要的會計師，幫我們想辦法看該怎麼做。」帕克的處境很為難。他才剛到美國幾天，沒有資格在這邊工作，這個公司看起來又很危險，可是他也沒錢回歐洲。他說他會留下跟他們工作五年，但他們得保證分他股份。「這公司眼看就要破產了，就算我現在給你任何股份，也只是負的而已。」米勒說。但他跟查克談過後，「我們同意分給他股權。」這個決定將使得帕克日後成為世界級的大富豪。

擊中電扇的一坨屎

菲尼和米勒幾乎回到他們當初創業的原點。他們一起去紐約一家熟食店吃鮪魚三明治。米勒還記得當時他告訴菲尼，「唔，查克，現在只剩你和我了。看來有一坨屎擊中了電風扇。我們得設法從這攤爛泥中脫身。又只剩下我們兩個人想辦法了。」要脫身還有一絲機會，菲尼說。他們無法立刻關閉汽車部門，因為那個部門還是會讓現金流入，但他們或許可以從香港和夏威夷的店多賺些錢，好用來還債。

菲尼也曾絕望過。「當然了，我們盡力去做。不過能做的也不多。這是我們闖出來的禍，原先我們還以為會賺一百萬呢。眼前如果不搶救這個公司，我們就只能跳崖了。」當時戴爾對他們挽回頹勢的決心很感動。「羅伯特和查克都覺得，他們該做的就是設法控制現金流量，努力補救，脫離困境。」他回憶。

在這段危機期間，丹妮葉看到她丈夫的改變。對她來說，查克似乎永遠都被成功的欲望所驅動。她非常欣賞他如何進入康乃爾、學法文，最後成為一個成功的商人和世界公民。他們結婚後，他從不談錢，只是設法想讓事業成功。她發現，他真正的目標不是賺大錢，工作本身就是他的挑戰。現在她看到他的希望如何粉碎，他的自尊如何受傷。他在家裡還是幽默、體貼、魅力十足，但有時他會不安又憤怒，不停工作，和進出家裡的人忙著處理這個危機。這個家正在成長——第三個女兒萊絲麗（Leslie）於一九六四年六月生於巴黎——現在財務負擔更沉重了。但丹妮葉始終相信，查克會找出辦法解決這個危機。

為了削減成本，菲尼和米勒把「遊客國際」的辦公室，從萊辛頓大道搬到比較便宜的新澤西州李堡區（Fort Lee），和曼哈頓只隔一道華盛頓大橋。在那裡，帕克開始榨乾每個人的口袋。戴爾有回過去，看到地上有個丟棄的公事包。「那公事包很舊，是厚紙板做的。裡頭是空的。我剛好需要一個公事包，當時收入也不高。我問阿倫能不能給我，他看了我一眼說，『當然可以。五塊錢。』於是我付了。」

娛樂預算全部刪掉。如果有談生意的午餐，則由對方付帳。新的制度嚴重影響到米勒的個人現金支出。有回他和幾個銀行人員一起吃中餐，大家講好各付各的，米勒跟每個人收現金，然後用信用卡付帳。帕克用了個簡單的方法控制財務，就是把公司支票簿鎖在一個抽屜裡。米勒會要求，「阿倫，我們得付這張帳單。」板著臉的會計師則說：「告訴對方我們十天內會給支票。」

下一個走的人是司特齡。一九六五年初，菲尼要求他到夏威夷經營免稅商店，並設法增加銷售額。當時，他們還付錢給費錫安管理。但司特齡才剛結婚，他太太不喜歡檀香山的生活。而且他跟默斯代特一樣，覺得米勒很難相處。他回憶，最後一根稻草是米勒寄來的一封信，「以很跋扈的口吻」要求他從夏威夷匯六萬五千元給「汽車國際」。「羅伯特和我永遠不會處得好。」他心想。司特齡的父親過世了，他想花時間賣掉父親在紐約的店。他請菲尼另外找人來接手，然後就離開了，後來他成為科羅拉多州一名成功的房地產律師。

司特齡和默斯代特都是菲尼的好友，米勒和他們都處不好，也為菲尼和這位原始合夥人的關係投下了一道陰影。雖然他們剛開始時共度過一段愉快時光，也有身為「青年土耳其黨」的同樣目標，但菲尼和米勒從未發展出親密的友誼，而這種彼此間習慣性的冷淡，對往後幾年的關係不會是好兆頭。不過眼前最急迫需要的，是進行援救任務。為了達到這個目標，他們把世界分成兩半，菲尼去檀香山設法增加免稅店的生意，米勒則留守紐約，盡快削減全世界的支出。

塵埃落定後，他們重新分配股權。默斯代特和司特齡留下了二二．五%的股份。他們同意給帕克二〇%，帕克想要三分之一的股權，但米勒提起時，查克反駁說，「門都沒有！你想給，就拿你自己的分給他。」這次又是沒有任何書面憑據。

最後剩下二．五％，他們向皮拉洛提議給他，交換他做免費的法律服務，雖然他已經在別處工作了。菲尼不想失去這麼一個機伶的法律人才。他們曾並肩在華府跟詹森總統的政府奮戰，菲尼知道皮拉洛可以有多聰明又多賣命。皮拉洛對於當初的辭職有罪惡感，心裡也很不好受，於是就接受了。

甘茨柏傑是這次現金危機的另一個受害者。菲尼去夏威夷前，就指示甘茨柏傑，把當初為巴黎免稅店所開設的法國公司清算結束掉。回到法國後，菲尼親自去看看還有什麼可以廢物利用的，然後在一份備忘錄中告訴帕克，說他發現了一個電動計算機和一部德國歌蘭帝（Grundig）牌的錄音機可以拿去別處用。菲尼史無前例地警覺到，他們必須避免任何形式的浪費。

在戴爾的忠告下，菲尼和米勒把自己名下的公司擁有權，轉移給他們生於國外的妻子，這樣他們就不必再受到美國稅法的管制。於是主要股東變成了丹妮葉．茱麗葉．菲尼，公司檔案資料上登記她是「女董事」，生於塞納河畔納伊鎮（Neuilly-sur-Seine）；另一個股東是瑪麗亞．香朵．米勒，只介紹她是「已婚婦女」，生於厄瓜多爾的瓜亞基爾（Guayaguil）。

隨著汽車和五瓶裝烈酒生意的瓦解，菲尼和米勒也放棄「遊客國際」和「汽車國際」的名稱。現在他們的事業已經大為縮減，差不多就只是香港和檀香山機場的零售商了，他們採用了當初從那家破產公司買來的名字，未來他們的公司將成為大家熟知的「免稅購物客」（Duty Free Shoppers），或是DFS。

第 7 章
Duty Free，跟菜攤子一樣大

一九六五年末，查克・菲尼來到檀香山國際機場時，他要經營的免稅商店比菜市場攤子大不了多少。商店位於出境大廳，總面積只有一百平方呎出頭。店裡有三個四呎長的櫃台，用膠帶黏在一起。

在機場商店裡販賣免稅品的概念，當時還相當新鮮，不過據知全世界第一個免稅協定，可以遠溯至西元七百年，當時英格蘭中部麥西亞王國的艾瑟瑞德國王（King Ethelred of Mercia），特准倫敦主教免繳進口貨物的關稅。後來歐洲軍隊沿襲這個概念，提供免稅菸酒給軍人；另外各國大使館也有這個傳統，在使館範圍內可以享受駐在國家的免稅品*。時至今日，大部分國家都會在海港建立免稅區，等待貨船轉運的進口貨物，便存放在保稅倉庫（bonded warehouse）裡面。因為這些貨物不會進入國內的經濟體系，所以不必繳稅。

全世界第一個免稅商店，就是二次大戰前遠洋輪船上的禮品店，另外船上酒吧所賣的酒也是免稅價格。二次大戰後，這項特權延伸至國際航空線的乘客，但一九四〇與五〇年代的機場都反應得很慢，而且當時的航站都相當簡陋，沒有什麼空間進行商業活動。有史以來第一個機場免稅店，出現在一九四七年愛爾蘭西部的夏農（Shannon）機場，這是愛爾蘭三大機場之一，大西洋航線的班機會停在這裡加油。該機場一名承包餐廳的老闆歐瑞根（Brendan O'Regan）想出設立免稅店的點子，一開始是個六呎寬的木頭櫃台，後頭貨架擺著愛爾蘭威士忌，還有一條條愛爾蘭製的卡瑞爾香菸（Carroll），服務的是三名穿著雙排釦西裝的男子。

這個免稅店的觀念實在太新了，因而每箱酒從保稅倉庫運到免稅店時，多疑的愛爾蘭海關都會派出人員一路陪同，而且每天要親手清點存貨三次。酒瓶不能在機場內打開，如果有一瓶酒掉到地上，就會當成已經打開了，海關人員會被叫來檢查破瓶子，當場課徵貨物稅。到了一九五〇年代，這家店擴張，並開始銷售香水、手錶、喀什米爾毛衣，顧客大部分是轉機的美國人。夏農機場的這些免稅商品，很多是直接跟倫敦和巴黎的廠商進貨的，為往後其他機場建立了重要的先例。

從胯下掏出一疊日幣的日本觀光客

菲尼發現，夏威夷正處於觀光潮的早期階段。隨著一九五九年夏威夷正式成為美國的一州，加上波音七〇七開始行駛太平洋航線，從加州飛過來只要三個小時，於是美國觀光客開始大量湧入。

宜人的氣候，搖曳的棕櫚樹，加上蔚藍的海水，夏威夷群島幾乎就是美國人心目中的天堂。一九五八年奧斯卡得獎電影《南太平洋》（*South Pacific*）的上映，使得夏威夷深受美國人歡迎，而檀香山的度假勝地威奇奇（Waikiki）海灘更發展出夜店文化，來自美國本土的觀光客會來這裡，聽歌聲輕柔的當地著名歌手唐何（Don Ho）和其他知名的夏威夷藝人表演。一九五九年，菲尼在康乃爾大學的好友羅爾斯，就在這裡開了第一家有沙拉吧的美式餐廳，成為後來全美有五十家分店的「查克牛排屋」的前身。一九六〇年代中期紛紛出現的新型飯店，把威奇奇海灘轉變成緊臨大洋的曼哈頓。有太多工程都在進行，因而當地人都說夏威夷的州鳥是鶴（crane，譯註：亦指起重機）。

在機場，進入DFS商店閒逛的觀光客，大都來自美國本土，但他們不能買免稅商品。國際法的規定是，只有出國的旅客才能買。因此，菲尼常常得拒絕那些以為夏威夷是另一個國家的美國人。

不過在中午十二點到下午兩點之間，這家店倒是生意忙碌，因為此時會有幾班前往亞洲的飛機暫停在這個機場加油。愈來愈多日本觀光客逛進他們店裡，看看裡頭有什麼商品。一九六〇年代中期，日本觀光客在海外還很少見。為了振興戰後殘破的經濟，有好些年，日本政府禁止一般日本國民出國觀光。對於出差旅客，政府發出的護照只能出國一趟，而且對於帶出國的外匯總額有嚴格管制。

但隨著一九六四年的東京奧運，出國觀光的限制放寬，所有的管制也都開始改變了。此時日本已經逐漸蛻變成一個經濟發電所。曾在日本服役的菲尼也去看了東京奧運，他感覺到這個有一億人口的國家，已經準備要從戰後的孤立狀態中破繭而出。一九六四年，約有兩萬名日本人獲准出國觀光。平均每天不到五十五人，但大部分都是到檀香山。對珍珠港的怨恨已經隨著時光而褪淡。夏威夷吸引日本遊客的，不光是因為亞熱帶氣候和沙灘，也是因為距離比較近，很多當地人都有日本血統，而且，夏威夷屬於美國——美國可是全世界的消費中心！

第一批日本遊客的主要目的，就是把累積已久的存款，用來買家鄉買不到或太貴的外國奢侈品。

他們想要高級烈酒、香水、手錶、鋼筆、珠寶，以及皮件。「最早出現的客人都是鄉巴佬，」菲尼說。「他們會走進店裡，打開皮帶，脫下褲子，從胯下掏出一疊日幣。這是他們私藏在家裡的現金。」

菲尼當年在日本服役時，就已經發現日本複雜的送禮文化，總共有三十五種辭彙用來描述送禮。「餞別」是照慣例送給出外旅行者的禮金；而「御土產」則是買給上司、同事、家人、朋友的答禮。一個日本人要出國前，他的上司、顧客和眾多朋友會致贈禮金，而這位遊客因而就有義務帶禮物回贈。另外還有「御歲暮」，就是年終禮物；「御中元」，則是員工在仲夏所收到的禮物。

菲尼站在檀香山機場免稅店的櫃台後，學到了更多送禮的運作方式。他會看到一個商人型的日本人買十五支口紅準備給他的員工、一個皮包給年輕的同事、一只手錶給大老闆，然後一瓶威士忌給上司或家庭朋友。

愈來愈多日本人擠在那個小店的櫃台前。菲尼也開始每天清晨上日語課，一週五天，溫習他在軍中學過的日語。他還記得很多辭彙，很快就可以用日語跟客人交談。他堅持所有櫃台的員工，都要跟顧客講日語。其中有些銷售小姐是日本人，嫁給了美國的退伍軍人。一到日本飛機降落的時間，他們就排列在小小的櫃台後。「我總是跟那些小姐站在一起，排整齊，好像足球賽裡的球員排在球門前，等著對方罰自由球。」菲尼說。一堆人實在太擠了，他會開玩笑，「你們可千萬不能發胖。」

菲尼還規畫了一個「紅標特賣品」的制度，如果銷售助理們推銷那些利潤最高的商品，就可以抽佣。「如果你的店看起來很懶散，顧客也會很懶散，」他告訴員工。「推銷就像打蒼蠅。如果你用力拍，就可以拍死牠們。」他訓練那些銷售小姐，「但有時候是她們訓練我們。」菲尼說。「有個小姐賣了六枝五十元的鋼筆後，會跟顧客說，『你只有這些朋友嗎？如果我是你，我會再買六枝，而且買更好的，一枝六十五元那種。』」一個頑強的日本銷售小姐實在太厲害了，甚至那些日本顧客走出店門時，往往搞不清自己買了些什麼。有回一名顧客回來抱怨他上次買的雪茄不好抽，因為上頭有小洞；那個銷售小姐沒承認雪茄是被蟲子咬的，反而說服那位日本顧客相信，雪茄有洞表示品質很好。

日本客人對那些免稅價格由衷感到驚訝。當時的日本因為貿易保護政策，對於進口高級干邑白蘭地和威士忌，會課徵二二〇%的稅。在東京一瓶零售價二十五美元的威士忌，到了菲尼的免稅店裡只賣六美元。一瓶在東京五十美元的干邑白蘭地，在免稅店的價格只有十美元。

生意太好，櫃台好幾次被人潮推倒

一年之內，日本觀光客就從涓滴細流變成小溪，然後變成大河。「這裡的生意好得不得了。」菲尼在一九六六年三月二十三日寫信給巴黎的甘茨柏傑說。才不到一年，他們瀕臨破產的危機便紓解了。銷售免稅商品的利潤，讓米勒可以清償汽車部門的債務。更重要的是，菲尼又回到事業成功的狀態了。他在離檀香山二十分鐘車程的艾納海納灘（Aina Haina Beach）租了棟房子給家人住，家裡常常舉辦宴會。他的三個女兒讓他興奮極了。「小孩好棒——多生幾個！」他在另一封給甘茨柏傑的信中說，還開玩笑說丹妮葉曬得好黑，「如果她繼續這樣曬下去，我們搞不好會有種族問題。」

前途看來一片光明，菲尼和他的合夥人覺得信心十足，於是在一九六七年獨家免稅特許店到期時，又以一百萬美元標到了三年續約權，成了檀香山報紙的頭條新聞。為這麼個小小的特許店付這麼多錢，似乎很不可思議。但菲尼和米勒很清楚他們在做什麼。到了一九六八年，日本戰後的復甦實在太成功了，已經成為全世界第二大自由市場經濟體。到國外盡情購物的日本觀光客只會愈來愈多。

一九六八年一月，菲尼一家重回歐洲，定居巴黎。帕克到夏威夷接掌免稅店業務，擔任總經理；原來主管歐洲汽車部門的萊恩斯則擔任銷售經理。帕克跟之前的菲尼一樣，對於眼前狀況非常震驚。「我剛到的時候，原來的那家店不會比一張書桌大。」帕克說。「我還記得那種壓力愈來愈大——成長得太快了，好幾次櫃台都被推得往銷售小姐身上倒。擁擠的人群急著要買在日本買不到、或在日本十倍價錢的東西。第一批日本旅遊團是公司招待的員工旅遊，讓我們的業務真正起飛了。我們運氣好，碰上了天時和地利。我們聰明的一點……就是明白日本的海外旅遊人潮一定會暴增。」

他們把機場商店擴充到四百平方呎，根據當時《檀香山星報》（*Honolulu Star-Bulletin*）的報導，裡面塞滿了「鱷魚皮手提包、手錶、珠寶、皮件、鋼筆、鑽石，以及烈酒、香菸，和香水」。

菲尼經常飛到檀香山，和帕克與萊恩斯商量，想出更多利用日本觀光潮賺錢的方式。一九六九年，他們在檀香山市中心開設了一個占地八千平方呎的免稅商店。特許權的合約裡，沒有任何條款不准他們在機場外營業。他們在「威奇奇商業廣場」另外開了一家新的店，位於日本航空公司夏威夷總社的樓上。遊客可以進店裡逛，挑他們想要的東西，然後DFS會把他們的商品送上回程飛機。

此時的日本觀光客有更多錢可以花了。一九六八年，日本政府把每個人出國可以攜帶的外匯增加到五百美元，旅遊限制也更進一步放寬。到了一九六九年，每五個出國的日本人就有四個是觀光的，而他們的觀光活動中，購物優先於其他娛樂活動。

DFS在市中心的店，後來大得像個飛機的停機棚，而這個公司的股東們也愈來愈精於引誘日本人來這裡。他們會付錢給旅行社，讓遊客還沒住進飯店就先到他們店裡去。為了確保當地的導遊、巴士司機、計程車司機樂意上門，還提供一個等候室，裡頭放了茶點和一架電視，這樣他們把客人送來後，就不會急著要走，而只要客人上門，就成為銷售小姐們的囊中物了。

該公司的客服經理唐松是夏威夷當地人，會講日語，他會到機場迎接導遊，跟巴士司機交朋友，安排他們把旅行團載到市中心的店裡，還會替每個人準備禮物。每次帶著日本人進入免稅店時，唐松總是說：「現在你們要進入小東京了——只不過便宜很多！」他們會發給顧客一張卡片，讓他們第二次或第三次來店裡時，可以領取特別贈品。每個造訪過這家店的日本人，平均回鍋次數超過兩次。

菲尼在夏威夷成功的消息，傳到了他康乃爾朋友的耳中。夏威夷舊名三明治群島（Sandwich Islands），乃英國探險家庫克（James Cook）船長於一七七八年命名，以紀念他的贊助人三明治伯爵（Earl of Sandwich）。這些老友寄了份假報紙給菲尼，標題是：「三明治人在三明治群島發了」。

爲什麼這裡沒有卡慕白蘭地？

一九六五年有一天，菲尼和米勒依然處於財務不穩的階段時，一名模樣尊貴的高個子法國男子出現在檀香山機場的出境大廳，逛進了DFS的店裡。他是卡慕干邑白蘭地公司的總裁米榭・卡慕

（Michel Camus），當時這家白蘭地的知名度並不高，他正要到亞洲進行促銷活動。「為什麼這裡沒有卡慕白蘭地？」他問。在聽到理由——因為ＤＦＳ現金短缺，無法取得賒帳進貨——之後，卡慕便邀請菲尼到巴黎見他。

卡慕和菲尼之前就做過生意了。幾年前，菲尼還在地中海岸銷售烈酒給美國海軍時，就曾要求甘茨柏傑去找一種不貴的白蘭地，好放進他們的商品目錄中。甘茨柏傑去巴黎舉行的「世界食品與葡萄酒博覽會」參觀，來到一個標示著「卡慕」的攤位上，負責攤位的那名紳士讓他想到法國總統戴高樂（Charles de Gaulle），那就是卡慕。當時卡慕邀請甘茨柏傑到他法國西部靠近干邑城（Cognac）的酒廠參觀，還以特價賣給他五十箱干邑白蘭地。於是菲尼和米勒便成為卡慕的顧客。一九六三年，這位法國公司的總裁甚至還特別為菲尼調配了一款「卡慕慶典」的干邑白蘭地。

卡慕一九六五年出現在夏威夷機場時，「免稅購物客」正碰到大部分供貨商都不願意讓他們賒帳的困境。「如果你的生意做得很成功，他們就會讓你賒帳；但如果你才剛起步，他們就不肯了。」菲尼說。當時在大部分奢侈品廠商的眼中，免稅商品生意是個相當靠不住的行業，由一群騙子在狹小的商店裡經營。那些菁英廠商覺得，他們的牌子如果跟「折扣」商店連在一起，會自貶身價。「在那個時代，做免稅商品就像在逃稅似的，」甘茨柏傑解釋，他後來加入卡慕公司，擔任外銷經理。「大家不了解這個行業，他們認為裡頭一定有什麼不對勁。」

經銷商也恨免稅店，因為這些店東老是想直接去找廠商進貨，拿到更便宜的工廠價格，因此會把他們排擠掉——這也形成延展賒帳期的阻力。烈酒供貨商對ＤＦＳ特別現實。通常他們會給一般零售商六十天的賒帳期。但給「免稅購物客」卻只有十五到三十天，有時還要求他們預付貨款。所以如果菲尼需要一千箱每箱二十美元的烈酒，在一瓶都還沒賣掉前，可能就得先籌出兩萬元的現金。

米勒回憶，軒尼詩（Hennessy）和馬爹利（Martell）這種地位穩固的干邑白蘭地廠，就「對我們很勢利眼」，因為DFS太小了；而香奈兒（Chanel）則只准自己的香水在最氣派的店裡販賣。帕克有回去日內瓦知名的手錶製造商百達翡麗（Patek Philippe）的辦公室拜訪，還被很無禮地趕了出來，因為「我們這種店不配賣他們那種高品質的手錶」。菲尼回憶手錶公司的「經營者都很難纏」，主要的廠商都不肯跟他們打交道——不過後來他發現勞力士（Rolex）主管的太太是愛爾蘭人，有回在一個商業集會之後，他就去找她聊天，攀愛爾蘭同鄉的交情，因而拿到了勞力士的銷售權。

這個賒帳的困境，促使菲尼飛到巴黎，跟卡慕見面。他告訴卡慕，他們進貨很難賒到帳，還有他們努力要逐漸結束汽車業務，不過他對檀香山和香港的DFS免稅店業務前景非常看好。他說他需要直接跟卡慕進貨，而且需要寬厚的賒帳條件。為了回報，DFS會大力推銷卡慕干邑白蘭地，而且會提供他們眼前亟需的太平洋及遠東地區經銷網絡，因為日本人正開始在這個地區旅遊並大肆購物。

卡慕沒有什麼好損失的。卡慕家族一度生意興旺，專門出口白蘭地到俄羅斯的聖彼得堡，還曾是俄羅斯末代沙皇的宮廷御用干邑白蘭地用酒。但革命之後，這一切隨之告終，卡慕家族便把業務轉向以干邑白蘭地換取蘇聯的伏特加，但這門生意並不賺錢。到了一九六〇年代中期，卡慕有頗大批的干邑白蘭地存貨，卻幾乎要破產了，而在全世界干邑白蘭地的銷售排名上，卡慕也只排在二十幾名。

這位世故而有魅力的干邑白蘭地廠主，對那位來自新澤西州的藍眼珠退役軍人非常有好感。兩人在事業上都處於劣勢，卡慕是在干邑白蘭地批發商的世界，而菲尼則是在烈酒零售業。卡慕決定直接批貨給菲尼，而且可以賒帳一百二十天，這在烈酒業是前所未聞的優厚條件。他們現在可以用一瓶兩美元的價格批到卡慕干邑白蘭地，而庫瓦西耶（Courvoisier）的干邑白蘭地一瓶則要六美元，但兩者都是以九．九五美元售出。

無論如何，對於努力想還清債務的DFS業主而言，卡慕的合作關係變得非常重要。在沒有擔保品的狀況下，DFS必須找銀行提供一筆很高的信用額度，以提供該公司所需資本，並產生出更多現金，以關閉「汽車國際」。皮拉洛想透過瑞士銀行系統安排這筆信用額度，於是到日內瓦科拉泰里街的隆奧銀行（Lombard Odier Bank），要求貸款一百萬美元，結果遭到斷然拒絕。「那個行員看著我，好像我是個瘋子。」

皮拉洛最後找到一位銀行家願意冒險貸款給他們，就是巴特勒（Allan C. Butler），他擁有巴哈馬群島拿騷的巴特勒銀行（Butler's Bank）——皮拉洛曾在巴哈馬群島工作過一陣子。

巴特勒同意在皮拉洛和帕克制定的一個計畫之下，提供五十萬美元的信用額度。DFS會在巴哈馬群島設立一個卡慕干邑白蘭地的全球獨家代理商。這個代理商會向卡慕購買大批存貨，然後賣給DFS和**其他**亞洲的免稅公司，為巴哈馬群島的DFS業主們創造免稅的現金利潤。卡慕會得到他們的經銷網絡；菲尼、米勒、帕克、皮拉洛則會得到現金，以擺脫汽車業；而現金流經拿騷，則可以向巴特勒證明他這筆臨時性貸款很牢靠。一九六五年九月，他們在拿騷以「機場零售商有限公司」（Airport Chandlers Ltd.）登記了這家代理經銷商，有四名股東，股權比例就跟他們在DFS一樣。

努力給顧客洗腦的銷售小姐

結果事情運作一如預料。「『機場零售商』替ＤＦＳ向卡慕訂貨，卡慕開帳單給『機場零售商』，而『機場零售商』再開帳單給ＤＦＳ；接下來ＤＦＳ付錢給『機場零售商』，『機場零售商』再付給卡慕，同時吸收利潤。」甘茨柏傑解釋。很快地，拿騷這家代理商所經手的產品，就占卡慕總生產量的九成。

為了要讓這個計畫奏效，ＤＦＳ就得讓日本遊客戒除購買烈酒的傳統習慣，說服他們卡慕才是最好的干邑白蘭地。在菲尼所制定的獎金制度下，夏威夷的銷售人員開始哄遊客改買卡慕。

「日本人上門，會說要買兩瓶黑牌約翰走路，」馬圖謝克說，這位永遠笑臉迎人的汽車推銷員被菲尼找來檀香山，在市中心免稅賣場開幕後，負責經營機場的免稅店。「當時他們每個人可以帶兩瓶酒回國，約翰走路帶回日本是很大的禮物。那些銷售小姐會說，『喔，不，不，你知道有這種新的干邑白蘭地，是現在最流行的。』他們就會改買卡慕。這讓我想到賣車，叫那些想買Triumph的改買Volvo，因為這樣我們可以抽比較多佣金。但這就是遊戲規則，而且非常成功，成功得不得了。」

到了一九六六年三月，菲尼光在那個小小的檀香山機場商店，每個月就能賣出一千六百瓶卡慕。他寫信給甘茨柏傑說，那些銷售小姐「努力給顧客洗腦」，好賣出卡慕並賺到獎金。他同時注意到香港的卡慕銷售量是零，於是說他打算前往香港幾星期「去攪和一下」。

ＤＦＳ的銷售人員很樂於走到哪裡都推銷卡慕。到日本出差時，他們會刻意去夜店裡點卡慕干邑白蘭地，如果店家沒有，他們就假裝大驚失色。

不過菲尼注意到，一講到白蘭地，日本遊客最喜歡買的就是「庫瓦西耶拿破崙」（Courvoisier Napoléon，譯註：其註冊商標除了廠商名Courvoisier，下方有較小字體註明Le Cognac de Napoléon，意為「拿破崙的白蘭地」），勝於其他任何牌子。庫瓦西耶的商標上，就有個拿破崙剪影的標記，並自誇是「拿破崙的白蘭地」，因為當年拿破崙被放逐到聖赫勒拿島時，曾訂了好幾桶庫瓦西耶同行。在亞洲，拿破崙意味著正統性與男子氣概。庫瓦西耶稱霸全球市場，而且是日本唯一許可進口的白蘭地。看起來好像拿破崙壟斷了市場。

但庫瓦西耶的行銷上有個漏洞。日本人認的是「拿破崙」，而不是製造商庫瓦西耶。但「拿破崙」這個名字沒有專利。菲尼就建議卡慕推出一種卡慕拿破崙白蘭地。卡慕不願意和庫瓦西耶這麼正面交鋒，擔心他的拿破崙會被視為公然模仿而失敗。菲尼於是建議他以漸進的方式重新設計酒標，加上較小的「拿破崙」字樣，過一陣子再把「卡慕」的字體縮小，「拿破崙」的字體加大。不會有什麼人注意到這個變化的。日本人買白蘭地時，很快就會找到「拿破崙」字樣，不會注意到是庫瓦西耶還是卡慕的。

菲尼對於行銷卡慕白蘭地這件事變得很執迷，到了走火入魔的地步。他有回針對一張廣告照片寫信給卡慕，照片裡是兩瓶卡慕白蘭地放在一本書旁，書的封面是拿破崙。他要求照片以專業手法重新拍過，而且要採用更好的絹印、把標籤貼得更完美，同時把照片中放在酒瓶前的白蘭地酒杯稍微移動，「以取得更好的視覺效果」。

他附上一張自己畫的草圖，以確切說明他認為廣告完稿應該是什麼樣。他還詳細列出其他修改處的清單，例如，「把書往左稍移；而『卡慕拿破崙』也左移同樣的距離；把『拿破崙特選』往左稍移，讓商標字樣可以完全看清楚。」

由於出差的日本旅客常常得送禮給同一批上司，卡慕便推出不同的容器包裝，好讓顧客有更多選擇，比方水晶名廠巴卡拉（Baccarat）所生產的醒酒瓶，或是法國瓷都利摩日（Limoges）所製作的書籍形方壺，還有不同顏色的拿破崙胸像容器，對於日本的企業顧客是絕佳的禮物。

他們最成功的酒款之一，就是「卡慕約瑟芬女士」（Camus Josephine Pour Femme），是一種比較淡的干邑白蘭地，裝在細長形的酒瓶內，酒標設計是採取捷克藝術家慕夏（Alphonse Mucha）的新藝術風格圖案，畫著一名纖瘦的女子。這款酒大受日本粉領族歡迎。

DFS也參與了一種雅馬邑白蘭地的「創造」，使之成為舉世知名的品牌。這種白蘭地是在庇里牛斯山脈的雅馬邑（Armagnac）地區生產的，只經過一道蒸餾（干邑白蘭地則是經過兩道蒸餾）。

在甘茨柏傑的建議下，卡慕買下了靠近西班牙邊境一個小村莊雅馬邑城堡（Labastided’ Armagnac）內、一個已經停產的老牌子「夏博」（Chabot），並設置生產設備。甘茨柏傑設計出第一瓶拿破崙夏博，並取名為「夏博王爵」（Prince de Chabot）——但後來有個人自稱擁有這個爵位封號，並要求使用他名號的產品要抽成，於是他們就放棄這個產品名稱了。

重新定義西方奢侈品的黃金標準

卡慕不是唯一信任DFS的法國產品製造商。傅克斯（Gilles Fuchs）是另外一個。他是羅伯特·麗姿（Robert Ricci）的女婿，而羅伯特便是蓮娜·麗姿（Nina Ricci）的兒子，當年與母親創辦了這家著名的香水公司。在DFS仍處於創業維艱時期，傅克斯便打電話給帕克。

「這傢伙想賣我一千瓶四分之一盎司的蓮娜麗姿香水，每瓶三美元，」帕克回憶。「我跟他說，『這樣吧，我用每瓶一美元買你三千瓶。』他答應了。我們繼續用很低的價錢跟他進貨，因為利潤很高，所以我們拚了命推銷，而且那些年也替他們在日本打下了很大的市場。他很聰明，知道如果讓我們嘗到了甜頭，就可以從我們這邊賣掉幾百萬瓶香水，而且這麼一來，他就不必花錢在日本行銷，反正他去不了日本，所以自己也不會去做。我們可以用或許三分之一的價格買蓮娜麗姿香水，賺到兩倍的利潤。」

銷售小姐把蓮娜麗姿香水賣給不知情的日本顧客，也可以拿到優厚的佣金。「他們這方面流暢又熟練，」馬圖謝克說。「他們會在客人手上試擦，然後說，『這種香水是新出來的，現在最流行。』」等到公司的店面更大，日本遊客在店門口就會看到各種卡慕和蓮娜麗姿的展示品，因此逐漸接受這兩種產品是西方奢侈品的黃金標準。

和卡慕合作並設立「機場零售商」公司才兩年，DFS就還清了汽車部門的債務，「機場零售商」也開始賺錢了。「汽車國際」可以準時交車，甚至有時還會提早。「機場零售商」甚至在DFS之前就開始分紅。這當時是他們的「搖錢樹」，帕克回憶。第一次是一九六七年，紅利共三一二五〇美元，按照持股發給四名股東。菲尼和米勒各收到一二一一〇元；帕克是六二五〇元，而皮拉洛則是七八〇元。

DFS的股東們記憶力很好，不會輕易忘記過往恩仇。當年艱困時期，那些較知名的干邑白蘭地廠商曾給過他們臉色看，於是要過很多年後，這些白蘭地才能進入DFS店裡。到了一九八〇年中期，卡慕銷出將近五十萬箱干邑白蘭地，大部分是透過DFS，並成為日本第一、全世界第五的干邑白蘭地。夏博則從零開始，成為法國出口量第一的雅馬邑白蘭地。

在一九八〇年代的最高峰，這四名股東可以獲得平均每年總額五千萬美元的現金股利，公司外部沒有人曉得。這是零售業的一大成功，而且是全球規模的。「我們有全球性的權利，我們決定價格，然後賣給自己。」菲尼說。

菲尼始終不忘卡慕當年對他的信任之舉。「這是一段美妙合作關係的開始，也是我們所碰到最幸運的機緣之一。」他說。對菲尼來說，卡慕的形象亦父亦師。菲尼一家和米勒一家，都會定期去法國西部干邑村莊外的卡慕家族城堡作客。卡慕很愛告訴他的訪客：「要製造出偉大的干邑很容易。只需要一個曾祖父、一個祖父，和一個父親，全都奉獻一生在這上頭就行了。」

---

* Julian Fox, *The Golden Book: 50 Years of Duty Free* (Tax Free World Association and Raven Fox Cohen, 1997).

第8章
智鬥香港鱷魚幫

正當菲尼忙著在檀香山機場賺錢，而米勒也忙著收掉「汽車國際」之時，香港新的啟德機場航廈免稅店的經營大任，便交給香港一個靈通的葡萄牙裔會計師蒙泰羅（John Monteiro）。蒙泰羅曾在香港的中華電力公司擔任經理人，本來正打算接受一個移民到美國的工作，此時DFS的兩位創辦人來說服他加入。他們需要一個懂得應付各種實際狀況的人，並承諾未來會安排蒙泰羅移民美國，還把這個條件寫進合約裡。

一九六〇年代晚期，香港的總人口為四百萬，乃自由放任資本主義的世界首都。樣樣東西都可以買賣。港口裡沒有海鷗，據說是因為沒有任何可以吃的東西會被扔掉。統治權在英國派來的總督身上，但真正的權力，其實是掌握在匯豐銀行，以及怡和洋行、太古集團、南海紗廠這些大商行的董事會手裡。

從東京搭飛機到香港只要三小時。而且香港有西式商店、雙層巴士，還有英文路標。對於尋找異國經驗和便宜商品的日本遊客來說，香港是全亞洲的首選。去香港感覺上就像去英格蘭一樣，而且除了菸酒之外，樣樣東西都免稅。唯一可以販賣免稅菸酒的，只有DFS。

跟在夏威夷一樣，香港的機場免稅店一開始就像小攤子，只有兩個十五呎長的櫃台。頭幾年因為業主沒用心，所以經營得很差。有年耶誕節一個經理讓員工放假，自己跑去打高爾夫，忘了有幾十個日本遊客那天要到店裡提領免稅酒，結果搞得那群憤怒的日本客人圍在關上的店門前大鬧一場。

香港零售業史上最大膽的賭博

就像夏威夷，在一九六四年之後，香港機場免稅店也湧來一群群日本觀光客。菸酒訂單多得讓那些銷售小姐來不及處理。蒙泰羅雇了一群會講日語的人上旅遊巴士接訂單，然後讓遊客離境時在機場提貨。等到日本的國外旅遊限制放寬，生意每個月都翻一倍。蒙泰羅說，有一度狀況「太瘋狂了，我們根本應付不來」。據估計，當時ＤＦＳ的坪效業績是倫敦哈洛德百貨公司（Harrods）的五十倍。

但是錢賺得快，股東吸走利潤以挹注汽車業務的速度也一樣快。這表示蒙泰羅必須拖延付給供貨商的款項，並利用自己的小聰明以避免週轉不靈。有回一家最暢銷威士忌的代理商失去了耐心，跟他說，「我們不送貨了，除非你趕快給支票。」於是蒙泰羅送了張支票過去，但上面的號碼和數字卻不符合，銀行不肯兌現。那家代理商打電話來問：「這在搞什麼鬼？」蒙泰羅說：「哎喲，對不起，你把支票送回來，我重新開一張給你。」於是讓他多拖了兩星期。「耍那些手段很好玩。」他說。

蒙泰羅向公司提出一個點子，希望在市中心開一家更大的店，以應付愈來愈多的需求，並擴大商品範圍。啟德機場的店只能應付遊客所需的兩成。日本人想買相機、香水、化妝品、高價鋼筆，以及其他奢侈品。而他們和機場的合約並未規定DFS只能在機場營業，或是只能賣菸酒。他們可以在市中心開一家店，讓遊客一次買足，而且遊客可以選擇離境時在機場提貨，因而更有吸引力。

DFS的四名股東商量這個提議，覺得非常掙扎。如果要開設新的店，他們就需要資金，好在香港市中心租一個很貴的店面，然後設計、裝潢，還要增加四倍的員工。要是他們算錯了，可能會讓公司再度陷入危機。香港的競爭比檀香山激烈。如果華人旅行社不肯把日本客人送來，市中心這家店就不可能成功。很多旅行社自己就開了訂價過高的商品店，或者朋友開的店會給他們巨額回扣，請他們把旅行團帶去。這套行規人盡皆知，只有遊客不知道。

蒙泰羅去拜訪了幾乎控制香港所有旅行團的二十家旅行社，向他們提案。如果這些旅行社放棄自己的零售業務，把所有日本遊客帶到DFS的市中心商店，那麼凡是這些旅行團購買的商品，比方手提包、鋼筆、手錶，蒙泰羅都會付很高的佣金。「你們何必自己開店？」蒙泰羅問，「我會替你們開店，有更多商品、價格更吸引人，而且我還會給你們佣金哩。」

「除了一兩家旅行社，他們都說這個點子很棒，也很願意配合。於是我跟查克和羅伯特回報，他們就說，『那我們就來做吧。』」

DFS的新店，位於九龍漢口道何鴻卿大廈一樓，就在素有「遠東貴婦」美名的半島酒店背後。他們雇了兩個經理和一批銷售小姐。這家店的風水據說非常好，開幕時還舉行了正式的儀式和酒會。

但那些旅行社雖然滿口願意配合，其實並不打算輕易放棄自己的生意。他們威脅供貨商，說如果他們批貨給DFS，就要斷絕往來。「那些旅行社『封鎖』了供貨商，」多年後，蒙泰羅坐在香港的

「葡國人俱樂部」（Club Lusitano）裡，喝著紅茶回憶那些早年歲月。「都彭（ST Dupont）打火機是那個時代每個日本人一定會買的，但他們卻不肯供貨給我們。勞力士、香奈兒也不給我們貨。」

蒙泰羅打電話給菲尼，「我要對付旅行社。我要張羅這家店。我要雇人。我幾乎沒有任何人幫我管理，因為我們負擔不起；另外我還得去找這些供貨商去要貨。我一個人忙不過來，你得來幫我。」

此時米勒已經暫時離開，不參與公司經營了。他和菲尼已經一起工作了十年。之前又巡迴世界各地結束「遊客國際」和「汽車國際」的營業處，這個任務當然不會愉快。現在他想把自己分到的紅利，拿去投資在別的生意上頭。他和妻子香朵及襁褓裡的女兒皮雅（Pia）已經定居倫敦了。

菲尼知道自己得搬去香港。一九六七年九月，他飛到啟德機場，在當時是個難忘的經驗。低空飛近機場時，機上乘客可以看到九龍市區六層樓公寓裡電視機發出的藍色閃光。全世界沒有其他機場需要機師穿過市中心，做出這麼緊湊、大角度的進場飛行。

菲尼和蒙泰羅把供貨商分成兩組，各自去拜訪。他們開出毫無利潤的高價進貨條件，只求店裡有存貨。但生意還是沒上門。那些原來想叫經銷商杯葛DFS的旅行社，對於帶旅行團來的事情也撒了謊。他們等於是被鱷魚群團團包圍了。「那是我這輩子最大的噩夢，」蒙泰羅說。「真是慘透了。我回去找那二十家旅行社，問他們到底在搞什麼鬼。我說，『好吧，你們這些王八蛋，你們搞我。那我就這麼辦，你們要嘛就把人帶來我店裡捧場，否則我就不賣免稅酒給你們的客人。』」

蒙泰羅說他只再供貨一星期，接下來就斷貨，除非旅行社把客人帶來店裡。那些旅行社屈服了，開始把旅行團帶到市中心的店。才一個星期，這家DFS店就忙不過來，簡直雇不到售貨小姐。

「只要有回扣可拿，旅行社就肯跟任何人合作；過了一陣子，他們就發現全香港讓他們賺最多錢的就是我們，」菲尼說。「他們從我們這裡抽到的佣金最多。到今天還是一樣。他們帶人去餐廳吃飯，可能每個人頭抽一元美金，可是如果來我們店裡，抽的佣金可就多了。」有些旅行社發現，他們帶人去DFS的店裡，抽到的佣金比自己開店還划算，於是就把自己的店給收了。

這是香港零售業史上最大膽的賭博之一，結果成功了。「免稅購物客」現在可以販售各式各樣高級奢侈品，遊客可以想像他們身在一個樣樣商品都是免稅的店裡，而不光是菸酒而已。「我們是利用菸酒當胡蘿蔔，吸引他們進來買手錶。」菲尼說。

憤怒的丈夫們群起抗議

售貨小姐的壓力持續不歇。她們一天工作十五個小時，一週七天。丈夫們開始抱怨，打電話到店裡：「見鬼，現在我都看不到太太了，小孩也看不到媽媽，這要搞到什麼時候？」最後，幾個憤怒的丈夫聯合起來到市區店裡，抗議管理階層虐待員工。菲尼和蒙泰羅一起面對他們。「拜託耐心一點。」菲尼懇求。幾個店員離開了，但大部分都留了下來。直到員工人數加倍再加倍後，壓力才終於紓解。

蒙泰羅的壓力則沒有減緩。有年除夕，他和一個經理穿著小禮服去盤點存貨，他們的未婚妻則等著他們點完。結果盤點到凌晨兩點還沒結束，兩位未婚妻早都回家了。

生意實在太好了，市區店面必須擴大，這表示他們得要求房東說服大廈內其他房客搬走。房客看到他們生意這麼好，當然不肯搬。一個香港經理建議用「蟋蟀攻擊法」逼房客走，就是以人類糞便塗在蟋蟀身上，放到對手店裡。「我們告訴他這招很有創意，但我們不會採用的。」蒙泰羅大笑著說。

菲尼和蒙泰羅研究過日本遊客的採購習慣。他們發現這些觀光客在四日遊的第三天，所花的錢會比第一天多出三成。因為到了第三天，日本人已經大致知道商品價格，又擔心東西來不及買齊。蒙泰羅就又去找旅行社，要他們第三天再把日本客人帶到店裡來。「有些旅行社肯，但大部分都不願意。他們會說，『我已經帶他們去過六家店了，也去了你們店裡。我有什麼藉口再帶他們到同一家店呢？』我就說，『好吧，那我再開一家店，這樣你們去過這家，下次可以去那家。』」

於是DFS在市區又開了一家店，位於彌敦道和加連威老道交口，是九龍的黃金地段。蒙泰羅答應旅行社，那些遊客到第二家店所買的任何東西，還是會分佣金給旅行社，即使那些遊客是自己跑去的都照算。他會憑何鴻卿大廈店裡發給遊客在機場的提貨卡，知道遊客是屬於哪家旅行社。

有些旅行社又起了疑心。蒙泰羅帶他們去吃晚飯，把他們從這個計畫中能賺到多少錢算給他們聽。「他們下巴都快掉下來了：『你在唬我吧。』然後我說：『是真的！不信下個月試試看！』」

菸酒只是招徠客人上門的手段，注重身分地位的日本遊客所購買的最大宗，其實是一般商品。但「免稅」之名，也為他們招來競爭者的嫉妒。有不少香港企業對他們心懷怨恨，認為觀光客可能會以為這家店樣樣都比一般商店便宜。於是為了避免麻煩，這家公司便開始只用DFS的縮寫。

香港和夏威夷的一些老資格企業，當初都錯失了免稅生意的良機。「一開始，香港的怡和洋行、其他大商行，以及夏威夷的五大公司，都沒有動作，」帕克說。「他們竟漏掉了這個機會，真是不可思議。」

清償掉汽車業的債務，免稅店也開始賺進可觀的利潤後，四名股東一致贊成領取九〇%的現金股利，並成為往後延續四分之一個世紀的慣例。「我們不想把現金留在公司，」菲尼說，「所以從DFS一開始運作，我們就什麼都沒做，只是把賺來的紅利分掉而已。」「通常每三個月就會分一次。」米勒說。在面對過破產及名譽掃地的危機之後，菲尼和米勒已經快要達成他們賺到一百萬美元的目標了。免稅店成了製造現金的水龍頭，而且水量愈來愈大。

一九六八年三月十八日，就在菲尼到香港幫蒙泰羅大約六個月後，丹妮葉也前來和丈夫會合。他們現在有四個女兒了。最小的黛安（Diane）才剛出生十天。

菲尼替家人找了戶位於二十樓的漂亮公寓，位於半山區摩星嶺道的翠海別墅。此時菲尼三十七歲，以當時的標準來看，已經很富裕了。但一直到和查克在此地定居，丹妮葉才意識到自己已經成為有錢人的事實。她並不是一夕之間頓悟到自己多有錢，主要是透過他人的眼光漸漸明白。人們看他們的眼光、對待他們的方式，都變得不同了。

菲尼一家開始過起豪奢人士的生活。他們買了一輛積架（Jaguar）和一艘小船。他們雇了個名叫喬治的司機和幾個傭人。他們加入會所，舉辦宴會。那陣子菲尼有兩套正式宴會的小禮服。他們會去半山區的婦女遊樂會（Ladies Recreation Club），這是香港最難加入、最有名望的會所之一，每逢星期天，兒童可以在會所的游泳池內嬉戲，大人則去打網球。丹妮葉發現在香港可以輕易過得很奢華。雇傭人、租房子、食物都很便宜。她買珠寶和骨董，家裡布置著各種裝飾品和美麗物件。

丹妮葉並非出身富裕的環境。他們一家從阿爾及利亞搬到巴黎時，熬過了好些年悲慘的經濟狀況，直到父親成為著名的精神科醫師才擺脫困境。她歷經二次世界大戰的艱難環境，然後又因為查克的生意而一再忍受跨國搬家，如今在香港，她感覺可以不必擔心錢，盡情享受了。她喜歡在這個殖民地的生活，不過心底卻很明白這一切有多麼微不足道。

查克．菲尼，體態勻稱健康，皮膚曬成古銅色，清爽的髮型，短短的鬢角，散發出典型戰後世代美國企業家的自信和活力。他是個體面的美國人，大方、勤奮工作，以家庭為重。

菲尼樂在工作，他為自己的事業成就高興，而一開始，他似乎也從自己掙得的舒適生活中獲得某些快樂。DFS的人愛他。他忠誠待人，也希望對方忠誠以報。他記得每個銷售助理的名字，關心他們的家人。員工有難時，他總會出手相助。有回蒙泰羅八歲大的兒子麥可出事，把點燃的火柴丟進摩托車油箱而嚴重灼傷，菲尼作主把他轉到紐約的醫院住頭等病房，動了好幾次手術，而且負擔所有的醫藥費。

在香港，菲尼特別關心弱勢兒童，這是他終身不改的關懷。他當年在自由城熱心照顧夏令營的小孩，並不光是做生意賺錢而已。他認識一個住在他們公寓樓下的聽障女孩蘇珊娜，老是念念不忘要給她最好的治療。他有回看到一輛開往美國學校的小巴士，車上的女司機放任小孩將頭探出車頂天窗。「如果她忽然踩煞車，或有什麼意外，他們會受重傷的！」他說。他打電話到那位女司機家裡表達他的擔憂，她告訴他，「去死吧。」於是他就去聯繫每個學生家長，直到這種危險的行為停止。

你要享受人生，還是要事業更成功？

免稅生意在香港太賺錢了，而且在整個太平洋地區的擴張潛力太大了，因而在一九六九年，菲尼說服米勒，叫他應該回公司來。「坦白說，我在香港實在照顧不了所有事。」菲尼回憶。「我說，『羅伯特，每個人都應該回來。還有好多事情可以做。』」他看到了擴張的可能性，看到了在阿拉斯加和太平洋島嶼開設免稅店的機會。「『好吧，我回去。』米勒說。」他帶著一家人從倫敦前來，往後將永久定居於此。有帕克經營夏威夷，米勒接手香港，於是菲尼就往香港外發展，尋找新機會。

菲尼和米勒在香港都是同一個社交圈，卻很少來往。丹妮葉喜歡羅伯特，也跟香朵處得很好，但在查克記憶中，米勒一家只來過他們家一次，他也只去過米勒家一次。這兩名創業元老之間的冷淡關係，往後將隨著社交方向的不同更形惡化。米勒夫婦認為錢就該花在最好的事物上頭，他們嚮往精緻生活和最高的社會地位。香朵有回跟丹妮葉保證，「我女兒會嫁給王子。」（其中兩個的確如願了。）

總之，隨著時間流逝，菲尼開始重新思考自己對這種生活的態度。眼前的一切遠離他以前的生活——他的家人和朋友都還住在新澤西州的伊麗莎白鎮——也遠離了他孩提時代便深植心中的儉約價值觀。丹妮葉要到後來才明白，原來她的美國丈夫那麼強烈感覺自己不屬於正式晚宴和遊艇的世界，原來他那麼痛恨炫耀鋪張，而且那麼鄙視香港那些富豪名流的生活。

兩個DFS創辦人的不同，也表現在他們對公司慈善捐贈的意見歧異上。當他們的企業變得樹大招風時，菲尼便建議捐出稅前利潤的五%用作公益。捐出這麼大比例的利潤，是違背當時企業精神的

——一九七〇年，經濟學家傅利曼（Milton Friedman）曾在《紐約時報雜誌》上發表他著名的評論：「企業唯一的社會責任，就是增加自己的利潤。」——而且全香港只有大約十家公司會有起碼的慈善捐贈。米勒覺得五％太多，不過還是同意了。查克於是要蒙泰羅負責籌畫，為公司設立一個慈善信託基金。蒙泰羅找了七位名人擔任諮詢委員，包括政府高級官員（後來擔任布政司）陳方安生，前任香港總督鍾逸傑爵士（Sir David Akers-Jones），以及前布政司布瑞迪爵士（Sir Denis Brady）。這個基金將捐助遊民、盲人、老人，同時也對DFS的聲譽有所幫助。

查克和米勒的私人關係進一步緊繃，則是出在誰對生意發展貢獻最多，兩人的看法有歧見。對公司內部的人來說，工作都是菲尼一個人在做。但另一方面，一開始確保能拿下香港和夏威夷兩個關鍵DFS特許權的，卻是米勒。「羅伯特想要享受人生，而查克想讓企業成功，」一位DFS的經理人說，他回憶菲尼曾說過，他絕對不會再跟米勒一起合作別的生意了。「這不表示羅伯特不是個精明又靈光的生意人，只不過查克的工作時數多了很多。」

馬圖謝克回憶米勒是個「高尚的傢伙，很會講故事」，而且充分享受人生中的種種美好事物。帕克相信，菲尼身為公司領導者，又提供了絕大部分的創意，所以覺得DFS裡的事情應該由他說了算。

於是或許不意外地，菲尼開始自己進行一些生意計畫。他看到一個額外的創業機會，可以設立一個公司，把卡慕的干邑白蘭地和雅馬邑白蘭地銷售到亞洲各國的**國內**市場，同時擔任亞洲區香奈兒香水的代理商。他沒有告訴DFS的其他股東，逕自在一九七〇年四月一日於巴哈馬登記了另一個公司。他以一個分紅計畫勸甘茨柏傑來跟他合作，專職負責這個公司。為了說服這名法國人，條件自然很誘人，他在練習簿的一張方格紙列出一個每月活動計畫表，標明扣除營運費用之後，甘茨柏傑可以拿到五〇％的利潤，菲尼則拿到另外五〇％。他們都在那張紙上簽了名，然後握手講定。他們會以「機場零售商股份有限公司」（Airport Chandlers Incorporated）的公司名稱運作，好跟由DFS四名股東所擁有的「機場零售商有限公司」有所區別。兩個月後，甘茨柏傑和他的牙醫師太太艾琳（Irene）從法國搬到香港，開始營業。

菲尼後來為自己辯護說，他另外設立卡慕經銷商，只是因為看到一個機會，但沒有人去做。卡慕「注定只會是二流品牌，除非能行銷到全亞洲，而不光是在DFS而已」，他說。這個舉動其實非常合理，最終還是會讓他的合夥人受惠。因為卡慕這個品牌在全亞洲愈有名，DFS能賣出的卡慕就會愈多。

皮拉洛說，他一年後發現菲尼這個舉動，是因為在東京遇到甘茨柏傑，於是問他，「你跑來這裡做什麼？」他和其他DFS股東發現菲尼自己另外創業，都覺得很受侮辱。就帕克的觀點，菲尼和卡慕的關係，是源自於DFS和卡慕的關係，而這個關係當然是屬於所有股東的。「查克不這麼想，」他說。「他這點就是想不通。到今天他大概還是沒有改變。」

他們去找菲尼攤開來談，皮拉洛回憶，菲尼便同意把卡慕經銷商併入「機場零售商有限公司」。「他就這樣放棄了，」米勒回憶。「我想他還是老樣子，壓在心裡在生悶氣。」他們以三十七萬五千美元買下了甘茨柏傑的股份，把他給樂壞了。這個合併後的公司後來更名為「卡慕海外有限公司」（Camus Overseas Ltd，簡稱COL），繼續成為卡慕干邑白蘭地全世界最大的經銷商，每年提供四位業主豐厚的分紅。

第9章

看出別人看不見的商機

一九六九年，蒙泰羅準備離開香港，搬到檀香山。他提醒菲尼合約裡的那個條款，他們必須替他弄到簽證，讓他移民夏威夷。結果證明很困難。DFS必須聘請律師，向美國移民局證明他們絕對需要一個有管理才能，又會講葡語、粵話、英語，以及一點點日語的人才，只有蒙泰羅符合這些條件。

「我終於拿到去美國的許可，於是我把東西打包，送上托運的船，買好了機票，」蒙泰羅說。「然後菲尼打電話來說要見我，見了面就說，『希望你不介意，但公司真的需要你去阿拉斯加，不是夏威夷。』」

蒙泰羅和他的太太卡若（Carol）一直住在氣候溼熱的香港。現在卻在菲尼的要求下，來到阿拉斯加的首府安克拉治，冬天嚴寒，平均降雪六十吋。在那個時代，安克拉治的總人口才十萬出頭，充滿邊境城市的氣氛，犯罪橫行，整個城市還沒從一九六四年那場毀滅性的地震中完全復元過來。這是全地球蒙泰羅最不想去的地方。他們有個一歲的兒子，卡若又懷孕了。她住在香港的公寓時，家裡有兩個女傭，現在來到冰天雪地的阿拉斯加，沒有辦法開車，丈夫又從清早忙到半夜。在那邊熬一年，然後你就可以去夏威夷了。菲尼跟他們這麼說。

菲尼需要蒙泰羅這種有幹勁又有經驗的人去阿拉斯加，因為一九六九年他去跟阿拉斯加政府談，說服了他們允許DFS在安克拉治機場開一家免稅特許店。荷包滿滿的日本遊客不光是成群湧到夏威夷和香港，他們現在也開始去歐洲和美國本土了。波音七四七巨無霸噴射機的時代已經來臨，世界愈來愈像個地球村。由於東亞經北極的班機不准進入蘇聯的領空，安克拉治便成為這條航線的中途加油站。加油時乘客必須下機，在簡陋的航廈內打發時間。

「阿拉斯加不過是個加油站，誰會想到要去那裡開免稅店？」馬圖謝克說。「查克就想到了。他準備好要冒險。他有一種很詭異的特質，那是一種洞察力，能看出別人都看不見的商機。七四七轟出了商機，打開了水閘。」

一樁徹頭徹尾的大災難

這家阿拉斯加免稅店裡塞滿了北極熊填充玩具，一開張就大獲成功。上午有六班從日本飛往倫敦或巴黎的班機在此暫停，飛機一到，機上乘客就湧入航廈，他們一看到免稅商店裡的超低價格就不禁尖叫，當場瘋狂血拚起來。到了下午，前往歐洲或亞洲的飛機到達時，同樣的混亂狀況又再度上演一次，遊客紛紛搶購酒類、手錶、香水，和皮草。他們可以把商品留在店裡，等回程再取貨，同時順便再補充一些阿拉斯加的帝王蟹和鮭魚帶回家。

菲尼有回和甘茨柏傑一起旅行，曾在安克拉治短暫停留。卡若剛生了個兒子，他們夫婦是天主教徒，便要求菲尼當這個兒子的教父，他們開玩笑說，因為他是當時身邊唯一找得到的天主教徒。蒙泰羅帶著菲尼和甘茨柏傑在城裡觀光，其中包括去一家色情酒吧，裡頭有衣服穿得很少的女侍。甘茨柏傑去找酒吧裡最胖的妓女——體重兩百五十磅，牙齒掉光了——給了她二十元美金，告訴她菲尼真的很欣賞她，但他很害羞。她說她知道如何對付這種男人，於是走過去一屁股坐在查克膝蓋上。她塊頭太大了，菲尼根本動不了。「不，不。」菲尼抗拒著，而她說，「別擔心。我知道你很害羞。」把甘茨柏傑和蒙泰羅給笑翻了。

安克拉治的成功也導致了菲尼口中「一樁徹頭徹尾的大災難」——他決定在巴黎為日本遊客開一家免稅店。「那是我們最大的慘敗。」馬圖謝克說。他當時已經成為菲尼很親近的好友，一九七〇年這家位於歌劇院大道的DFS店開幕時，他就是經理。他們原來的想法是，日本旅遊團在赴巴黎途中，經由安克拉治或香港轉機，當地的經理人員便可以得知航班資料，把細節電傳到巴黎。巴黎的DFS商店就會安排旅遊團到他們店裡，讓這些觀光客買便宜的菸酒，以及香水、領帶、絲巾、皮件等巴黎商品，離境時可以在機場退稅。

但總之，這些美國人可鬥不過巴黎的「鱷魚幫」。對手商店和旅行社利用DFS的策略，回過頭來對付他們。「巴黎有一百萬家店，而那些做日本團生意的旅行社混得愈久，手段就愈高，賺的錢也愈多，」菲尼說。「我們最大的錯誤，就是沒搞懂那些導遊會耍我們。我們後來決定把店收掉。」

不過其他DFS商店的成功，尤其是夏威夷的，就成為旅遊業的話題了。檀香山機場的免稅特許權顯然是個金礦。只有四位業主才知道到底賺了多少錢，但其他零售業者也一直在留意。DFS在一九六七年續約競標時，沒有碰到強勁的對手。他們擔心到一九七〇年又要換約時——這次為期十年——可能會出現出價更高的競標者。那麼多年來所有的商譽和努力，就會拱手讓人了。

一九七〇年七月，菲尼、米勒、帕克、皮拉洛飛到檀香山，以決定他們要出多少價錢，競標夏威夷的免稅店特許權。他們聽到流言說有一家叫「帝國貿易」的日本公司會出高價搶標。更令人擔心的是，那些日本人的顧問是以前DFS的會計主管柏恩，他在一九六五年的財務危機時辭職，後來搬到了夏威夷。柏恩對數字很清楚。他知道DFS如何經營，也知道其中的潛力。

保密是最重要的。競標者必須按照投標金額的特定比例，先付一大筆保證金。這四位DFS的股東知道，如果他們只去一家銀行買一張保付支票，銀行裡的人可能就會據此猜到他們的投標總額。為了掩人耳目，他們就到不同的銀行買五六張保付現金支票。這四個人去菲尼在艾納海納灘租的房子裡會合，一起計算。他們估計出每年要付給夏威夷政府的最低金額，再乘上十年，就是投標金額。帕克是會計師，負責提供初步資料。菲尼是對銷售額估計得最樂觀的。他們最後決定提出總額六千九百萬美元——每年將近七百萬美元。

一九七〇年九月一日星期四的中午，他們聚集在州政府黃褐色的交通局辦公室裡，參加開啟信封的正式開標程序。辦公室天花板有一架電扇在旋轉，一排排椅子面對著一面黑板。菲尼和帕克各自坐下，同行的還有馬圖謝克，以及財務主管溫哲（Mike Windsor），是該公司在香港雇用的英國人。幾個機場工作人員跑來看熱鬧。《檀香山星報》的記者朗德（Kay Lund）也在場。溫哲記得，當時帕克看起來很緊張，不過菲尼似乎很冷靜。

出價競標的有四組人馬，但認真的只有兩組，就是「DFS有限公司」和「帝國貿易」。一名官員把每家公司投標的保證租金數字，逐年寫在黑板上。最後的總金額非常接近，「帝國貿易」出價六千五百萬美元，只比DFS少了四百萬。朗德注意到，儘管一般預期最後的得標金額會非常高，但最高數字揭曉時，機場的官員都猛抽了一口氣。這個驚人的數字，她寫道，具體說明了免稅商品業變得多麼有利可圖，不光是對DFS而已，對夏威夷州政府也是如此。

這次競標成功「永遠改變了這四個股東的人生」，多年後溫哲有感而發。如果DFS競標失敗，他說，就會是他們的一大打擊，可能永遠無法復元。但他們保住了這個特許權，就得以搶搭上日本經濟擴張的順風車。

需索無度的伊美黛・馬可仕

接下來三年，日本海外旅遊人數倍增，達到兩百三十萬人次。威奇奇分店的店員總數從一九六二年的六人，增加到一九七二年的一百六十人，而且還是肩並肩擠成一排接訂單。日本人的儲蓄率位居全世界第一，他們來到免稅店時，腰包裡塞滿了美金和日幣。DFS兩種鈔票都收。三分之一的業績是收到日幣，於是DFS成為日幣在海外的一大收款處。經理人員每隔一陣子就會提著裝滿日幣鈔票的手提箱，到東京透過銀行管道換成美金。

在香港，他們囤積了太多日幣，還得用鐵皮箱來裝。「我們相信日幣一定會升值，」帕克回憶。「所以就在匯豐銀行租了個很大的保險櫃，囤積好幾個月。然後我們香港的財務主管萊特（Colin Wright）就會買個舊式的鐵皮箱，裡面塞滿了一萬日幣的鈔票，飛到東京，去銀行換成美金。」日幣在一九七〇年代早期從三六〇對一美元，升值到二八〇對一美元，囤積日幣的DFS因而大賺一筆。

他們還以其他方式，利用日幣套匯。DFS在檀香山設立一家「近海產業有限公司」，購買房地產以供市中心的免稅店使用。「近海把所屬的房子出租給DFS，租約上寫的是日幣，」皮拉洛說。「然後我們就到三和銀行，用房子當抵押品，以一%的利息辦日幣貸款，借到五千五百萬元，存進銀行裡，再投資在年利率七%的國庫券。零風險，賺進六%。真是棵聖誕樹！」

一九七〇年菲尼到東京，設立一個DFS的辦公室，並雇了一個他形容為「非常聰明」的日本女人佐川紀子負責。透過這個辦公室，他們可以觀察旅遊業趨勢，跟日本旅行社進行「批發」交易。他租的地方就在東京的帝國大飯店，後來又在另一棟大樓裡面設立了辦公室和展示間，要出國的日本人有一半是到這棟大樓裡領護照的。日本的幾家大旅行社會在一年前就規畫好行程，菲尼跟他們混得很熟，可以查出他的顧客次年會去哪裡。他研究日本航空公司對乘客和航線的安排，還雇用日本的野村綜合研究社，定期提供更新的「經濟模型」，預測日本人的旅遊規畫。這些研究都必須很精確，因為此時DFS都是在半年以前就預訂存貨了。

DFS也開始在東京成田機場和大阪機場提供售後服務，返國的消費者若發現自己的免稅品包裝袋中有商品遺失或損壞，就可以找DFS。菲尼希望日本消費者把DFS視為國外假期中很理所當然、很正面的一部分，是個會照顧他們、確保他們購買到良好商品的公司。所有商品保證是真品——這點很重要，因為日本的街上充斥著仿冒品——而且有瑕疵或壞掉的，都一律可以更換。售後服務辦公室同時也向日本消費者保證，如果他們購買的東西沒有送上回程班機——這種事情難免會發生——到最後也一定會設法送到他們手上。

這個辦公室裡還陳列了大量免稅商品的樣品，觀光客可以索取四頁的商品介紹小冊子，裡面詳列他們目的地DFS商店裡可以買到的各種商品。稍後，他們還可以申請DFS信用卡。DFS照顧他們的朋友，每年都在日本主辦一個總獎金達二十萬美元的高爾夫錦標賽。日本政府原擬通過一項法案，允許在日本販售免稅商品給返家的遊客，但DFS的遊說奏效，成功阻擋了這個法案。

「我們在日本雇了一大堆員工，負責聯絡所有旅行社，這樣他們就知道旅行團什麼時候來，班機什麼時候到，」馬圖謝克說。「他們會到機場接導遊，然後整團人帶到市中心的商店去，還讓旅行社抽佣金。」只要帶團帶到店裡，DFS會給旅行社和導遊每個人頭一元美金，外加總銷售額的五％。

菲尼環繞著日本畫了一個想像的包圍圈，尋找其他日本觀光客可能會去的目的地。他去過菲律賓，但當時的第一夫人兼大馬尼拉市市長的伊美黛．馬可仕（Imelda Marcos）需索無度。「伊美黛提出一個合夥計畫，要我們做所有的事，出所有的錢，經營所有的店，冒所有的風險，而她只要拿回扣就行了，」菲尼說。「當『貪腐』這個字眼一出現，我們就跑了。」付佣金給旅行社是一回事，但去上貪腐政客的當，那就是另外一回事了。

菲尼轉而把眼光放在關島，這個位於太平洋的島嶼是美國一天開始的地方，也是日本人未來可能的旅遊目的地。他從東京搭了四個小時的飛機，過去看一看。關島是美國屬地馬里亞納群島（Mariana Archipelago）最南邊的島嶼，在一八九八的美西戰爭後割讓給美國。一九四一年曾被日軍占領，三年後又被美軍奪回。關島的面積約為華盛頓特區的三倍大——其中三分之一土地上都是美國的軍事設施——但居民只有六萬五千人。當地的貨幣是美金，商店裡賣的也都是美國貨。

日本人還沒開始來，但菲尼斷定，顯然他們以後會來。關島擁有美國文化、宜人的溫暖氣候，還有珊瑚礁，很有潛力變成日本的邁阿密灘。「我明白這裡就是我要的地方。這是個理所當然的旅遊目標。它就像香港：唯一課稅的就是菸酒。所以我們可以開一家店，賣菸酒以外的商品。太簡單了，根本不必花腦筋。」

「東尼，我們可以擁有這個地方，」皮拉洛回憶一九七一年時，菲尼在飛往關島的飛機上告訴他。「他遞給我這個想像中的旗子——就在飛去的飛機上——然後說，『我要你負責。』於是我去了，買下一切，買了機場特許權，買了旅館商店，我動作非常快。」

關島機場當時除了一個木棚屋，還沒有民用的航廈。一九四四年美軍光復關島後，一名老美國人瓊斯（Kenneth T. Jones Jr.）隨即在此設立了一個零售公司「瓊斯暨葛瑞若」（Jones & Guerrero），並取得機場的特許權，但菲尼看得出他根本不懂得如何經營。

DFS在關島的第一家國際旅館「第一飯店」（Dai-Ichi Hotel）設立商店，這個飯店位於圖蒙灣（Tumon Bay），俯瞰著沙灘以及一大片翠綠與鈷藍的礁湖。這家店裡陳列著蓮娜麗姿香水和卡慕干邑白蘭地，「我們要為關島帶來一點巴黎風情。」皮拉洛說。一九七二年，他們在市中心設立了第二家店，然後在那年年終，取得機場的特許權。他們還在圖蒙灣一排高級飯店裡開了四家店。當日本遊客一如菲尼的預測，開始大量來到關島時，查克又把他以前手下最佳汽車推銷員之一、美國海軍補給官退役的布魯索（Bob Bruso）派來經營關島。

塞班島是個金礦，還是免稅的

DFS在關島的發展太成功了，因此菲尼又決定去看看北馬里亞納群島中的塞班島（Saipan），此島面積只有關島的五分之一，離日本更近兩百哩。塞班島連機場都沒有。跳島航線的飛機降落時，就在一條泥土跑道上滑行，最後停在一棟半圓筒形的拱狀頂棚屋前。

二次大戰前，塞班島由日本管轄；但一九四四年六月，在二次大戰期間最慘烈的一場戰役後，美國將日軍勢力逐出。島上的三萬兩千名士兵中，有兩萬九千五百人死於這場戰役。其中還發生了太平洋戰爭最悲劇性的事件之一，數百名日本軍民連同家人，因為不願向美軍投降，遂從島上最北端、高達八百呎的自殺崖（Laderan Banadero）集體跳下。戰後在聯合國的一項協定中，塞班島成為美國的託管地。當菲尼在一九七四年搭著一架螺旋槳小飛機來到這裡時，他發現這個島還帶著戰爭的傷疤。不過這裡有比關島更好的海灘，西岸還有壯觀的珊瑚礁。這裡也是日本人緬懷戰爭亡魂的朝聖地。

「塞班島當時沒有觀光業，連個飯店都沒有，」帕克回憶。「查克提出想法，說這裡一定是發展觀光業的好地方，但戰後唯一留下來的，只有那條又舊又長的飛機跑道，還長滿了雜草。我們去找政府說，『我們願意出錢蓋機場航廈，重建跑道，以換取塞班島二十年的免稅特許權。』」「然後我們就拿到全世界最棒的免稅條件。」皮拉洛說。「我們把塞班島變成美國最大的避稅天堂，而且是大張旗鼓地公然做。我們讓當地政府通過一條法令，在塞班島賺到的所得不必課稅。我們把整套觀光設施建立起來。那是個金礦，還是免稅的。」

DFS花五百萬美元蓋好了機場，等到一九七六年民航機場啟用時，DFS經營裡頭的一切——禮品店、餐廳，後來還有四家飯店裡的附設商店，以及一家市中心的店。DFS的員工把機場的那條跑道稱為「皮拉洛跑道」，因為當初建設時便是由他一手主導。很快地，就有一年十萬名觀光客光臨，幾乎全都是來自日本。大飯店也跑來塞班島開設連鎖飯店，日本觀光客的數量又增加。「這個島真是做生意的絕妙地方。島上沒有什麼事情可以做，只能去沙灘或到我們店裡。」皮拉洛說。

有很長一段時間，很多日本人週末會從東京搭飛機到關島或塞班島打高爾夫，然後買兩三百美元的禮物，再飛回去，算下來比在日本打一回合高爾夫還便宜。

在這個急速擴張的時期，DFS也設法取得了北美洲數個機場的第一個免稅店特許權，包括加拿大的多倫多機場、加州的舊金山與奧克蘭機場，而且還在舊金山和洛杉磯市區為出國觀光客開設了免稅店。正當華爾街衰退之時，DFS卻成為急速成長的賺錢企業。從一九六八年到一九七四年，華爾街股票平均跌了七〇%。而在同一時期，DFS的現金股利每年增加數百個百分點。到了一九七七年，年度現金股利是三千四百萬美元。菲尼和米勒各分到一千兩百萬元，帕克是將近六百萬元，皮拉洛則是將近一百萬。全都是現金。他們都變得非常有錢了。

II

隱身沉潛

第10章

愈來愈節儉，也愈來愈有錢

在香港工作了四年之後，菲尼已經有足夠的經濟後盾，從事DFS以外的新企業投資。他告訴其他合夥人，他要把公司日常經營的責任交棒出去。在一九七一年的股東會議中，他提議讓皮拉洛接任執行長的職務。不過菲尼還是會以業主的身分參與一些公司的事務，例如尋找新地點、整體發展策略，以及共同決定更新特許權投標金等。

菲尼已經過夠了香港這種類似流放的生活。他和丹妮葉回到法國，主要是為了要讓子女上法國的學校。現在他們有五個小孩了，老么派屈克（Patrick）生於一九七一年十一月。他們先到巴黎，然後搬到蔚藍海岸，菲尼買了一棟宏偉的別墅，就在聖讓費哈角（Saint-Jean-Cap-Ferrat），是歐洲富有人士最喜歡的地中海濱度假勝地。從別墅眺望，可以看到十五年前查克和丹妮葉初次相遇的那片自由城海灘。

他們在一九七二年六月搬來，當時房子狀況很糟，花園裡雜草叢生。但他們一家非常喜歡。菲尼堅持留著幾把老藤椅和天鵝絨面的舊家具。丹妮葉發現他很不願意在裝潢上花錢。他似乎左右為難，明知富裕能讓他盡享人生，卻又對精緻高雅的生活方式感到不安。買這棟房子，是他以自己所累積的財富所作的一種投資，但菲尼表現出一些跡象，顯示他對種種富裕的裝飾，以及自認有權享受奢華生活的觀念，感覺到愈來愈不舒服。

他甚至開始懷疑，自己是否有資格擁有這麼多錢。多年以後，當他被問到此時他是不是已經很有錢了，他回答：「多少錢算有錢？可以這麼說，超出了我的一切期望，也超出了我所應得。我只是暗自斷定，金錢和買遊艇和一切奢華的身外之物，對我都沒有吸引力。」

他刻意培養出一種節儉的生活方式，戴著便宜的天美時手錶，買了一輛二手Volvo。他堅持他和家人搭飛機要坐經濟艙，即使是長途越洋航程也一樣，因為這樣花錢比較划算。他很不情願地出席了幾個巴黎和蒙地卡羅的正式晚宴，但是當《巴黎競賽》週刊登出一張他和丹妮葉的照片時，他氣壞了。從此他不再參加這類活動，而他們夫婦才剛熟悉起來的法國南部富人社交圈，他也斷絕往來。

菲尼的穿著顯示出他不喜炫耀。DFS曾雇用曼哈頓的「克麥帕氏企業顧問公司」（Cresap, McCormick and Paget）協助評估日本觀光業趨勢，該公司當時的一名管理顧問哈沃爾（Thomas Harville）回憶，他去檀香山見DFS的幾位最高主管。「結果走進來一個男人，穿著褪色的夏威夷衫，白色牛仔布工作褲，腳上還沒穿襪子。當然了，那就是查克・菲尼。」

不斷旅行，不斷找商機

身為成功的商人，他保持低調還有另一個原因。一九七〇年代的義大利，常有綁架小孩以勒索贖款的案件發生，而菲尼所居住的法國南部離義大利邊境只有三十哩。從一九七〇到一九八二年，義大利的犯罪集團和強盜總共犯下了五百一十二件綁架案。他擔心自己的小孩會步上馬佐提（Christina Mazzotti）的後塵，這位十八歲的義大利女孩在一九七五年被綁架，儘管家人付了兩百萬美元的贖金，綁匪最後還是殺了她。他從不讓幾個女兒去義大利，於是他們在成年之前未曾踏入義大利一步。綁架集團有時還會跨國作案：一九七七年，日內瓦一名五歲大的義大利女孩在上學途中被擄走，家人付了兩百萬美元才把人贖回來。

菲尼後來對小孩的安危更加擔心，因為他的女兒卡洛琳交了個朋友伊莎貝拉（Isabella Rizzoli），她的父親黎佐利（Angelo Rizzoli）是電影製片人，也是米蘭《晚間郵報》（*Corriere della Sera*）的發行人，她家離菲尼家很近，開車五分鐘就能到。兩個女孩是學校同學，卡洛琳開始帶伊莎貝拉來家裡玩。而卡洛琳到伊莎貝拉家玩的時候，就會看到帶著烏茲衝鋒槍的警衛在外頭巡邏。有回兩個女孩一起去遊樂園玩，伊莎貝拉的父親派了幾輛防彈車和六名武裝保鏢護送。

「她父親是很顯眼的目標，我一直很緊張，」菲尼說。「他們老是炫耀自己的金錢，開著大車送小孩去上學。」他不肯讓卡洛琳陪伊莎貝拉去義大利，「因為他們會把兩個女孩都抓走，等於是買一送一。」

伊莎貝拉非常喜歡菲尼一家人，因而數年後菲尼家搬到美國時，她還求自己的父母讓她跟著去。但她父母沒答應，而是把她送到瑞士一個有錢人念的學校。她在那裡染上毒癮，後來在一九八七年，她二十三歲生日的一個月後，她自殺了。「這個美麗的女孩，卡洛琳的朋友，她嗑了藥，然後從摩納哥的一棟大樓跳下去死了。」菲尼說。她的短暫生命，戲劇性地說明了金錢並不能確保得到幸福。

菲尼家裡一向歡迎像伊莎貝拉這樣迷失而不快樂的孩子，尤其是來自破碎家庭的。他會給十來歲的小孩工作，或送他們去上大學，成為他們的良師益友。他的子女必須學著適應這種情況。菲尼十來歲在新澤西州時，就出了名地會帶朋友回家照顧。他姊姊阿琳還記得，曾有個單親家庭的男孩有天晚上去他們家過夜，結果在他們家住了一整個夏天。

菲尼親近的家人和朋友，在他人生這段期間目睹了他性格的轉變，發現接近中年的他，比以往更擔心世局。他從商早期的那些年，對美國人來說是一段樂觀的時光，當時菲尼看到了一個充滿生氣的新世界，任何事都有可能。隨著經濟大恐慌和第二次世界大戰的結束，世界開始享受一段空前的穩定和繁榮時期。然後一九六四年甘迺迪總統遇刺，接下來是越戰，以及全球各地的反美示威抗議。

「他跟很多朋友都是靠自己白手起家。」他兒子派屈克說。「我想隨著這股氣勢，他期望世界能變得更好。但他年歲漸長，眼看著世界並沒有更好。他當然會覺得失望，因為他年輕時曾經抱著那麼大的期待。」

矛盾的是，儘管菲尼變得更節儉，但他卻更努力擴大全球免稅業務，因此變得更有錢。在丹妮葉看來，他似乎對自己的事業利益更有急迫感、更投入。他閱讀商業書籍和成功商人的傳記。他不停出差，到倫敦、紐約、夏威夷、香港、東京、關島、塞班島。當年的一些同事，比方哈沃爾，還記得那段期間菲尼「很迫切，不斷尋找新機會，不斷旅行，不斷研究，旅行時很少帶行李，寧可留一套換洗衣物在他常去的城市」。

但對他的子女而言，這是一段最快樂的時光。他們喜歡在法國蔚藍海岸的學校。他們記得去山上的「下雪學校」時，父親會載著電影放映機和銀幕，開三個小時的車，去放最新的電影給他們班上看，比方《真善美》（*The Sound of Music*）和《獅子與我》（*Born Free*）。菲尼會帶他年老的父親來聖讓費哈角玩，也會帶家人到新澤西州玩。他們家常有客人來訪，而且總是充滿歡樂氣氛。

菲尼在摩納哥設立了一個私人辦公室，從他家沿著蔚藍海岸開車過去很近，他會在那裡口述請人記錄，並處理他愈來愈龐大的商業利益。他找了個稅務專家摩爾（Jack Moore），又雇用了從「汽車國際」時代就在DFS服務的賀爾佳．弗萊茲當秘書。

一九七五年，由於一個經營危機，菲尼又不得不重新接掌DFS的執行長。本來應該扮演董事長角色的皮拉洛，找來了專業經理人愛特柏瑞（Ed Attebury）協助開拓業務，成為公司第一個外來的執行長。愛特柏瑞是個粗魯的美國人，原來在夏威夷的高檔百貨公司「自由屋」（Liberty House）服務，他帶了自己的人馬到DFS，大幅削減各地總裁的自主權，例如夏威夷的萊恩斯、關島的魏德（Dick Wade），以及香港的蒙泰羅。他把倉儲業務集中在日內瓦，稱之為「瑞士採購中心」（Central Buying Office Switzerland，簡稱CBOS）。

那是一場噩夢，蒙泰羅回憶。「結果就是夏威夷襯衫最後跑到香港，而香港的特產禮物則跑到威奇奇。」更糟糕的是，他羞辱那些曾辛苦建立這個公司的老臣。「他會貶低我們，痛罵我們，」蒙泰羅說。「每回我被叫進他辦公室，就會被大吼大罵一頓。」各地總裁紛紛威脅要辭職，菲尼的結論是愛特柏瑞必須走人，米勒和帕克也贊成。於是菲尼告訴皮拉洛，「把他開除！」這個公司的總部和各分公司間向來都有摩擦，皮拉洛說，但愛特柏瑞卻不明白這個企業的特性，所以就只好請他走路了。

菲尼主持了一場在日內瓦的「瑞士採購中心」辦公室所舉行的DFS董事會議，重新擔任該公司的執行長。蒙泰羅記得菲尼毫不手軟。愛特柏瑞和他的人馬離開後，董事會決定從波士頓找來一位經驗豐富的零售業經理人傅特閏（Bob Futoran）管理公司，而菲尼則繼續待了幾個月，確保傅特閏了解DFS的企業文化。在傅特閏的管理之下，瑞士採購中心逐漸停止運作，各地總裁恢復以往在各地的主導權，DFS又繼續擴張。

我才不要投入百分之百，卻只拿百分之三八・七五

流進老闆們口袋的現金愈來愈多，某些DFS的高階經理人認為他們實在太貪婪了。一路升遷到管理與行政副總裁的哈沃爾，就在一九七七年六月厭惡得辭職了。他交給那些老闆一封信，表明他對這些老闆行為的道德標準不敢苟同。多年後，他圓滑地解釋說，他的離開是因為「以我的人生哲學，實在不想奉獻出自己事業的黃金時期，只為了替四個股東賣命賺錢，他們所累積的財富已經多到遠超過他們所需」。

把公司交給傅特閏管理之後，菲尼再度離開，而且跟其他三位股東更疏遠了。他的持股並未過半，所以無法確保在政策上可以作主，他的朋友覺得這點很困擾他。一九七七年末開始，他不再參加董事會議，改而指定他一個朋友、也是當年默斯代特在海軍的同袍喬治・派克（George Parker），代表

他出席董事會。往後，他只在必要的時候才會和其他股東碰面，比方攸關公司存續的特許權更新、要決定投標金之時。一九七七年十一月二十四日，他寫信給卡慕企業的接班人、卡慕的兒子尚保羅（Jean-Paul），說他已經退下來「花更多時間給我急速成長的家庭」。

DFS是菲尼合夥創辦並一手拉拔壯大的，但他卻無法控制這個公司的命運，這顯然讓菲尼感到挫折。「我確實想離開，首先是因為我說過，如果我打算做事情，就不會像以前那樣，自己一個人做所有的事，讓其他人坐享其成。」他說。他認為皮拉洛是「勤勉工作的人」，做了自己分內的事；而帕克則是「好會計師」。但他和米勒之間的老問題，則愈來愈惡化。

「早年時，他們的合夥關係很好，」康恩（Farid Khan）回憶，他是在香港出生的巴基斯坦人，曾替DFS在墨西哥和澳洲採購蛋白石，常要冒著碰上盜賊的危險，後來成為菲尼一家的朋友。「他們等於有個印鈔機。查克是主腦，是主謀的策畫人，而羅伯特則是強悍的驅動器。但後來其他股東想進一步控制菲尼，菲尼就很生氣。他是創辦人之一，但這些小傢伙聯手起來對付他。查克一個人無法獨自簽署合約。於是他就逐漸疏遠，因為他無法再承受打擊了。」

皮拉洛還記得菲尼有回跟他說：「東尼，你真傻，你對這個公司付出百分之百，結果只分到百分之二‧五。我才不要投入百分之百，卻只拿百分之三八‧七五。」

菲尼此時也在太平洋地區尋找自己的投資機會。他飛到大溪地，這個通行法語的南太平洋小島，正在以「愛之島」進行自我宣傳，菲尼在首都帕皮提（Papeete）的濱海處投資一千兩百萬美元，蓋了一個商業區「維瑪中心」（Vaima Center），裡面有商店、公寓、辦公室等，並取得設立一家免稅店的特許權，專營法國香水。

DFS的其他股東聽說後很不高興，他們覺得這和DFS的生意有所衝突，但因為那邊的生意太小了，於是他們也沒吭聲。大溪地完全算不上日本遊客的主要旅遊目標，因為從東京飛到波里尼西亞群島要十個小時。「這只是芝麻小事，不會變成大問題。」菲尼回憶。而米勒則承認這件事「有點煩，但不會傷感情」。不過這因此導致四名股東簽訂一個非競爭條款，禁止任何單一股東在全世界任何日本旅客眾多的機場，競標免稅商店的特許權。他們同意這個權利屬於DFS。

菲尼的下一個大投資是出於偶然，日後引發的紛爭卻大得多。一九七六年十二月，菲尼在夏威夷遇到一個零售業老商人惠勒（Dick Wheeler），他和妻子絲薇雅（Sylvia）有一家死氣沉沉的葡萄牙籍老公司昂德拉代（Andrade），在夏威夷群島擁有三十四家一般零售店和紀念品店。來日無多的惠勒告訴菲尼，他想賣掉昂德拉代，但是希望賣給單一個人業主，而不要賣給多人合夥的公司。菲尼同意以兩百萬美元買下這家公司。他接手昂德拉代的各個賣場，店裡不賣免稅商品，但還是拉走了一些DFS專攻的日本遊客。

菲尼接手昂德拉代連鎖零售店時，全家人也搬到夏威夷住了一年。他在那裡開了家公司以經營各分店，同時從事太平洋盆地其他投資事業的開發與經營。這個公司取名為「通用大西洋太平洋」（General Atlantic Pacific，後來改為泛太平洋〔InterPacific〕），又找了溫哲來檀香山負責經營。

溫哲最早的記憶之一，就是他走進大溪地的免稅店，發現菲尼單獨站在櫃台後面幫一個日本遊客結帳——講日語。溫哲發現菲尼對生意很專注也很認真。「他做生意眼光很清楚，那是我之前從沒見識過的。如果有什麼地方行不通，他會有四五個不同的想法。他觀察生意有很多不同的角度。他注重各種細節。查克會傍晚飛到檀香山，晚上睡覺之前就已經先去過主要的那家店。他會跟銷售人員談，檢查陳列品和價格。次日上午，他會準備好一張討論事項的清單。很多經理人喜歡訓話，不認真傾聽。查克卻會認真聽銷售人員的話。」

次年菲尼回到法國時，雇用了派克，把他所有的投資事業集中在一起，成立一家控股公司。派克認為百慕達是理想地點，這裡是英國領土，不徵收公司或個人的直接稅。他們決定用「通用大西洋集團有限公司」（General Atlantic Group Limited）的名字登記，簡稱ＧＡＧＬ，他們念作「gaggle」。

ＧＡＧＬ於一九七八年在百慕達登記成立，是一家私人控股公司，其中包括菲尼在ＤＦＳ的三八·七五％股份，加上他剛開始投資的各種房地產、零售店，以及其他生意。由於菲尼是美國公民，為了避免引起美國國稅局的注意，一切都是以丹妮葉的名字登記的，她是法國公民。菲尼是董事長和執行長，董事包括派克、溫哲、摩爾、卡路比（Jean Karoubi）。卡路比是丹妮葉的表親，以前擔任過巴黎ＤＦＳ的總裁，後來將會成為菲尼家族辦公室的主管。

查克喜歡這個公司名稱的模糊性，因為他向來傾向於保持低調。很多公司取名都有「通用」和「大西洋」這種通稱的字眼，但沒人兩個都用。一般人會覺得這個公司的名字很耳熟，但卻完全看不出其業務走向。有回他們在百慕達的一家飯店舉行員工會議，飯店大廳有個人看到了寫著「通用大西洋會議」的指示牌，就問菲尼，「是奇異公司（General Electric）的那些股東嗎？」「對，就是他們。」菲尼面不改色地告訴他。

開了家山寨版的「友誼商店」，慘敗

GAGL成長得很快。才兩年，這家私人公司便成立或投資超過二十家企業，分布在全世界各地：紐約、德拉瓦州、德州、伊利諾州、百慕達、夏威夷、英屬維京群島、荷屬安地列斯群島，以及關島。投資範圍從「皇家夏威夷香水公司」（Royal Hawaiian Perfumes Inc.）和「太平洋名勝有限公司」（Pacific Resorts Ltd.）到「德州G．A．土地開發股份有限公司」（G. A. Land Development of Texas）以及「巴黎社會公民通用太平洋公司」（Société Civile General Atlantic of Paris）。公司大小不同，大的像夏威夷的昂德拉代零售連鎖店，小的像紐約的「伊恩．麥克林骨董公司」（Ian McClean Antiques Inc.）。

菲尼曾投資德州聖安東尼市一家販賣減價品的零售公司Solo Serve，旗下有六家分店，一度非常成功；他也投資了紐約州北部一家小連鎖百貨公司卡爾氏（Carl's）。他還拿到一個數百萬美元的合約，負責整修並管理芝加哥的里奇蒙飯店（Richmont Hotel），另外他一度也對法國一家連鎖汽車旅館Mini-Mote有興趣。

他早期的風險投資有些失敗了。大溪地那家有免稅商店的購物商場，就從來沒賺過什麼錢。一九七九年，菲尼去北京看到專供觀光客購物的「友誼商店」，便在威奇奇海灘的「皇家夏威夷購物中心」（Royal Hawaiian Shopping Center）開了一家仿照的「中國進口商店」（China Import Store），結果生意始終沒好過，儘管他十來歲的女兒卡洛琳還幫忙出過促銷怪招。她在念大學的假期時，就穿上熊貓裝幫這家店發傳單，以吸引消費者上門。她實在太受歡迎了，因而很多日本觀光客開始去遊客中心，詢問她的表演什麼時間開始，後來她還因為「在公共場所引來群眾」而被當局下令停止。三年後菲尼收掉那家店，賠了四百萬美元。

一九七八年，菲尼在關島一家有八百個房間的高級飯店投資數百萬美元，後來證明獲利多多。生意好到日本觀光客晚上離開去趕夜班飛機，當天夜裡就會有另一批剛到的旅客住進去。

同時，DFS的現金股利還是愈來愈多。一九七八年，菲尼分到了一千八百萬美元的現金股利。到了一九八〇年，他在DFS的現金股利增加到兩千三百萬美元。史上很少有合夥公司的股東能收到這麼多錢，而且是現金，而且是常態、持續成長的。

他自己的生意也一直賺進現金，於是一九八〇年，菲尼在紐約成立了一家從事資本投資的子公司，名為「通用大西洋股份有限公司」（General Atlantic Inc.）。他找了曾經是麥肯錫顧問公司（McKinsey & Company）合夥人的科恩（Ed Cohen）來負責，後來換成美國海軍軍官退役的丹寧（Steve Denning）。

這家公司投資了很多世界各地的新公司，諸如房地產、電腦軟體、石油與天然氣產業。華爾街股市正從長期的消沉中逐漸復甦，投機性投資和收購都有錢可賺。菲尼這家子公司的第一樁投資是個災難，在一家「運輸管理系統」公司投資了四百萬美元，不過後來證明這是個例外。有一樁投資在環球保健服務公司的五百萬美元，在三年內就翻了三倍。

菲尼繼續買房地產。儘管他對富裕覺得不安，但他生活方式的特徵，就是有好房子讓家人住。在聖讓費哈角，他買了同一條路兩間鄰近的房子，因為經濟拮据的屋主要他買；而買了之後，原來的兩家屋主也還繼續住在裡面。菲尼一家在香港的房子一直留到一九八〇年。他們在巴黎高尚的郊區塞納河畔納伊鎮買了一棟房子，又在檀香山海灘郊區買了一棟別墅，還在曼哈頓買了一棟出租公寓。菲尼買房地產往往是一時興起。他有回搭計程車塞在曼哈頓的五十五街，剛好看到一戶連棟住宅待售，就買來當辦公室。

一九七六年八月，看完蒙特婁奧運後，他們一家開車回紐約，他又是一時心血來潮，買下了一棟宅邸，往後多年將成為他們一家的假日去處。菲尼是中途繞了點路，彎去康乃迪克州西北端的薩爾斯柏瑞（Salisbury）拜訪一個康乃爾的老同學哈尼（John Harney），也是「調茶大師」（Master Tea Blender）公司的創辦人。他們住在十九世紀蓋的「白雄鹿客棧」（White Hart Inn），晚上在哈尼家的院子裡享受野炊。他的小孩玩得太高興了，不斷央求他再待一天。

結果他們待了整整兩星期，然後查克開車載他們到附近濱岩湖（Lake Wononskopomuc）旁的大湖鎮（Lakeville），他停在榆樹街九號前，那是一棟鎮長住過的湖畔白色大宅。「我進去辦點事情，」他說，把孩子留在車上。回來之後他說：「你們覺得你們的這棟新房子怎麼樣？」

大湖鎮變成菲尼家夏天的居處，小孩放暑假可以帶朋友來玩，查克和丹妮葉會盡心款待。家裡常常有二十幾個小孩，睡在起居室的幾張雙層床上。羅爾斯這些康乃爾老同學來訪時，三明治人就會做三明治招待他們。菲尼每天都會出去散步或慢跑，在後陽台的野餐長桌上看書或四五份報紙。大湖鎮的暑假例行規矩，就是他會跟小孩嚴肅地單獨談話，談人生目標和預算，談節儉和分享的美德。卡洛琳念大學時，有回得到學校話劇公演裡的一個角色，菲尼建議她應該把這個角色和候補演員分享，同時也給第二號候補一點機會——她不得不告訴他，演戲不是這麼運作的。

丹妮葉和查克都意識到，撫養小孩的過程中，太多金錢會帶來種種危險：丹妮葉知道自己會傾向於更寵他們，但她看到查克灌輸他們一種無私和自力更生的強烈信念，並教導他們重視知識的價值。菲尼也像自己的父親一樣，堅持要帶小孩去公立圖書館。

不論走到哪裡，菲尼都喜歡慢跑。他的母親瑪德琳一直太胖，死於一九六四年，得年僅六十二歲，因此菲尼常常告誡家人要保持苗條和健康。他凡事都要求自己比別人強，因此在一九七九年，他決定去參加舉世知名的波士頓馬拉松。參賽者必須先在別的地方參加過標準馬拉松，才有報名資格。於是查克和丹妮葉飛到夏威夷，好讓菲尼參加檀香山馬拉松。

他身體狀況良好，但卻發現這個馬拉松有很多上下坡，氣溫又高，跑二十六哩對他的負荷太重了。快到終點時，他開始左右不定地歪來歪去，撞到別人又被別人推開，最後他昏倒在路邊，剛好離他家不遠。丹妮葉和一路陪著的甘茨柏傑看到了，趕緊跑過去幫忙。菲尼休克了，全身僵硬。他被救護車送到醫院去，手臂還吊著靜脈點滴。醫院的心臟科醫師告訴丹妮葉，查克是因為體內缺乏水和食物，因此心臟病發，差點沒命。

菲尼的自尊顯然受傷了，事後也很不喜歡談起這件事。他說他記得自己只是脫水，但他也承認，「我這個人很輸不起。」不過這回差點送命，可能在潛意識中也讓他暫停下來，思考自己的人生，想想自己所累積這些龐大的財富，到底該怎麼運用。

第11章
我不需要很多錢

菲尼逐漸富裕起來後，也開始零碎地把錢捐出去。他對同事很大方，常常替住院的員工或他們的小孩付醫藥費。他記得最早的一筆大額捐贈，就是一九六〇年代，他寄了一萬美元支票給他的朋友、也是以前的教授貝克（Robert Beck）——康乃爾大學飯店管理學院一九六一到八一年的院長。飯店學院希望校友捐一千元，但「我想送個有意義的禮物，然後我想一萬元應該算是有意義吧」，他說。他笑著回憶，在諾曼地登陸時失去一條腿的貝克後來告訴他，他接到這麼一大筆捐款時，興奮得把支票舉高了好好端詳，碰巧一陣風吹來，「接下來他跑了大老遠，才把支票給撿回來。」

菲尼第一個積極慈善家的例子，則是捐了一個運動中心，給尼斯的「卡斯提爾白衣會天主教學校」，他的小孩就在這裡上學。他花錢在山坡上蓋了個體育中心，有室內運動設備和室外的網球場，也可以打籃球和手球。之後他又捐錢給各個慈善團體，但他不滿足於只是當個捐款人。一九八〇年六月，他在檀香山告訴一個緊追不捨的《太平洋商業新聞報》（*Pacific Business News*）記者，他認為助人的慈善事業不光是給錢而已，而是該親自監督這些錢用得有效率，盡量幫助更多人。

「我其實沒那麼愛錢，」他告訴那個記者。「某些人有錢會得到快感。但我不是那樣。」他「非常好勝」，但動機是源於創造性的挑戰，亦即用更好的方法去做某些既有的事情。他說，他對成功的定義，不是得到自己想要的錢，而是能建立一個快樂、健康的家庭。「人生一定要保持均衡。不論事業、家庭、學習與教導的機會，都能達到均衡。」

他在和哈維．戴爾的談話中，已經開始理出這些主題的頭緒了。戴爾自從在一九六〇年代初首次建議「遊客國際」重整公司財務，就和菲尼結為好友。這位紐約律師後來逐漸成為菲尼一家的軍師，為查克和丹妮葉建言，大部分是稅務問題。戴爾彈奏鋼琴的造詣很深，熱愛莫札特，同時還有處理繁複稅務問題的天分，他在紐約的幾家法律事務所都一路升任為合夥人，同時在一九七九年成為紐約大學法學院的教授。他熱切、專注、守法，但又並未從事企業經營，對於成天忙個不停、滿腦子生意的菲尼來說，正是個絕佳良伴。根據溫哲的觀察，他們兩個人對彼此都是個平衡，就像陰和陽。戴爾認為菲尼是個聰明的零售商人，但菲尼敬畏戴爾的智慧。「如果你問我，哈維和我誰比較聰明，這是個笨問題。」他說，「當然是哈維。他是個聰明的律師，他的腦子像個機器。」

施捨的時候，不可在前面吹號

一九七〇年代晚期，據估計，菲尼的財富已經接近兩億五千萬美元，他和戴爾在幾次餐敘中，開始討論到認真做慈善事業。菲尼喜歡告訴生意上的夥伴，思考時應該把格局放大，而他在苦思「認真施與」的概念時，也把同樣的建議用在自己身上。沒多久戴爾就明白，菲尼心中醞釀的是一種革命性的想法，因為儘管菲尼享受自己在事業上的持續成功，但他不單想當一個大方的捐款人，而是要捨棄沉重的財富，並承擔起將之用於慈善的責任。

他們一路談的時候，戴爾介紹菲尼去看一些有關施與的文章。全世界第一個億萬富豪洛克斐勒（John Rockefeller）所雇用的蓋茨牧師（Reverend Frederick Gates）曾告訴他的雇主：「洛克斐勒先生，你的財富來得就像雪崩！你一定要更快分散出去！如果你不這麼做，這些財富會壓垮你，還有你的子女，以及你子女的子女！」他們也討論過卡內基（Andrew Carnegie）的文章。卡內基是蘇格蘭移民第二代，他在十九世紀供應鋼鐵以建造美國的鐵路，累積了龐大的財富，他在生前把許多財富捐出去，設立圖書館、學校、大學。

卡內基於一八八九年發表在《北美評論月刊》（*North American Review*）那篇著名的文章〈財富〉，菲尼看過了好幾次。這位慈善家認為，要處理多餘的財富有三個方法：一是留給家人，二是留給政府，三是在生前捐給那些能善加利用的人。第一個方式是出於虛榮和對子女的錯誤溺愛，而財富給子女帶來的沉重負擔，將會形同詛咒；第二種方法則是要等到財主死後，這些財富才能使用，而他的種種願望便可能無法實現；第三種則確保多餘的財富能善加利用，而且不會拖上幾百年、分散為微不足道的金額。

卡內基的結論是，利用財富的最佳方式，就是「提供有志者往上爬的梯子」——例如大學和圖書館。卡內基也警告富人應該「樹立謙遜的典範，生活不奢華，避免炫耀或鋪張」。

卡內基所提倡的主張，對菲尼這位出身新澤西州的企業家有深遠的影響。「我記得曾有人把卡內基在康乃爾發表的演講稿給我看，出於一些原因，我研究了那篇演講，又讀了兩本關於卡內基的書。」菲尼回憶。另外，戴爾是猶太人，他也介紹菲尼看十二世紀猶太哲學家邁蒙尼德（Maimonides）的著作，邁蒙尼德講述，施與分為八種境界，最高境界就是透過訓練和教育，幫助猶太同胞自力更生；次高的境界就是捐贈者不知道受贈者，而受惠者也不知道錢是誰給的。

他們也討論過，所有宗教談到施與，通常其最高形式就是並非源於自我意識，或是期望得到政治或社會的影響力，這樣的話，受惠者就不會有任何羞愧或欠人恩情的感覺，也不必舉行公開儀式表揚捐贈人。耶穌基督在「山中寶訓」中勸告施與者：「施捨的時候，不可在你前面吹號，像那假冒為善的人在會堂裡和街道上所行的，故意要得人的榮耀。」《古蘭經》也說，「如果你們公開地施捨，這是很好的；但如果你們祕密地施濟貧民，這對於你們是更好的。這能消除你們的一部分罪惡。」

戴爾猜想，一開始激發查克的，其實跟卡內基或邁蒙尼德，或任何宗教訓誨根本無關。他覺得以查克的善良天性，以及他從小在新澤西州所受到的薰陶，很自然就會想要利用自己的財富去幫助他人。「他就是變得愈來愈想回饋，而不是自己擁有。」他回想。

菲尼也決定，不論自己做什麼，都要保持匿名。他考慮的主要原因有兩個。他不想「自己吹號」——就像他母親幫那個漸凍症的鄰居，但他從不知道她是特地去讓他搭便車的；第二是因為他覺得，如果自己捐獻的事情公開，無可避免會讓其他想捐獻給同樣單位的人打消念頭。另外，自從他捐了那一筆大錢給康乃爾之後，就不斷有各式各樣的募款要求，他不希望這種情況持續下去。

要捐出大筆款項，就必須小心選擇一個地點，設立專門的基金會，尤其菲尼的意思，似乎是想把自己的企業資產轉到這個基金會名下，而且他希望做的是全球性的施與。戴爾開始研究全世界各地，尋找可以符合菲尼要求的地點。美國被排除在外，因為要匿名捐獻近乎不可能；而且當時美國政府正在實施種種限制，要禁止企業資產集中在基金會，因為聯邦當局發現，很多富有的美國人利用基金會，表面上是要做慈善事業，但其實只是想藉此永遠控制他們的企業利益。

戴爾考慮過海峽群島和巴哈馬群島，但最後選定了百慕達。這個二十一平方哩的英屬自治領地位於大西洋，不會針對個人或企業所得課徵直接稅，也不會對慈善單位或基金會課稅，而且不需要公布基金會的帳務。同時百慕達也允許慈善單位捐款給全世界各地。當地的經濟和金融結構非常發達，加上菲尼的公司「通用大西洋集團有限公司」就已經是在百慕達登記，地點位於首都漢默頓（Hamilton）華盛頓購物中心裡的一個小辦公室，對面是一家麵包雜貨店。

但要在百慕達成立基金會，就必須在當地居住一年。這表示不光是查克，還有丹妮葉，因為所有財產都登記在她名下。一九七八年三月，在當地銀行家祖爾（Cummings Zuill）的協助下，菲尼在百慕達買了一棟大別墅。祖爾出身百慕達的古老望族，之前在香港的百慕達銀行工作時，認識了菲尼。菲尼一家於一九七八年夏天搬到百慕達。「查克會說那是我給他的懲罰，」戴爾說。「丹妮葉一定也會這麼說！」

我不需要很多錢，因爲我不打算過那種需要很多錢的生活

百慕達的那棟別墅名為「林地居」，有繁茂的庭園，一個游泳池，一個網球場。別墅靠近濱海小城帕傑（Paget），位於一條鄉間小路上，路旁有黃色和白色的夾竹桃樹籬、鮮豔的木槿，以及修剪整齊的草坪。附近有粉紅色的海灘，入口兩旁種了成排的棕櫚樹。要去高爾夫球場或去海邊開遊艇都很近。附近都是漂亮的殖民地式老房子，有粉橘色的石牆和雪松木的橫梁。隔壁戶就是一棟十八世紀的殖民地式老建築，現在是五星級旅館「四方客棧」，裡頭的鋼琴師穿著小禮服，侍者則穿著襯衫、領帶、短褲，還有及膝的長襪。離首都漢默頓也很近。

丹妮葉恨那裡。這裡離美國有六百四十哩，離巴黎則是三千五百哩。她一個人都不認識，又老在下雨，而且她沒考上百慕達的駕照，進城得靠園丁幫忙開車。房子內部年久失修。她發現這個亞熱帶的大西洋小島上，沒有什麼她喜歡的文化生活。「百慕達是個小城，住著一堆流放的英國中產階級，淑女們相聚吃中餐，打網球、喝紅茶。」他們的女兒萊絲麗回憶。她活潑的法國母親在那裡「顯眼得就像根發痛的大拇指」。

查克常出門做生意。他也不怎麼喜歡百慕達。其他在這裡住下的外國商人平常休閒時間都是打高爾夫、航海、海釣，這些他都沒興趣。但總之，他在家時，就做他一向愛做的事情，那就是幫忙組織小孩，貢獻自己的專長。他們住的地方旁邊有個學校，他就幫忙當籃球教練。他也成為百慕達觀光業諮詢委員會的委員。他們最小的兩個小孩是十一歲的黛安和八歲的派屈克，當時都在百慕達的學校上

學。十來歲的茱麗葉、萊絲麗、卡洛琳則搬到紐約第五大道的公寓，連同他們從夏威夷帶去的一個華人女僕，在那邊上美國的學校。

菲尼的小孩也不怎麼熱愛他們口中「無聊的百慕達」，但他們在那裡還是度過了一些快樂時光，尤其是學校放假的時候，菲尼會款待子女從國外帶來這棟大宅度假的朋友，一次可以多達二十多人，女生睡樓上，樓下房間則權充宿舍讓男生睡。

菲尼有時對小孩很苛。他要求小孩假日要工作——派屈克去賣過冰淇淋——而且要嚴守預算規定。他要求住紐約的三個女兒，每個月電話費必須在他規定的範圍內，好讓他們學習金錢的價值。他相當堅持這點。有回他的女兒和一個十來歲的朋友因為從曼哈頓公寓打電話給歐洲的男朋友，積欠了一大筆電話費，於是他到紐約去，讓電話停話，在客廳牆上貼了一張紐約市地圖，上頭圈起附近公用電話的位置，然後旁邊用膠帶貼了一串一毛硬幣。

公寓裡有另一支電話，裝在他平常去紐約時所住的客房裡，如果有人打那支電話，他剛好在，他就叫對方五分鐘後打到六十一街和第五大道交口的公用電話。有回他在餐廳度過五十歲生日後，跟客人回到公寓裡，他女兒求他把牆上那些一毛硬幣拿下來，但他不肯。成人賓客覺得很好玩，有一個說，「我也要這樣對付我們家小孩！」

搬到百慕達之後沒多久，查克和丹妮葉就創立了第一個有名字的慈善投資體。他們稱之為戴維尼基金（Davney Fund）。Davney這個詞是菲尼母親娘家的姓戴維斯（Davis）和他父親的姓菲尼（Feeney）的混合物；他們當時並沒有將之登記為基金會，因為這只是在他們真正設立基金會之前，用來測試性地匿名捐款給個人和教育、慈善機構。菲尼不忘自己當年受惠於美軍獎學金，才能夠出人頭地，於是這個基金主要用來協助其他出身寒微，但有才華、有抱負的孩子，尤其是他員工的子女。

「戴維尼是我回饋的第一個真正嘗試。」菲尼說，他第一年就在這個基金裡挹注了一百萬美元。

查克找他新澤西州的妹妹娥蘇拉來，負責管理戴維尼基金。她飛到百慕達開了個銀行帳戶。「我還記得祖爾要去銀行開戶頭，他穿著短褲，我心想，『穿這個樣子，這什麼銀行家？』」第一批受惠人是一個消防員的四個子女，他們的父親當年和菲尼一起服役時照顧過他，後來因為心臟病去世。「我想確定他的小孩都有受教育。」查克告訴他妹妹。

娥蘇拉還用戴維尼在銀行的存款，去夏威夷幫二十來個聽障和視障小孩辦了一個兩星期的夏令營。她在施與中也學到一課：受惠人必須值得幫助。這個基金曾提供夏威夷DFS員工子女獎學金，總計約二十名，每人兩千美元。

「有些小孩去念了一所學院，只要每天進出簽個名就能拿到文憑。」娥蘇拉回憶。「於是我決定，我來當壞人，也許他們該把成績單給我們看。結果有兩個小孩立刻就消失了。那些拿獎學金上大學的小孩不能不勞而獲。他們必須拿到好成績。」

同時，查克和哈維的談話也進展到一個地步，查克表明他打算設立一個基金會，把自己的一切全部投入——DFS的持股、各種生意，還有他所有的投資。他會確保照顧好丹妮葉和子女，他買的房子也還是家人的，但除此之外就沒有了。

這是他一路思考的結果，哈維回憶，他的想法形成是「一條斜線」，他認為菲尼是在一九八〇到八二年間，做出了這個決定。

「查克的時鐘跟我認得的其他人都不同。他常常做出重要的決定，然後就擱在心裡。他會讓那些想法慢慢醞釀，直到他心裡摸出清楚的方向，知道該怎麼做。」菲尼本人不記得有這麼個「跳下懸崖」的一刻。他決定之後，也不會太費心去探究來龍去脈。「我得到的結論是，我不需要很多錢，因為我不打算過那種需要很多錢的生活。」他簡單地說。

菲尼在仔細琢磨這件事情時，也捐出了他第一個大禮。一九八一年，負責替康乃爾一九五六年那屆畢業生二十五週年紀念會募款的史騰（Ernie Stern）跟他聯絡。當時的慣例是，為了紀念從康乃爾大學畢業二十五年，該屆校友將會共同捐出二十五萬美元給母校。

一個比較富有的校友林賽司（John Lindseth）說服史騰，把募款目標訂為一百萬美元。林賽司的父親艾默（Elmer）是克利夫蘭電光公司（Cleveland Electric Illuminating Company）的總裁。康乃爾大學負責募款的開發部警告他，設定這樣的目標不切實際。史騰找到菲尼幫忙。「我有點記得他是那個三明治人。我想他以前的座右銘就是——不要放太多香腸或燻腸，麵包多一點！」菲尼開了張七十萬的支票給他。「最後我們募到兩百萬元。」史騰說。

菲尼認為，捐這筆錢可以讓他們那屆畢業生很有面子，但他感覺這些錢並沒有解決學校的任何特定需要。他想要施與的動力，伴隨著一股強烈的信念，源自於他父母的以身作則，並基於他自己創業的天賦，那就是他相信：自己應該發揮累積這些錢的才華，去確保這些錢能夠善加利用，這表示不光是簽支票而已。

想捐錢，也沒那麼容易

要成立並登記一個符合菲尼心目中條件的慈善單位，結果證明很困難。比方說，這個基金會必須因應百慕達對慈善活動的狹隘定義——其中不包括體育競技活動，但菲尼喜歡體育，可能會想贊助。要成立一個能捐出大筆款項、擁有企業、在全世界各地運作的慈善單位，最後就必須由百慕達國會通過一個特別法案。一九八一年，戴爾找了百慕達最大的律師事務所康迪皮氏（Conyers, Dill & Pearman），雇用裡面一位英國出生的律師馬區，幫忙草擬所需的法案。

一年後，他們提出草案，交給百慕達議會的私人法案委員會，準備成立一個名為「大西洋基金會」（Atlantic Foundation）的慈善基金會。為了向那些國會議員保證自己的誠意，這項法案授權「百慕達慈善委員會」監督「大西洋基金會」的運作。該委員會於一九八二年通過《大西洋基金會公司法案》，接著也獲得眾議院的同意。

隨著法案通過，基金會的法律文件與公司登記資料，都收入百慕達首都漢默頓市的國會街三十號，「大西洋基金會」於一九八二年三月一日正式成立，初始基金是五百萬美元，並宣布其目標為世界各地的濟貧救苦、促進教育等救助計畫，以及針對諸如健康、兒童、老年、國際司法等進行援助。其行動不限於任何特定計畫或方向。列名基金會董事的，有菲尼夫婦以及戴爾。菲尼找了曾任康乃爾大學開發部主任的韓德倫（Ray Handlan）擔任董事長，另外也組織了一個諮詢委員會，諮詢委員包括三個康乃爾校友：羅爾斯、貝克、艾特（Fred Eydt），以及派克的朋友諾德曼（Jack Nordeman）。

菲尼把卡內基那篇談財富的文章，發給基金會每一個相關人士閱讀。儘管菲尼談論生意時很精明，但他從來不擅長用言語表達自己的人生哲學，他會不好意思。他以譏嘲當成一種防禦手段，以免說出內心的省思。朋友都說他們從沒聽過他談自己心中的省思，還說他利用自己的幽默感當保護，以免流露內心的真我。他不解釋自己心中的想法，而是給朋友或家人一些文章，或是報章雜誌的剪報，讓他們自己去推斷其中的訊息。分發〈財富〉的文章是一種高明的方式，可以向他們表明他施與的本質。他書桌上也放了一份這篇卡內基的文章。

卡內基並不完全是菲尼的榜樣。這位蘇格蘭裔的慈善家以苛刻無情的經營手法致富，而且喜歡在圖書館和學校掛上自己的名字，兩種都不是菲尼的作風。但他的基本訊息很清楚——生前捐贈。拿到菲尼所分發那篇文章的人，都因而毫不懷疑，他打算施與的，是自己歷年在免稅生意所累積的絕大部分財富，而且他會棄絕炫耀性消費——那是一九八〇年代的特徵，因而日後將被稱為「貪婪的十年」。

菲尼從小受到的薰陶，包括父母的以身作則、新澤西州工人區所慣有的分享文化、不想疏遠童年鄰居和朋友的欲望，以及他天生的善良和關心他人，這種種本性，無疑都促成他最後的決定。在新澤西州的艾莫拉街坊間，大家習於幫助他人，而且不會炫耀自己的成功與富有，或是吹噓你有份好工作。

儘管施與的管道已經建立就緒，戴爾還是不願意讓菲尼把大量資產轉到基金會，而是要先等到他看見基金會照他們的想法運作。他勸菲尼先運作兩年，把基金會當成一個撥款及捐出的「中介組織」。此外，查克還沒和丹妮葉徹底討論過，商量到底要留多少財產給她和子女。「不過查克那時已經表明，除了留給丹妮葉和小孩的之外，其他全部要投入基金會。」

另外還有一點要考慮：因為一切都登記在丹妮葉名下，她是法國公民，子女也都是法國公民，而依照法國的法律規定，萬一她發生了什麼事，所有她名下的財產都會由她的子女繼承。「丹妮葉是法國公民，在法國有住所，小孩也都有法國籍，因此就有很嚴重的課稅問題。」馬區解釋。

「查克是美國公民，走到全世界各地都得照樣納稅。如果財產還在丹妮葉名下時，她過世了，那麼依照法國的法律規定，她的遺產就歸子女。除非把她名下的財產賣掉，否則無法迴避這些法律。所以問題就是要把所有權設在哪裡。傳統上是在百慕達設立一個信託基金，但這個信託必須有受益人，這樣就又回到法國的法令管轄範圍。我們希望設立的基金會或慈善團體，是能夠迴避法國的問題，同時也讓菲尼避開任何美國的不利條件。這種想法的基金會並不稀奇。特別的是查克打算投入的資產幅度之大，要把他所有的生意全部投入，這是獨一無二的。我看過一些歐洲的基金會，把國際企業的三成以上放入基金會。但這個基金會的獨特之處，就是大體上菲尼的財富全在裡頭了。」

菲尼和戴爾針對這件事情的重大性，有過多次「嚴肅的討論」。

「我們都了解的一點就是，不論這些資產的價值是多少，除了留給丹妮葉和孩子的，一切都要投入基金會，這是個很不尋常的決定，大概是有史以來全世界最獨特的。我說：『你要確定你想這麼做，因為如果你過了三個星期改變心意，那就慘了。那些資產已經沒了，你不能拿回來，也不能使用。』我非常堅持他要想清楚。但這對他沒有影響，因為他知道自己想清楚了，這完完全全就是他想要的。」

第12章

瀰漫著恐懼氣氛的四人密室

正當菲尼祕密在百慕達設立慈善事業時，他的一些朋友也以同樣的保密程度私下串通，要確保他一九八一年四月二十六日人會在紐約。以前在校時，不時會去幫菲尼做三明治的代格里安（Ara Daglian）和默斯代特籌備了一個餐會，在六十街和第五大道交口的「大都會俱樂部」舉行，為他四月二十三日的五十歲大壽補過生日。

他們告訴菲尼，說這是由康乃爾飯店學院校友聯誼會替貝克辦的驚喜派對，他的責任就是要把貝克弄來參加。等到菲尼跟貝克坐在桌前，一面簾幕揭開，後頭是一房間的人，包括羅爾斯和司特齡。

一個兄弟會的會員凱宣（Tony Cashen）擔任餐會的主持人，他表演了一段三明治人做生意，穿著一件陸軍野戰夾克，就像當年菲尼在康乃爾賣三明治時常穿著裝零錢的那件。默斯代特則在餐會中回憶，一九六〇年菲尼在日內瓦有輛賓士車，只在一個星期六開過一次，就被一輛日本觀光客開的車子撞上了——「從此日本人就一直在賠償他。」

菲尼在紐約的這個五十歲生日宴會，他免稅業的合夥人一個都沒來。此時這四個股東已經累積了太多錢，都忙著在世界各地發展自己的投資公司和家族信託。他們愈成功，彼此的友誼就變得愈淡。一九七〇年代時，據哈沃爾的說法，公司依然「年輕、活力十足、充滿創業者的朝氣，而且很好玩，我們白天可能會彼此爭吵辯論，晚上照樣帶著家人一起出去聚餐，完全不會提到公事」。但那樣的情況已經改變了。

帕克和皮拉洛還是跟兩位創辦人保持友好的關係，但菲尼和米勒當年在地中海岸追逐美軍艦隊所發展出來的情誼，如今已經不復存在。兩個人的人生走向截然不同的方向，更擴大了彼此之間的鴻溝。在新澤西州伊麗莎白鎮長大、聖母升天中學畢業的菲尼現在住在百慕達，正在設法要擺脫他多餘的財富；麻州昆西鎮長大的推銷員之子米勒，則正一路要攀上香港社交圈的最高階層。羅德西亞低薪公務員之子帕克住在瑞士，默默做各種投資，日後財富將增加數倍；而股份只占二．五%的皮拉洛，則即將加入《富比士》全美富豪排行榜前四百大的名單。

唯一讓他們團結起來的，就是從他們的免稅王國分紅的過程，另外他們偶爾還是會相聚，四個人關在同一個房間裡，做出生意上的決定。

每回免稅特許權到期換約時，他們就必須商量出正確的投標金。這是「免稅購物客」繼續成功的關鍵。這四個老闆依靠旗下會計人員所提供大量的帳目和預測，另外他們會研究日本旅遊、消費模式、日幣對美元匯率的種種預報。但最後的出價，他們絕對不會假他人之手，完全只能由這四個人做出決定。更新特許權的需要既是這個企業模式的長處所在，也是弱點所在。DFS的龐大和力量，以及在免稅系統的稱霸，已經足以嚇退潛在的競爭者。但每回他們碰面做出最後的估計時，房間裡總是瀰漫著一股被別人搶標走的恐懼氣氛。

「這是私人企業最成功的故事之一，但說到底，不過就是四個人關在一個房間裡，挑一個數字，」皮拉洛說。「房間裡最後一個提出最高數字的人，就能占優勢，因為沒有人有勇氣說不。在機場競標這件事情上頭，沒有第二名。」他們已經學會樂觀，而且也有大把現金當後盾，這讓他們能夠成為競標的常勝軍。「我們膽子大，銀子也大。」皮拉洛說。

「那是四個人關在一個房間裡，毫無疑問，」帕克同意。「向來就是由我們四個決定投標金，幾乎沒有其他人參與。投標之前至少一星期，我們就會碰面，開始研究數字。查克大概比其他人都要強勢，因為羅伯特根本不管。查克會坐下來說，『二十一萬名旅客乘以通貨膨脹後的三百零二美元，遊客成長多少多少，消費成長多少多少。』然後我就在旁邊算那些數字。羅伯特大概跟查克一樣聰明，但我覺得他從沒專心過。他從來不花時間——『琢磨』。查克很愛用這個字眼。他會去睡覺，第二天一早又回來研究；而羅伯特只會花五分鐘在上頭，邊想還邊喝幾瓶啤酒。」

房間裡的這四個人終於決定數字後，他們會把投標金額裝在一個信封裡封起來。然後查克總是會拿出一根愛爾蘭傳統象徵的小木杖摩擦信封。「我向來會為投標數字祈福。」他低聲笑著說。

太平洋各據點的一場場史詩戰役

一九八〇年，這四名股東在檀香山相聚，以決定他們利潤最高的特許權之一：太平洋上的關島。

關島已經成為日本人最愛的度假去處之一。每個月都有一架架載滿日本消費者的飛機來到，他們幾乎把這個島視為日本的免稅國土了。DFS實際上已經變成日本人的零售商，在東京的海外「郊區」賣東西給日本人。DFS就在這類「郊區」做他們的獨占零售生意，還不必像其他在日本營業的外國公司，要面對眾多的障礙。

DFS在太平洋地區太具有壓倒性優勢了，在免稅業少有夠大或夠勇敢的競爭者，敢在他們的據點跟他們較量。但有一家是他們擔心的。「國際主人」（Host International）已經在美國二十五個機場拿到了飲食與購物特許權，而且在紐約的甘迺迪機場擁有八家免稅店。之前這家公司已經在洛杉磯擊退DFS，現在正準備要在DFS的太平洋各據點上，和他們展開一場史詩戰役。

由於在關島競標成功的廠商，可以決定下一次免稅特許權的年限，菲尼覺得短期特許權應該比較好，因為這樣可以嚇住對手，他們必須花錢開一家可以用二十年的店，卻無法確保能經營那麼久。皮拉洛不同意。「查克以為，如果是競標二到三年的特許權，其他人就不會跟我們爭，因為我們在市中心有個很大的店。但我們也可以競標長期的特許權，因為我們有這個財力。」

他寫了一份標題為「膽子大，銀子大」的備忘錄，辯駁說如果下一次特許年限較長，他們就不必每隔兩三年都要更新，因而冒著可能失去的危險。最後他們同意提出一億零五百萬美元的投標金，爭取十年的特許權，其中兩百七十五萬元用於為機場建設新的設備，然後菲尼又用他的小木杖為投標數字「祈福」。

皮拉洛搭乘跳島飛機離開檀香山，來到關島，打算交出他們封在信封裡的投標數字。然而到了關島，他從一個顧問那裡獲知情報，說「國際主人」準備出價擊敗DFS，搶走特許權。「我就去打電話說，『查克，我想把投標金增加一千萬，從一億零五百萬增加到一億一千五百萬。』」皮拉洛說，「查克不想。但我找到了阿倫，他說好。羅伯特也說好。股東會議的規則是少數服從多數，於是我們贏了。我們提出了一億一千五百萬美元的投標金。」

結果來自「國際主人」的挑戰沒有實現。「他們人到了；可是他們只說，我們不打算競標。」皮拉洛說。「到了開標那天，『國際主人』臨陣退縮，交出了一個空信封。所以理論上，我浪費了一千萬美元。」不過他們拿到了十五年的特許權，而不是十年，「而且我們賺了一大筆錢。」

皮拉洛協助關島政府和德州達拉斯的一家銀行議定了一個融資計畫，讓關島總督卡馬丘（Carlos Commacho）得以開始建造新機場，地點位於關島商業區的中心。關島政府發行了四千三百萬美元的收益型債券以籌募建設經費，一九八二年，這個設備先進的航站完工。

關島的領袖們將這個機場稱之為「白象」，因為他們認為太大了，永遠用不著。但光是那一年，這個機場的旅客就超過三十萬人，其中八〇%是日本人。五年後，日本觀光客的年度數字接近一百萬人，機場早已經爆滿，第二個航站已經在興建中。DFS還不得不投資，買了幾十部新的收銀機。

這一年稍後，四名DFS老闆又為了夏威夷機場特許權的更新出價，齊聚在檀香山。事前沒有「國際主人」要來競標的跡象。但失去特許權的後果實在太嚴重了，因此他們好幾個月前就飛到檀香山預作準備。夏威夷是航空母艦，也是掌握他們企業脈動的心臟，而且當時DFS已經成為全夏威夷州最大的零售商。

夏威夷的下一個特許權為期七年半，但這回狀況有點複雜。夏威夷交通局拆成了兩個特許權，以避免違反聯邦反托辣斯法。交通局的招標是機場商店空間的最低總保證租金，出價最高的得到最好的免稅商品店位置，也就是在日本航空公司的登機門旁邊（特許權A）；次高的則得到次佳位置，在國內登機口旁，生意會差很多（特許權B）。但總之，兩個得標者——最高和次高的——都可以在市中心開一家免稅店。

夏威夷DFS的營運長萊恩斯在檀香山另外設了一個小辦公室，準備好銷售和估計方面的資料，以協助四名股東計算他們的投標金額。他還從普華會計師事務所（Price Waterhouse）找來一個香港出生的會計師菲爾·方（Phil Fong）幫忙處理數字。方還記得菲尼會安排早上在威奇奇帕克酒店（Parc Hotel）開會，因為有免費咖啡可以喝。

「光是聽查克和阿倫的指示，設計一個投標的財務模型，就花了我很多時間，」方說。「當時還沒有電腦。我們做什麼都用計算機。我去IBM學了一套很先進的財務模型軟體程式，叫做Plan Code，大概就是現在用的微軟Excel的超級簡化版本。我的辦公室裡有個數據終端機。我會把資料鍵入，傳送到距離好幾哩遠的電腦室，然後我們會故意弄亂兩邊的數據，因為我們擔心會有人偷接線取得資料，猜出我們在做什麼。」因為怕競爭者會暗中偵查，因此所有用來計算的紙張和筆記都定時絞碎，再由萊恩斯把絞碎的紙張用他的車子載走。

然後米勒、帕克、皮拉洛得到了一個驚人的情報。他們的競爭者可能會是查克·菲尼。他們聽說他考慮要自己參加競標，成為機場另一家店的經營者。「查克顯然有個計畫，想自己標下A店，由他擁有，或是代表他的利益；然後讓DFS擁有B店。」帕克說。「我實在不懂，他怎麼看不出來這有利益上的衝突。」菲尼打算競標的事情激怒了他們，皮拉洛說。但事情沒有發生。菲尼的解釋是：「我們謹慎地討論過，因為我們不能串通，否則就違反競標規則了，但這可以確保我們有人拿到特許權。不過最後我們還是決定算了。」

方的分析顯示，機場的免稅業務只有二〇%，另外八〇%是在威奇奇市區。如果他們失去了最好的機場位置，反正市中心的店還在，而且「任何競爭者都必須很快在威奇奇開一家新的店，找齊所有的供貨商，準備好所有行銷事宜，而且要讓消費者習慣上門」。

四名股東最後決定出價一億六千五百萬美元。這表示要交六百多萬元的保證金——兩家機場特許店各需交出總投標金額的二%，外加兩千五百元的費用——給交通局。跟以前一樣，他們把金額拆開，去幾家不同的銀行買現金支票，免得只跟一家銀行買，會有洩漏祕密的危險。

一九八〇年九月十六日，他們來到檀香山的交通局辦公室，等著交通局長東恩納良吉開標。在場的照例有一些看熱鬧的人和財經記者，另外還有幾張生面孔。交通局官員把每個競標者的年租標金用粉筆寫在黑板上。DFS的股東發現他們被半途殺出的黑馬打敗了。「國際主人」的出價是二億四千六百萬美元，遠勝DFS的八千一百萬美元。

「他們很狡猾，」菲尼說。「他們之前輸掉很火大，決定要暗中進行，所以這回沒人注意他們去了，我們也沒察覺在場有人是要去競標的。」「國際主人」透過一家叫「DFI金融」的分公司出價。DFS的情報網沒發現他們，也不曉得他們以前的會計師柏恩就是這家公司的諮詢顧問。

「貪心的人」又挖到一座金礦

投標金額寫在黑板上時，DFS的四名股東都震驚地看著，不光是因為他們被擊敗而拿不到機場最好的位置，也是因為他們知道「國際主人」的數字太高了。「我們坐在那兒，傻掉了，聽著他們每年的數字，我知道這筆投標金額會害他們破產。」皮拉洛說。「『國際主人』犯了一個大錯。我看著查克，他也很震驚。我們全都被他們的金額嚇住了。他們辦不到的。」

「國際主人」免稅部門的營運主管謝克特（Ira Schechter）立刻開始行動，在機場最好的位置開了一家免稅商店（DFS已經撤出），然後在庫希歐大道的威奇奇貿易中心一樓開了一家市區店，就跟DFS的購物商場距離兩個街區而已。「國際主人」的市區店於一九八一年一月一日開幕，號稱是全世界最奢華的免稅賣場之一。這真的是一場硬仗。

菲尼去找他的老朋友唐松——他多年來一直在「照顧」夏威夷十家最重要的旅行社，以確保他們不會背棄DFS。「我告訴他，『我們現在有了個競爭對手，我們希望盡量保住原來生意的八成或九成。』」唐松回答：「我跟這些人合作很久了，而且在日本文化裡，背棄原來的合作對象，而改去支持新來的人，是很不好的事情，尤其我們一直給他們支票。」他去找那些旅行社說：「你們要跟當初讓你們立足的人站在同一邊。」「國際主人」發現DFS付的佣金是二〇%，於是提出四〇%的抽成，但那些旅行社保持忠誠，照樣把日本旅行團直接從機場帶到DFS的店裡。

「DFS的品牌辨識度比較高，」菲爾・方說。「查克知道那些會講日語的店員同事非常忠心又賣命，要挖走他們很困難。這類英日語雙聲帶的人才很少。另外我們對旅遊團領隊、當地導遊、巴士司機、計程車司機一向有特殊安排。我們會請他們吃午餐，而且有個很舒服的電視休息室，鼓勵他們在裡面待久一點，好讓他們的顧客去購物。他們知道他們可以在裡頭休息，而且只要我們賣得愈多，他們就能得到愈多佣金。」

DFS的員工也對菲尼本人效忠，在對手拚命尋找有經驗、會講日語的店員時，這一點尤其重要。有個親切又體貼的老闆，比加薪還要有意義。「他會留意每一個人，」方說。「他喊得出每個員工的名字。他總說，『叫我查克。』有年聖誕節，他帶小孩來我辦公室跟我說聖誕快樂。這對我比任何加薪或紅利都重要。」

九個月後，一切都結束了。「國際主人」需要三分之一的日本人市場才能損益打平。但他們連六分之一的生意都搶不到。九月時他們關店，損失了兩千五百萬美元。他們無法誘使日本旅行團領隊把遊客帶進店門，連降價都沒用。「在夏威夷，他們都用日語說我們是『欲張り』，意思是『貪心的人』，因為我們老是想堵死各種出現的機會。」菲尼笑著回憶。

一九八一年十一月，行動移轉到紐約。在皮拉洛的力勸之下，DFS出價打算收購他們的強勁對手，而「國際主人」同意以每股二四・二五美元售出；但到了星期五下午，他們又不賣了，因為連鎖的萬豪酒店提出每股二十九元的收購價格。到了星期一，DFS還是把出價增加到每股二九・二五元。萬豪酒店又加到三十一元。後來問題解決了，萬豪酒店的老闆馬利歐特（Bill Marriott）打電話給DFS，雙方同意把這家公司拆成兩半。DFS以每股二九・二五元的價格，取得洛杉磯、波士頓、紐約甘迺迪機場的免稅店特許權——總價三千一百六十萬美元。萬豪酒店則以每股三十一元的價格買下飯店部分的所有權。這回他們又很幸運，因為洛杉磯後來成為皮拉洛所說的「一座金礦」。

菲爾．方說，整件事情的結果，就是「把DFS帶到一個新層次，加強了我們在太平洋沿岸的地位，在美國西岸給我們一個更強的位置，而且讓我們在美國本土成為一家正統的經營者」。

沒多久，新的戰線就開啟了，這回是阿拉斯加的安克拉治。一九八三年，四名DFS的股東出價七千一百萬美元，爭取機場特許權續約五年。最後的金額是菲尼決定的。他們被安克拉治一家自稱「國際免稅有限公司」的企業以七千六百六十萬美元擊敗。只有了解他們公司內部的人，才有可能以這麼小的差距擊敗他們。結果是魏德，本來是DFS太平洋地區的總裁，兩年前才拿了優厚的退職金離開。

DFS的四名股東氣壞了。他們決定不能就這樣算了。「查克不喜歡競標輸掉，」那一年接任DFS執行長的貝勒密（Adrian Bellamy）回憶。「我們找來大批律師進駐，想找出魏德競標上的漏洞。查克很投入地安排每個人的任務，而且他對鼓舞士氣很拿手。」安克拉治辦公室牆上釘了一張菲尼手寫的便條：「在定案之前，整件事都還沒結束。」DFS提出兩千萬美元的損害賠償訴訟，宣稱魏德違反了不得與原公司競爭的離職協議。

結果魏德籌不出所需的一千七百二十萬美元信用狀，只好棄標，他的得標被宣告無效，DFS拿回了特許權。這是一次重要的勝利。每天上午和下午，十來架往返日本和歐洲之間的長途飛機在安克拉治中途暫停時，就會製造出兩波購物潮，而該機場免稅店從每個國際旅客身上，可以做到平均每人一百美元營業額的生意，大約是全球平均數的十倍。

｜第13章｜
想成為百萬富翁？先變成億萬富翁就行啦

重新取得夏威夷和阿拉斯加機場的特許權後，DFS的未來幾年已經確保無虞，菲尼便和丹妮葉達成一致意見，等到簽約放棄一切時，將會撥出四千萬美元和房子留給她和子女，這筆錢會分成幾年陸續支付。他們認為這四千萬足以照顧「房子和小孩和教育和衣服和船隻和藝術品、珠寶」，戴爾回憶。

一九八二年「大西洋基金會」成立之後，兩年來都運作得很好。這段期間，菲尼夫婦已經透過基金會捐出了一千五百萬美元，其中一千四百萬捐給康乃爾大學。康乃爾給了他一切：他的常春藤大學教育、他開拓世界的起點、他忠誠的朋友人脈。母校永遠是他慷慨捐輸的第一順位。菲尼萬分感激這所長春藤大學給了他開創事業的自信。

「我從康乃爾得到了好多，不光是一張大學文憑而已。」他有次回飯店學院拜訪，跟那些學生解釋。「這個學校讓我作好準備。你畢業離開時，你就有了優良的裝備。」

丹妮葉很支持他，也很高興收到寄給他們夫婦的感謝函。為了在康乃爾大學蓋一個表演藝術中心，他們捐了兩百萬美元設立一個挑戰式基金，於是米勒也拿出兩百萬元的等額捐款。

另外他們也捐款給飯店學院，設立清寒獎學金。

到了一九八四年十一月，他們準備好要把一切轉移到基金會了。但在百慕達，大筆財富轉移必須繳交印花稅，律師馬區評估可能達到四千萬美元之譜。於是他們決定在巴哈馬處理這筆交易，因為在巴哈馬，只要這些財富不是捐給基金會，而是基金會所購買的，而且發生在巴哈馬群島境外，就不必繳印花稅。由於所有資產都在丹妮葉名下，因此安排由基金會開出本票，在一段特定時間內，購買她名下的DFS股權和其他企業。

他們訂定了這筆交易的日期：十一月二十三日星期五，感恩節的次日。必須到場的包括查克與丹妮葉，以及馬區和戴爾兩位律師。菲尼夫婦和馬區那天上午分別從紐約和百慕達搭飛機，抵達巴哈馬拿騷國際機場。戴爾預訂要從佛羅里達州西棕櫚灘搭機飛來，但大雷雨讓他的班機延遲。等到乘客終於登上飛機，機長宣布，「我想這天氣應該有個空窗，如果我們意願夠強的話，就可以衝出去。」他不自覺簡直是吼著，「我們全都準備好了。」他還記得那回是他所能想像最接近大災難的狀況。

「我到的時候，已經快四點了。」戴爾說。「那家信託公司五點就關門。飛機一降落，我衝下飛機，跳上一輛計程車，跑上樓到會議室，每個人都一副無聊的樣子坐在那邊等我。我們本來預定要花兩三個小時完成簽約，但結果只有一個小時。」「很高興看到你。」戴爾進門時，菲尼這麼說。

所有文件都簽妥之後，大西洋基金會便從丹妮葉手中購得資產，同時該基金會透過一個叫艾克斯特（Exeter）的附屬公司簽發不可轉讓本票，在數年內付給她四千萬。此外，丹妮葉仍保有非企業資產，主要是菲尼在世界各地的家，估計價值約兩千到三千萬美元。

史上罕見的最大單筆財富轉移

在那個會議室中，五十三歲的菲尼簽名放棄了他的財富，不過身為這個基金會的董事長，他可以左右這些錢該怎麼使用，也依然以「通用大西洋集團有限公司」董事長的身分經營這些企業，可以領到年薪，但他的企業王國現在已經全部由他的基金會所擁有，不可能挽回了。他從億萬富豪之身，變成淨值不到五百萬美元。他後來開玩笑：「要怎麼變成百萬富翁？先變成億萬富翁就行了！」

儘管這是史上少見最大的單筆財富轉移，但所有祕密參與的人都無法說出其精確數字。這個基金會後來保守估計是五億美元。馬區相信，當時菲尼的資產總值可能有六億美元。戴爾認為可能高達八億，相當於斐濟或巴貝多的國內生產毛額（如果投資的年收益是七%，到了二○○七年就會有三十八億美元）。兩年前菲尼找來擔任法律總顧問的漢能（Paul Hannon），則在當時一份私人備忘錄上建議，資產總價值在五億到十億美元之間，相當於貝爾斯登（Bear Sterns）這類大型投資金融公司的資本額，遠勝摩根士丹利（Morgan Stanley）。

無法算出精確的數字，是因為DFS為私人跨國企業，而且菲尼的三八．七五%持股之價值，據他自己形容，是「情人眼裡出西施」。根據皮拉洛那年曾提出以六億一千萬美元買下其他股東的持股（但最後他籌不出那麼多現金），所以菲尼的股權價值約兩億三千六百萬。但如果DFS的股票公開上市，價值還會高出很多。除此之外，「通用大西洋集團」所投資及擁有的企業也快速成長，在此時已經價值達數億美元，大概有五億美元或更多。

菲尼和戴爾彼此間提到基金會資產時，會以「教堂」和「政府」區分。「教堂」指的是可供捐贈的流動資產，而「政府」則是指各企業及DFS的股權。這次的移轉中，有九〇%的資產都是「政府」的——比例之高，在現代慈善基金會是前所未聞的，一般慈善基金會根本很少握有企業的股權。

簽約之後，沒有喝杯酒或吃頓飯慶祝一下。每個人都忙著要趕飛機離開拿騷，查克和丹妮葉要去紐約，戴爾要回西棕櫚灘，馬區則到百慕達。

據丹妮葉所知，這不過是她丈夫另一次事業上的移轉，只是這回很重大而已。這類事情她向來依照丈夫的決定去做，而且她知道這些資產不是她的，只是一直登記在她名下而已。戴爾也是她的律師，而且他們夫妻和戴爾一家很要好。她覺得自己沒立場拒絕，也不希望這件事成為他們婚姻上的問題。她完全不覺得被剝奪了什麼，儘管四千萬只不過是實際資產價值的一小部分而已。

但事後回顧起來，她也並不覺得那是一件開心的事。一九八〇年代期間，朋友們注意到她和查克愈來愈聚少離多。菲尼總是在外旅行，現在更嚴重了，他的事業和對慈善工作的興趣，幾乎占去了他所有的時間。沒多久之後，丹妮葉開始覺得忿恨，也對未來感到迷惘。她覺得自己生命中發生了某件很糟糕、很嚴重的事情。她開始擔心小孩會失去繼承權。她和戴爾的關係變得很緊張。她相信這名律師對她丈夫的影響太大了，幾回他們見面，她也在談話間以明確的字眼表達了她的感覺。

菲尼的小孩則不確定該如何界定父親與這名紐約律師的關係。他們都很好奇戴爾的影響力有多大，不知道他是否以任何方式操縱了他們的父親；或者是否邁蒙尼德影響了戴爾，而戴爾又影響了他們的父親。但他們都很相信，生前捐贈的觀念在他們父親心中已經出現很久了。

對於戴爾是影響他一生最大的人，菲尼完全同意。「沒錯，絕對是，」他說。「他完全誠實，同時也是個好人。他知道我的種種動機。我從沒改變過這樣的想法——利用你的財富去幫助他人，利用你的財富去創立幫助他人的機構。我想他跟我有同樣務實的想法。」

「哈維的影響非常大，」馬區說。「他是真正自始至終全力支持查克想法的人。其中最特別的就是，查克從來沒為自己日後的生活所需，做出任何安排。」菲尼的法律顧問漢能則覺得，戴爾不光是詮釋菲尼的願望而已，「在某些方面，他創造了查克的願望。」

查克的么女黛安回憶，在一九八四年以後的某天，戴爾向他們一家的成員解釋，這個基金會創立後的種種可能影響。「我還記得哈維來見我們每一個人，」她說。「當時我在康乃爾大學。他把我從一場美式足球賽中拉出去談，所以我知道一定是有什麼大事。他讓我坐下來，跟我解釋說爸爸想把所有的錢交出去做慈善，事情已經在進行中，他希望告訴我們一聲。」

不過一年後，他們卻很沮喪地發現，在百慕達精心設計的這個計畫有個瑕疵。依照百慕達的法律，當初通過的基金會法案，連同收入國會街三十號的公司登記資料，都是公開文件。任何人都可以查閱，從而得知該基金會的董事是查克．菲尼、丹妮葉．菲尼、戴爾、馬區，以及祖爾。沒有證據顯示有任何不受歡迎的人——比方財經記者——曾查閱這些登記資料，但菲尼隨時都有可能被「揭發」是一個祕密慈善基金會的董事。於是他們只有一個解決方式——改變法律。

幸好，百慕達的總檢察長是馬區以前的合夥人，也了解他們的困境。大西洋基金會的律師群起草一項修訂案，在一九八二年的《大西洋基金會公司法案》中新增一條十七A條款。這個條款規定，只有總檢察長，或是「百慕達慈善委員會」或最高法院所指定的人，才能查閱「大西洋基金會」的登記資料。除此之外，一切登記資料均為非公開。

「我們提出一個基本理由，」馬區說。「我們說基金會的董事們不希望受到各方懇求；我們不想接到一堆募款的電話。我們是一個私人基金會，但我們並不想隱瞞什麼事情。」在任何人注意到之前，這項修訂案便告通過。「在記者查出名字之前，我們就把門關上了。」他說。

這是對抗百慕達資訊自由的一招妙計。百慕達的日報《皇家公報》（*Royal Gazette*）明白發生了什麼事後，就在一篇文章中抗議限制媒體自由，只不過太遲了。但這是「大西洋基金會」第一次出現在報紙的報導中。

一九八六年，菲尼在百慕達設立了第二個基金會「大西洋信託」（Atlantic Trust），以處理美國部分的捐贈。這是因為新的美國聯邦稅法促使四名DFS股東重組公司，分為兩個營運集團：美國和關島屬於一個，非美國和太平洋沿岸地區則屬於另一個。美國和關島的DFS股份歸入「大西洋信託」，而非美國和太平洋沿岸地區則歸入「大西洋基金會」。

捐贈前提：沒有匾額、晚宴、榮譽學位……，保密就是了

美國或其他地區的慈善圈，都沒有人發現有個新的大戶進場了。擔任「大西洋基金會」總裁兼執行長的戴爾，找了曼哈頓的凱威塔氏律師事務所（Cadwalader, Wickersham & Taft）擬了一份保密的法

律協議，要求所有參與設立基金會的人簽約，以保護菲尼的隱私。該基金會的運作有種種明確的規定。不接受任何請求，捐款將會是匿名，收到捐款的人不會知道錢是來自何處。而收受者也同樣必須簽保密協議。如果他們發現任何有關「大西洋基金會」或查克・菲尼的事情，而且說出去，捐款就會停止。「大西洋基金會」將會是全世界最大的祕密基金會。

從一開始，菲尼就堅持不想讓人知道他的捐贈。他捐錢蓋的建築物上不會有表彰他的匾額，也不會以他的名字命名；不會有穿著正式的感恩晚宴；不會有榮譽學位。他堅持不該讓人知道他是這個基金會的幕後出資人。受惠者連這個基金會的名字都不該知道。

儘管這是因為他並非那種極端自我為中心的人，但保密幾乎成了菲尼的第二天性。他一生所從事的每件事，幾乎都有賴於保密並維持低調。他新澤西州的家人相信，這是始於他韓戰期間在日本的情報工作，因為性質太機密，他根本不能談論。

在歐洲，他撇離列支敦斯登的過程就像間諜片的角色一般，老是領先移民局警察一步。後來他和米勒在軍艦上推銷烈酒，就得仰賴軍艦移動的機密資訊；而他們在太平洋地區的汽車銷售，也要依靠沒有其他對手知道這門生意。類似狀況也發生在美國，他的五瓶裝烈酒進口生意一開始是獨占事業，做得很興旺，直到其他競爭者發現了並插足市場。

整個龐大的DFS都是建立在保密上頭。如果對手公司知道DFS打算以多少錢競標一個重要的特許權，就可以出價贏過他們，把他們逼得退出市場。要得到某些獲利最高的特許權，關鍵就在於不讓機場當局知道他們到底賺了多少。DFS是私人公司，不必向任何人公布自己的利潤。DFS的最高階管理人員，都必須簽下嚴格的保密合約，保證不透露公司的財務收益，同時四名合夥人簽下了一份書面協議，針對媒體的詢問，他們只能回答：「我很願意答覆這個問題，但是公司規定不行。」

蒙泰羅還記得菲尼在幾次會議中堅持，「別出去吹噓我們公司有多大又多成功。」另外當然，住在法國時，他一直很擔心某些幫派分子可能會認為「這傢伙很有錢」，因而綁架他的小孩以勒索贖金。

一九七八年，米勒夫妻在香港淺水灣舉行一個為期三天的奢華派對，請來了一個加勒比海的鋼鼓樂團、一個南美的搖滾樂團，還有一名從巴黎飛來的DJ。在派對的眾多賓客觀看下，香朵打扮成印加公主，乘著熱氣球從天而降。菲尼知道後嚇壞了。這個派對上了社交版，同時也報導米勒宣布將捐出派對花費的同額款項，用作慈善。

「我總是反覆勸誡，你說得愈少、行為愈不炫耀，生氣和嫉妒的人就會愈少。」戴爾說。「米勒不是這個作風，但其他股東真的是這樣。以菲尼的觀點，米勒愈來愈愛炫耀，變得像個幕府將軍，是香港的大人物，這一切就是讓他很反感。」

皮拉洛對於米勒的上流社會形象倒是不那麼介意。「米勒開勞斯萊斯汽車，並不表示人們就會因此認為我們的企業很賺錢。每個人，包括旅行社、賣我們香奈兒香水的人、航空公司，全都知道我們一定賺很多錢。」

另一個他們不想宣揚的事實是，在免稅店裡購物其實未必那麼划算，但這件事卻逐漸為人所知。一九八五年三月，《遠東經濟評論》（*Far Eastern Economic Review*）登出一篇文章，警告遊客要小心香港的免稅店，「裡面的商品價格，比這個免稅城市中幾千家商店要貴上至少一成。」

諷刺的是，從一九八四年菲尼把他龐大的財富轉到基金會之後，每個不知情的人都還繼續認為「這傢伙有很多錢」。但因為他對自己的行為保密，於是就讓大家繼續以為他還很有錢。就連DFS的其他股東都不知道，菲尼或他太太個人已經不再擁有該公司三八・七五％的股權。每回有特許權競標要決定時，他依然以DFS股東的身分出現，而且也繼續擔任「通用大西洋集團有限公司」的董事長和執行長，每年領二十萬年薪。他的慈善基金會擁有GAGL的所有企業資產，但對外，一切似乎都沒有改變。

但有時菲尼會暗示真正的狀況。「他花了兩個半小時跟我解釋，說他並不像以前擁有那些資產，說他只是個管理人，而且他覺得自己很幸運，一直在賺錢，但不是賺給自己，那些錢只是過手而已。」貝勒密回憶，他在一九八三年繼傅特閏之後，接任DFS執行長。「當時我根本不曉得，他指的就是他已經把財產永遠送掉，拿不回來了。」

漢能回憶，他被「通用大西洋集團有限公司」聘為法律總顧問後，菲尼給了他一份〈財富〉的文章，戴爾則私下跟他解釋這家公司是慈善機構。「查克對錢有一種愛恨交織的關係，」戴爾告訴他。「他喜歡賺錢，因為那是他的計分卡，但他不喜歡把錢留著。」

漢能這才明白，菲尼要他知道，他所服務的，是比賺錢更重要的目標。這位耶魯大學出身的律師很驚訝地發現，他的年薪比菲尼的還要多。「這讓我很為難。如果老闆賺的錢比你少很多，你還跑去跟他要求加薪，他會說，『好吧，但你是把這些錢從非洲挨餓的兒童身上搶走！』」

被模擬的負面報導嚇壞了

到了一九八〇年代中期，「通用大西洋集團」已經變得太大，無法躲過金融機構和媒體的雷達網。除了DFS的紅利之外，一九八四年「通用大西洋集團」的年收入是三千萬美元。

一九八五年五月二十三日，漢能交給查克一份機密報告，報告中警告，有許多資訊已經幾乎變成公開紀錄了。如果是國內企業，美國國稅局就會拿走三千萬的一半，而如果國稅局鎖定「通用大西洋」，並下定決心要追查，「代價將會非常可怕，可以輕易達到數億元……因此我們必須極力透過各種法律手段，不讓國稅局得知海外的公司結構、股東的身分，以及股東們所控制的財富有多少。」

但這樣的情況下，要應付銀行、股東、員工會很困難，漢能警告，因為公司看起來是個「來源成謎的資金庫」，令人聯想到的形象是「老阿拉伯酋長、黑手黨，以及有其他必要隱藏身分的人」。

他們來往的銀行已經同意，把「通用大西洋」的交易資料另外收在祕密檔案中，但漢能猜想，金融界大概有兩百人對於這筆未揭露的財富多少知情，也曉得背後是個姓菲尼的人。「通用大西洋」擁有一些美國公司的股權，而且也列明在這些公司交給美國證券交易委員會的財務報表中。而且在美國，只要收購一定規模的公司，都必須遞交資料給司法部；此外，競標夏威夷和阿拉斯加機場的特許權，也已經是公開資料，裡頭都列出一個叫「通用大西洋」的公司持有DFS三八．七五%的股權。

他的結論是：「如果持續原來的投資，在未來幾年內，我們將無可避免成為《富比士》、《華爾街日報》或其他財經媒體大規模調查的目標。我們實在太大又太引人興趣了，不可能被忽略掉。」

漢能為了強調他的論點，還模擬出一則《華爾街日報》可能會刊登的報導。他在其中表明，如果一個夠堅持的記者摸出他們的來路，可能就會做出一些對他們不利的假設。

美國不為人知的億萬富豪

菲尼的財富，是幾百萬還是幾十億？

極力保密，黑手黨關係尚未證實

上星期四中午時分，查爾斯·菲尼推開克拉克小館的雙扇門，這是一家位於紐約第三大道的粗陋愛爾蘭酒館……瘦長、敏捷的菲尼來到他慣常的桌位，同行的有幾個同事。在一頓漢堡與白葡萄酒間，他們將龐大的「通用大西洋」帝國的幾件事務敲定。

菲尼和他的同事始終拒絕回答本報問題，也不肯回電話。然而經本報深入調查，發現菲尼擁有的財富，遠勝其他知名美國富豪。與不出鋒頭的菲尼相比，石油鉅子皮肯斯（I. Boone Pickins）、股市大亨波斯基（Ivan Boesky）、房地產鉅子川普（Donald Trump），以及菸草業女繼承人杜克（Doris Duke）都成了小咖……

菲尼的財務帝國具有保密成癖的特徵。其財產隱藏在一個由外國基金會、信託、家族成員，以及超過五十個不同公司所構成的網狀組織中。本報透過那些依法得向政府提供的資料、幾則互有出入的剪報，並和幾位銀行業者與前雇員（他們一致婉拒被引述為消息來源）進行過背景訪談後，

> 大致揭露出菲尼龐大財產的概況。
>
> 「通用大西洋集團」的根基是香港「免稅購物客」三八・七五%的股份……根據DFS交給機場的財報，本報估計DFS每年營業額為七億五千萬至十億美元，稅後利潤約六千萬至一億美元。持有DFS小股份的紐約金融家皮拉洛，引發各方謠傳不斷……皮拉洛一度是逃亡金融家韋斯科(Robert Vesco)的親近顧問……
>
> 菲尼個人唯一的奢侈行徑，就是在紐約、巴黎、百慕達、檀香山、舊金山都擁有住家，同時據傳在法國蔚藍海岸超級富豪雲集的小鎮聖讓費哈角，擁有好幾棟大房子。
>
> 菲尼在零售業擁有其他較小、但較專門的產業，包括夏威夷第二大連鎖零售商昂德拉代，西南部一個有數家分店、獲利頗高的減價品百貨公司Solo Serve，紐約州北部一個傳統連鎖百貨公司卡爾氏，以及倫敦伯靈頓拱廊商場內一家精緻的喀什米爾專賣店N. Peal。
>
> 「通用大西洋集團」還精明地投資了電腦軟體公司、石油與天然氣產業，以及醫療保健產業……並擁有獲利豐厚的Inflight Services之股份。很典型地，證交會的檔案顯示，菲尼在Inflight的股份由他的法籍太太丹妮葉・菲尼所持有，據說她現居百慕達。不過，在百慕達那棟有點荒涼的大宅「林地居」，鄰居說很少看到菲尼一家出現。

漢能回憶，菲尼嚇壞了，很擔心這類負面的報導會成真，戴爾則驚慌得要銷毀所有文章副本。這篇文章造成的結果，就是加強了菲尼的決心，一切都要更嚴格保密、更加防備。

第14章

別問，別說

菲尼一九八二年在百慕達創立「大西洋基金會」時，便同時在美國成立了一個專為捐贈而設計的機構，以保護他的匿名狀態。他在康乃爾大學所在地的紐約州依薩卡設了一個辦公室，取了個平凡無奇的名字「大西洋基金會服務公司」（後來一般稱為「大西洋慈善服務公司」）。當初登記為「營利」公司，以規避非營利機構必須公布營運資料的條款。韓德倫負責審查受贈對象與安排付款。

菲尼也設立了一個諮詢委員會，由羅爾斯等幾個他信賴的朋友組成，負責審查推薦的捐贈案。

基金會每年會撥給每名委員各兩萬五千美元，捐給他們所選擇的某個慈善團體。這讓該公司得以宣稱（就像他們在一本宣傳冊子中所說的）自己是一家諮詢公司，協助想匿名捐贈的「一群人士」處理相關事宜。還說他們名冊上有八到十名捐贈者。「這也不完全是假話，」韓德倫說。「錢全都是查克的，但由其他人捐出去。」

為了維持這個虛構的形式，韓德倫在他發給百慕達股東的機密內部工作報告中，有回甚至寫著：「為我們的客戶服務是一件愉快又喜悅的事，他們真是太有愛心了。」

菲尼委託了百慕達首都漢默頓一家私營的「史特林管理公司」（Sterling Management），管理他個人和「通用大西洋」的銀行帳戶與其他事務。這家公司也同樣謹慎，會計經理荷恩（Margaret Hern）專門成立了一個常設辦公室，該公司很精確、卻又有幾分誤導地描述該辦公室所服務的對象為「一批重要的私人慈善基金會」。

為了進一步確保受惠者不可能知道「捐贈人」是誰，捐款是從基金會在百慕達的銀行轉到紐約的貝瑟默信託公司（Bessemer Trust），這是一家專門服務高資產值大戶、家族捐贈、基金會的私人銀行。然後由貝瑟默開出支票給受贈人，完全看不出錢的來源是哪裡。

支票寄達時，裡面會附上一封信，說明受贈者應該遵守的事項。

這封信基本的訊息就是：「別問，別說。」上頭寫著：「捐贈人不希望因為這份贈禮而收到任何表彰。我們尋找、評估、協助值得捐贈的計畫時，極為重視保密的能力。鑒於保密問題對於捐贈人至關重要，我們明確要求這份禮物在對內或對外提到時，都應歸為私人捐贈；而且無論口頭或文字陳述，都不能提到捐款是由我們的委託人所發出的。請將此條件明列於你們年度報告和內部報告內。此外，我們建議將此筆捐款的相關文件收入獨立的機密檔案內……請在此信上簽署同意後擲還，以確認你接受以上條件。」

「一切都非常嚴密，而且錢交給受贈者的管道非常曲折複雜，因此很難追溯來源。」祖爾說。他記得這些匿名的規則，也為基金會工作人員製造了困擾，因為他們不能告訴家人自己在做什麼工作，也不能介紹自己的工作概況。「有些人參加了基金會的會議，為了要保密，只好跟老婆說他們去了酒館。」他說。

擔心自己會變得「很帥，舞跳得很棒」

戴爾身為基金會的主席，常常告誡委員會的成員絕對保密的必要性。「我每次見面都要跟其他人講一次祕密的定義，但我可不希望老講，所以我會盡量講得強烈一點，時效可以維持久一點，」戴爾說。「幾乎每次開會，我就會提醒他們這件事要保密，這樣他們就沒有藉口，說他們不曉得事情不能說出去。」

到最後，連查克都覺得戴爾實在做得太誇張了。有回他和戴爾跟委員會的成員在依薩卡的辦公室開會，他們事先安排好，請秘書在開會途中叫戴爾出去接一通緊急電話。等他回到會議室，一時間覺得很困惑，因為每個人都背對著他。然後這些人一聲令下，全部轉過身來面對著他。每個人都戴著韓德倫分發的一副知名喜劇演員葛洛喬．馬克斯（Groucho Marx）的偽裝道具——假鼻子、唇上的小鬍子，還有大眼鏡。戴爾大笑起來，大家就戴著那副道具合拍了一張照片。

基金會的專案經理名叫安潔拉．卡沃特（Angela Covert，譯註：Covert亦有祕密、掩蔽之意），也讓這個祕密團體的成員得到不少樂趣。

戴爾堅持保密，也有他自己的私人理由。他擔心如果別人知道他掌管一個大基金會，對待他的態度就會不一樣。慈善圈有句老話，一旦某個人變成慈善家或基金會的管理人，大家就會搶著巴結他，從此他就再也不會吃到難吃的飯，講的笑話也不會有人說不好笑，他說。他引用一個顧問對洛克斐勒家族的警告，「如果別人察覺你有捐錢的能力，每個人都會跟你撒謊，一定的。」

「這點一直讓我很害怕，」他回憶。「我擔心我會變得『很帥，舞跳得很棒』。英國史學家阿克頓爵士（Lord Acton）說過，『權力造成腐化，絕對的權力就會造成絕對的腐化。』我想他比任何人都要了解人性。擔任一個捐錢的職位會受到誘惑，隨之而來的傲慢和自信很可怕。我討厭這樣，那真的很邪惡，但腐化的可能性又太大了。如果我的朋友和同事不知道我是一個大基金會的會長，我會覺得自在得多。」

曾擔任「大西洋基金會」法律顧問的漢能在離職多年後回顧，認為保密規則讓基金會更難以正常運作。「以我來看，戴爾喜歡扮聖誕老人，」他說。「比方查克會說，『我現在對老化很有興趣。』於是哈維就出去找這個領域的大人物，找到一個叫巴特樂（Robert Butler）的人，然後基金會捐了很多錢給他。」巴特樂博士是「國際長壽中心」（International Longevity Center）的會長兼執行長，他在接受捐款前，曾向基金會裡評估捐款的諮詢委員會報告，見到了菲尼，卻完全不曉得菲尼就是他的匿名捐助人。

早期這個基金會的主要捐款對象，就是康乃爾大學。曾在一九八一年募得菲尼給母校第一筆大捐款的史騰相信，菲尼捐款給康乃爾，就跟他一樣，主要是出於一種虧欠的感覺。

他們小時候都想不到自己能從這麼有名望的大學畢業。史騰生於納粹德國，一九三八年十一月，就在納粹暴力迫害猶太人、引發大規模逮捕的歷史事件「水晶之夜」（Kristallnacht）的四天前，他跟著父母逃離家鄉，到了美國。後來他在企業界嶄露頭角，成為全球國防電子器材供應商「塔利斯機件公司」（Thales Components）的執行長。他認為菲尼和他一樣，都覺得自己的成功和人脈，要大大歸功於康乃爾大學。

第一次捐款給母校之後，菲尼就開始和史騰合作，在每隔五年一次的特別捐款時，讓同屆的校友能捐出更多錢。他們會碰面商量辦法，鼓勵大家捐款。史騰會放話給校友們：只要任何人捐五千美元，一群匿名捐款人——其實就是菲尼——就會相對捐出兩倍，甚至三倍的款項。「他的動機是鼓勵大家多捐。」

菲尼也捐錢資助飯店學院，在校園內蓋起新的斯泰勒飯店（Statler Hotel），共計有一百五十間客房。原址的飯店破破爛爛，只有五十二間客房，每年要虧損十五萬美元。一九八一年擔任飯店學院院長的傑克．克拉克（菲尼一直祕密捐助母校的事他也知情），在一九八三年提出改建新飯店的構想。菲尼到克拉克的辦公室看建築師的設計圖。

「我喜歡這個計畫，」他說。「但是如果展望未來，你覺得這個飯店應該要多大？」克拉克回答：「老實說，如果可以的話，我會蓋個一百五十間客房的飯店，而不是一百間。」菲尼說：「那就這麼辦！」

菲尼帶頭捐出五千萬美元，協助拉到了業界領袖的捐贈，包括萬豪酒店的馬利歐特、聯合航空的費里斯（Dick Ferris），以及葡萄酒進口商Banfi Vintners的馬里安尼（John Mariani Jr.）。落成後的新飯店，變成了克拉克口中的「搖錢樹」，現在常常客滿，而且每年賺進超過一百萬元。

克拉克還記得菲尼會出現在校園裡，老是穿著同一件淡卡其色風衣，直到最後破爛到沒法穿為止。菲尼還開玩笑自稱是「寒酸慈善家」。

他最創新的捐贈之一，就是捐出七百萬美元，設立一個獎助學金方案，後來成為一般所知的「康乃爾傳統」（Cornell Tradition）。這個方案讓家境清寒的優秀學生在學校內半工半讀以領取獎學金。菲尼喜歡這個計畫，因為「這是扶持，而不是無條件贈與」，韓德倫說。

「康乃爾傳統」後來在經濟上可以自給自足，每年持續發出六百個名額的獎學金。「在櫃台及網球場工作的小孩，全都是『康乃爾傳統』，」克拉克散步穿越校園時說。「他們掃地，維持整個地方運作，在櫃台幫你辦入住登記。」這個構想當初得到康乃爾校長法蘭克．若茲（Frank Rhodes）的大力支持，他也從一開始就知道菲尼是祕密捐款人，後來兩人成為熟朋友。這個計畫引起了《紐約時報》的注意，譽之為籌募高等教育資金的里程碑。

因爲堅持匿名，哥倫比亞大學婉拒了他的捐款

韓德倫還記得，菲尼來到康乃爾時，「除非必要，否則他不想光是跟校長坐著聊；你會看到他或許在樓下的教職員會館，或是坐在飯店學院的休息室，或是隨便哪裡，跟學生講話。他很有愛心，很有人情味，所以他可以跟年輕小孩坐在一起，談他們的未來、他們的事業規畫，而那些學生似乎也曉

得，只要他們需要幫忙，不論是財務資助或是意見上的指引，他都會願意協助。」

韓德倫的主要責任，就是在美國各地找出值得幫忙的目標。有回他在波士頓偶然得知一個私人資助的計畫City Year，這是始自一九八八年的一個暑假社區服務，十七名義工學生去學校油漆、整修遊民收容所、打掃公園。這個計畫的共同創辦人布朗（Michael Brown）有回演講後，碰到韓德倫來找他，安排他經過嚴格的審查，然後一九九一年，一筆數百萬美元的捐款撥入。City Year因而得以擴大，並於十年間在十四個城市展開。這個計畫後來成為柯林頓總統為國內青年服務所成立「美國團」（AmeriCorps）計畫的榜樣。

「大西洋基金會」也資助明尼蘇達州聖彼得市（St. Peter）的「美國公民獎學金基金會」（Citizens' Scholarship Foundation of America），將其「學者獎學金」計畫拓展到全國，並進行後續調查，以確認獎學金發揮效用。

「大西洋基金會」一定會先請旗下的服務公司盡職調查後，才會發出匿名支票，就連捐助康乃爾大學都不例外。「這些傢伙真的是實事求是，」薩波（Chuck Supple）說，他是「公共同盟」（Public Allies）的會長，該同盟會提供年輕人到非營利組織服務的機會。他說，這可不是什麼消費者摸彩中大獎，讓你不勞而獲。「大西洋基金會」會有後續追查行動，看捐款的效益如何，但同時也留意不要指導那些受贈人該怎麼花錢。

韓德倫往往憑自己的直覺。「我在一場教育會議上聽到嘉納（Howard Gardner）發言，於是跟他搭同一班回程飛機，跟他談看他需要些什麼。」嘉納是哈佛大學教授，他一九八〇年代針對多元智能的實證著作，改變了人們在教育、藝術、認知心理學、醫學方面思考與運作的方式。他回憶他一開始根本不知道韓德倫是誰，不過他們在飛機上談話，然後他開車載韓德倫從機場到他的飯店。

「之後沒多久，他就提供我很大的支持，程度大到我只有做夢才敢夢到。」他說。「我們哈佛『零點計畫』（Project Zero）的研究團隊收到豐厚的資助，沒有任何不必要的條件。這筆資金對我們的持續研究，絕對是不可或缺的要素……因為對於非定量的社會科學，以及較廣泛、較革新取向的教育研究，現在願意資助的人愈來愈少了。」

嘉納完全切實遵守了匿名的要求。他在談話中都把韓德倫稱為哈里遜（Rex Harrison，譯註：英國男星，電影《窈窕淑女》男主角），專案經理卡沃特則被稱為克莉絲蒂（Agatha Christie，譯註：英國偵探小說天后），該基金會則稱為ＡＦ，即為「匿名基金」（Anonymous Funder）的縮寫。後來嘉納的子女遇到繼任韓德倫擔任「大西洋基金服務公司」董事長的弗萊許曼（Joel Fleishman），他們問父親，「他就是ＡＦ嗎？」嘉納說，「我只是笑笑。」

韓德倫很受各方尊重，足以向大多數人保證捐款的來源無懈可擊。受贈者可能會擔心這些錢「不乾淨」，他說，然後笑起來，「其實在募款時，一般人只會擔心錢不夠！」他發現有些可能的受贈者一開始很猶豫，「但我希望以我的背景和資歷，他們能夠相信這不是販毒或經營賭博的錢。」受贈者會很擔心這些錢是否為不當取得，因為法院有可能會要求把錢歸還給捐贈人。

有回出現了一個尷尬的狀況，紐約的哥倫比亞大學因為一名校董反對，拒絕了「大西洋基金會」一筆數十萬元的匿名捐款。韓德倫不能透露錢的來源，後來請出了康乃爾大學校長若茲去和哥倫比亞大學校長聯繫，擔保這個祕密基金會絕對沒問題，於是這筆捐款才被接受。「有一兩所大學認為這種匿名捐款很可疑，」若茲說。「我不止一次得出面去跟他們說，『這些錢完全合法，保持匿名是因為有一些合理的原因。』」

「會有人以不同的方式刺探，」戴爾說。「我們有一套標準答案讓他們問不下去，免得扯不完。我們會說得很堅定，而且會寫在承諾書裡，『你們不能問那個問題。我們是代表一群匿名捐贈人。我們給你們錢——是他們的錢，不是我們的錢——條件就是你們不會查究，不會談論。』」每二十五個受贈人裡頭，只有一個會表示關切，戴爾說。「其他人則說，『啊！太好了！謝謝！你們一定非常受尊重！』」

爆料的康乃爾大學校長

有回基金會要捐款給一個紐約的非營利機構，但該機構的一名董事會成員否決掉接受任何匿名捐贈。戴爾只好耍了個花招，建議那個團體的會長向另一個具名的慈善團體申請。「大西洋基金會」會定期給這個團體資金，建議他們該捐給哪些單位。於是「大西洋基金會」的錢就這樣不動聲色，還是到達了原來的目標。「另外有很多錢不是我們捐的，但大家都以為是我們。」戴爾說。「後來我們變得有點知名度，會有人過來跟我說，『我一直就知道是你們！』有時候根本不是。」

就像狄更斯小說《遠大前程》（*Great Expectations*）裡的主角皮普以為他的匿名資助人是哈維萱小

姐，但其實一直是囚犯馬格維奇；許多受贈人也會猜錯他們的捐助人。戴爾所提出的條件，就像《遠大前程》中皮普真正恩人的代理律師賈格斯所說的，「這不光是個大祕密，更重要的是，你必須遵守不能詢問的條件。」

戴爾可以體會受贈人的謹慎，因為他大學時代曾是「全國學生組織」的活躍分子，他後來才曉得，這個組織由中央情報局祕密資助，以追蹤未來可能成為左傾領袖這些人的動向。

身為康乃爾大學校長，若茲無法常在公開場合讚美菲尼，因而覺得失望。有回若茲在康乃爾大學強森美術館（Herbert F. Johnson Museum of Art）一個私人房間，為菲尼舉行一場私人晚宴。晚宴中他在簡短的致詞中說，儘管匿名的期望很值得尊重，但房裡的人都知道錢是哪裡來的，也都欣賞菲尼的慷慨。

這似乎是個無傷的舉動，但戴爾氣壞了。「最讓我心煩的是，在場有很多侍者走來走去，而康乃爾大學的校長說，『有件事沒人曉得，捐出這些大錢的人就是查克．菲尼，這個大祕密，我只能在這個房間裡說。』於是祕密曝光了。一般人不會去質問法蘭克．若茲，但我後來說，『法蘭克，你不該這麼做的，這樣很不好。以後別再犯了。』」

若茲回憶，菲尼把匿名當成一種「必要之惡」，不以為意。但戴爾厲行保密政策，因而為了要得到大西洋基金會的捐款，「你簡直得簽名放棄你的性命。」

為了要讓大家更明白有關祕密捐獻的相關問題，「大西洋基金會」贊助印第安那大學慈善中心所舉行的一個討論匿名捐獻的研討會。當然了，贊助金是以匿名捐出。

第15章
再也不想踏上百慕達

「大西洋基金會」設立後，菲尼一家搬離百慕達。丹妮葉實在太不喜歡百慕達了，因而發誓她再也不要踏足這個地方。一九八五年，查克和丹妮葉把家搬到倫敦。菲尼想把這個英國首都當作基地，在這裡替「大西洋基金會」經營跨國公司「通用大西洋集團有限公司」。他不擁有「大西洋基金會」或「通用大西洋」，但實際上仍控制這兩者。

創辦「大西洋基金會」的頭幾年，菲尼欣然樂見幾乎所有的捐贈都集中於美國，而且大半是捐給曾為他的事業打下優良根基的康乃爾大學。但他仍積極主動地留意其他地方。搬到倫敦後，他大部分時間都在閱讀、問問題，尋找新的賺錢機會，也尋找新的捐錢機會。

然而菲尼在倫敦登記公司時，卻碰到了意想不到的官僚複雜狀況。英國的公司法規定，不准把兩個通稱字彙放在一起，比方「通用」（General）和「大西洋」（Atlantic）。不過他照樣可以用G. A.的縮寫，只要能找到相符的名稱。「我就去翻電話簿，」菲尼說，「找到了一個叫Gerard Atkins and Co.的老貿易公司，買了過來，以這個公司名稱營業，使用G. A.這個縮寫。」同時Gerard Atkins這個名字印在公司信封信紙上，還可以順便保持謹慎與匿名。

他以「通用大西洋」的資金，在倫敦市中心撒維爾巷（Savile Row）買下十七號那棟大而無當的建築，當成「通用大西洋集團有限公司」的世界總部，同時也做為他自己和丹妮葉的住宅。他告訴漢能，「我喜歡古怪的建築。」菲尼找來了百老匯劇場設計師法克斯（Fred Fox）——他們是有回在飛機上認識的，從此結為好友——來幫他整修這棟建築物。

「查克非常樂在其中，把牆壁敲掉，粉刷油漆，」漢能說。「他自己住頂樓，所以我們得爬上爬下。運動對我們大家都有好處，但論效率就不太好了。那棟建築有五層樓，沒電梯，他打算和家人住在頂樓，但是被丹妮葉否決了。」於是菲尼把全家人搬到梅菲爾區（Mayfair）一棟三層樓的公寓，同時讓當時十四歲的么子派屈克去法國學校註冊上學。

在倫敦，菲尼已經買下了舉世知名的喀什米爾織品品牌N. Peal，在伯靈頓拱廊商場有兩家專賣店，在蘇格蘭奢華的鷹谷飯店（Gleneagles Hotel）有一家商店，另外在蘇格蘭靠近英格蘭邊境的侯伊克（Hawick）有一家工廠。他喜歡去那些喀什米爾店裡看看陳列的商品。

聽著感傷的愛爾蘭曲調，淚水滑下他的臉

一次偶然的邀請，把菲尼帶到了愛爾蘭。搬到倫敦沒多久，一個皮拉洛的朋友碰巧拿到一本廣告小冊子，便寄給了他。裡頭號召愛爾蘭人和愛爾蘭裔美國人加入一個八十人的合夥組織，打算買下艾

許佛堡（Ashford Castle）並予以整修。這是一座已有七百年歷史的莊嚴城堡，後來轉為奢華的飯店，位於愛爾蘭西部梅約郡（County Mayo）卡里布湖（Lake Corrib）的湖畔。寄來的除了小冊子之外，還有一張打趣的短信，「自重的義大利裔美國人不會參加這種事，不過你大概會有興趣。」

這個城堡曾經是健力士（Guiness）家族的居所，轉手後成為飯店，曾是許多美國名人訪客的最愛。知名導演約翰・福特（John Ford）一九五二年的電影《蓬門今始為君開》（*The Quiet Man*）拍攝期間，男女主角約翰・韋恩（John Wayne）和瑪琳・奧哈拉（Maureen O'Hara）就住在這裡；雷根總統一九八四年五月出訪愛爾蘭期間，也曾在此下榻一晚。

就像大部分的愛爾蘭裔美國人一樣，菲尼對於這塊祖先的土地總有種感情上的依戀。愛爾蘭人傳統上的聖派屈克節（St. Patrick's Day）一向是菲尼家裡的大事。他會跟孩子開玩笑說自己是一個廢位的「愛爾蘭重要王爵」的後代。他曾研究過自己的家族歷史，得知他的祖母來自一個叫拉根納卡倫（Larganacarran）的小地方，位於北愛爾蘭的弗馬納郡（County Fermanagh）。他的皮夾裡總有一張表明自己是愛爾蘭裔美國人的卡片，他對愛爾蘭的文化與風俗極為自豪，但卻「不張揚、不誇耀，也不求回報」。

早在一九七一年，他就首度帶著丹妮葉和孩子訪問愛爾蘭，住在克萊爾郡（County Clare）的卓莫蘭堡飯店（Dromoland Castle Hotel）。他們還記得他聽著一名豎琴師彈奏著感傷的愛爾蘭曲調，淚水滑下他的臉。他曾考慮買下大導演約翰・休斯頓（John Huston）位於愛爾蘭西部克勞威爾（Craughwell）附近的莊園，當成另一棟家宅，但因為價格太高而作罷。

跟愛爾蘭接觸愈多，菲尼就愈相信像自己這樣的愛爾蘭裔美國人，應該多做些事情幫忙。一九八〇年代，愛爾蘭共和國的經濟奄奄一息，五個成年人中有一個失業，四個大學生中有三個一畢業就離開這個國家。一個英國報紙專欄作家形容愛爾蘭是個第三世界國家，只有氣候除外，很多愛爾蘭人也同意這樣的看法，紛紛移居國外。而一般所謂「北愛爾蘭動亂」的血腥衝突，當時仍在激烈進行中，沒有解決的跡象。

買下艾許佛堡飯店的提議，似乎是個有效的切入點，至少其他合夥的都是有錢人，可能跟他一樣有興趣為愛爾蘭做點事。這是菲尼摸熟一個文化的方式：在他把「通用大西洋」的錢投資下去之前，他會找個「棲息處」，好對那個地方有點概念，而且他了解飯店業。於是這個合夥組織在一九八五年以七百萬美元買下艾許佛堡，其中菲尼出了七萬元。他還說動DFS的漢能、萊恩斯也各自認了一股。查克、丹妮葉帶著子女飛到夏農機場，擠進一輛租來的福斯廂型車，開車到艾許佛堡飯店短暫停留。查克不改習性，在那邊又幫著經理規畫飯店裡的商店。

大部分參與買下艾許佛堡的股東，最有興趣的似乎都是打高爾夫或釣鮭魚。菲尼如果要介入，就得找個對這國家有概念的人，幫他調查各地，提出投資的建議，而且最好是康乃爾大學出身的。他找到了這麼一個人，名叫貝瑞（Padraig Berry），是個年輕熱情的愛爾蘭人，曾拿到兩萬元的獎學金——就是菲尼所捐助設立的——就讀康乃爾飯店學院，並曾擔任飯店學院院長貝克的助理。菲尼跟貝克碰面的時候，有幾次貝瑞也在旁邊，兩人一直保持聯絡。

貝瑞被菲尼迷住了。「一開始我覺得他很怪。他簡直像是不好意思被人認出來。我後來跟他見過幾次，跟他聊天。他看著我，那對鋼藍色的眼珠令人難忘。」當時貝瑞在倫敦當會計師，他們開始碰面吃飯。「查克會提出一些點子，沒有任何既定的計畫，就看事情會怎麼發展，看我們能一起做出什麼了不起的事。」

最後菲尼建議貝瑞去愛爾蘭，四處看看有什麼投資機會。貝瑞辭掉工作，把行李裝上汽車，一九八七年五月搭著渡輪到愛爾蘭，該做什麼只有一點模糊的概念。菲尼給他一大筆預付酬勞。「為了那張支票，我替他賣命，一天工作十六個小時，全年無休，拚了好幾年。」貝瑞說，他後來把菲尼視為父親般的人物。菲尼去了愛爾蘭幾次，他們開著車四處視察潛在的投資機會。「在都柏林，我們每天晚上都到Gallery 22吃飯，喝兩瓶Macon Lugny白葡萄酒。這已經成為一種慣例了。」

有一陣子，菲尼回憶，「我們只是開著車到處跑，隨興去做一些事情。」他買下了「基特南高爾夫與鄉村俱樂部」，位於在愛爾蘭東南方都柏林山脈一片霧氣朦朧的丘陵間，這裡擁有愛爾蘭唯一一座滑雪坡（人造的）；另外他還買下都柏林最精緻的喬治王朝時代建築之一「祖業屋」（Heritage House），請法克斯整修，成為骨董家具的展示所。

然後一篇報上的文章吸引了他的注意力，裡頭介紹都柏林成立一個叫「愛爾蘭裔美國人夥伴」（Irish American Partnership）的團體，受到第一屆愛爾蘭國會議員哈特（Paddy Harte）的啟發而創立。哈特相信，成功的愛爾蘭裔美國人對愛爾蘭有極大的善意，卻沒有被善加利用來刺激愛爾蘭的商業發展。這個團體的會長希利（John Healy）是個精明而頗有交際手腕的外交官，曾任職於愛爾蘭貿易局。菲尼跟他約了在都柏林碰面。希利便打電話給貿易局一個高級官員，想事先打聽菲尼的來頭。結果對方說從沒聽說過此人。

一九八七年九月四日，菲尼和貝瑞拜訪希利在都柏林的辦公室。希利向他們簡報這個團體在做些什麼事情，不太確定菲尼的目的是什麼。「這傢伙就坐在那兒，眼泡腫腫的，話不多，只是專心看著我們。」他回憶。最後他轉向菲尼說，「現在我們必須做的，就是在美國設立一個相對的組織。活動的重心在那兒。你可以建議我去哪裡募款，好達成這個任務嗎？」

菲尼沒有回答。但他們走到「基德爾街暨大學俱樂部」（Kildare Street & University Club）吃午餐時，菲尼告訴他，他知道美國有個地方可能會接受二十五萬美元的募款方案。他建議希利把提案寄到依薩卡的「大西洋基金會服務公司」給韓德倫先生。

吃過午餐後，希利打電話給一個在紐約做募款工作的朋友，問他，「什麼是基金會服務公司？」那朋友回答，「我完全不曉得。」希利還是把提案整理好，寄到依薩卡。後來收到了一張二十五萬美元的支票。

很想幫助居於劣勢的一方

「基德爾街暨大學俱樂部」是愛爾蘭學術圈最受歡迎的用餐地點，他們在餐廳時，希利介紹菲尼認識華許（Ed Walsh），他是當時成立才十五年的李默瑞克理工學院（Limerick Institute of Higher Education）的校長，來都柏林是為了爭取升格為完整的大學。「你有空來西部時，或許可以考慮來李默瑞克看看。」華許禮貌地說。菲尼回答，「我會找時間過去拜訪。」

三個星期後，菲尼來到李默瑞克。華許對愛爾蘭裔美國人頗有戒心，他們往往只關心為什麼「混帳英國人不滾出愛爾蘭」，於是他安排菲尼一般的參觀流程：在他辦公室喝十五分鐘茶，然後帶他們逛一下位於夏農河畔起伏草地上的校園。但這位訪客顯示出對該校的前景懷著莫大的興趣，而且暗示可以找到資金。華許後來說，他很清楚不要開口要求捐款，因為「如果你要求錢，就只會得到建議；但如果你要求建議，那麼可能最後就會得到資助」。貝瑞回憶，當時菲尼根本就是自願「上鉤還讓人收線了」。

菲尼問華許，李默瑞克校友的捐款有多少，結果華許茫然看著他。在愛爾蘭，一般大學幾乎全靠國家補助。那裡沒有慈善事業的風氣，愛爾蘭甚至沒有學校成立基金會，也當然沒有負責募款的開發部主任。

「我很快就明白，他們用得著很多錢。」菲尼回憶。「這個學校的地點絕佳，但校舍很粗陋。我看得出這所學校正在往上爬，而且有一位很有魅力的領袖。要資助一個組織，這兩者缺一不可。」同時菲尼也很想幫助居於劣勢的一方：如果愛爾蘭是歐洲的劣勢者，那麼李默瑞克就是愛爾蘭學術界的劣勢者。

菲尼問他的主人：「美國最好的大學是哪一所？」華許劈哩啪啦講了好幾個：「史丹佛？耶魯？哈佛？」「不，是康乃爾。」菲尼說。「你願意去那裡看看嗎？」華許猶豫了。他的訪客穿著非訂製的成衣，還戴著廉價的手錶，他不曉得他到底是誰，也不曉得他是做什麼的。但和美國的常春藤名校來往，對於他爭取學校升格絕對沒有壞處，於是他答應了。

十二月，華許飛到紐約，來到查克和丹妮葉位於第五大道的公寓，可以俯瞰中央公園。菲尼消失了一下，然後端著幾個貝果和奶油起司回來，一起共享週日的早午餐。吃完後他們搭短程飛機，到紐約州北部康乃爾大學所在的依薩卡。

「我嚇了一跳，」華許回憶，「康乃爾非常鄭重地接待我。誰聽過李默瑞克？更別說李默瑞克的理工學院了！但我們下飛機時，一大堆康乃爾的大人物都來接我們，顯然是為了查克而來。」

華許這才恍然大悟，菲尼「絕對不是什麼三腳貓」。有一些線索隱隱透露出他的慷慨。菲尼介紹他認識韓德倫，而韓德倫告訴他康乃爾這一年跟校友募捐到超過五億美元的捐款。這是一個全新的世界。這天晚上，康乃爾校長若茲為華許安排了一個私人晚宴。

「這次會面完全是個謎。」若茲回憶，他也不明白菲尼的目的是什麼。晚餐後，這位愛爾蘭訪客邀請若茲去拜訪李默瑞克，但心裡沒抱什麼希望，他覺得這位常春藤學的校長不太可能抽出空，去他那個正在掙扎向上的學院一遊。

然而，華許回到愛爾蘭的幾個星期之間，一連串來自美國訪客開始到達：依薩卡學院的院長惠倫（James Whelan）和他太太吉莉安（Gillian）、康乃爾商學院的院長隆恩（David Long）、查克和丹妮葉帶著飯店學院院長等人，還有康乃爾前飯店學院院長克拉克，以及韓德倫，然後查克又陪著若茲來訪。若茲待了兩天，提出很多問題，詢問李默瑞克未來可能如何發展。

有一天菲尼打電話來，說他有個朋友——一名紐約大學的教授，專長是慈善事業相關的法律——

人在歐洲，想去李默瑞克的學院拜訪。或許華許可以帶他到處逛逛。他名叫哈維・戴爾。

到此時為止，所有菲尼的朋友來訪，都得到貴賓級的接待。戴爾夫婦待了幾天，問了些問題，四處參觀。戴爾沒提他和菲尼的關係，只是私下跟華許說，菲尼憑他的人脈可能替該校募到的款，會比他的個人捐款要多，但所有捐助都會是匿名的。他還強調菲尼不願意應付媒體，所以不能要求替他照相或安排採訪，如果不尊重這些條件，菲尼打算為李默瑞克帶來的任何幫助，就可能因此告吹。

華許邊聽邊點頭。他把這些條件告訴學校董事會。有些校董對於接受匿名來源的捐款表示不安。但華許可以向這些董事保證，這些捐款的引介人是美國常春藤大學圈子裡一位極受尊重的人物。

菲尼變得全副心神都放在李默瑞克，貝瑞回憶。「之後我成天聽到李默瑞克學院，整整聽了六個月；除了這個學校，他不會談別的話題。」菲尼常常會來到這個學校，逕自在校園裡面逛，不想被人認出來。「很讓人驚訝的是，他希望當個普通人。」華許回憶。

李默瑞克吸引菲尼的一點，就是學校主管的自負態度，以及不願容忍官僚系統的種種限制。他得知華許在一九八〇年代後期，決定為建造新的學生宿舍籌措資金，卻遭到愛爾蘭教育部高等教育司的侮辱和反對。一般來說，宿舍向學生收的租金根本不夠付貸款。但該校鬼靈精怪的財務主任歐康諾（John O'Connor）為了智取教育部，便設立了一個私人公司來蓋新宿舍，而因為這個公司在法律上是獨立的，教育部就不能下令他們停工。

這個宿舍第一期完工時，菲尼首度拜訪該校，最後所有的宿舍擴充到可以容納一千人，而該校總學生人數則是六千人。

把報紙全買回來，然後銷毀

李默瑞克提供了菲尼一個他正在尋找的機會，可以增加「大西洋基金會」的慈善支出幅度。他第一筆捐款是建造一棟音樂廳，後來成為該校以及李默瑞克市的音樂活動中心。「大西洋基金會」捐出六百萬愛爾蘭鎊（合一千萬美元），而華許也成功地說服教育部長歐如克（Mary O'Rourke）提供對等的經費。

「事後來看，這個創舉非常重要，」華許說，該校已經在一九八九年升格為大學。「我們成功地說服了國家官僚體系，對等式經費補助的確可以激勵出大額的私人捐款。」

菲尼和若茲鼓勵華許為學校設立一個募款的基金會，同時也為該校的開發提供建議。在美國，傑出企業人士和社區領袖都渴望大學校長能找他們當顧問。但愛爾蘭的大學不單沒有設立基金會，而且管轄的教育部官員大部分都是政治任命，這些人有可能很自我中心、浮誇，而且滿懷政治野心。

華許在學校董事會上提出設立基金會的想法。遭到了強烈的反對。如果他們成功募到大筆資金，國家會不會利用這個當藉口，把有限的資源撥給其他大學？但華許很堅持。然後讓戴爾非常驚愕又煩惱的是，華許說服了菲尼擔任李默瑞克大學基金會的第一任董事長。

有了和康乃爾與菲尼的互動經驗，讓華許的眼界更大了。他到美國去邀請重要人物擔任他的基金會董事。他說服了當時在康乃迪克州奇異電子擔任董事長的威爾許（Jack Welch）——之前他從沒聽過李默瑞克理工學院——派資深經理人多以爾（Frank Doyle）加入基金會的董事會。

華許也瞄準了華爾街的金融家葛拉克斯曼（Lewis Glucksman）。這位生於紐約的匈牙利猶太人第二代，曾在一九八三年一場董事會戰役中，贏得曼哈頓李曼公司（Lehman）的控制權。這個故事由歐列塔（Ken Auletta）記錄在《華爾街的貪婪與光榮》（*Greed and Glory on Wall Street*）一書中。葛拉克斯曼年輕時代曾擔任海軍軍官，因而去過愛爾蘭，從此迷上了這個國家及其文學，後來把科克郡當成第二個家。他的太太是紐約著名的愛爾蘭裔美國人美女兼慈善家蘿瑞塔・葛拉克斯曼（Loretta Glucksman）。

華許和菲尼約了去葛拉克斯曼位於華爾街的辦公室拜訪。「查克遲到了，」華許說。「他解釋在地鐵上耽擱了。然後他們兩個就回憶起年輕時，他們搭地鐵會設法逃票。菲尼自嘲道，『我個子小，可以從十字旋轉門底下鑽過去！』葛拉克斯曼說：『我被抓到過一次，被帶去警察局，跟其他三四個人關在同一間牢房。我跟一個傢伙搭訕，跟我一樣是年輕人，「我是因為搭地鐵逃票進來的，你呢？」他說，「我殺了我媽。」』」

葛拉克斯曼加入了李默瑞克大學基金會的董事會，成為主要捐款人，後來還從菲尼手中接棒擔任基金會的董事長。他和菲尼都習慣早睡，每次董事會晚餐上，他們兩個老是比賽看誰能優雅地先溜掉。輸的要送贏的人一條領帶。

華許不希望有人打探他的匿名資金來源，為了轉移大家的注意力，他就讓每個人都以為他每星期去美國一趟，跟富有的美國商人募來一手提箱的美鈔。令人驚訝的是，大家都還相信這個說法。

菲尼在校園裡走動時，身邊都會有人跟著，有時替他擋掉一些好奇的眼光。只要有人拿相機，

「大西洋」的人就會替他擋鏡頭。有回看起來好像有人在幫他們拍照，但其實校方已經指示攝影師不要在相機裡裝底片。教職員裡知道菲尼身分的人，有時在社交場合中碰到有人問起，都會婉拒回答。法律顧問漢能還記得，有回地方報《李默瑞克領導者》（*Limerick Leader*）登出一張菲尼的照片，結果戴爾下令把所有買得到的報紙全買來，然後銷毀。

菲尼會拿自己堅持保密的事情開玩笑。有回他的基金會董事成員從美國飛來，他去夏農機場接機時，手上拿了張牌子：「歡迎來到匿名捐助人協會。」

在李默瑞克期間，查克也有機會去拜訪一位他在事業上始終欽佩的人。那就是多年前曾在夏農機場設立免稅店的歐瑞根，他所創立的企業模型讓查克得以致富。歐瑞根同時也是個理想主義者，他建立了一個組織「愛爾蘭和平協會」（Irish Peace Institute），以推動愛爾蘭的和平。

一九八八年夏天，歐瑞根邀請菲尼去卓莫蘭堡飯店參加一個和平討論會。在那裡的另一次偶遇，為菲尼開啟了新的視野。他有機會和一名愛沙尼亞的代表譚諾（Kalle Tenno）談話，譚諾邀請他去訪問那個瀕臨波羅的海的小共和國（當時仍是蘇聯的一部分），看看那邊已經開始改變了。

一九八八年九月，菲尼到愛沙尼亞去，他童年好友道尼的兒子吉姆．道尼（Jim Downey），當時已經到歐洲幫忙菲尼審查並發展商業機會，也跟著一起去。他們到了該國的第二大城及知識中心塔圖（Tartu）的大學，成為二次大戰後愛沙尼亞被蘇聯併吞以來，最早一波拜訪這個城市的西方人。菲尼答應塔圖大學的領導人，他會協助愛沙尼亞建立與西方的聯繫管道，還提供了該校第一部傳真機。

回到愛爾蘭後，菲尼買下了都柏林郡黑岩鎮一所育幼院的舊址，開設了「貿易管理學校」，供愛沙尼亞和其他蘇聯人民可以學習商業課程、學英文，也讓愛爾蘭研究生可以在此學習俄文、法文、西班牙文。「我們以四十二萬六千愛爾蘭鎊（約七十二萬美元）買下那個地方，六個月之內重新整修為一所學校。」貝瑞說。一個疑心的蘇聯大使館官員還來詢問是怎麼回事，回去寫了報告。

菲尼也希望激勵愛爾蘭學生。「我很失望愛爾蘭年輕人這麼缺乏商業的企圖心。」他說。一九八九年三月，前愛爾蘭總理費茲傑拉德（Garret FitzGerald）在該校畢業典禮上致詞；另外菲尼還安排過李默瑞克大學、都柏林大學、康乃爾大學的老師前來授課。

大約就在這個時候，菲尼有回在艾許佛堡跟華許共進早餐時，告訴他有關愛沙尼亞在蘇聯體制下改革的「英勇努力」。「你能不能考慮過去那邊一趟，拜訪塔圖大學的校長，看是否能幫上點忙？」他問。

「查克太少要求，又太常付出了。」華許說，因此他只能答應。他組織了一個代表團，由李默瑞克市長歐綴斯寇（Gus O'Driscoll）帶領，前往愛沙尼亞，他在那裡和塔圖大學簽訂交換學生的協議——結果他的長子麥可後來去愛沙尼亞進修，遇到他未來的妻子瑪茱（Marju）。「現在我兒子和孫子都會講愛沙尼亞語了，」華許說，「全都是拜查克之賜。」

此時，菲尼的心思已經完全分為兩邊。他本來是要為「通用大西洋集團有限公司」的生意尋找機會，各處收集資料；結果現在轉移到發展他的慈善事業。李默瑞克就顯示出這點。如果他看到什麼好機會，無論是透過做生意以增加基金會的不可轉讓資產，或是透過捐贈以減少基金會的流動資產，他都會好好把握，同時用以幫助他日益擴大的網絡中的其他機構。

第16章

搭上了一股大浪

到了一九八六年，DFS已經變成全世界最大的烈酒零售商，每年賣出價值兩億五千萬美元的烈酒，同時也是香港、夏威夷、阿拉斯加、關島最大的零售商，另外在新加坡、台灣、澳門、塞班島、紐西蘭、澳洲，以及美國的洛杉磯、舊金山、達拉斯沃斯堡、紐約、波士頓都有營業據點。

該公司共計花一億八千五百萬美元，取得全世界十二個國際機場的四十個特許權。全世界的員工超過六千五百人，光是夏威夷就有一千兩百人。這是個國際零售業巨人，大到成為日本一百億美元旅遊赤字的主因之一。日本人的海外旅遊人次持續大幅成長，從一九六四年到一九八四年，每年平均成長一九%，而日圓則每年平均升值四%。

DFS被當成不穩當的折價店、要看名牌供貨商臉色的時代，已經是遙遠的往事了。現在巨大的DFS現代化商場裡，提供各種頂級品牌給喜歡名牌的日本遊客，但對於曾在艱困時光支持他們的人，他們仍極為忠誠。任何進入DFS商店的人，都會看到卡慕干邑白蘭地和蓮娜麗姿香水醒目的布置。

DFS執行長貝勒密稱之為「提高自我的商品」，包括愛馬仕（Hermès）領帶、古馳（Gucci）鞋子、蒂芬尼（Tiffany）鑽石、寶格麗（Bulgari）手錶、登喜路（Dunhill）打火機、萬寶龍（Montblanc）鋼筆、施華洛世奇（Swarovski）水晶、瑋緻活（Wedgwood）瓷器，以及Godiva巧克力。日本的粉領族擠在收銀台前搶著買價錢只有家鄉一半不到的Fendi包包和香奈兒香水，東京的企業經理人則花幾百美元買下一瓶瓶陳年的起瓦士（Chivas Regal）蘇格蘭調和威士忌。

在一九八六年交給四名股東的年度報告中，貝勒密寫道，這是驚人的一年，是個「特別精選年份」。他們搭上了一股大浪，「而且乘在浪頭上一路向前。」

「大型百貨公司已經有一世紀的歷史，但我們生在噴射機的時代，」在一九八六年六月英國《金融時報》（*Financial Times*）的一篇訪問中，貝勒密熱切地解釋該公司如何利用日本人的消費文化，創造出一個無與倫比的銷售機器。在這篇訪問中，他解釋ＤＦＳ採用精明的行銷手法，讓日本客人光顧。「早年我們純粹只是個營業公司，但現在我們是時尚業的商人，也是全球旅客的零售商。」

ＤＦＳ的四名股東看到這篇文章後，根據皮拉洛的說法，他們的反應是「氣炸了」。菲尼很激動。他派他的董事會代表派克「明確向我表達他的不安」，貝勒密回憶。股東們知道ＤＦＳ成功的原因之一，就是他們的全球經營方式對外界來說是個謎。沒有人完全清楚免稅業如何運作，也不曉得ＤＦＳ到底有多大。

同年，美國《世界經理文摘》（*World Executive Digest*）的一篇文章，也引起四名股東的警覺。這篇文章批評ＤＦＳ在香港藉著經營菸酒免稅店，推銷說其他的商品也是免稅——不過文章中也恭維兩位創辦人：說菲尼始終是幕後操縱人，為公司帶來「所有的衝勁和暴風般的動能」，而米勒則是「銀行家、金融家、運動員，同時講究美食與享受，象徵DFS在全世界各地受歡迎且受尊敬的形象」。

香港投標失利，敗給左翼電影明星

DFS的股東們最希望保密的，就是他們從公司領到的紅利總額，和他們獨特的稅務安排。一九八六年，公司的紅利總額是一億八千六百萬美元，十分驚人。菲尼——或該說他的基金會——分到了三千九百萬元現金股利。

這一年的大筆現金進帳，差點被美國政府給截斷。DFS在美國和關島的生意，是透過荷屬安地列斯群島的一家控股公司運作，因此這四名公司在國外登記的股東，便可以不用為這些紅利繳稅。但一九八六年，美國政府計畫刪除這項免稅規定，四名股東未來的紅利就必須付三〇%的稅。而且在新的稅務規範之下，DFS可能也必須向美國政府繳兩倍的利潤稅。

皮拉洛想出一個大膽的解決方案，他們火速清算掉荷屬安地列斯群島的公司，改成美國合夥公司，並將所有資產分配給外國股東們。透過對公司資產的重估手法（即一般所謂的「逐步上升」），即使他們本來一直在向美國繳的利潤稅，都大幅減少，至少往後幾年是如此。這中間有很多文書處理工作，其實基本上一切都沒有改變，但據估計，這個方案導致接下來十年的公司現金存款達七億美元。「簡單來說，」皮拉洛說，「這個計畫把DFS的美國營運部分變成了一個製造免稅現金的機器。」

這個破天荒式的公司改組，讓四名創辦人更疏遠了。大家仍然把他們視為ＤＦＳ的股東，但以法律辭彙來說，他們現在是各種避稅措施和慈善基金會的「股東代表」。

這種不和諧，可能也造成了他們在最重要的競標過程出現失策。四名股東都已經交出了經營的棒子，但他們仍控制著公司，這表示每回要計算競標金額時，他們就會聚在一起。

一九八七年，他們在最初的基地香港出了錯。香港的競標制度跟其他地方都不同。到了預定的投標日，投標人必須到下亞厘畢道中區政府合署的電梯大廳，將投標書放入一個投標箱中。四名ＤＦＳ的股東會一起到場，將投標書放進去，然後等著官方信函通知他們誰得標。有回他們差點因為不合規定而輸掉，直到最後一刻才想起，他們必須準備兩份投標書，而不是一份。

一九八七年，為了爭取續約三年菸酒特許專賣權，他們在六月四日遞交投標書，後來才發現他們輸給了僑發投資公司。這是一個三人合夥的華人公司，由中華人民共和國政府在背後支持。領導該公司的是左翼電影明星傅奇，和他的女星太太石慧，他們曾以一九六七年的一齣真實政治通俗劇而名噪一時，當時他們在香港與中國之間的一座橋上堅守二十七個小時，抗議香港政府因為文化大革命活動而企圖驅逐他們。傅奇競標的金額比ＤＦＳ多出了超過二五%。

不過香港和夏威夷不同。失去這個專賣店並不見得是大災難，因為免稅專賣權只有菸酒；但ＤＦＳ另外還賣錶、鋼筆、服裝，以及觀光客可能想要的一切東西。菲尼覺得扯這些華人後腿是不道德的，他們應該光榮退場，接受失敗，繼續經營零售生意，就像其他香港商店一樣。帕克同意了。

「我們只是決定，我們會繼續做生意。」他說。「整個免稅業的想法在香港根本是假的。全香港都是免稅區，只有烈酒、酒精、香水會徵一點稅而已。我們發展出一整套，店名叫『免稅購物客』，但其實我們什麼都賣。」

然而，蒙泰羅卻把失去專賣權，當成個人的挫敗。他在阿拉斯加和夏威夷待了幾年之後，此時已經重返香港負責經營。僑發公司挖走了他二〇%的員工，包括經理、銷售小姐、主管，還在市中心開了一家店，招牌標明「官方核可免稅店」。他決心開戰，把菸酒專賣權搶回來。

香港的旅行社——鱷魚幫——告訴蒙泰羅，他們可能必須支持僑發新開的這家店，尤其因為背後撐腰的是中國政府，日後將會接掌這塊英國殖民地。但蒙泰羅把自己要付稅的酒類降價，比那家新的免稅店還要便宜五%，而且每次僑發降價，他就降得更多。於是旅行社終究還是對他效忠，繼續帶日本人到DFS。DFS同時也使盡招數勸阻歐洲名牌供貨商，叫他們不要供貨給赤色中國支持的店。

在啟德機場，僑發公司擁有一個獨家權利，可以將顧客所訂購的免稅品送上飛機，對於滿載而歸的觀光客是一大便利；但蒙泰羅去找他航空公司的朋友，他們答應將DFS店裡賣出的已付稅菸酒當成後送行李，讓觀光客在日本提領。機場當局想禁止，但香港經濟司陳方安生（曾任DFS慈善委員會董事）裁定此舉並未違法。

「這是一場大仗，那家華人公司遭受到很大的財務損失，因為他們要付最低保證金給政府，但他們卻達不到那些銷售額。」蒙泰羅說。

當時新華社是中國政府在香港的代表辦事處，有一名官員跟貝勒密約了吃中餐。「他很聰明，讓人印象很深，」貝勒密說。「他給了我很大的壓力，要DFS停止這場戰爭。他說，『兩隻獅子打架，雙方都會受傷。』但這完全阻止不了我們。蒙泰羅真的很好勝。他不喜歡有人搶走他的彈珠。」

到了一九八八年七月，僑發公司付不出員工薪水，六百名不滿的工人舉行五十小時的靜坐示威。該公司承認失敗，與ＤＦＳ進行協商，蒙泰羅和皮拉洛代表出面，在兩星期不眠不休的討論之後，僑發公司將專賣權轉讓給一個管理委員會以保住面子。而ＤＦＳ則透過次年的一次競標，正式贏回專賣權。

史上最高價的免稅專賣權，空前，絕後

香港這次令人不安的挫折，也影響了「四人同室」做出最大一次失算，也就是夏威夷專賣權的更新。新的競標將是一九八七到九一年的四年半專賣權。夏威夷已經變得很重要，因而ＤＦＳ於一九八二年將國際總部從香港搬到檀香山，是非夏威夷公司的首例。在威奇奇灘那個大如飛機棚的ＤＦＳ商場裡，年營業額已經衝到四億美元，等於一平方呎收益兩萬美元——紐約的布魯明岱爾（Bloomingdale's）百貨公司一平方呎的收益也才八百元。

此時日本投資客在檀香山已經擁有三分之二的大飯店、幾個大的辦公區，外加共管公寓、高爾夫球場、餐廳，以及建設公司。每天有幾千名擁有高消費能力的日本人——觀光客、企業經理人、新婚夫婦——搭乘六個小時的飛機從東京抵達檀香山。在日元強勢的狀況下，夏威夷對日本人來說就像墨西哥之於美國人。每樣東西都好便宜，而ＤＦＳ就像個贈品商店。

威奇奇灘分店每天收到的現金太多了，因而ＤＦＳ必須設立自己的金庫，通稱為「中央出納

處」，每天晚上武裝警衛會把現金裝在防彈車上，護送到這裡以專門的點鈔機清點。那家店裡有三百部現金收銀機，這表示每天有三百筆現金存入中央出納處。此處有防彈門和監視攝影機。日圓會送到另一個保險庫清點。每天收到的美元和日元現款太多，DFS還設立了一個特殊的外匯交易部門，在隔夜拆款市場上操作。

菲尼、米勒、帕克、皮拉洛飛到檀香山計算他們的投標價。在夏威夷州政府召開的說明會中，他們覺得自己看到了一些對手。帕克回憶，當時他們變得很神經質。「我們看到店外頭有人在逛來逛去，就想像每個經過店門口的人都是打算競標的。」為了準備所需的二%押標金，他們開始累積現金，去不同的銀行買現金支票。他們得到情報，說有一家韓國公司將會出價競標。

到了這天，四個人最後一次聚集，以決定出價的金額。他們研究各種預測，同時不斷把金額往上加。「是查克帶頭的。」帕克說。「很簡單，房裡誰提出的數字最高，我們最後就會用那個數字去競標，因為要是萬一沒標到，沒有人想當那個罪魁禍首。」

「競標的動態永遠都是——查克人呢？」貝勒密說。「他對其他三人有很大的影響。憑著他的膽識和直覺，他總是比每個人領先好幾步。查克通常會說服羅伯特聽他的。阿倫的觀點通常就是：他不宜講出心目中的數字，但他可以等大股東先講，他再支持出價高的人。他站在一個絕佳的位置，照樣可以控制狀況。」

最後他們決定出價十一億五千一百萬美元，這是有史以來全世界各地免稅專賣權最高的價錢，是空前，也是絕後。這是個難以想像的數字。從某些角度來說，這只是個數字，是他們計算之後的最後結果，但如果把這麼多鈔票疊起來，將會高達七十二哩。

這個數字，等於他們每三天就要付兩百萬美元給夏威夷州政府，連付五年，只為了兩家店的營運權。這是前一年他們付給世界各地特許權的**總價**（一億八千五百萬元）的六倍多。根據皮拉洛的說法，「阿倫強烈反對這個投標價。」但他勢單力孤。

他們一起來到交通局辦公處，參加至今已經很熟悉的開標過程。信封一個個被打開，裡頭的數字一一用粉筆寫在黑板上。現場的確有個對手，就是南韓的樂天飯店（Hotel Lotte），他們在首爾擁有一個購物商場和免稅店。但結果他們的投標價只有三億七千兩百萬。DFS坐在那邊呆掉了。他們的投標價高出了七億七千九百萬。

「我們浪費了一大筆錢，大約七億五百萬哪，」皮拉洛說。「怎麼回事？天知道。我們太傻了，一切只能怪自己。或許我們都賺太多錢了。哪個人喊出最高的數字，我們就聽他的。」他說。除了贏得特許權，另外還有個好處。「我們敢出這麼高的價錢，從此再也不會有人敢來跟我們搶了。」五年後，夏威夷的免稅店特許權更新時，他們沒碰到對手，以四億零一百萬順利取得往後四年的權利。

多年後回顧，菲尼為當初的出價辯護。「最慘的結果就是輸掉。」他說。而事實上，他們也付得起這個錢，同時還照樣能賺進巨額利潤。

夏威夷這件挫折過後一陣子，貝勒密雇了麥肯錫諮詢顧問公司（McKinsey & Company）的人研究如何計算投標價。然後他安排麥肯錫公司的人在日內瓦做一次報告，邀請菲尼、米勒、帕克、皮拉洛去聽他們的結論。

這四個股東一起聽那些顧問的報告，聽得很火大。從來沒人建議過他們該如何計算專賣權競標的出價。「他們那個報告冗長又複雜，講一堆典型的麥肯錫狗屎，教你該如何解決某個問題，」帕克說。「我告訴他們，你知道我們四個加起來，總共有六十三年競標的經驗。你們為什麼沒來找過我們哪個人請教呢？」

皮拉洛很氣憤，「那個貝勒密只想到要花掉我們兩百萬大洋，找這些該死的顧問來，而這些人從來沒問過**我們**是怎麼算出數字的。我們在夏威夷犯了個錯，那又怎樣？這些傻蛋坐在那兒，談如何在不確定的狀況下做決策，講一堆預測石油的事情，說如果不知道地底是否有石油、或不知道有多深，這種時候該怎麼做決策。我聽他講那些石油的歪理，當場頂了回去，因為通常石油探勘會分區。你鑽了這區，沒有石油，你可以往不同的區域再鑽。但我們這是免稅業。你這次沒標到就打包回家，不會有第二次機會了。」菲尼聽了一會兒，然後就以行動表明態度，他站起來走出那個房間。

次年，一九八八年，雖然才剛發生了這麼個巨額得標價的事情，該公司分給股東的現金紅利總額仍高達四億美元。其中菲尼的基金會收到了一億五千五百萬，是該基金會所有企業中收入最高的，居次的是代理卡慕白蘭地的公司分到了數百萬美元的紅利。整個基金會平均每五天就進帳兩百萬美元，而且是現金。菲尼努力不要成為眾人注目的焦點。但這樣的高獲利，要不受到注意也難。

第17章
富有，無情，有決心

一九八八年十月七日星期五，一個同事遞給查克一本《富比士》雜誌，第三十六頁摺了起來，上頭的標題是，「富有，無情，有決心」。「你看過這個嗎？」他說。「啊狗屎！」菲尼回答。

菲尼驚慌看著自己被《富比士》列入全美四百大富豪榜。根據這本雜誌報導，查爾斯·菲尼是全美富豪排行榜第二十三名，身價十三億美元，比梅鐸（Rupert Murdoch）、洛克斐勒（David Rockefeller），或川普這些知名富豪都要有錢。漢能三年前預測他們會變得「太大又太引人興趣」，不可能被《富比士》忽略掉，這個說法應驗了。

米勒不在這個富豪榜上，因為他已經放棄美國籍，取得英國公民權，但該雜誌預估他也是身價十億以上的富豪。帕克是英國人，沒有列入排名。皮拉洛則登上了富豪榜，排名第二三一名，估計身價三億四千萬美元，不過《富比士》雜誌誤以為他的DFS持股是一〇%，其實是二·五%。

這篇文章，讓全菲尼家族的人都跟著受驚。查克在新澤西州的姊姊和妹妹發現他的財產總額「嚇人一大跳」。丹妮葉打電話給阿琳，跟她說查克氣壞了，不過她私下覺得，他頗得意自己被同儕視為一個成功的商人。

在新澤西州，「每個聖母升天中學的人都去買《富比士》雜誌，」他以前的哥兒們寇根說。「我們大吃一驚。我們從來不曉得他到底在做什麼工作。他也有可能是在中央情報局。他不會說的。或許他不希望任何人覺得他比我們強。而這麼出身寒微的人，竟然跟洛克斐勒家族的人並列。」

最讓查克憂慮的，就是這篇兩千七百五十字的文章裡，披露了他與法國太太和五個小孩住在倫敦，而且透過百慕達的「通用大西洋集團有限公司」，在歐洲、亞洲、美國投資或創辦了幾十家企業。

戴爾立刻著手做損害控制。他向洛克斐勒家族請教，看要如何處理公關形象。然後建議菲尼用假名旅行，並雇用保鏢。菲尼沒有改變他的日常作息，不過有個經營保全公司的康乃爾校友克羅爾（Jules Kroll）的忠告他倒是聽了進去：「如果你要叫計程車，眼前剛好有一輛在等你，絕對不要搭那輛，搭下一輛。」

神經質、講話快、思考快、節儉，而且超愛搭經濟艙旅行

這篇文章的標題「富有，無情，有決心」，指的是菲尼和米勒。《富比士》描述菲尼很神經質、講話很快、思考很快、節儉，而且超愛搭經濟艙旅行，三萬六千呎的高空是最能滿足他的地方；而米勒則是為人四海，一頭銀髮的長度正時髦，喜歡穿訂製的西裝。報導中還敘述有回菲尼在倫敦開會，用一根別針夾住長褲。

「他這麼做，是因為他喜歡表現得像個普通人。」他的倫敦辦公室經理蘇雪說。菲尼則是幽默以對：他送給同事一份備忘錄，裡頭用安全別針夾著那篇《富比士》的文章。

執筆的《富比士》記者坦瑟（Andrew Tanzer）和畢荃普（Marc Beauchamp）對於菲尼的慈善事業一無所知，不過他們顯然在DFS內部有消息靈通的線民。他們描述DFS如何與日本旅行團建立緊密的聯繫，推演出種種複雜的策略，好讓日本遊客走進他們市中心的商店，並向供貨商施壓，讓他們賒帳進貨高達二〇〇%。

他們也知道DFS和卡慕酒廠的關係。他們引用柏恩的話——他也在檀香山發展，自稱是免稅業分析師。DFS的四名股東猜想，柏恩對他們心懷敵意，因為他當初離開是個錯誤；如果他留下來繼續擔任會計總管，他就會是後來的帕克。那年稍早，柏恩曾投書到《檀香山星報》，指責DFS為夏威夷州議員舉辦一個高爾夫錦標賽，是貪婪地想尋求政府的特殊待遇。

《富比士》估計DFS前一年的營業額高達十六億美元，這個數字相當接近實情。根據DFS財務部門為四名股東所準備的一份機密內部備忘錄，顯示一九八八年之前的十年間，每年營業額從兩億七千八百萬美元增加到十五億四千三百萬美元。這個成長率十分驚人——每年將近一九%。但只有四名股東知道的是，在這段期間，他們收到的現金紅利總額是八億六千七百萬美元，其中菲尼分得三億三千四百萬美元。

菲尼注意到這期的《富比士》中，還有一篇由副主編邁納德（Lawrence Minard）執筆的編輯室報告，裡頭提到要脫離《富比士》四百大富豪名單，只有三個辦法：（一）失去你的財富，（二）把錢捐掉，或者（三）亡故。五天後，菲尼寫了張紙條給戴爾。「我的結論是，」他以後斜的字體寫道。「由於個人和家庭因素，我不希望明年出現在《富比士》的名單上。《富比士》陳述了脫離名單的條件如下。選項一不太可能。選項三我可不希望發生。所以剩下的只有選項二了。」他們最好「說服《富比士》未來把我從名單上刪掉，而且配合我們的意願，盡量不要讓基金會曝光」。

菲尼建議，私下安排與《富比士》的副董事長當恩（James Dunn）會面，把他們必須保密的狀況告訴他。

戴爾和漢能去找紐約的福萊公關諮詢公司（Fleishman Hillard），尋求專業的建議。該公司資深副總裁麥屈（Peter McCue）坦白告訴他們，「要把查克從《富比士》的名單除名是不可能的。」反之，他建議他們可以按照自己的想法，準備一個公開聲明。「這原來是一件很值得讚美的事情，但如果因為哪個熱心的記者追查，把查克的動機歸諸於邪惡或可疑，那我們就不得不去辯護，這種情況我們可不希望發生。」他警告他們。在公開宣布之後，他們可以安排和《富比士》私下見面。

接下來幾個星期，福萊公司針對如何把查克從《富比士》名單上除名，做了大量的評估。十一月二十二日，麥屈交給他們一份兩千字的備忘錄，說他們可以把查克真正身價的故事交給對手媒體、召開記者會澄清，或者安排查克和《富比士》的老闆富比士（Malcolm Forbes）私下碰面，讓查克提供報導錯誤——他不是身價十億的富豪——的證據，換來該雜誌刊登更正聲明。

菲尼排除了第一個選項，因為這是給《富比士》難看，他們可能會設法去挖菲尼的更多負面消息，好證明自己是對的：「把老鼠逼到角落，牠們可不會變得更可愛。」如果召開記者會澄清，也同樣會讓《富比士》「迅速、公開，而且舉世皆知地」出醜。然而去找富比士本人，查克等於送了他一個很棒的聖誕節禮物，「給他一個好機會做高尚的事，好讓他真正瞧得起自己。」（在這項建議旁邊，菲尼寫了個「哈！」）如果富比士先生不肯尊重以報，他們可以回頭做第一或第二個選項。

但這個辦法有個缺點。菲尼不願意接受富比士的採訪，他在報告旁空白處所寫的一則評語中表明了這點。

菲尼和戴爾擔心原先保密狀態的基金會，將會被公開仔細審視，不是沒有道理的。「大西洋基金會」擁有《富比士》所估計的十三億美元資產（其實當然更多），如果是在美國登記的，就會是全美十大慈善組織，跟美隆基金會（Mellon Foundation）差不多大，比起慈善事業先驅洛克斐勒基金會的十六億資產只差一點。

然而如同漢能於一九八八年十一月三十日送給菲尼的一份備忘錄中所指出的，「大西洋基金會」過去三年的捐款共計一千多萬美元，遠低於其總資產的一%，而且這個基金會只有五名員工。相反地，美隆基金會前一年捐出了將近六千五百萬美元。這會讓「大西洋基金會」看起來很小氣，甚或更糟糕。

事實上，《富比士》可能會斷定「大西洋基金會」只是菲尼的避稅措施，以此掌控他大部分的財富。否則他為什麼要在海外創立一個基金會，自己能保持有效掌控，同時還不必遵守美國法令中要詳盡披露財務狀況、又必須有更高比例捐獻的規定？美國的法令禁止大幅投資在相關企業，但菲尼透過這個基金會，卻可以不受限制，持續投資在獲利的機會上，海外投資的收入都流入百慕達，不必繳美國的稅。《富比士》還可能聲稱這個基金會由於設在國外，所以在美國投資的營業額不必繳資本收益稅，而且菲尼可以由基金會領到錢，美國國稅局無法從中干預。

「哈維很堅持不要曝光，我的想法也一樣。問題在於，曝光後我們又不說出基金會在做些什麼事，大家就會懷疑，『這基金會怎麼回事？他們一定在搞什麼鬼。』」菲尼回憶。

漢能認為，即使在跟富比士見過面後，該雜誌還是可能拒絕把菲尼從富豪榜上除名，因為他們無法確定菲尼是真的把自己的財富捐出，或只是找到一個聰明的招數，在美國境外增加自己的財富還不必繳稅。

好極了，我們可以見他嗎？

經過幾個月的琢磨之後，菲尼決定什麼都不做。他們就讓《富比士》和其他報導富豪榜的雜誌繼續寫他們愛寫的。這個基金會的存在必須繼續保密。每個人都必須繼續敷衍記者。噤聲不言的作風將會保持下去。即使菲尼自己都得嚴守保密條款。身為「通用大西洋」的董事長和執行長，他簽下了一份工作合約，裡頭載明他那一年的年薪是七萬五千美元。同時合約中還有一則條款規定，「受雇期間所得知的任何資訊，均不可對外透露。」

工作上和菲尼緊密合作的員工，當然一定會知道他的祕密。然而就如同蘇雪所說的，「我們這些人對查克很忠心，絕對不會背叛他。」要雇用高職位員工也仍然要經過嚴密的審核過程。有回他們雇用大衛・史密斯（David Smith）擔任「通用大西洋」子公司「泛太平洋」的財務長，要他跟福萊公司一名主管見面，那位主管叫他不要跟任何人講任何事，如果沒把握，就說，「我不知道。」

「我和戴爾吃過很多次飯，」史密斯回憶，「每回他都跟我強調不要聲張的重要性。」史密斯後來變得很會對付金融業者的問題。「如果我得去銀行確認一筆投資的貸款，照例都會被問到一些公司資本從哪裡來的問題，我就得巧妙地迴避，只說屬於一個私人，而且往後也都不會有變化，」他說。「對方的反應通常都是，『啊，好極了。我們可以見他嗎？』我會說。『不，不行。』磨到最後，他們也只能接受這個人不會出現，他們就是見不到他。」

雖然《富比士》發現了「通用大西洋集團有限公司」是菲尼事業的母公司，卻沒發現獲利極高的「通用大西洋股份有限公司」，這家子公司位於康乃迪克州格林威治鎮郊區，是為菲尼的慈善基金會製造流動資產的引擎。（一九八九年，這個公司獨立出來，成為「通用大西洋夥伴」〔General Atlantic Partners〕，但主要客戶仍是菲尼的慈善基金會。）其獲利最高的創業投資，就是一九八一年七月在科羅拉多州丹佛設立「通用大西洋能源公司」（General Atlantic Energy Corporation）探勘石油，後來於一九八八年十二月以超過一億美元的價格，賣給Presidio石油公司。

一名紐約的雜誌發行人歐道得（Niall O'Dowd）回憶有個德州商人說，「你知道，這裡的人都一直在談論這個菲尼。他在價格最低的時候進場，然後在石油價格最高的時候賣掉。他們都說，『媽的他怎麼知道要這麼做？這個查克・菲尼到底是何方神聖？』」

菲尼的投資公司負責人科恩找了個朋友蘭姆齊（David Rumsey），來幫菲尼處理紐約和舊金山的房地產買賣。蘭姆齊是房地產專家，也是全世界最大的古地圖收藏家之一。「菲尼不是你平常會碰到的一般生意人，」科恩告訴蘭姆齊，「他是個慈善家。你幫他處理房地產業務的同時，也是在幫他做慈善。」他告訴蘭姆齊，他們要把來自DFS源源不絕的現金，投資在一些獲利高的好目標上，這些目標包括房地產、石油和天然氣，「還有一些他們說是軟體的東西。」「那是什麼？」蘭姆齊問。「啊，是電腦的玩意兒啦。」科恩說。

這個「電腦的玩意兒」讓大西洋基金會大獲成功。他們原先投資了三百萬美元在莫力諾聯合公司（Morino Associates，這家頗有雄心的電腦軟體公司後來更名為Legent），五年後的一九八八年，他們的持股市價約值五千兩百萬美元，隨時可以變現，還免稅。

蘭姆齊回憶，他當初跟史密斯一樣，必須說服銀行的人他們不是在洗錢。「我去銀行跟他們說，『我們是通用大西洋。』銀行的人就會說，『喔，沒錯！我聽說過你們。你們可以給我完整的報表嗎？』我會回答，『唔，我們只能告訴你們這麼多，因為我們董事長非常在乎隱私。往上再追的話，就會顯示這個公司價值幾億美元現金。』這個時候銀行的人就會翻白眼問，『你們到底是做什麼生意的啊？』」蘭姆齊總是拒絕回答。

蘭姆齊在舊金山洽商大型房地產的購買，包括十八層樓的達勒大廈（JH Dollar Building）和地標建築洪堡銀行大廈（Humboldt Bank Building），以及菲尼所參與最具野心的舊金山投資——一個共計八百六十五戶的社區開發案，均為一臥室或兩臥室的公寓或工作室，位於南灘（South Beach）心臟地帶的海傍大道（Embarcadero），一般通稱為「灣邊村」（Bayside Village）。原來的地點充滿了老舊的輸送管和廢棄的倉庫，是個破敗的地帶，但熱愛舊金山的菲尼看到了這個區域復活的潛力：他可以在著名的觀光區漁人碼頭（Fisherman's Wharf）走路就能到達的區域內，提供一般人負擔得起的住宅。

菲尼和房地產管理與開發商「森林城市瑞特納」（ForestCityRatner）合夥建築這個園區，共同出了一千兩百萬美元的股本，並發行了八千萬美元的公司債。蘭姆齊和「森林城市瑞特納」的亞柏特（Steve Albert）帶著信孚銀行（Bankers Trust，他們想跟該銀行貸款八千萬美元）的瑪司特瑞里（Jack Masterelli）去看這塊地，他說，「你們一定是瘋了。」但他們說服他這個投資能成功。然後迪蘭西街基金會（Delancey Street Foundation）宣布取得一塊四十萬平方呎的土地，就隔著海傍大道，在菲尼他們的預定公寓建地對面。

迪蘭西街基金會設立了幾處更生中心，以協助貧寒的受害者和酒癮、藥癮者，以及脫離黑幫的前科犯。該基金會創辦人兼經營者絲柏特（Mimi Silbert）稱之為「給失敗者的哈佛大學」。想到社區對面就是這麼個更生中心，把信孚銀行的代表給嚇壞了。絲柏特傳話給菲尼，抱怨他的合夥人「中傷」這個即將興建的更生中心是個毒癮者的巢穴，殊不知「你們那邊的人比我這邊的人更可能會抽大麻，因為我們這邊的規矩是，一好球你就出局了」。其實迪蘭西街基金會是個信譽良好、自給自足的更生中心，能在裡面待下來的人，都會接受教育或學得一技之長。從各方面來說，都很符合菲尼的一貫理念。

絲柏特自告奮勇，願意出面協助安撫銀行的代表，於是蘭姆齊就帶瑪司特瑞里，到她位於太平洋高地區的總部共進晚餐。「你知道嗎，一堆穿西裝的年輕人，連同瑪司特瑞里，我們全被她的風采迷住了。」他回憶。

瑪司特瑞里同意了貸款。灣邊村分為三期，於一九八六到九〇年間分別興建完工，成為舊金山南區最大的公寓住宅區。「通用大西洋集團」在那兒保留了一戶小公寓，讓菲尼來舊金山時可以住。這便成了他在全球旅行最喜歡的落腳處之一，而且他會去迪蘭西街基金會所開設的餐廳裡吃飯。

一九八九年，大衛．史密斯洽商要為「泛太平洋」買下舊金山的「西方運動俱樂部」（Western Athletic Clubs）。這家專營健康、健身、運動的私人俱樂部，日後將在美國西岸擁有十一家分店，員工近兩千人，成為大西洋基金會的另一棵「搖錢樹」，多年後史密斯在舊金山說。「那家公司是收會費的，所以現金進帳很穩定，不像夏威夷零售商店的收入，會隨著淡旺季而波動。我們花了三千七百萬美元買下，其中三千萬是貸款。現在這個連鎖店大概值三億美元了。」

在菲尼的鼓勵下，「西方運動俱樂部」為企業慈善活動立下了高標準，將公司利潤的五%捐給社區慈善團體。「他們也會辦贊助活動，幫忙協助癌症募款之類的，」菲尼說。「他們說這是社會責任。」

買下了一家連鎖健康俱樂部，又在倫敦的訂製西服聖地撒維爾巷擁有一棟大樓，菲尼喜歡開玩笑，指著自己大號的夏威夷襯衫，說他還是設法保持不健美且穿著寒酸。

布拉格的修女們，每天都爲他祈禱

在菲尼的指點下，「泛太平洋」也在關島和塞班島創立了「太平洋島嶼俱樂部度假村」飯店，成為高檔飯店的模型，同時投資在高級的峇里島鄉村俱樂部（Bali Golf and Country Club，一九九五年約翰走路經典高爾夫名人賽的舉辦地點），以及泰國普吉島占地超過二十英畝的拉古納海灘度假村（Laguna Beach Resort）。矛盾的是，菲尼是個節儉又不喜歡炫耀財富的人，卻花了很多力氣為有錢人提供奢華的假期。他出差時會住在五星級飯店，卻表現出他已經根深柢固的節儉習慣。曾任拉古納經理的葛林（John Green）回憶，有回他跟查克碰面商談，看到菲尼用的是鉛筆，趕緊不動聲色把自己的萬寶龍筆藏起來。

菲尼把他的——或該說是「大西洋基金會」的——飯店網絡擴展到德州和奧克拉荷馬州。他買下一些以「獎章」（Medallion）為連鎖名稱的高級飯店，由曾任希爾頓飯店副董事長的威爾納（Sidney Willner）和菲尼的老友艾特經營。

獎章飯店集團的明星，是肯塔基州路易斯維爾市的席爾巴赫飯店（Seelbach Hotel），擁有三二二個房間，是費滋傑羅小說《大亨小傳》的場景之一。菲尼有時會跟姊夫費茲派區去路易斯維爾看賽馬大會，也喜歡住在這裡。奧克拉荷馬州的獎章飯店就離一棟聯邦大樓只有幾個街區，一九九五年四月十七日，麥克凡（Timothy McVeigh）把他租來的卡車停在這棟大樓外，車上有五千磅自製炸藥。爆炸事件發生後，菲尼立刻通知這家正局部關閉整修的飯店，要他們免費提供傷者和援救人員入住。同時其他獎章飯店也派員工過去支援。

在倫敦，菲尼也會伺機投資新的計畫。有天他在倫敦希斯洛機場，看到一本由倫敦紅木公司（Redwood）發行的《機場》（*Airport*）雜誌。這看起來似乎是個不錯的投資。他找了公用電話打給該公司的發行人沃德（Christopher Ward），沃德曾服務於英國《每日快報》（*Daily Express*），他很快就告訴菲尼，因為這本雜誌賠錢，他正考慮要停掉。菲尼立刻放棄他的旅行計畫，搭了計程車進倫敦市區，買下這本雜誌。

不過這本雜誌沒法轉虧為盈，他最後還是不得不收掉。「我們被耍了，」他說，「機場當局答應給我們出版這本雜誌的權利，卻又立刻自己辦了本雜誌。」不過，他成為紅木公司的大股東，確保了這家公司沒倒掉。

一九八〇年代末，任何像菲尼這樣注意新聞的人都曉得，崩解中的東歐共產國家很快就會有投資機會。一九八九年十一月，布拉格發生了和平的天鵝絨革命，推翻共產黨政府。之後菲尼就飛到當時仍未分家的捷克斯洛伐克，看看有沒有開飯店的可能性。一九九〇年一月，他住進了瓦茨拉夫廣場（Wenceslas Square）那家新藝術風格的皇宮飯店（Palace Hotel），和經理維汀（Jiri Vidim）聊起這個剛獲得自由的城市種種現狀。菲尼的便宜手錶——塑膠的卡西歐——難得一回讓人留下深刻印象。「那對我們來說是奢侈品，」維汀回憶，「每個人都想要勞力士或卡西歐手錶！」

這位捷克的飯店經理帶著菲尼，走過一條條白雪覆蓋的街道，但當時每家飯店都還是國營的，找不到一家要賣的。不過菲尼窺出捷克人渴望西方物品，就像日本人也曾對奢侈品和烈酒有壓抑已久的渴望。他交給維汀資金，和「通用大西洋」合夥成立一家公司，派吉姆・道尼和一位愛爾蘭同事科尼倫斯（Martin Kinirons）去布拉格開一家店。

他們在小城區廣場找到一家原本是美容院的店面，整修後取名為「新時代購物客」（New Age Shoppers），又從都柏林以四十呎貨櫃運來了電視機、錄音機、電子產品、手錶、首飾、領帶、化妝品。這家店於一九九〇年十二月十八日開幕，立刻湧進大批人群，不到一分鐘就賣出第一只手錶。沒多久，他們又開了兩家「新時代購物客」，但這個生意只維持了四年，並沒有重演免稅店的故事。東歐人缺乏日本人多年累積的強勢貨幣存款。但菲尼是個先驅，他是後共產黨時代第一個到布拉格開設西方商店的生意人。

然而，身為信仰天主教的愛爾蘭裔美國人，菲尼最高興的，就是能協助一個在共產黨垮台後陷入困境的修女會復興。

一九五〇年，傳統上照顧病人的聖方濟第三會灰衣修女會，被祕密警察從布拉格的五個修女院逐出，其中包括位於舊城區心臟地帶、巴多羅買街九號的一所修女院。共產黨政府把這個修女院改為審問犯人的地點，即一般所知的為「如辛監獄」（Ruzyně Prison），最知名的犯人就是後來成為捷克民主化之後首任總統的哈維爾（Vaclav Havel）。天鵝絨革命後，一百五十名仍倖存的修女可以重返修道院，但很多人年事已高，而且她們也沒錢修復。

菲尼和維汀想出一個計畫。他們遠赴捷克斯洛伐克南方松林深處的洛梅克村（Lomec），拜訪七十八歲的修女院院長，雙方議定由維汀和一個合夥人取得這個修女院，改建為一家擁有八十個客房的平價旅館「修道院旅舍」（Cloister Inn），而修女院則另外設於頂樓。為了增加觀光吸引力，旅客可以選擇住在下方的「六號囚室」，就是哈維爾總統曾被監禁的地方。「通用大西洋」向曼哈頓的大通銀行取得八十萬美元的信用狀，以用於改建之需。

修女們很高興這樣的安排，對查克・菲尼極其感激。「她們每天都為他祈禱。」維汀說。

｜第18章｜
不再安眠的夜晚

正當菲尼在共產獨裁政權垮台後的東歐，開發新的創業機會時，他在ＤＦＳ的合夥人則準備聯手起來對付他。一九九〇年五月十二日，米勒、帕克、皮拉洛魚貫進入倫敦銀行街四十號的安理國際律師事務所（Allen & Overy），參加ＤＦＳ的特別董事會。菲尼沒出席。他早就沒再參加例行的ＤＦＳ董事會了。他指派了派克和法律顧問漢能代表他，這兩位在安理律師事務所的會議桌旁坐下。

大家沒有寒暄，出席的股東與代表的律師各自照著法律文件的稿子念。米勒戴上一副大大的眼鏡，據他回憶，「宣讀我們的嚴正警告。」三十分鐘後，三名股東投票，將菲尼的代表逐出了管理並控制ＤＦＳ零售活動的董事會。他們相信自己有法律上的權力這麼做。就像皮拉洛所說的，多數人的意願「可以、也會取得控制」。

派克和漢能氣憤地收拾自己的文件，離開會議室。「那是一次慘痛的經驗。」漢能說。菲尼是ＤＦＳ的共同創辦人、有遠見的領導人，也是占三八．七五％的股東，但從此，他對於管理這個公司，卻再也沒有發言權了。

這四個股東從來不是好哥兒們，但現在他們卻陷入一場危及合夥關係的爭議中。帕克是其他三個股東中最不易動怒、性格最清高的；把菲尼的代表逐出董事會，便是由他居間協調安排的。這是多年奮戰的最高潮——歷年來，他和另外兩個股東，努力逼菲尼停止在夏威夷的獨立零售事業，他們堅持認為，這樣是在跟DFS搶同一批觀光客的生意，因此是不道德的競爭。

「真可怕，」帕克說。「我很難過必須這麼做。查克是有遠見的領導人，是公司背後的智囊，但我們卻把他趕出董事會。」

惹火了其他三個合夥人

這場爭執源自菲尼於一九七六年買下昂德拉代，這家夏威夷的零售連鎖店專門販賣成衣，以及夏威夷衫、花彩長洋裝這類受觀光客歡迎的休閒服飾。三年後，菲尼在威奇奇灘的購物中心開了一家新的昂德拉代大型店，跟DFS賣場就在隔著一條街的對面。一九八五年，菲尼又買下夏威夷一個擁有三家分店的服飾店「卡蘿與瑪麗」（Carol & Mary）。

此外，他從日本貿易商西武手中買下四家檀香山的時裝店，他猜想西武「經營這些店賠得很慘」。這四家店以當初愛爾蘭移民創辦人派屈克・麥可・麥肯納尼（Patrick Michael McInerny）為店名，是傳統上為檀香山王公貴族提供服裝的店家。麥肯納尼的其中一家店就位於威奇奇的「皇家夏威夷購物中心」，離DFS市中心商場只有兩個街區。

透過這些收購，「泛太平洋」於一九九○年成為夏威夷第二大零售商，僅次於ＤＦＳ。這些屬於「夏威夷零售集團」（Hawaiian Retail Group）的商店有六百名員工，同時也在迎合觀光客的「皇家夏威夷購物中心」租下店面。「一旦他們進入『皇家夏威夷』，我想問題就來了，」皮拉洛說。「如果有個消費者是個日本人，他手上有一百美元，你想賺這一百美元，我們也想賺這一百美元，那你我就是在競爭。」

菲尼認為，他一九七八年買下關島那家八百個客房的飯店，也惹火了其他三個合夥人，因為全關島人人都在做日本人生意。一九八六年，菲尼雇用了曾任巴黎美國大學董事會主席的司妻森（Paul Slawson），讓股東之間的不和更形惡化。司妻森採取更積極的方式，爭取威奇奇的觀光客財源，而菲尼沒有予以阻止。向來打扮光鮮無瑕、散發企業領袖氣質的司妻森，一度還成為菲尼在ＤＦＳ的董事會代表，他在會中的態度，連個性溫和的帕克都覺得很受不了。

「他在ＤＦＳ董事會不受歡迎是自找的，因為他擺明了要跟他們競爭。」漢能說。

到了一九八八年的年中，情勢變得很緊張，漢能開始跟代表其他三位ＤＦＳ股東的律師諾里斯（William Norris）商討，看能否解決問題。他們會商了五個月，沒有任何進展。

一九八九年一月，三名股東雇用了紐約世達國際律師事務所（Skadden, Arps, Slate, Meagher & Flom）的律師凱普蘭（Mark Kaplan）擔任調解人，他曾代表皮拉洛出席ＤＦＳ董事會，素有善於遊說的聲譽。凱普蘭跑了趟歐洲，詳細了解其他三個股東的想法，然後把他們的擔憂透過漢能轉達給菲尼。他想出了一些建議，但始終無法讓所有股東全都接受。米勒認為這些建議「太法律了」。

帕克相信，菲尼認為自己的所作所為沒有什麼問題。「關鍵在於，查克認為自己對ＤＦＳ的貢獻比誰都大，所以他想另外做什麼事業都行。但我認為這在道德上是不對的。不過他從來不這麼想。」

他同時堅持菲尼的零售事業「愈來愈專注於賣東西給日本觀光客，並從DFS既有或潛在的供貨商處取得貨源」。而且他擔心菲尼正在利用他的「DFS帽子」接洽供貨商，為他的生意取得有利的價格條件。菲尼說這根本不是事實。他的零售生意客源有九〇%是本地人，而非日本觀光客，他們也從來不會針對日本顧客打廣告。

米勒不認為菲尼的作為不道德或不合職業倫理。他認為整個情況是他和菲尼之間的「某種自我」在起作用，昂德拉代只不過是個表現的形式而已。否則他搞不懂，菲尼從DFS賺的錢明明多出一百倍，何必還想要競爭。他們都知道昂德拉代其實沒賺什麼錢。

當菲尼「就在我們夏威夷的前院裡」設立昂德拉代分店時，米勒說他告訴過他，「你不能這麼搞，查克。老天在上，你有大把機會可以投資在非競爭的生意上，為什麼非要讓我們覺得受到威脅呢？」但他認為自己知道答案。「我一直猜想，在他內心深處，其實有點怨恨自己沒有擁有更多DFS公司的股份。這是我個人的意見。」

有些菲尼的朋友也頗有微辭。「你不能開另一家店打對台，去搶同樣的財源。」甘茨柏傑說。「我認為基本上這樣做生意不正當。換了我不會這麼做。查克應該停止。」

一九八八年以十一億五千一百萬美元巨額標得夏威夷機場的特許權，則使情勢更為惡化。皮拉洛說，此時帕克對於查克在檀香山和DFS競爭，更是「氣瘋了」。

DFS的收銀機愈來愈冷清

替諸位股東經營DFS的貝勒密認為，這是小題大做。他不認為昂德拉代搶走了DFS的生意，不過菲尼的生意「有點像是在你的湯裡面撒尿」。他相信菲尼這麼做，是因為那本來就是他喜歡的事情。「他向來會做各式各樣的事情。他碰到昂德拉代要賣，就買下來。這個連鎖店吸引他。」事實上，昂德拉代從來就不賺錢，只有Ferragamo鞋子除外，在司妻森之前經營「泛太平洋」的溫哲說。而且昂德拉代的很多分店都在夏威夷的其他島上，那些島根本沒有DFS分店。

菲尼本人對於他們的關切不屑理會。「羅伯特住在倫敦時，有一陣子有機會競標某個機場特許權，羅伯特就和甘茨柏傑自己去標，而不是代表DFS。他們想經營那個特許店。沒人質疑過這件事。這樣做很正當。」他說。

回顧起來，漢能認為菲尼的企業活動沒有任何不妥之處。他主張，DFS股東之間從來沒有協議不准這樣的行為，其他股東過去也曾經營類似的私人零售事業。此外，菲尼在夏威夷的零售店從來就不重要，也從來就不賺錢。他的評估是，帕克真心相信查克的行為在道德上有虧，米勒則只是看到另一個機會可以「對付查克」，而東尼其實不在乎，但他很努力想解決，這樣可以讓他對四人之間的一個重要問題得到某些控制權。

由於帕克的律師群建議，在法律上，其他股東有權力將菲尼的代表逐出DFS董事會，所以帕克就安排在倫敦的安理律師事務所辦公室，舉行這次特別董事會。

「最後他們把我們踢出董事會，」漢能說。「他們以為這可以對菲尼造成壓力。當然，這對喬治和我造成壓力，但查克說，反正他不相信我們在董事會能發揮什麼重要作用。這對我是某種侮辱，」他笑著補充。「但查克一點也不覺得有壓力。他根本不在乎。」

但其實他在乎。他很不高興米勒在安理律師事務所發言，說他「竊奪DFS的企業機會，在外頭賺取自己的利潤」。

「查克的觀點是，兩邊做的生意很不同，根本沒有衝突，所以他不同意阿倫的看法。」戴爾回憶。「事後去看，如果不去做（在夏威夷DFS的店旁邊開店）可能會比較審慎，但菲尼自己的店裡所賣的東西，在DFS的業務裡根本不重要。我可以了解他為什麼這麼做。別忘了，驅動查克的各種熱情裡，這種創業精神是深植在他的骨髓中。那種力量太強了，他只是看到了一個機會，當下沒想到是不是會挑釁什麼的，大概還從來沒想到過。他認為這是件好事情，那我們就去做吧。」

把查克的代表逐出董事會，「這個過度反應太強烈了，我們顯然不可能容忍，」戴爾繼續說。「我們準備採取法律行動，也跟好幾個不同國家的顧問商議。我們內部開了一個接一個的會，討論該怎麼做。」打官司會讓他們匿名的狀態曝光，「但我們陷入一個對峙的僵局，差點就要不惜一切代價打官司了。」

伊拉克總統海珊的行動，促使這場爭議得以解決。一九九〇年八月二日拂曉時分，超過十萬名伊拉克士兵帶著七百輛坦克入侵科威特。這位獨裁者威脅說，如果任何國家膽敢挑戰他，便要把科威特毀為「墳場」。美國總統布希譴責此一攻擊是「赤裸裸的侵略行動」。美國捲入戰爭已是勢不可免。

警鐘響遍全DFS。戰爭會讓全世界的旅遊業大幅衰退——DFS的紅利亦然。當天菲尼人在都柏林，清早碰到希利，得知這個消息。「他的臉立刻變得死白，轉身跑上樓，待在他公寓裡，一整天都沒有下來過。」希利說。「他一直待在電視機前面。他立刻看出這個大事件會影響到全球旅遊、尤其是富有日本觀光客的旅遊習慣，因此也影響到他們買免稅商品的習性。」

派克雖然是菲尼親近的事業夥伴，但始終和DFS所有股東都維持良好關係。九月九日，他飛到舊金山，因為他知道米勒會在那裡參加一個DFS股東會議，討論這個危機。他在公園凱悅酒店（Park Hyatt Hotel）的大廳堵到米勒。「聽我說，這樣太蠢了，」他和米勒在大廳酒吧裡邊喝邊談。「我們得解決這個問題。現在生意一塌糊塗。我們大家就碰個面，別帶律師，商量出一起共事的基本規則吧。」

米勒同意值得一試。「我們希望保持公司的完整，不要因為股東間的爭執而弄得DFS四分五裂；這個公司的資產太寶貴了，不能當成兒戲。」他回憶。八天後，派克傳話給米勒，說查克同意了。皮拉洛和帕克也同意，他們眼前都有更大的問題要解決：DFS的收銀機愈來愈冷清。據DFS夏威夷地區總裁瑞德（John Reed）計算，幾個星期之內，每日營業額就掉了五成。「我們每天光特許費就要付一百萬美元，可是卻沒賺錢，根本沒有生意上門。」帕克回憶。

遲鈍、自私，而且貪婪

米勒之前買了一艘大遊艇，邀了派克一起航行繞過好望角。派克航行歸來後相信，他找到一個突破僵局的辦法了。他提出的解答是以仲裁取代訴訟，指定一個「智者」來解決他們眼前的爭議和未來的爭執。「喬治和我努力勸了又勸，最後終於讓查克點頭。」漢能說。一九九一年二月二十日星期三，就在美國領導的聯合部隊即將對伊拉克軍隊展開地面攻擊的三天前，四名DFS股東簽下了後來所謂的〈智者協議〉。「然後我們又回到董事會了。」漢能說。

在〈智者協議〉之下，菲尼同意在一九九三年一月三十一日之前，將「通用大西洋」所屬的「夏威夷零售集團」賣給不相干的第三方。在某些特定地區，包括夏威夷和關島，所有股東均不可經營任何零售業。凡是與DFS之利益有直接或實質競爭的企業，各股東都不可投資或開發。他們還同意與DFS的各供應商來往所設下的種種限制。所有股東都不准以亞洲觀光客為目標，經營全球性的零售業。一切爭論將由「智者」予以仲裁。

這份協議將各股權分為A、B、C、D，因而安撫了米勒。米勒得到A股，查克得到B股，阿倫得到C股，東尼得到D股。股權比例仍然不變。但三名股東懷疑菲尼不太願意把「夏威夷零售集團」賣掉，認為他會很頑固，盡可能拖得愈久愈好。日後的種種發展，證明他們猜得沒錯。後來被問到他個性裡的頑固，菲尼說，「我比較喜歡另一個字眼——堅持。」

皮拉洛找到的「智者」理想人選，就是紐約最重要的律師之一艾拉·米爾斯坦（Ira Millstein）。他是紐約著名的威嘉律師事務所（Weil, Gotshal & Manges）的資深合夥人，每小時收費高達五百美元。這位六十四歲的仲裁人戴著眼鏡，一頭逐漸後退的白髮，之前通用汽車、西屋、迪士尼等著名公司都曾找過他，為公司董事會的管理權問題提供諮詢。另外，企業掠奪者德崇證券（Drexel Burnham

Lambert）的破產清算，他也曾參與磋商。

早在十年前，米爾斯坦就和ＤＦＳ略有接觸。據皮拉洛回憶，這回他和ＤＦＳ的四個股東坐下來，告訴他們，「你們這些混蛋！事業都做得這麼大了，拜託！你們要團結起來，找個辦法解決爭執。」

一九九一年，由於波灣戰爭導致旅遊業大幅衰退，四名ＤＦＳ股東的股利總額也急降為一千兩百萬美元，但之前四年平均每年為兩億七千兩百萬美元。ＤＦＳ不得不找夏威夷政府商量，將兩年一億零三百萬美元特許權的權利金延後支付。

由於ＤＦＳ的營業額縮減，菲尼在《富比士》的富豪榜排名也下降——從一九九一年的十九億降為一九九二年的九億美元。刊載富豪榜的雜誌上市當天，羅爾斯在紐約和查克共進晚餐。他們離開餐廳後，要回二十四個街區外的康乃爾俱樂部，他轉向菲尼說，「你想走路還是搭計程車？」「這個嘛，」查克說。「《富比士》才剛說我過去一年損失了十億元，所以我們最好是走路。」於是他們就真的走過去了。事實上，根據他在普華會計顧問公司的會計師所算出來的結果，菲尼個人的身價還不到一百萬美元。

免稅業的衰退對「大西洋基金會」是個很大的挫折，之前他們所承諾的慈善捐贈因而無法履行。雖然因為基金會設立在百慕達，這些承諾沒有法律上的強制性，但卻是有「道德上的強制性」，戴爾說。這導致「受贈者和我們都深感苦惱」。戴爾「個人感覺非常痛苦」，他必須通知康乃爾校長若茲，他們遭遇了重大困境，所以那一年無法履行承諾。

由於ＤＦＳ的業績慘澹，「通用大西洋集團」必須跟漢華信託銀行（Hanover Trust）辦理六千萬美元的信用額度，以確保用度無虞。直到一九九一年，菲尼把當初以八千萬美元買來的關島「太平洋島嶼俱樂部度假村」，以兩億美元賣給一家日本公司，才有更多現金可以運用。

波灣戰爭後，旅遊業迅速復甦，但歷經了這個危機，加上ＤＦＳ股東間的裂痕，讓菲尼琢磨了好幾年的想法更堅定。他覺得該是賣掉「大西洋基金會」在免稅業持股的時候了。他之前也想到過要賣掉股份或公開基金會的事情，但從來沒認真考慮過。ＤＦＳ的股東們也討論過要拆開公司：羅伯特取得亞洲、查克取得美國和關島，但也從來沒談出什麼結果。

菲尼對於這家他合夥創立的公司，感情上也已經逐漸磨淡了。他一直接到抱怨，說ＤＦＳ在擴張成為跨國大企業的同時，公司的精神也已經也變得愈來愈糟。一名資深主管在一九八九年寫信給菲尼，警告說ＤＦＳ的道德素質已經墮落了。ＤＦＳ的股東之前從來沒要求主管做任何不道德的事情，而且「我們晚上都能安眠」，他寫道，但現在這個公司已經變得跟其他企業沒兩樣，「遲鈍、自私，而且貪婪。」

菲尼要求漢能列出財力足以買下ＤＦＳ的公私立機構。漢能查出了全世界二十四個資金雄厚的公司和個人，可以拿出估計所需的二十億美元，範圍從美國運通公司（American Express）到汶萊蘇丹，但菲尼很清楚，其實只有幾家公司有能力買下像ＤＦＳ這樣延伸全世界的零售業巨人，比方旗下擁有路易威登、酩悅香檳、軒尼詩白蘭地等奢侈品領導品牌的法國ＬＶＭＨ集團（Louis Voitton Moët Hennessy）。

第19章
失敗的交棒

到了一九九一年，「大西洋基金會」和「大西洋信託」在過去七年已經祕密捐出共一億兩千兩百萬美元。這個總額遠低於美國所規定慈善基金會每年須捐出資產額五％的規定，但菲尼的基金會運作與眾不同，其企業與房地產所占比例過高，流動資產只占一小部分。不過，菲尼很想大幅增加捐贈金額。他快六十歲了，期望能更專注於將基金會的錢善盡其用。他決定時候到了，該考慮從「通用大西洋集團」執行長的職位退休，全職投入慈善工作。

他跟法律顧問漢能提起這個想法，漢能問他，「你想這樣你會工作得更愉快嗎？」「不，」他回答。「這樣的工作會辛苦很多，因為你要應付的人不一樣，而且無法計算盈虧，但那是我想做的。」

他還是要求一切都匿名進行。《富比士》雜誌的記者克列伯尼考夫（Paul Klebnikov）曾試圖查出更多資訊，以更新富豪排行榜的資料。要是這個基金會堅持保密或捐贈比例偏低的狀況洩漏出去，可能會讓人懷疑他們在搞什麼鬼。為了應付媒體，戴爾和漢能於一九九一年三月對基金會員工發出一套新的指示。標題是「新聞媒體來電時應對事項」，針對記者的問題提出幾個建議的回答，從「我能效勞嗎？」開始，收尾是，「拜託，我們是私人公司，這類資訊是不能給媒體的。我得去忙了。再見！」

一九九一年七月初，戴爾的秘書接到一個未表明身分的女人打電話來，問要如何聯絡「艾克塞特（Exeter）的哈維・戴爾」。艾克塞特是一個未登記的機構名，一九八四年「大西洋基金會」曾用以協助買進丹妮葉名下的資產，只有基金會內部的人，才知道這個機構的存在。戴爾擔心有媒體正在計畫要揭露這個基金會，於是聯絡人在倫敦的查克，建議說雖然他們不願意曝光，但應該要加快腳步做好公開的種種預備工作，並開始籌畫向媒體發布消息。漢能也聯絡查克，警告他：「我們錯綜複雜的節稅措施是個不利的因素，等到公開時，我們應該要準備好回答這方面的問題。」

一九九一年七月和八月，基金會內部起草了幾份聲明稿，宣布這個基金會的存在，指出菲尼並未擁有它，但是正在計畫要全職從事基金會的管理工作。在一份七月二十二日的聲明稿中，菲尼表示，他的目標是激發有錢人「生前捐贈」的興趣，不過「如果人們一直以為我是個沒興趣做慈善工作的隱士富豪，我就沒辦達到目的了」。大部分的草稿都引用了法國哲學家巴斯噶（Blaise Pascal）的話：「為善不為人知，是最值得尊重的善行。」以及美國財經專家巴魯克（Bernard Baruch）所說的：「如果你不在乎是否居功，你的成就將無可限量。」

然而到了九月，菲尼再度決定按兵不動。他要讓人繼續誤以為他是個大富豪，以保持慈善事業的匿名狀態。無論如何，對他來說，眼前絕對不是面對媒體風暴的好時機。

一個自我懲罰的慈善家

一九九〇年十月，查克和丹妮葉分居了，因為他和常陪他旅遊的德國助理賀爾佳・弗萊茲，已有長期的親密關係。這個消息讓所有人都很震驚，但並不意外。

之前的十年，查克和丹妮葉顯然已經愈來愈疏遠。這段婚姻後期的那些年，朋友們都認為兩人實在合不來。他們過著愈來愈疏遠而截然不同的人生，而且大家早就知道，丹妮葉很受不了丈夫在家裡的抑鬱和暴躁，兩夫妻的感情早就完了。菲尼在家中待的時間愈來愈少，而且他強調絕對不會登上丹妮葉買的那艘遊艇。他們在法國蔚藍海岸聖讓費哈角那棟一度破敗的房子，後來丹妮葉整修為精緻優雅的宅邸，但整修之後，他就再也沒去過。

對於父母分手，五個子女都難過極了。他們和爸媽都很親。不過他們也知道，母親和父親之間的差異太明顯了。「他已經變成一個節儉、自我懲罰、渴望匿名的慈善家；然而丹妮葉則是擁有一艘大遊艇和鮮明的性格。」一個和他們家很親近的人表示。

五名子女現在都已成年，菲尼告訴他們，他的生活將會有所改變，他會時常出門在外，每回在一個地方頂多待幾個星期。他收集了一些文章裝訂起來，給了每個子女一本，以解釋他捐贈的動機。一篇是卡內基談財富的短文，一篇是報導汶萊蘇丹花了一百萬美元給一個小孩過生日。這些文章是以他特有的方式，訴說自己的為人和行事動機。

分居所造成的法律問題，為基金會的未來投下變數。之前在一九八四年，丹妮葉簽字將資產移轉給基金會、得到四千萬美元，但丹妮葉所雇用的「顧謝氏律師事務所」（Milton Gould of Shea & Gould）對此提出質疑，並要求增加補償。雙方達成了一項新的協議，基金會將再補給丹妮葉六千萬美元——是當時基金會旗下各企業所能動用的流動資產總數，另外還有四千萬美元，則將在未來五年撥入一個家族的慈善基金會。

菲尼堅持將所有住宅給丹妮葉，包括巴黎、倫敦、法國南部、康乃迪克州、夏威夷、紐約的家。他說，他希望家人繼續保有這些房子，以避免任何痛苦。他自己則一棟房子都不要。「查克根本連想都不會想要跟丹妮葉爭產。」戴爾說。在跟丹妮葉分居兩年並離婚之後，一九九五年，菲尼和賀爾佳在百慕達結婚，舉行了一個小型婚禮。

在這段期間，菲尼還深陷於一場家庭悲劇中。他姊姊阿琳的兒子吉米・費茲派區（Jimmy Fitzpatrick）被診斷出癌症末期。菲尼用盡了自己在醫界的各種關係，讓外甥得到最好的治療。但就連他所求助的康乃爾醫學專家群，都無法提供什麼希望。醫學院的教務長夏爾斯（G. Tom Shires）告訴菲尼要有最壞的心裡準備。多年後，菲尼仍清楚記得他說過的那句話：「你的外甥有一座高山要爬。你懂我的意思嗎？」

外甥的病為菲尼的生活和工作投下了一道陰影。對他來說，吉米就像個兒子，而這個外甥在很多方面也跟舅舅很像。他畢業於華府的美國大學（American University），常待在查克身邊，也常和他一起慢跑。有年聖誕節在舊金山，吉米站在公車站旁時，被一輛失控的救火車撞上而受重傷，菲尼立刻從檀香山飛過去，以確保這個外甥在舊金山的醫院裡能得到最好的照顧。吉米出院後，菲尼又帶他到夏威夷休養，然後派他負責監督關島「泛太平洋」所屬飯店的改建事宜。菲尼甚至還介入吉米的私生活，有回他認為吉米打算結婚的女友並不適合他，於是搭飛機去勸阻，成功說服了他。

後來吉米病情惡化，菲尼就放棄大部分的旅行去陪他。吉米死於一九九二年三月。那幾年眼看著深愛的人早亡，菲尼變得異常悲傷且抑鬱，他難以接受這種不公平，一個家庭朋友說。「吉米的死給他的打擊很大，」派屈克回憶。「我爸對這些姪甥，幾乎就像對親生子女一樣疼愛。」一如往常，菲尼不願意直接表達他心中最深的感受，而是寫成文字，於一九九二年三月九日在伊麗莎白鎮聖哲娜薇耶天主教堂所舉行的追思彌撒中，由他和次女卡洛琳朗讀。文中極力讚揚吉米的人品。

「無論你擁有多少錢，都不能解決你所愛的人的健康問題。」多年後菲尼說。「吉米就是這樣，我付出自己擁有的一切，想解決他的問題，但那種問題是無法解決的。」這樁悲劇加強了他的決心，未來數年要將「大西洋基金會」的焦點投注在生物科學研究上。

一個朋友說，在菲尼光輝的事業生涯中，他頭一次將目光「從球上頭移開」。菲尼從「通用大西洋集團」執行長的位置退下來，指派司婁森接棒。司婁森之前擔任「泛太平洋」最高主管期間，曾參與收購「西方運動俱樂部」以及「太平洋島嶼俱樂部度假村」的開發，也曾負責在一些旁支副業上投資，例如台灣的尿布市場，以及泰國和北京的「必勝客」。菲尼相信他可以把類似的眼光和技巧，帶到「通用大西洋集團」整體的經營上頭。

一九九一年十月，司婁森搬到倫敦接任新職。他在撒維爾巷的辦公室召集所有同仁開會，問他們有興趣的是什麼，一名聰明的年輕美國律師奧克思利（Chris Oechsli）回答說，「如果有機會參與更多專案任務，我很樂意接受。」奧克思利是漢能雇來的助理法律顧問，旅行經驗豐富——他生於哥斯大黎加，曾在中國學習中文——之前他已經略略參與過查克在東歐的開發任務。

次日，司婁森把他找進辦公室說，「我注意到你的興趣是專案。我要讓你負責一個任務——把我們的辦公室搬走！」司婁森不喜歡「怪里怪氣的」建築物，他打算要將「通用大西洋」現代化。他把公司總部搬到葛羅凡斯納街二十五號。這是一棟當代風格建築，有弧狀的牆和現代藝術品。司婁森花一萬英鎊買了一張仿中世紀的桌子，放在會議室裡。

「那裡有國際企業辦公室的格局；不像撒維爾巷那邊很擁擠，有那種家庭式的散漫風格。」奧克思利說。「我們有一整套新標準——從支出到審美觀到個人的莊重舉止。」菲尼的私人辦公室仍在撒維爾巷，而司婁森則從金融界找來三個美國人組成團隊，在葛羅凡斯納街協助他經營。

司婁森開始以高薪聘請顧問，參加各式各樣的正式晚宴和酒會。一個同事回憶他的團隊「不惜血本，在自己的辦公室、家具、裝潢或員工人數上頭，都絕不省錢」。奧克思利認為，司婁森的專案任務變得「非常不像查克」，同時有太多的官僚作風。

從「人性」角度衡量事情

司婁森著手複製「西方運動俱樂部」的成功經驗，打算收購倫敦的「加農健身俱樂部」（Cannon's Health and Fitness）。這個俱樂部位於加農街火車站的高架橋底下，有一個游泳池和數座回力球場，光顧的都是倫敦的時髦社群和城市菁英。這個俱樂部的董事長，是出身英國富貴子弟名校伊頓公學的詹姆斯・哈威—瓦特爵士（Sir James Harvie-Watt），他也是會員資格嚴格的倫敦「女王網球俱樂部」（Queen's Tennis Club）的董事長。加農俱樂部在科芬園（Covent Garden）還有另一個運動中心，同時在倫敦市區外有一個鄉村俱樂部。

這個運動俱樂部由澳洲運動界傳奇人物、當時五十三歲的朗恩・克拉克（Ron Clarke）經營，他曾在一九六〇年代創下十九項徑賽世界紀錄，一九五六年墨爾本奧運的聖火就是由他點燃。菲尼打電話給克拉克，說他次日早晨八點會過去拜訪，想在收購進行前先看看俱樂部。

「我以為在他來之前，我還有時間進行我每天早上的運動。」克拉克回憶。「很不幸，他七點左右就到了，而且因為他希望這次會面保持低調，所以我沒告訴任何員工要留意。我們俱樂部嚴格規定，如果沒有會員卡，任何人都絕對不准進門。等我沖完澡進了辦公室，查克已經等了一個小時。樓下的那些女職員打電話上來告訴我，說有個美國紳士在大廳裡已經等我等了一個鐘頭，我差點昏過去。我以為他會大發脾氣。但結果謝天謝地，他沒生氣等了這麼久，而是誇獎那些女職員嚴守規定，說他們做得一點也沒錯，一點也不介意。」

克拉克發現菲尼「不像任何我見過的生意人，他好像對服裝或打扮沒什麼興趣。而且他問問題時，會認真聽回答」。菲尼那天早上的參觀印象很好，「通用大西洋集團」買下了加農俱樂部。

一年後，奧克思利寫了一份備忘錄給菲尼，說他不認為新的經營團隊是最佳人選，他打算要另謀出路。菲尼要他留下。「我們做了一些調查，看起來好像不太對勁。」他同意。奧克思利留下了，接任集團的法律顧問，原來的漢能離開「通用大西洋」，成為國際產業仲裁人。

接著菲尼在世界各地跑一圈，發現他所創建的「通用大西洋集團」及其子公司「泛太平洋」各級員工都有很多不滿。他對司婁森的信心瓦解了。一九九三年初夏回到倫敦後，他的拍紙簿上記下了過去幾個月離職員工的名單。

「我看得出他所造成的破壞，」菲尼回憶，他向來用人性的角度去衡量事情。戴爾在一份內部報告中的結論是，管銷成本變得太高了，發生了一些重大策略錯誤，而且員工士氣受到打擊。到了六月，在司婁森接任執行長僅僅兩年之後，菲尼請他離開。他討厭對質和爭吵的戲碼——而且如果牽涉到大額賠償的話，代價很昂貴。菲尼又回任「通用大西洋集團」的執行長，並把總部搬回撒維爾巷。

接管之後，菲尼發現，有一名「加農俱樂部」的英國董事在「通用大西洋集團」收購前，每年薪資是一萬兩千五百英鎊，但在收購之後，薪資變成**每個月**一萬兩千五百英鎊。結果是因為司婁森接管「加農」之後，給了這名董事一封信，要他繼續擔任董事，而且**每個月支付**他一萬兩千五百英鎊的酬勞。其實應該是**每年酬勞**，**分月支付**才對。司婁森離職後，菲尼打電話給那位董事，問他收到那封信以為是什麼意思。那名董事回答說，一般都知道美國公司給的錢特別高，他以為這是新的規矩。「查克才不吃這一套，所以那個人當董事就到此為止。」奧克思利說。

菲尼向來佩服對體育有所貢獻的人士，他對克拉克和他體育界的關係印象深刻。這位退休的徑賽選手有回邀請菲尼參加一場正式晚宴，於一九九四年五月六日在倫敦葛羅凡斯納屋酒店（Grosvenor House Hotel）舉行，以慶祝班尼斯特（Roger Bannister）打破四分鐘跑一哩極限的四十週年紀念。菲尼穿著黑色西裝，打了藍色領帶，跟克拉克同桌，坐在他隔壁的是愛爾蘭一九五六年奧運金牌得主迪藍尼（Ron Delaney）。

眾多世界級偉大徑賽選手都到場了，包括查特威（Chris Chataway）、布萊謝（Chris Brasher）、蘭迪（John Landy）、艾里歐特（Herb Elliott），以及柯伊（Sebastian Coe）。班尼斯特已經成為牛津大學彭布羅克學院（Pembroke College）的院長，他在宴會快結束時熱情地招呼菲尼。他們之前在倫敦的雅典娜俱樂部（Athenaeum Club）曾共進午餐，查克已經安排好要捐款給牛津大學。

從一九六四年東京奧運開始，每屆奧運菲尼幾乎都會到現場觀看，因此這些選手很多他都曾親眼見過他們出賽。這場晚宴對菲尼而言是件大事，而且他和克拉克日益緊密的合作，數年後將會在澳洲持續。

第20章

帶我去看新建築

為了更投入慈善事業，一九八九年，菲尼在都柏林市中心的默思沃斯街買了棟建築物，命名為「大西洋屋」（Atlantic House）。他找來「愛爾蘭裔美國人夥伴」的會長希利，負責設立並經營一個「塔拉顧問公司」（Tara Consultants）。希利還記得自己當初應邀到倫敦見菲尼，兩人進行了一段「典型迂迴、模糊的談話」，談話中他推測，菲尼想找他去一個顧問公司擔任某種工作。此時他已經知道菲尼不是一般美國商人，於是便接受了。

他答應後，飛到紐約見他的新上司戴爾，以接受工作指示，這時他才明白，他將會替全世界前幾大、同時也是最祕密的慈善基金會之一工作。

戴爾告訴他，「大西洋基金會」和「大西洋信託」的設立，是為了要讓金錢從不同的「水龍頭」流出來。還跟他說，菲尼打算在愛爾蘭設立自己的慈善事業機構，他很欣賞希利的學識和人脈，因此挑選他負責這個機構。身為塔拉顧問公司的總經理，希利有責任實施一套規則：菲尼的名字絕對不能出現在任何媒體發布資料或任何牌匾上；不應有人要授與他任何榮譽學位，他也不會接受；如果機密洩漏，捐獻的資金便會停止。

接著希利飛到依薩卡，韓德倫在那裡向他簡單介紹「基金會服務公司」如何運作。他因而得知捐款的規模，以及「大西洋基金會」的可轉換與不可轉換資產，內部稱之為「教堂」和「國家」。「到這個時期，我們已經在充分保密的狀態下了，」菲尼解釋。「我們會說，『我們想做這件事，但我們不想有任何功勞——你們就讓大家以為這些錢是你們自己募來的吧。』」如果受贈者想得到他的注意，他說，他們唯一要做的，就是帶他去看剛落成的建築物。

這是惡作劇，還是績優股？

菲尼在李默瑞克大學的慈善事業大獲成功，啟發他去思考愛爾蘭其他六所大學的狀況，這些大學都完全靠國家提供經費，而且缺乏資金將學校予以擴充或現代化。對於這個當時處於困境的國家，他懷抱著更多野心了。對於愛爾蘭的整體高等教育而言，救起一所學校的影響並不大，但幫助好幾所學校，就能形成全國性的影響。

他開始製造機會，看似意外遇上其他大學校長，希望能找到像李默瑞克大學那樣的魄力和眼界。他隨機而動的慈善行為，如果能找到正確的人將資金善加利用，就能發揮最大的效用。他相信，值得讚美的不是慈善家，而是那些有職位、有能力、有眼界以資金做出好事情的人。他可以利用讓自己致富的才幹，去找出這些人，協助他們發展值得花錢的計畫。但能否將錢好好利用，多半要仰賴受贈對象的人才和魄力。「歸根結柢，還是人的問題。」他常常說。

他碰到都柏林城市大學（Dublin City University）的校長歐海爾（Damiel O’Hare），就是一個很典型的迂迴狀況。這所學校剛升格為正式大學不久，歐海爾受邀到都柏林參加和平組織「合作北方」（Cooperation North）的年度晚宴，發現旁邊坐著「這個小個子美國人」。貝瑞也在場，趕走了一個攝影師。查克手上端著一杯白葡萄酒，問歐海爾的學校有什麼需要資金的計畫。歐海爾提到他需要一百萬愛爾蘭鎊蓋一棟研究大樓。

「當初我根本不曉得他是何方神聖！」多年後他笑著回憶。「你能不能寫張紙條，交給貝瑞？」菲尼說，然後解釋說他可能知道有些人可以幫上忙。過了沒多久，貝瑞就到都柏林城市大學的校長室聽他的計畫，並強調必須保密。歐海爾開始想，「這是惡作劇嗎？這是乾淨的錢嗎？老天，這搞不好是在洗錢。」他打電話給一個銀行的朋友，那家愛爾蘭銀行在美國設有分行，他問，「這個查克・菲尼是誰？」結果朋友回電告訴他：「績優股！」

然後歐海爾有回到美國，戴爾邀請他到紐約家裡作客，當時歐海爾只知道他是查克的朋友。到了之後，戴爾若無其事地提了一句，「我們很樂意協助你的計畫。」歐海爾因此推測，戴爾在菲尼的行動中扮演很重要的角色。他發現戴爾「聰明得嚇人，他好像無所不知，無所不通，非常積極，非常意志堅強，對於匿名非常堅持」。後來有回他問戴爾，如果他沒能讓政府提供對等資金，是否就會失去大西洋基金會承諾捐贈的一千萬捐款？「他看著我的眼睛說，『那你鐵定會失去這筆錢。』害我脖子後頭寒毛直豎。」

菲尼很喜歡歐海爾，也成為都柏林城市大學的常客。一如李默瑞克大學，資金開始湧入這所學校，以供建設新大樓和增添設備。「查克特別喜歡幫助困境中的弱小，而我們就是剛搬來的鄰居小孩。」歐海爾說。

他遵照「大西洋基金會」的要求，極度謹慎地為資金來源保密。有回他要他的建築師基侯（Barry Kehoe）把「大西洋基金會」提供資金要蓋的體育館建築草圖，展示給一個「來訪的美國人」看。菲尼審視著那張藍圖說，「我們可以把那個從這裡移到這裡……」基侯打斷他，「喔不行，不能移。」歐海爾在桌底下踢了他一腳，建築師明白了暗示。之後歐海爾私下把菲尼的來頭告訴基侯。「基侯以前是神父，所以他已經習慣有人跟他告解，也會保密。」他開心地說。

菲尼也對米契爾（Tom Mitchell）印象深刻，他是愛爾蘭最古老的大學聖三一大學（Trinity College）的校長，該校位於都柏林的市中心。一九九一年九月，希利帶菲尼去和米契爾共進午餐。「我只知道他很有錢，但他和我認識的那些美國富豪生意人都非常、非常不同。」米契爾回憶。「他話很少，一開始很害羞，而且他談話的樣子，跟典型的愛爾蘭裔美國商人一點都不像。」

儘管此時菲尼已經資助李默瑞克大學四年了，但他基金會的祕密尚未洩漏，米契爾也不曉得菲尼可能會扮演何等重要的角色。

「那頓午餐最明顯的事情，」米契爾回憶，「就是他一直說，『你要思考做大事！不要害怕想得太遠大！』這點我一直沒忘，因為聖三一和愛爾蘭各大學面對的任務非常遠大，但能運用的資源卻非常少。你知道一九八〇年代的愛爾蘭有多麼悽慘，各方面都亟需投資。聖三一大學擠得要命。實驗室根本不合格又擠滿了學生。圖書館的藏書都過時了。教室也很擠。我們根本不敢期望這個學校能達到國際水準。」

菲尼開始親自介入這個學校的現代化。「我想做的一切，都是因為『大西洋基金會』的大筆資助，才得以啟動。」米契爾說。但當然，在開始之前，戴爾得先帶著他那些保密的可怕警告上場。都柏林的聖三一大學得到了數百萬美元的資金，蓋了一批學生宿舍，改建了圖書館，並進行了其他投資和研究計畫。

最後，愛爾蘭共和國全國七所大學和北愛爾蘭的兩所大學，全都收到了「大西洋基金會」的大筆資金，總額達數億美元。菲尼並不覺得每個愛爾蘭的大學領導人都跟他很投緣，但他已經做到了會引起爭寵的地步。短短數年之間，愛爾蘭的大學從世界二流提升為世界一流，主要就是因為菲尼的介入，而且極端保密，連教育部官員都不曉得背後原因。愛爾蘭的高等教育系統因而能夠培養出更好的畢業生和研究者，為一九九〇年代後期號稱「凱爾特之虎」（Celtic Tiger）的愛爾蘭經濟崛起提供人才。

隱修士以「達文西密碼」致敬

時間久了，各大學的領導人也開始明白，他們都受惠於一個很大的「匿名捐贈人」，而資助對手學校的慈善團體，很可能就是他們自己的祕密捐贈人菲尼。但無論如何，每回學術圈人士的話題轉到「匿名捐贈人」時，歐海爾從來不曾參與這類閒聊。

「我會冷眼旁觀，心想，你們這些傢伙真夠皮了，人家不是交代過你們，這些事情不能說出去嗎？」他回憶。不過保密的要求也讓他覺得苦惱。他在報上看過一篇文章，說對於收到錢的人而言，能夠談論這件事是很重要的，否則會造成個人的心理傷害。他把那篇文章寄給希利和戴爾，告訴他們，「看吧，你們對我造成了心理傷害！」「沒問題，」他們說，「那我們就再也不給你錢了！」

華許也覺得保密的規定很煩，有回還向「大西洋基金會」的員工開了個玩笑。查克和賀爾佳夫婦邀了華許和他太太史黛芬妮，四人同行到泰國度假。「泛太平洋」的拉古納海灘度假村派了一輛勞斯萊斯汽車到機場接他們，華許當時拍了張照片。

回家之後，他用電腦製作了一份《李默瑞克領導者》週報的頭版，放了那張照片，還有一篇署名「瑪格麗特·萊恩」所寫的假報導，標題是「菲尼的另一面生活」。裡頭說菲尼在泰國被看到跟兩名金髮女子上了一輛勞斯萊斯，原來他在別處雖然很節儉，但在泰國卻過著奢華的生活，住在一棟有一百四十五間臥室的豪宅內，裡頭有三百七十六名僕傭，還養了一隻大象當寵物（那兩名金髮女子是賀爾佳和史黛芬妮，「豪宅」則是拉古納飯店）。華許把這張自製的報紙頭版寄到基金會辦公室，結果「他們急瘋了，以為那張報紙是真的」，他樂呵呵地回憶。

「大西洋基金會」還捐贈過兩百萬美元，給李默瑞克郡聖本篤會的格蘭斯托修道院（Glenstal Abbey）蓋圖書館，同樣堅持保密。這個修道院的隱修士賀德曼（Mark Patrick Hederman）也曾拿這個「不曝光」的規則取樂。他自傳*的卷首是一首名為〈致無名捐贈人〉的詩。只有最眼尖的人，才能看出每行詩的頭一個字母連起來，剛好就是菲尼的名字 Charles F. Feeney。「我找不到辦法感謝他對我們圖書館的捐獻，」賀德曼說，「所以就用密碼向他致敬。這是我自己的達文西密碼！」

菲尼已經領教過這位隱修士愛寫詩的癖好。有回一筆資金拖延了，賀德曼寫了封長信傳真給菲尼，一開始就是一首打油詩：

親愛的查克
我們悽慘不樂
一個蹦子兒都沒了
幾筆帳單拖好久
除非你出手相救
滿足我們的需求
這個愉快的五月……

菲尼剛開始資助愛爾蘭的李默瑞克大學時，很驚訝地發現附近沒有可以投宿的地方，要到幾哩外的李默瑞克市區才有旅館。他已經見識過康乃爾校園內斯泰勒飯店的重要性。有回他在李默瑞克大學和華許及歐瑞根共進午餐，便找到了一個機會，為該校做同樣的事情。午餐時，華許抱怨學校門口有一塊七英畝的地要賣，說那裡可能會出現「一家漂亮的酒館，和一片髒兮兮的住宅區」。

菲尼提議去看看那塊地。三個人走過長得老高的野草，隔著一叢叢有刺的黑莓灌木，看著那片土地。菲尼後來帶貝瑞去看那塊地。「那塊地很重要，」他說。「接下來就輪到我出面去買，結果也買成了。」貝瑞回憶。「事情是這樣的。我跟地主談好價錢，打電話到百慕達，說我需要一百萬或一千萬，接著錢就來了，現金，不必經過重重關卡、不必審核這個那個，一點麻煩都沒有。」手續完成後，菲尼就把那七英畝捐給了李默瑞克大學。

大約六個星期後，菲尼邀華許到艾許佛城堡一起吃早餐。他把咖啡杯移到一旁，打開一張建築圖，他預定在那塊地上蓋一棟飯店和會議中心。日後將會命名為「特洛伊城堡公園飯店」（Castletroy Park Hotel）。他說他會買回兩英畝地，好蓋這家飯店。

「他給了我們錢去買七英畝地，」李默瑞克大學的財務主任歐康諾說，「然後又買回兩英畝回去蓋飯店。」歐康諾表示，換句話說，菲尼為了那塊飯店的預定用地花了兩次錢。「他還常跟我打趣，指控我是牟取暴利！」

菲尼設立了一家管理公司，交給貝瑞經營，負責蓋好那家飯店，並使之成為愛爾蘭旅館產業的展示品。都柏林的《週日商業郵報》（*Sunday Business Post*）想查出更多有關這個飯店財務資助人的資料，但後來只能在報上承認，經過三個星期的「全球搜尋」之後，他們找不到這個神祕菲尼先生的照片。

被趕到洗衣房的祕密捐贈者

儘管愛爾蘭這個國家素有「十萬個歡迎」之譽，但旅館產業結構卻非常貧弱。全國最大的連鎖旅館是國營的「大南方」（Great Southern），在愛爾蘭南部和西部擁有九家大飯店，但卻經營得很差且缺乏效率。菲尼早年到愛爾蘭時，曾去過各地的大南方飯店，打算買下來，他斷定這個旅館的每個人都占了個「肥缺」，而且管理階層非常無能。

他在都柏林的梅斯匹爾飯店（Mespil Hotel）遇到了當時的勞工部長艾亨（Bertie Ahern），告訴他說他想買下這個連鎖飯店，並予以現代化。艾亨同意菲尼的評估。他告訴菲尼，這個連鎖飯店士氣低落，住房破爛，員工紛紛離去。但飯店不可能賣，因為飯店員工全都屬於愛爾蘭最大、最有權力的工會組織ＳＩＰＴＵ（全名Services, Industrial, Professional & Technical Union）。艾亨告訴菲尼，ＳＩＰＴＵ絕對不會同意飯店被私人業主買下。（「大南方」後來繼續沒落，最後在二〇〇六年賣掉了。）

特洛伊城堡公園飯店成為二次世界大戰後，愛爾蘭第一個新蓋的現代化大型飯店，在一九九一年五月五日開幕時，備受愛爾蘭總統羅賓森（Mary Robinson）讚譽。這個飯店有一百零八間客房，一個綜合健身與運動中心，還有愛爾蘭第一座二十五公尺游泳池。開幕沒多久，這家飯店就被英國著名的「伊貢・羅內旅遊及美食指南」選為全愛爾蘭最佳商務旅館，並給予四顆星評價。很快大家就知道，這家飯店的員工薪資比其他愛爾蘭旅館都高。

「特洛伊城堡是他的寶寶。」當時的基層經理麥卡錫（Aine McCarthy）說。菲尼會坐在飯店大廳，看著客人進來登記入住時，員工如何招呼，如何幫他們搬行李。他會為自助早餐取餐檯上的穀物片位置、新鮮果汁的供應、奶油的硬度，以及火腿薄片的形式大驚小怪。有回他看到一個顧客帶著一瓶健力士啤酒走進飯店大廳，就要求麥卡錫過去告訴那個客人，這裡不能喝酒。

飯店剛開幕那兩個月，碰到了種種創業期的困難。有天清早，工人才剛完成大廳的修理工作，貝瑞就發現菲尼親自拿著吸塵器在清理大廳的地毯。貝瑞犯了個錯誤，跟他說，「你不能自己做這種工作！」他還記得菲尼臉上嚴厲的表情。「他會很挑剔，非要看到每樣東西都完美無瑕。」貝瑞說。「他極度注意細節。簡直到了走火入魔的地步。有回為了要開除一個人，他跟我吵了一架，他說，『如果你不願意開除人，那我要你幹嘛？』他盯著我，那對冰藍色的眼珠銳利得像鋼。」

菲尼住在這個飯店時，向來要求一般的標準房，從來不肯住套房，而且不許員工對外說出他住在這裡。繼華許之後接任李默瑞克大學校長的道能（Roger Downer）還記得有個飯店職員跟他說，「我們飯店裡沒有菲尼先生這位住客。」但他知道菲尼明明就住在樓上。

在愛爾蘭，尤其是在他自己的旅館裡，菲尼比較不拘禮節。一九九三年九月，這家耗資兩千五百萬美元的飯店和李默瑞克大學的音樂廳舉行了盛大的開幕典禮，由美國駐愛爾蘭大使史密斯（Jean Kennedy Smith）主持，菲尼很謹慎地在一個不會有人注意的地方旁觀，然後加入新飯店為當地顯貴舉行的慶祝晚宴。此時他的慈善事業和生活方式，已經是受邀賓客間公開的祕密了。華許在餐後演講中開玩笑說，這位捐贈者實在太祕密了，因而被趕到了洗衣房去。為了回敬華許，菲尼溜出去，安排了飯店的閉路監視器播出他在一條曬衣繩上面掛襯衫的鏡頭。每個人都覺得好笑極了。

菲尼的確常常自己在飯店裡面洗衣服。他的節儉已經成為校園裡的話題。歐康諾還記得有回跟菲尼和希利在特洛伊飯店裡，談起一筆數百萬鎊的投資案，談話間菲尼打了六通電話給他在倫敦的秘書蘇雪，想設法訂到更便宜的機票。歐康諾覺得菲尼要表達的訊息是，「不要浪費錢！」

時間久了，華許也變得更有雄心。他找了菲尼和他的基金會董事長葛拉克斯曼來，說：「兩位，我們得幫圖書館募兩千五百萬鎊，我會離開這個房間十五分鐘，等我回來，我希望你們兩位告訴我要怎麼蓋這個圖書館。」然後就離開房間。回來時，那兩位告訴他，「好吧，沒問題，我們打算這麼做。」菲尼和葛拉斯克曼答應捐出巨額資金，圖書館將以葛拉斯克曼的名字為名。

接著李默瑞克大學提出計畫，要蓋一座體育館，裡面會有一座符合奧運標準的游泳池。希利懷疑該校財務主任歐康諾不可能說服政府提供足夠的資金，不過他覺得歐康諾是「這一行最聰明的人」。有回他一時大意，答應歐康諾，如果這座五十公尺的游泳池真蓋好，他就願意在池裡裸泳兩趟來回。這座壯觀的游泳池後來完工了，並於二〇〇二年由總理艾亨主持啟用儀式。之後希利每回去李默瑞克大學，都會被打趣提醒他要裸泳兩趟來回的承諾。「有天晚上我趁四下無人游過了，」他面不改色地辯道，然後補充，「我可沒說要在觀眾面前裸泳給大家看。」

---

* Mark Patrick Hederman, *Walkabout, Life as Holy Spirit* (The Columba Press, 2005).

第21章
這世界，是個荒謬的地方

一九九三年一月，菲尼接到紐約一個雜誌發行人朋友歐道得的電話，邀他碰面吃晚餐。他們到第三大道的克拉克小館。那裡的天花板很低，光線黯淡，剛好是密謀會議的絕佳地點，而歐道得心目中所想的，就是一場密謀會議。他們友誼的慣例，就是他從來不曾跟菲尼要求什麼。這將會是第一次。在晚餐的小木桌上，歐道得身體往前傾，直接切入正題。「好吧，查克，」他說。「我正在忙這個事情。我要找一群美國人去愛爾蘭。我想愛爾蘭共和軍會宣布停火。我想他們已經準備好要跟美國溝通。我想這件事很重要，你應該參與。」

菲尼的回答毫不猶豫。「好，當然沒問題，」他說。「我對自己的根有很深的感情，不管你要做什麼，我都會全力以赴配合。」

這兩個人成為朋友已經大約六年了。歐道得原來是愛爾蘭提伯瑞里郡（County Tipperary）的學校老師，於一九七九年移民美國，共同創辦了《美國愛爾蘭人》（*Irish America*）雜誌，報導著名的愛爾蘭裔美國人，而且擺明支持商業，支持愛爾蘭民族主義。菲尼在一九八七年偶然看到這本雜誌，便打電話給歐道得，說自己非常喜歡這本雜誌，邀請他到東五十九街的科普蘭小店共進早餐。

歐道得說，「我發現這傢伙坐在角落裡，非常不起眼，穿了件風衣，旁邊沒有任何隨從。他完全沒提他自己的事情，我只以為他是個商人。他說，他很高興終於有人報導愛爾蘭裔美國人社群，因為他覺得美國人急著往前走，已經脫離自己的根太遠了。」他們談了大半個上午。之後，菲尼到紐約時，就常打電話給歐道得。他們會在科普蘭小店喝咖啡，或去克拉克小館吃中餐，歐道得還會去菲尼在康乃迪克的家宅中度週末。

「我們很合得來，因為基本上，他覺得這個世界是個很荒謬的地方，而在很大的程度上，我也這麼認為。」歐道得說。「他有一種自我譏嘲的幽默感。他會刻意藐視其他人大驚小怪的事情。他跟科普蘭小店的那個女侍長期鬥嘴，老是為了他『很壞』而互不相讓。她會說，『我想你只要無聊的紅茶吧？』他會說，『給我一杯水就行了。』有回旁邊有一桌人在講手機，查克就拿出一個很大的塑膠玩具電話，開始很大聲假裝在講電話。」

全世界最有錢的富豪之一，竟是偏激的共產黨！

歐道得原先完全不曉得菲尼多麼富有，直到一九八八年《富比士》的文章登出來才知道，他覺得菲尼出身新澤西州一個重視家庭的愛爾蘭裔美國家庭，那種特質非常鮮明。「那是一種整體的感覺，他的整個人都有一種鮮明的愛爾蘭人氣質。」他說。

菲尼跟歐道得談到過世的雙親和他們對自己的影響時，都會變得很激動，有時還會掉淚。這跟歐道得所認識其他的愛爾蘭裔美國商人完全不同——那些人大半是共和黨員，但他發現菲尼比較傾向偏左的民主黨。「這傢伙是全世界最有錢的富豪之一，結果竟然是個偏激的共產黨！」

他們常討論愛爾蘭的政治。北愛爾蘭的暴力讓菲尼深感痛心，非法的愛爾蘭共和軍為了反抗英國的控制，在北愛爾蘭進行一場游擊戰爭。新教徒占當地人口的多數，而愛爾蘭共和軍的攻擊目標，就是和英國軍隊或北愛爾蘭警察有關的新教徒。一九八七年十一月八日的陣亡將士紀念日，一場悼念陣亡英軍的儀式上，愛爾蘭共和軍所放置的炸彈引爆，造成十一個人死亡，發生地點在恩尼斯基倫（Enniskillen），離菲尼祖先的家只有幾哩。當時他人在倫敦，從電視上看到這個可怕事件的餘波。他心想，「太瘋狂了，這一切必須停止。」

「當時我或許很天真，」菲尼說，「但我的想法是，這不是愛爾蘭人民反抗的方式——在紀念日的儀式上炸死小孩。」尤其讓他感動的是一則令人心痛的報導，一名護士瑪麗死於瓦礫堆中，臨死前握著她父親威爾森的手說：「爹地，我好愛你。」菲尼的女兒萊絲麗還記得，他在恩尼斯基倫爆炸案發生後說，「在我有生之年，我希望那裡得到和平，這個狀況必須在我有生之年解決。」「他一直記掛著這些事，」她說。「他的態度是——以我的財富，我一定要做點事情。」

歐道得在愛爾蘭的人脈很廣，他得到一些消息，說愛爾蘭共和軍打算要轉朝和平方向努力。但其政治分支新芬黨（Sinn Fein）及其領袖亞當斯（Gerry Adams）卻被英國、愛爾蘭、美國政府排斥，因而陷入僵局。隨著冷戰結束，一九九二年底的美國總統大選中，民主黨的柯林頓獲勝，歐道得相信，美國將可以扮演一座橋梁，把新芬黨的領袖帶入政治主流，為北愛爾蘭的和平進程施加一點助力。

他想找一群受敬重的愛爾蘭裔美國人，組成一個小代表團，扮演業餘的使者，協助推動三國政府和北愛爾蘭各黨派對話。為了在政治上能被接受，這個代表團內美國企業界的愛爾蘭裔重要人物，絕對不能有支持愛爾蘭共和軍的紀錄。菲尼是他想到的頭一個人選。

菲尼答應加入，對歐道得召募其他人的幫助並不大。「根本一點用也沒有。沒有人曉得他是誰，這是事實。找到弗林（Bill Flynn）就有用得多。」弗林是總部位於紐約公園大道的美國互助保險公司（Mutual of America）的董事長，也是曼哈頓企業界天主教徒圈中極受尊敬的領袖。他是美國外交政策全國委員會的會長，也是眾多慈善與教育委員會的委員。

其他加入的還有工會幹部詹莫森（Joe Jamison），以及來自康乃迪克州、曾任眾議員的莫里森（Bruce Morrison），他曾因為成功為愛爾蘭人爭取簽證配額，而成為愛爾蘭人的英雄。這個團體名為「促進愛爾蘭新議程之美國人」（Americans for a New Irish Agenda），他們的第一個任務，就是於一九九三年一月到阿肯色州，遊說即將上任的柯林頓政府。

為了向菲尼證明，亞當斯是真心想終止暴力行動，歐道得安排了這兩個人私下會面。菲尼和歐道得飛到都柏林，新芬黨的人去飯店接他們，然後帶他們到勞工階級聚居區域的一棟房子。當時亞當斯長期處於暗殺的威脅中。一九八四年三月十四日，親英派的槍手朝著他的座車開了二十槍，他因而受了重傷。這位戴著眼鏡、蓄著黑色大鬍子的新芬黨領袖總是小心提防，而且隨時改變自己的行程。

菲尼和亞當斯在那個狹小的客廳裡談話，兩人在小壁爐前各據一端，門外有魁梧的警衛站崗。

「儘管之前我已經聽過簡報，知道這個人是誰，但那陣子我常常很忙，一天要見好幾批人，當天就是如此。」亞當斯回憶。「不過我對他印象很深刻。他不會武斷地批評。他極不起眼，非常踏實又平凡。我談到自己不斷努力想建立一個和平進程，還有對話的重要性，以及設法讓各方加入對話的重要性。當時我的想法是，不要去改變人們，而是要改變政治局勢。如果這是愛爾蘭和英國之間的一場競賽，那麼英國人總是會贏，因為這是一場不對等的競賽。但藉由外頭的人加入對話，就有可能改變局勢。」

菲尼對亞當斯有「一種天生的感覺」。他相信這位新芬黨領袖嘗試要達成愛爾蘭裔美國人都亟欲達成的，那就是拿掉愛爾蘭政治界的槍炮。「查克很會看人，」歐道得說。「他很喜歡亞當斯。他們是我見過最聰明的兩個人。他們談到美國該怎麼做，談得非常投契。」

然而希利聽到這場會面後氣壞了。「他跟我大吼：『你在搞什麼？』」歐道得說。對希利而言，一個大型慈善基金會的創辦人，去跟一個被美國、英國、愛爾蘭政府視為恐怖分子組織的代言人打交道，會引發種種嚴重的負面聯想。一般廣泛認為，亞當斯是愛爾蘭共和軍的軍事會議成員，儘管他向來否認。在北愛爾蘭首府貝爾法斯特的貧民區，他是個民間英雄；但英國和美國都拒絕他入境，他的談話也上不了英國和愛爾蘭的廣播和電視。

但菲尼並沒有因此卻步。他們又安排了第二次會面，要看看被戰火蹂躪的貝爾法斯特狀況。歐道得被告知要帶菲尼到西貝爾法斯特巴利墨菲區的一棟房子，那裡是勞工階級民族主義者的地盤。

他和菲尼搭乘一輛貝爾法斯特老式黑色計程車，來到這個民族主義者的聚集區，看到英國士兵帶著步槍在充滿焦痕和瓦礫的街道上巡邏。他們來到一棟屋前有小花園的兩層樓連棟住宅，敲了門。一名大塊頭男子來應門，猜疑地望著眼前的兩名男子。「你們要幹嘛？」他問。「你們是警察嗎？你們是來討債的嗎？你們他媽的是要來抓我的嗎？滾你們的蛋！離我的房子遠一點！」

原來歐道得弄錯地址了。兩個人轉身沿著小花園的小徑跑出去，屋主還在後面追。「當時我嚇死了，」歐道得說。「然後完全想不到的是，我們來到街上，一輛防彈計程車剛好經過，亞當斯就在車上，正要去另外一個完全不同的地址跟我們碰面。」計程車的車門從裡頭打開，他們爬上去，車子加速駛離。「我們笑得半死，」歐道得說。「這個全世界最有錢的富豪之一，居然被當成討債人在後頭追。」菲尼此時也才明白，這輛防彈計程車的車門無法從外頭打開，以提防被伏擊。

電話裡，每個人都有「代號」

回到紐約，這個愛爾蘭裔美國人團體安排要訪問愛爾蘭一趟，公開拜會各個黨派，包括新芬黨，以此打破各黨派的冷漠狀態。他們要求愛爾蘭共和軍暫時停火，以建立這個愛爾蘭裔美國人團體在柯林頓政府面前的可信度。他們花了好幾個月的時間交涉，但最終愛爾蘭共和軍指揮官發出一個祕密訊息：一九九三年九月初的一週內，不准發動任何攻擊。這個消息不會公開宣布。只有白宮和這個愛爾蘭裔美國人代表團知道。

一九九三年九月六日星期一，菲尼、歐道得、莫里森、弗林在都柏林威斯伯瑞飯店（Westbury Hotel）的咖啡館碰面，商討策略。菲尼穿著拉鍊式無袖短上衣和黑色寬鬆長褲，看起來就像個度假的觀光客。歐道得拿出一份文件讓大家傳閱，裡頭寫著愛爾蘭共和軍保證停火一星期，從上週五的午夜十二點開始。至今已經實施四十八小時了。愛爾蘭一片平靜，即使只有短短幾天，而這是由咖啡店裡面的這四名男子促成的。然後歐道得把那份文件毀掉，因為他承諾過新芬黨這件事會嚴加保密。

在這趟旅程中，菲尼所經歷的保密程度，連戴爾都甘拜下風。每個人都有代號，用於電話交談中。亞當斯是「董事長」，而愛爾蘭共和軍是「足球隊」。這群愛爾蘭裔美國人的代號「康納立屋團」，是源於他們曾與亞當斯會面的新芬黨總部，屋名是為了紀念愛爾蘭一九一六年「復活節起義」的領袖康納立（James Connolly）。美國駐愛爾蘭大使史密斯的代號是「仙女」。菲尼的代號則非常沒有想像力，就是姓名的縮寫CF。他們在租來的車上交談時，只能用手寫的紙條，以防萬一司機在監視他們。

這個代表團首先去拜會愛爾蘭總理雷諾茲（Albert Reynolds），他本人也進行了許多祕密外交。「他把其他人都請出辦公室，跟我們討論了兩小時。」歐道得說。接著，他們到美國大使館拜訪「仙女」。然後開了一百哩的車到貝爾法斯特，在斯托蒙城堡（Stormont Castle）拜會英國政府的北愛爾蘭事務大臣梅休爵士（Sir Patrick Mayhew），接下來又會見了各黨派人士。

北愛爾蘭親英派的民主統一黨（Democratic Unionist Party）領袖佩斯利（Ian Paisley）極度反對新芬黨，而且對愛爾蘭裔美國人非常猜疑，他對菲尼說，「我們知道你是什麼來頭。」「怎麼說？」菲尼問。「你是愛爾蘭裔美國人。」「沒錯，」菲尼回答，「但這並不妨礙我幫忙。」他們這次訪問的高潮，就是在防禦嚴密的康納立屋，和亞當斯及他的同事們展開緊密的會談。他們離開時相信，雙方的好戰分子都在尋求突破僵局的出路。

菲尼、歐道得、弗林、莫里森平安離開愛爾蘭之後，愛爾蘭共和軍的祕密停火期也在九月十三日星期天終止，隨之一場強烈的爆炸，摧毀了貝爾法斯特的斯托蒙飯店（Stormont Hotel）。

這個團體後來又去愛爾蘭拜訪了幾次。有回在貝爾法斯特，菲尼用很便宜的價錢雇到一輛小車，載他們到德里市（Derry），結果這幾個愛爾蘭裔美國人不得不擠進那輛小車，來回一百二十八哩，包括塊頭高大的弗林。亞當斯回憶，在這些會面中，菲尼話很少，不過開口時往往敏銳而直言不諱。「有些來找我的人有自己的顧問，也有自己的方針，而如果他們正在競選，就會受到這一切影響。」亞當斯在貝爾法斯特的辦公室裡說。「還有些人權力很大，也很自負，希望得到特定的對待方式。但查克完全沒有這類習性。從我認識他到現在，他都沒變過。我從來不覺得他很愛保密，我覺得他只是甘於平凡。他老是從外套口袋裡掏出從飯店房間裡拿的餅乾——蛋奶凍夾心的，」他笑著說。「我不認為那是節儉。他付了飯店的房錢。不過就這件事，我覺得他是故意要惹別人心煩。」

讓亞當斯覺得很不尋常的是菲尼的旅行之頻繁。「他會從澳洲到舊金山的途中來這裡，問他，『下回什麼時候能再碰面？』他就會說，『唔，我要回澳洲，然後去香港，接下來是李默瑞克。』」

亞當斯和柯林頓總統之間建立起一個祕密溝通管道，中間經過新芬黨的豪爾（Ted Howell），傳到紐約的歐道得，再到國會山莊甘迺迪（Edward Kennedy）參議員辦公室的瓦歌（Trina Vargo），然後傳到白宮國安會的索德柏（Nancy Soderberg）。這讓亞當斯得以向柯林頓保證，他需要四十八小時的免簽證入境許可，好讓他參加一九九四年一月在紐約華爾道夫飯店（Waldorf-Astoria Hotel）舉行的北愛爾蘭和平會議。亞當斯這次訪美引發了媒體的轟動。英國政府氣壞了，菲尼則樂壞了。

六個星期後，柯林頓總統穿著小禮服，打著綠色領結，在白宮舉行一場聖派屈克節晚宴，菲尼和這個愛爾蘭裔美國人團體的其他成員都受邀參加。自助餐檯上有做成窄邊禮帽形的綠色巧克力、愛爾蘭布拉尼（Blarney）所產的乳酪，還有愛爾蘭咖啡蛋糕。菲尼和歐道得在擁擠的白宮東廳，和參議員甘迺迪、達德（Christopher Dodd）、米切爾（George Mitchell）閒聊，在場的賓客還有好萊塢名人如紐曼（Paul Newman）和哈里斯（Richard Harris）。歐道得還記得菲尼低聲和他的偶像之一、八十七歲的紐約民權運動人士歐杜懷爾（Paul O'Dwyer）談話。那個夜晚的收場，是柯林頓和北愛爾蘭政治家休姆（John Hume）合唱〈當愛爾蘭眼睛微笑〉（When Irish Eyes Are Smiling）。

一九九四年八月，菲尼在澳洲接到歐道得的緊急訊息。要他趕到貝爾法斯特，那裡有重大的事件即將發生。「他跳上飛機，飛到洛杉磯，然後轉飛紐約，跟我在甘迺迪機場會合，一起到愛爾蘭。那件事對他就是這麼重要。」歐道得說。當時愛爾蘭共和軍正處於停火的邊緣，新芬黨要那些促成和平的愛爾蘭裔美國人親自保證，他們的停火將可以在美國得到政治上的好處。菲尼必須在場，因為他曾承諾要出錢給新芬黨，在華府成立一個遊說辦公室。新芬黨採取和平策略，有可能致使愛爾蘭共和軍在美國的支持者分裂，但愛爾蘭裔美國人的支持，可以降低這個危險性。

一九九四年八月二十五日，菲尼在都柏林再度加入這個業餘特使團。他們先去總理辦公室拜會雷諾茲。結果出乎他們意料的是，這位愛爾蘭總理只接受永久停火，其他一概強烈拒絕。「他們馬上要去貝爾法斯特，而我坦白告訴他們——我說，如果你們去了貝爾法斯特，結果談到了三個月或六個月停火，我可不會附和你們。這種結果我無法接受。要嘛就永久停火，否則就拉倒。」多年後，他坐在都柏林的一家飯店喝著咖啡回憶。「我們圍坐在桌子前，他們每個人的臉我都看得一清二楚。弗林沒說話。菲尼沒說話。至於歐道得和莫里森，我覺得他們有點嚇到了。」

次日在貝爾法斯特，詹莫森和美國勞工運動的代表人物雷納漢（Bill Lenihan）加入他們，他們在威靈頓公園飯店（Wellington Park Hotel）吃早餐，討論這次任務能否達成永久停火的協議。菲尼很有信心地預測會。「查克是唯一正確預測到結局的人。他完全看透了新芬黨。」

在康納立屋，亞當斯冷靜地告訴這群美國人，「我們談的是完全停火。」他們出來時，媒體一擁而上。菲尼一向都能躲過攝影機鏡頭，但這回他動作太慢了。一名獨立攝影師爬上欄杆，拍到了躲在眾人後面的菲尼。照片中這個小小的人形穿西裝打領帶，站在亞當斯後面，很清楚看得出是他。這張照片次日出現在都柏林報紙《愛爾蘭時報》（*The Irish Times*）上，不過圖片說明中沒提到他的名字。

之後沒多久，愛爾蘭共和軍宣布，從八月三十一日星期三午夜十二點開始「完全停止軍事活動」。六個星期後的十月十三日，親英派的民兵團體也宣布他們會繼續停火。

以滿意的方式，見證愛爾蘭和平進程

菲尼直接與新芬黨幹部磋商，要資助他們在華府設立辦公室，以推動政治上的解決途徑。「我們每個月付給新芬黨兩萬美元，為期三十六個月——總共是七十二萬，另外還有一些小額的捐款。」多年後菲尼說。「這是正確的事情。這證明了你可以說服別人接受你的想法。」新芬黨幹部豪爾表示，倫敦一名同情新芬黨、同時也是「赫爾登社會主義律師社」（Haldane Society of Socialist Lawyers）成員的英國律師哈威（Richard Harvey），負責洽談金額和草擬協定。錢會匯到紐約一個由律師道恩斯（Larry Downes）主持的機構「新芬黨之友」。

「我們碰面喝了杯汽水，把事情從頭到尾確認一遍，」道恩斯說。「我們從一開始就表明，這個錢是為了促進民主進程，絕對不能用於任何與暴力有關的用途。」所有的帳目都會交給華府的司法部審查。亞當斯說菲尼的錢「沒有一毛」流到愛爾蘭共和軍手上。菲尼強調這筆捐款「完全是個人的」資金。當時他是「通用大西洋集團」的執行長，每年領五十萬年薪。但捐助新芬黨這件事的性質太政治化，絕對不能與「大西洋基金會」或其董事有任何公開的關聯。

菲尼此舉大受白宮的讚賞。「我們對這件事的整體態度就是，和新芬黨的互動和交流愈多，他們就愈有可能變得不偏激。」索德柏針對菲尼資助新芬黨成立辦公室如此表示——日後將會證明，這個預測將會成真。這個辦公室位於華府杜邦圓環附近一棟現代化大樓內，菲尼還親自參與辦公室的位置挑選和裝潢。一九九五年三月，亞當斯在一家華府飯店召開記者會，宣布這個辦公室成立，還開心地稱之為新芬黨的「外交使館」。一名英國記者希臣斯（Peter Hitchens）於是問裡頭會不會有駐外武官，引發眾人大笑。

後來菲尼也捐了二十萬美金，給曾經殺害北愛爾蘭許多天主教徒的「北愛爾蘭防禦組織」（Ulster Defence Association）的政治領袖馬麥可（Gary McMichael），他說是為了平衡。他認為馬麥可就跟亞當斯一樣，是真心希望達成和平的。

這中間也出現過挫折。一九九六年二月二日，菲尼人在舊金山的辦公室，接到了一通電話，說愛爾蘭共和軍結束停火，以抗議政治上缺乏進展。他們在倫敦的大型商業發展區加納利碼頭（Canary Wharf）引爆一顆大型炸彈，兩人炸死，三十八人炸傷，損失估計達一億五千萬美元。當時菲尼的專案經理麥卡錫看到他放回聽筒，淚水滑下臉頰。

一九九七年七月二十日，停火再度實行，然後到了一九九八年四月十日，北愛爾蘭各黨派與英國、愛爾蘭政府簽訂下了日後通稱的「受難日協定」（Good Friday Agreement），並安排一項計畫，包括轉移政體、初步釋放民兵部隊的囚犯、民兵部隊的武器除役、改革警政和司法系統，以及建立北愛爾蘭和愛爾蘭共和國之間的新關係。

接下來五年，隨著政治進程的進行，菲尼又透過「大西洋基金會」捐了總計三千萬美元，給北愛爾蘭各項值得贊助的計畫，其中包括兩百五十萬美元給各社群團體，以協助共和派與親英派的出獄囚犯進入「正面政治」。「大西洋基金會」還捐款協助這些人參與社群發展，並在警務實施仍有問題的地區，提供非暴力的解決方式，以伸張正義。二〇〇六年，愛爾蘭共和軍結束除役過程，也就是摧毀其武器，包括數以噸計的炸藥、火箭筒，以及重型機槍；二〇〇七年，愛爾蘭共和軍走出了最後一步，宣布支持改革後的警力。

二〇〇七年五月八日，菲尼受邀到貝爾法斯特，見證這個分享政權的聯合政府正式成立，其中包括新芬黨和民主統一黨。之前那個星期，菲尼在紐約跌倒傷了膝蓋，因而住院好幾天。但這位才剛滿七十六歲的慈善家堅持要飛越大西洋，參加在北愛爾蘭國會大廈所舉行這個令人感動的歷史事件。到場的有英國首相與愛爾蘭總理，以及眾多政治人物和當地社團名人。他到場時沒刮鬍子，穿著敞領襯衫，待在主廳的眾多貴賓後方，手裡拿著一根手杖。「人生中，你很少能以這麼滿意的方式，對一件大事寫下『結束』，」他說。「今天就是這麼一天。」日後大西洋基金會還持續將資金注入北愛爾蘭，以鞏固和平。

亞當斯認為，這群愛爾蘭裔美國人和平使者與柯林頓總統的介入，讓停火加快了一年，因此挽救了許多性命。「那是個關鍵時機，也形成了隨後的突破性進展，讓我們得以在許多方面說服愛爾蘭共和軍，讓他們相信往後還有另一條路可以走，而協助我們奮鬥往前走向這條路的，就是這群愛爾蘭裔美國人。」對新芬黨而言，決定性的關鍵在於得到白宮承諾，讓他們得到接觸管道和入境簽證，以及在美國募款的權利，並答應給予他們和其他黨派同樣的待遇。

另一個關鍵因素，就是新芬黨在華府成立辦公室。「查克是提出要做這件事的人，」亞當斯說，「從第一次見面，他就是陳述意見的人。那個特使團每個人都提了很多意見，但查克是總結的人，他會用一種通曉的方式，把我們的論點提出來。我從此明白，一旦他認真要做一件事，他就會研究、確認、探索、調查，重複確認。他的消息非常靈通，可以藉此做出有根據的判斷。說他天真根本就是搞錯了。愛爾蘭和平進程是美國最成功的外交策略，而那些從一開始參與的人，都努力推動並維護這個和平過程，查克比別人更投入，還掏出錢來，說到做到。他對和平進程的這些投資有關鍵的作用。我很崇拜他。即使他從沒參與愛爾蘭和平進程，我想他也是我見過最正派的人。他代表了美國最了不起的一點，那就是你可以利用自己的權勢和影響力，為人類做出非常正面的事情，我太欽佩他了。」

III

決裂

第22章

這不是我所熟悉的日本觀光客

波斯灣戰爭結束後，旅遊業迅速復甦，「大西洋基金會」從DFS分到的現金股利，增加到一九九三年的五千七百萬美元和一九九四年的一億兩千萬美元。但由於之前無法兌現慈善捐款的承諾，讓菲尼比以往更加相信自己該出售DFS的持股，好讓他的慈善事業有更穩靠的基礎。「我想確保我們長期都有足夠的資金，可供慈善捐贈。」他說。

「我們知道我們的資產很龐大，卻完全無法轉換成現金，也不夠多樣化，這是最糟糕的投資組合。」戴爾回憶，他在一九九四年的總裁報告中估計，「大西洋基金會」的資產價值二十億美元，其中十億元是DFS持股，另外企業類和投資類各占五億美元。「DFS有可能會破產，或者有可能又碰到年底沒有現金股利。誰曉得呢？人生很難說。幾年來我們一直想賣掉持股。但經歷了波斯灣戰爭時期停發股利的痛苦之後，這個決定就更清楚了。我們實在不能一再懲罰我們的受贈人。我們得找機會脫手。」

菲尼也相信，DFS是個成熟的企業，光是為了商業上的原因，也該是賣掉的時候了。觀光業的種種新模式讓他憂慮。

「以前我站在機場，看到一百個日本人進來，可以說出他們的平均消費金額。」他說。「然後忽然間，這些日本人開始穿著破爛的短褲之類的，我告訴自己——這不是我們賣了很多年東西的同一批日本人了。」

種種潮流的改變，最明顯的地方莫過於夏威夷的DFS商店。瑞德觀察到在日本市場上，價值已經取代身分地位，新一代日本觀光客的可支配所得，不如早年推動DFS業績向上的那些日本人。「他們變得比較年輕、比較不富裕、比較苛求，而且不在乎送禮和上一輩謹守的那些傳統。」瑞德告訴《太平洋商業新聞報》。東京再也不缺什麼了，而且日本物價也降低了。日元對美元的貶值走向，加上日本的信貸限制，也讓支出水準降低。日本觀光客更傾向於買單一物件給自己，而不是買一大堆送人。

如果是LVMH，那就是玩眞的了

貝勒密於一九九五年一月卸任DFS執行長職位後，曾在一份他寫給繼任者奧蒙（Myron Ullman）的機密報告中，提出類似的悲觀評估。DFS在財務上獲得巨大的成功，也擁有全世界最有效率的行銷系統，但他警告，有一些不祥的跡象出現了。DFS所仰賴的特許權，往後將面對艱險的歲月。隨著日本的旅客變得愈加獨立，過去引導日本觀光客直奔DFS商店的傳統模式，也已現出了疲態。DFS的商品讓消費者可以省下很多錢，但不是因為DFS不必付關稅——這部分已經被特許權費用抵消掉了——而是因為在日本、韓國、台灣和其他各地的市場價格，比ＤＦＳ要貴上很多。這是肇因於這些國家的經銷結構缺乏效率。

「不幸的是，這個獨特的隱形優勢正在迅速崩潰中。」一九八七年，烈酒市場的優勢崩潰了，如今化妝品和香水市場也崩潰了。到了一九九〇年代，全球的價格差異將會縮小到一〇％。貝勒密補充說，ＤＦＳ的權力太分散了，如果不加緊腳步趕上時代，將會「被競爭對手痛擊」；還說香港的賣場太破舊了，讓廠商非常難堪。他說ＤＦＳ「對我們的家長式管理而言是很棒，但對於我們的企業活力則否」。另外他指出，如果管理系統「踢一下才動一下」的作風不改，那就麻煩大了。

貝勒密還忠告他的繼任者，ＤＦＳ要員工推銷卡慕干邑白蘭地，對消費者「實在有點太傲慢了」。他宣稱ＤＦＳ擁有的經銷公司「卡慕海外有限公司」功能失調，「我們是在處理一種非常、非常病態的商品，我覺得似乎並沒有太多好處。」

這位剛離職的執行長從來就不喜歡與卡慕公司的合作關係，甘茨柏傑從一九七二年到一九八五年負責管理卡慕公司，離職時把手頭持股賣了三百六十萬美元，然後一九九二年他的繼任者離開，他又回去接掌大權。根據甘茨柏傑計算，在二十五年間，光憑與卡慕的合作關係，就讓ＤＦＳ的股東賺進六至七億美元的股利。不過這些股利變得愈來愈少，能賣的數量愈來愈低，必須向卡慕採購的進貨量也變得愈來愈沉重；而股東們對於卡慕繼任者做生意的方式，也就愈來愈不滿了。

儘管如此，ＤＦＳ仍被視為一個驚人的成功故事，在一九九〇年代早期也頗不乏有意收購的人。「我們每隔三個月就會收到一封信跟我說，『老天，你們公司做得真好，我們想跟你們談談買下來。』」

菲尼說，「他們會在信裡說，『我們來討論一下吧。』等到你跟他們談，他們就會說，『我們是打算這樣。我們先給你們百分之十，其他的以後再付。』老兄，這樣是不成的。所以光看看信封上的公司名稱，我們就會回信說，『沒錯，這是一家好公司，我們也經營很久了，順帶一提，我們只談現金交易，而這筆金額會是三十或四十億美元。』這樣就嚇跑了那些講空話、看熱鬧的閒雜人等。」

然後一九九四年七月，戴爾在他的紐約辦公室，接到多年舊識的熟人婁伊（George T. Lowy）打來的電話，他是菲尼所雇用過柯史莫律師事務所（Cravath Swaine & Moore）的合夥人。婁伊在巴黎有人脈，而且法語流利。「我這邊有個人可能有興趣買下DFS，」婁伊說，「你們有興趣談嗎？」「你得先得到許可，告訴我是誰有興趣；我這邊要去問查克，然後我再回覆你。」戴爾回答。

婁伊次日又打來。要他傳話的，是以紐約和巴黎為基地的投資金融公司瑞得集團（Lazard），該集團的專長是合併和收購。瑞得集團的執行業務股東博恩罕（Antoine Bernheim），是巴黎「路易威登—酩悅軒尼詩」（簡稱LVMH）集團領導人阿諾（Bernard Arnault）的好友兼恩師，他曾經吹噓自己帶領阿諾「來到金融的洗禮池」。

戴爾立刻明白，如果背後探詢的是LVMH，那就是玩真的了。這個總部設在巴黎的大公司，年營業額接近六十億美元，也許是當時全世界唯一有能力全額付現買下DFS的零售商。此時四十五歲的阿諾，正在向世界富豪排行榜大步邁進，他在路易威登和酩悅軒尼詩合併之後接掌LVMH。四年前，在一場慘烈的鬥爭之後，他鬥走了路易威登的前任董事長拉卡米葉（Henri Racamier），得到了絕對的控制權。

阿諾正著手要打造一個名牌王國，旗下所擁有的品牌已經有路易威登、迪奧（Christian Dior）、紀梵希（Givenchy）、瑟琳（Celine）、拉克華（Christian Lacroix）、高田賢三（Kenzo）、羅威（Loewe）、佛烈德珠寶（Fred）、凱歌香檳（Veuve Clicquot Ponsardin）、佩希儂修士香檳（Dom Perignon）、波茉莉香檳（Pommery）。他另外還收購了法國的連鎖超級市場「好便宜」（Le Bon Marché）。

後來狀況逐漸明朗，原來他已經留意DFS好幾年了。他看上了收購DFS全球一百八十家店網絡的潛在綜合效應。LVMH是DFS最大的設計師品牌供應商。另外阿諾也想擴張到亞洲，搶食全世界的新興財源，而DFS在亞洲的地位早已確立。

菲尼心動了。一九九四年八月十日，他和法律顧問奧克思利從倫敦飛到巴黎，然後搭計程車到林蔭夾道的蒙田大道。這條路從香榭麗舍大道上岔出去，兩旁盡是時尚精品店，如古馳、Jill Sanders、香奈兒、克洛依（Chloé）、瑟琳、Escada，以及其他眾多領導品牌。

在蒙田大道三十號迪奧總部的一個接待室中，阿諾迎接他的客人，室內陳設著白色長沙發和一幅迪奧先生的畫像。他們以法語交談。菲尼覺得這位五官像小精靈的修長男子是個紳士。他們相談甚歡。這兩名男子有許多共同點。兩個人都衣著樸素且避免引人注目。兩人都不喜歡出席名流場合。他們都對零售業的種種細節入迷。菲尼是出了名地會去檢查DFS店裡的陳列鋼筆還有沒有墨水；而阿諾有次去紐約，還能說出一家商店往旁邊的姊妹公司擴充，店面比他上次來的時候寬了兩呎。

菲尼沒對阿諾多說什麼，只有一點除外。「我們可不談紙上交易，我們是談現金交易，大筆現金。」他說。這位法國時尚業鉅子眼睛眨都沒眨。他問了一些財務資料，好針對DFS的股權提出價格。菲尼告訴他DFS的年營業額達到三十億美元。他們分手時，講好要開始協商阿諾買下菲尼在DFS的部分股權，以作為第一步。飛回倫敦後，菲尼告訴奧克思利，「我要你負責這件事。」

「查克對很多種可能性都不排斥，」奧克思利回憶。「他給人的印象不是在想著：這是個脫手的機會。恰恰相反，他的策略是：首先我們會讓你看一些粗略的資料，好讓你有點概念；不過我們不會告訴你太多，因為我們擔心會暴露我們的股東和他們才能知道的資料。」

眼神冷酷的「猛禽」收購者

阿諾每星期六上午照慣例會和知交好友雷昂（Robert Leon）在一家小餐館碰面喝咖啡，他跟雷昂提起了菲尼來訪的事。雷昂建議，LVMH的現金有更好的用途。但阿諾很想買下這家全球第一個成功的零售商。免稅業吸收了法國奢侈品產量的二〇%，他愈能控制配銷管道，就愈能掌握自己的命運。

下一個月，阿諾和菲尼進入正式協商，LVMH將買下DFS的八．五%股份，做為未來可能買下全公司的第一步。這個股份小到不至於影響四個股東之間的平衡；但又大到足以讓阿諾進入並參與這個企業。

菲尼聯絡其他股東，告訴他們自己正在進行的事情。「我想我們現在有個機會賣掉了，我想我們該這麼做。」他告訴米勒。「這回是玩真的。這回是有人會看著你的眼睛，說我們不是談紙上交易，我們談的是現金，大筆的現金。」米勒回答，「真有趣。不曉得他們有什麼打算。」

不過他覺得很煩惱。他記得當時心想，「ＤＦＳ是我們的寶寶。我擔心阿諾的名聲，擔心他可能會買下我們的公司，從中撈一票。他會毀掉這個公司或轉賣嗎？」阿諾有企業掠奪者的名聲。聖羅蘭公司的貝爾傑（Pierre Berge）有一度說他是「猛禽」。《富比士》的一篇文章中，曾描述他的「冷酷的眼神」可與「凱歌香檳」酒標上創始人凱歌寡婦的目光相匹敵。

然後菲尼前往皮拉洛設於都柏林的辦公室拜訪。「他就坐在這裡，」皮拉洛坐在一個挑高天花板的房間裡說，房裡排列著一本本裝訂起來的ＤＦＳ紀錄。「他說，『我要把我手上八・五的股份賣給ＬＶＭＨ。』他希望我支持他。」

隨後皮拉洛打電話給戴爾。戴爾說皮拉洛很興奮，覺得賣給ＬＶＭＨ對四位股東將會很有利，而且會大幅增加ＤＦＳ的收益。他的熱心出自於他假設：阿諾終於願意讓ＤＦＳ銷售他旗下最昂貴的頂尖商品了。ＬＶＭＨ最大的零售商路易威登向來只在專賣店銷售其昂貴的皮件。如果ＬＶＭＨ買下ＤＦＳ股份，並取消以往的禁令，ＤＦＳ的年營業額估計將可增加一億五千萬美元。

米勒、皮拉洛、帕克要求和阿諾當面談，看看他有什麼打算。一九九四年十月十三日，這三位股東來到阿諾位於巴黎的接待室，坐在那些白色長沙發上。次日，皮拉洛寫信給阿諾，說ＬＶＭＨ和ＤＦＳ之間的綜合效應很明顯，而他想買下少數股份「確保各方都慎重考慮」。但他補充，「價格必須有強烈的吸引力」。他表明他們是否同意查克售出八・五%的股權，要看ＬＶＭＨ是否願意讓ＤＦＳ銷售路易威登商品而定。阿諾不肯接受這個條件，根本懶得回覆。一九九五年一月二十三日，皮拉洛再度寫信給這位ＬＶＭＨ的董事長。這回他說，他、米勒、帕克都無意售出任何持股給ＬＶＭＨ。

六個月過去了，奧克思利和吉姆·道尼頻繁進出巴黎，跟ＬＶＭＨ的律師協商，然後在一九九五年七月二十日，菲尼正式提案，在ＤＦＳ資本總額為三十五億美元的估值下，將賣給阿諾八·五％的ＤＦＳ股權，作為阿諾取得菲尼所有股權的第一步。

過了四個月後，阿諾才回覆。一九九五年十一月十三日，他接受這個兩階段收購的交易，同時表示他有興趣買下ＤＦＳ其他股東的持股。兩個星期後，十一月二十九日，菲尼寫信給其他股東，通知他們這份協議，並說他認為ＬＶＭＨ不但是唯一有能力買下ＤＦＳ的公司，而且阿諾有意買下全部股權。他表示阿諾已經向他保證會尊重ＤＦＳ，讓ＬＶＭＨ的子公司和ＤＦＳ保持一定的距離。

然後皮拉洛寫信給菲尼，說他和帕克會於一九九六年一月九日在巴黎和阿諾見面，又說其他股東願意考慮把所有ＤＦＳ持股賣出，但資本總額必須高於原先提議的三十五億美元。他們主要的目標，皮拉洛說，就是「設法為這個公司取得最高的可能價格」。他們與阿諾的會面進行得不太順利。「我設法想從阿諾那邊問出些東西來，『你的策略是什麼?你想做什麼？』但他不太搭理。」皮拉洛回憶。「我挑明了跟他說，『如果你的策略是想增加兩家公司的收益，我告訴你一個小祕訣。方法很簡單。你應該把你們的路易威登批給我們賣。』」

皮拉洛的下一步，就是向米勒和帕克提議，如果菲尼很想賣，那麼他們其他三個人就該買下他的持股，而不是讓阿諾收購。他們擬出正式的提案，要收購菲尼三八·七五％的ＤＦＳ持股，外加菲尼在卡慕經銷公司的持股，以及菲尼在夏威夷買下的那些零售商店——總稱為「夏威夷零售集團」——全數免稅業的資本總額估計為二十三億美元，比阿諾的估計要少了一億多美元。

此時「智者」也介入這個事件了。自從菲尼在夏威夷的零售事業引發爭議，四名DFS的股東應付歧見的方法，就是請「智者」出面。此時三名股東聯繫人在曼哈頓辦公室的米爾斯坦，要求他把提議的條件轉告菲尼。米爾斯坦在二月二十三日轉達了。菲尼根本不回覆。他覺得這個提議「有點讓人困惑，而且顯然不公平」，因為LVMH才剛提出一個高出許多的數字，而且還沒要求那些夏威夷的零售店。之後沒多久，米爾斯坦告訴菲尼：「東尼不太高興你沒回音。」菲尼回答：「這種出價我才不回覆呢。」

然後米爾斯坦陪著米勒、帕克、皮拉洛，於五月六日到巴黎拜會LVMH，看阿諾是否願意提高估價。阿諾說如果能取得多數持股，他願意把對DFS的資本總額估價提高到四十億美元。米爾斯坦邀請阿諾一個月後到紐約跟他進行一對一的會面，屆時他會把三位股東的回覆告訴他。

會面之前，米勒警告米爾斯坦，說他不會考慮以阿諾提的價錢賣出持股。阿諾從巴黎飛到紐約，於六月十三日向米爾斯坦提出收購的正式提案——以資本總額估價至少四十億元，買下DFS的多數持股；或者以估價三十五億元，買下少數持股。這位法國奢侈品鉅子告訴「智者」，他相信這兩家公司彼此間有一種獨一無二的綜合效應，這也是他可以出價比任何人都高的原因。

兩方陣營的敵意愈來愈明顯

阿諾和米爾斯坦在紐約會面過後，菲尼邀帕克共進晚餐，慫恿他考慮跟他一道，把兩人的持股賣給LVMH。他感覺帕克動搖了。他們兩人一直保持友好的關係，就連當年菲尼個人的零售活動致使股東間分裂那段時期，也不例外。皮拉洛回憶，帕克從來沒對那件事情動氣過。菲尼和帕克的股權加起來共占五八．七五%，如果他們一起賣掉，阿諾便可以控制這個免稅帝國，而且保證估價至少是四十億美元。

帕克覺得自己當時「左右為難」。一邊是菲尼在拉他，另外一邊是皮拉洛。但阿諾的出價看起來非常誘人。這位LVMH董事長的出價，比DFS的估計年營業額三十億要多出三三%，即使一九九〇年代中期高級商品零售業行情看俏，這個價格仍是非常優渥。菲尼可以拿到將近一億六千萬美元，而帕克則是八百萬美元，而且是現金支付。「我開始在想，」帕克說。「這筆錢實在多得嚇人。」

讓帕克傾向菲尼那邊的關鍵點，是因為菲尼得到阿諾的承諾，說如果菲尼和帕克賣出持股，另外兩位DFS股東也可以在六十天內接受相同條件。「我們得到了保證，其他股東絕對不會因此被坑。」菲尼說。

於是帕克決定和菲尼站在同一邊。「阿倫很務實，他是個很好的會計師，也是個很好的財務投資人，」菲尼說。「他同意賣了。」

他們得告訴米勒，於是就安排了一個電話會議。「羅伯特非常痛苦，」菲尼說。「他很震驚阿倫會站到我這一邊。他指控阿倫背叛，然後就突然結束談話。」

此時皮拉洛努力推動將公司的股票公開上市的想法，也找到投資銀行摩根士丹利，擬出一份公開上市的計畫書。「東尼始終對股票市場很熱中，他一直就希望能公開上市。」帕克回憶。除了菲尼之外，其他三名股東來到米爾斯坦位於曼哈頓第五大道七六七號的辦公室，聽摩根士丹利的人提出計畫。這家投資銀行有美國大通銀行（Chase Manhattan Bank）的支持，在會議中，銀行代表告訴他們，他們首次公開發行可以得到五十億至七十億美元，但市場還不夠成熟，他們得再等六個月。

帕克回憶，他們所面對的選擇，一邊是首次公開發行可能獲得的六十億美元，「而且摩根士丹利還吹說會多出很多。」另一邊是阿諾保證會有四十億。六十億聽起來很不錯，但通常首次公開交易的股票只會釋出二〇%，因為市場上的投資人會希望原來的大股東仍掌有主導權。

「菲尼不相信股票上市能成功，也不認為應該這麼做，」奧克思利說，「不過東尼不斷去煩羅伯特，而羅伯特有點被東尼牽著鼻子走。」「羅伯特完全被東尼控制了。」帕克宣稱。

在另一次會議中，股東們各自帶著律師到紐約和米爾斯坦碰面，皮拉洛在會議中聲稱查克把機密資料洩漏給競爭者。戴爾嚴厲反駁說，皮拉洛為了評估DFS股票上市，至少也提供了同樣多的資訊給摩根士丹利。

行動回到巴黎。六月二十六日，米爾斯坦和其他四位股東租下凡登廣場上麗池飯店的一個會議室，離蒙田大道只要走一小段路，打算在會議中詳細分析所有的差異，然後去見阿諾。（「我到現在還是忘不了那個會議室的租金有多貴。」多年後帕克說。）

然而他們才剛坐下來，米勒和皮拉洛就丟出他們的驚喜。他們提議買下菲尼和帕克的股權，根據的DFS估計總值是四十億，包括卡慕的經銷公司和菲尼在夏威夷的零售生意。他們辯稱，至少可以讓他們以阿諾所提出的相同價格買下DFS——不過阿諾要求的，並不包括夏威夷零售集團。菲尼和帕克要求給他們一點時間考慮。這個會開不到一個小時就結束了，和阿諾的會面也延後。

兩方陣營的敵意變得愈來愈明顯。米勒和皮拉洛安排他們的銀行代表，拜訪DFS各地的商店進行實地查核，以便為可能的收購股權進行財務準備。「羅伯特和東尼打算由DFS出錢，讓那些銀行代表搭包機到各地去，我發現了就說，『休想！這是股東交易，不是公司支出！』」帕克說。「之後事情就變得很難看了。大家都沒什麼友善可言。跟他們共事了三十年，發生了這種事情真不堪。我的意思是，查克和羅伯特之間的敵意很嚴重。之前我一直跟每個人都相當友好，但現在我很確定要站在查克那一邊了。」

帕克從來就不相信米勒和皮拉洛能籌到足夠的資金，買下他們的股份。菲尼還比他更懷疑。「米勒想阻止我們賣給阿諾，因為他想自己買下來。」他說，「可是他辦不到。他沒有那麼多錢。那是股本投資，風險很高，而且他得籌出很多錢。」皮拉洛則堅持他們的確有銀行的支持。

「我們有，」他說。「我有那封信。上面寫著，『皮拉洛、米勒，你們得到一筆三十七億五千萬美元的信用額度，你們唯一要做的，就是先付兩千萬美元的契約費即可。』第二天我們收到另一封信，上頭說，『另外順帶一提，東尼，如果你還需要額外五億的週轉資本，沒問題。』或許查克不相信，但我們真的有那筆錢。」

第23章
斬斷與DFS一輩子的聯繫

一九九六年七月三日，就在米勒和皮拉洛提議買下菲尼和帕克的DFS股權之後一星期，這四個人為了參加甘茨柏傑的兒子馬可的婚禮，又在法國蔚藍海岸的坎城相逢。四家人都受邀了。查克的前妻丹妮葉和他們的小孩也來參加了婚禮。隨同米勒出席的除了他太太香朵和三個女兒之外，還有他的保鏢。

這是DFS股東間少有的社交聚會，偏巧又是在他們三十年合夥關係碰到最大危機的最高點。查克一如往常，住在市區一家三星級的小旅館「橄欖樹」（L'Olivier）；其他人則下榻在四星級連棟式的「貴族公子」（Les Muscadins）飯店，從飯店望出去，畢卡索生前鍾愛的坎城灣一覽無遺。

菲尼和帕克已經決定，除非米勒和皮拉洛提高價錢，而且在九月一日之前籌出錢來，否則就要拒絕他們收購的提議。之後他們就會把股權賣給LVMH。由於夏威夷的機場免稅店特許權在秋天又要開始競標，他們也表達了憂慮，如果DFS沒標到，公司的價值就會下跌，他們希望在此之前趕緊行動。

無論如何，這場婚禮給了菲尼和帕克一個機會，可以找米勒單獨談，說服他同意LVMH的交易，或至少不要阻撓。他們謹慎地跟他在小十字大道一家面海的大飯店碰面，從頭到尾把所有事情講一遍，指出他們和阿諾的協議中還包括一個六十天的考慮期，讓米勒可以用同樣的條件把股權賣給阿諾。帕克覺得他們說服了米勒。

但是沒持續多久。第二天早上，帕克回憶，「我接到東尼的電話，問我要不要跟他太太琳達一起坐車去婚禮現場。我覺得很怪，不過還是說沒問題。我猜想東尼感覺到事情不對勁，得設法把我絆住。然後他趕緊去找羅伯特。下一輛車上就坐著羅伯特和東尼。等到羅伯特來到婚禮現場，他說，『我不打算賣了，不可能的。』」

對於暗示他玩調虎離山，以便跟羅伯特搭同一輛車，皮拉洛斥為無稽。「我沒那麼陰險，相信我，我才不會去玩大風吹搶位子呢，」他說。他表示他可以影響米勒**如何**去做某件事，但無法影響他**是否**要去做。「要是以為我能有更大的影響，那就太高估我的說服力了！」

米勒後來的結論是，「對我來說，東尼的阻力大概比任何人都大，因為他一直反覆催我買下查克的股權。東尼就是很有那種推銷的本事。」

現在，每個人都走得太快

婚宴在甘茨柏傑位於十字堡路那棟俯瞰坎城的高雅別墅內舉行，就在花園的檸檬樹下，四名DFS股東繼續忙著會商。「我就知道發生了什麼事，」甘茨柏傑回憶。「他們在講話，看起來不太開心。東尼忙著從這個人身邊跑到另一個人身邊，想促成什麼事情。」他後來跟菲尼開玩笑說，他提供花園讓他們進行這麼高階層的協商，實在該抽佣金的。

菲尼的子女和米勒的家人紛紛合影留念，但父親間的緊繃破壞了氣氛。菲尼家的小孩覺得米勒家的三姊妹把他們視為壞人，因為他們的爸爸對自己的爸爸很壞，完全不曉得米勒或許正在鑄成大錯。丹妮葉多年來和米勒一家都很友好，他們住在香港時，她也很喜歡羅伯特。但這份友誼多年來已經淡去，此時看著羅伯特與她的前夫作對，在她眼裡簡直像是一種背叛。

米勒也對於事情的轉變很不開心。「那對我真的很難受——我一輩子都在建立這個企業，現在每個人都走得太快，我想到那筆次級債的高成本、股票上市的可能性，或是賣給阿諾，真的很難清晰思考。東尼在推動一個計畫，認為我們或許可以把查克的股權買下來。我們其實也找到了銀行願意提供二十億現金貸款給我們，但想到利息那麼高我就不開心。那段日子對我來說，真的很艱難又很痛苦。」

菲尼很少露出什麼緊張的跡象。奧克思利回憶，在這場緊張的協商高潮期間，有回他走進菲尼在倫敦的辦公室，發現他書桌上的一疊疊紙張上方，是幾份有關一家餐廳「普瑞戈披薩」的計畫，預定開在舊金山灣邊村。「他比較有興趣研究那些披薩菜單，而不是去討論一樁四十億的買賣！」

但就連菲尼也開始有別的想法了，奧克思利回憶。「他簡直是覺得對阿諾有義務，不能把一個股東不和的企業賣給他。在帕克提出他們要買下全部股份後，中間有一度，菲尼幾乎準備要放棄，不賣給阿諾了。這很符合他避免衝突的作風。我還記得我回到自己辦公室，打了一篇備忘錄：『到此為止。你可能再也不會有這樣的機會了。這些人都年紀不小了，他們都很清楚眼前的狀況。』當時我累垮了，」奧克思利說。「這件事我們忙了兩年了。我們一定要辦成。」

漫長的夏日緩緩過去，什麼都沒有解決。「智者」寄了一封信給每個股東，表達他對這個僵局的不滿。「兩個人想多樣化投資，兩個不肯。這種事情不是史無前例，人們也都可以想出辦法解決。這用不著什麼高超的內行專家，只需要認清現實。」法律糾紛拖延下去，將會讓DFS「家醜外揚」，他警告，如果他被迫要進行仲裁，這個全世界最祕密的公司之一，就會暴露其內部的種種運作。「到目前為止，全世界都還不曉得你們個別的持股、股利等等。醜陋的訴訟過程會讓這些全部曝光。」

他的話沒有效。最後一次分裂出現在一九九六年八月三十日。這天阿諾被邀請到米爾斯坦位於紐約的辦公室提案。他已經事先透過一個私下管道傳話，說米勒和皮拉洛如果同意賣，他願意多付他們一筆額外補貼——多一點點錢，好讓他們保住面子。拿得比查克多，肯定能滿足羅伯特的虛榮心。

阿諾還沒到之前，四名股東面對著長桌對面的米爾斯坦，各自的律師站在他們後方。米勒向艾拉抗議，「這是我的公司，我想要買這家公司，」皮拉洛回憶。米爾斯坦反駁，「聽我說，阿諾會付你更多錢，你們兩個會拿到比較高的價格，而阿倫和查克他們兩個無所謂。」

菲尼和帕克重申，他們打算在九月三十日之前把持股賣給阿諾，另外他們不相信羅伯特和東尼有足夠的資金買下他們的股權。他們擔心阿諾的耐心快用完了。

此時米勒和皮拉洛站起來走出去。「我們氣呼呼地離開。」皮拉洛說。菲尼回憶米勒「怒氣沖沖地衝出去」。三十多年來，這四個人曾共同經營二十世紀全世界最成功的零售企業之一，這是他們最後一次同處一室。

米勒和皮拉洛搭電梯到一樓。出來時，阿諾剛好正等著搭電梯上樓。阿諾看著米勒和皮拉洛從他面前走過去，一臉驚訝。皮拉洛說，「哈囉！」可是沒停下腳步。他和米勒走到外頭的第五大道。「他大概覺得他像是來參加一場生日宴會，打算要買下整家公司，結果看到兩個人走出去。」皮拉洛說。在米爾斯坦辦公室的這場會議於是中止。

反覆無常的「免稅先生」

但米勒依然很掙扎。之後他打電話給菲尼，建議他們回倫敦再碰面一次。於是在米爾斯坦辦公室談判破裂後，米勒、菲尼、帕克立刻飛到英格蘭，而皮拉洛則還留在紐約。

九月一日的星期天早晨，他們聚坐在撒維爾巷十七號「大西洋集團」總部一樓的一個房間裡，圍著桌子坐下。除了他們之外，整棟大樓空無一人。菲尼帶著奧克思利一起，好提供技術性和財務性的資料，讓這三個人可以研究以提出新的方案。米勒說他還是願意考慮賣給阿諾，但希望價錢能再高一些。他們計算一些財務問題時，奧克思利會衝上樓打電話給人在都柏林市郊家中的吉姆．道尼，然後道尼再用他的東芝筆記電腦算出新的公式。

奧克思利注意到，這三個股東坐在那裡，等著他每回帶回來新數字，儘管他們曾攜手歷經那麼多往事，彼此間卻沒有什麼話可說。「他們沒說什麼話，每個人似乎都低著頭。」他說。偶爾講話時，簡短的字句有種超現實的感覺。他們會說「二十八」，或「三十四」，意思是二十八億或三十四億。過了一個半小時，他們達成一個方案，四名股東將分階段把持股賣給ＬＶＭＨ。他們會先以資本總值四十二億為計算基礎，各自賣出一半以下的持股給阿諾，然後在十八個月後，LVMH有權買下剩餘的股份。米勒在這份交易提案上簽下姓名縮寫。

「他們每個人都在一張紙上草簽了姓名縮寫，表示他們同意這樣的條件，」奧克思利說。「他們離開後，我上樓去查克的辦公室說，『看起來很樂觀，不是嗎？』查克說。『不，羅伯特明天又會反悔了。』」帕克也半信半疑。他記得米勒只說他「相當確定」他會照這個條件做。多年來他已經看多了，羅伯特往往不會當面反對菲尼，但事後卻又反悔。

同時在這個星期天，待在紐約的皮拉洛接到米爾斯坦的電話，說帕克在高盛投資銀行（Goldman Sachs）的業務代表想聯絡米勒，問他知不知道米勒人在哪裡。東尼這才明白事情不對勁，這只可能表示一件事——其他兩個人把羅伯特拉過去了。

皮拉洛衝到機場，跳上他私人擁有的灣流三號型商務噴射機，要飛行員立刻載他到倫敦。下飛機後乘車直奔米勒位於倫敦市中心的住宅。他希望趕去是因為「或許那個銀行代表會以某種方法影響羅伯特」。他到了沒多久後，高盛銀行的代表敲門。「他看到我在那裡，整個人都嚇呆了。」

皮拉洛和米勒又另外想出一個修訂過的提案。他們願意配合，四個股東一起售出DFS股權，但因而產生的稅負，要由LVMH付，因為米勒和皮拉洛在一九八六年的「大霹靂」時，重新調整過他們在DFS的利益。這個想法傳送到巴黎，但阿諾沒興趣。到了九月十八日，米勒寫信告訴菲尼和帕克，說他在草簽那份協議後，最終還是改變心意了。他渴望地提議他們四個人應該「暫時冷靜下來，讓DFS繼續做生意賺錢」。

米勒不願意斬斷他和DFS一輩子的聯繫，顯然是影響他決定的主因。菲尼覺得這是米勒無法跨越的一條線。「有回我分析，覺得我們永遠無法說動羅伯特。那樣對他來說太丟臉了。羅伯特就是『免稅先生』。他喜歡扮演那個角色。他老是說，『免稅購物客是我的寶寶。』」

菲尼和帕克於九月底回到紐約，完成他們和LVMH的交易，這個複雜的過程讓雙方出動的律師群竭盡全力忙了將近一個星期，擬定各種條款。「當時有十個律師在那個房間裡，而查克、我、哈維就在側邊另一個房間備詢。」帕克回憶。其中一個來自沃里羅卡律師事務所（Wachtell, Lipton, Rosen & Katz）的葛倫斯坦（David Gruenstein）給帕克的印象很深。「太了不起了。很堅強的硬漢。我這輩子從沒碰到像這樣的人。我們結束時，他已經連續工作三天三夜，都沒睡覺過。」

到了十月一日星期二，一切都準備好了，就等菲尼和帕克簽字。菲尼放棄他平常的衣著，穿了西裝、領尖有鈕扣的正式襯衫現身，打了一條絲領帶，不過還是戴著他註冊商標的黑色塑膠手錶。一排只穿襯衫而沒穿西裝外套、手戴金錶的律師站在身後，他們簽了一連串的法律文件，蓋了紅色章，放在一張玻璃長桌上。終於完成了。菲尼和帕克簽名把他們在DFS的持股賣給LVMH，計算基礎是全公司的資本總值四十二億美元。

菲尼戴著老花眼鏡抬起頭，露出了滿意的笑容。一名助理遞給他一杯香檳。菲尼站起來準備接受拍照，手握冒著泡的玻璃杯，旁邊是戴爾、道尼，以及奧克思利。然後菲尼和帕克筋疲力盡地離開，和幾個律師去慶祝他們數十億美元的交易完成，地點很符合菲尼的風格，在一家沒沒無名的紐約餐廳。

這樁交易還有個最後期限，一九九六年十二月三十一日（後來修訂為一九九七年一月十五日）。

米勒和皮拉洛如果改變心意，可以用同樣的條件在這個日期之前賣出他們的持股。LVMH跟米勒和皮拉洛聯繫，說他們如果願意接受，便可以立刻開始進行。他們拒絕了。米勒怒不可遏。他猛抱怨菲尼和帕克「半輩子都瞧不起他們的合夥人」。

第24章

一場併購官司，揭開了他的祕密

三個星期後，米勒和皮拉洛提出挑戰。在一九九六年十月二十四日，一名信差將兩封信送到曼哈頓的威嘉律師事務所，交給米爾斯坦，發信人分別是代表米勒和皮拉洛的律師。信中提醒米爾斯坦，〈智者協議〉裡規定，任何與這份協議有關的爭論或糾紛，都應該由他進行仲裁以解決。他們宣稱，菲尼和帕克預定將其ＤＦＳ持股賣給阿諾，違反了〈智者協議〉。他們要求米爾斯坦裁定這項交易不能進行。

次日，米勒和皮拉洛的律師前往曼哈頓下城的中央街，向紐約州最高法院提交案件編號九六六〇五三四五的訴訟書。這份厚達兩百頁的文件要求法院發出禁制令，禁止菲尼和帕克出售其ＤＦＳ股權，理由是出售股權將嚴重損及ＤＦＳ集團與ＬＶＭＨ競爭的能力。訴訟書中也指控他們洩漏機密資訊給競爭廠商。宣絲威特法官（Judge Beatrice Shainswit）在紐約州最高法院已經服務二十年，她收到訴訟文件的當天裁定，菲尼和帕克必須於一九九六年十一月二十五日前，到庭說明為什麼不應該發出這項禁制令。

到此時為止，這場關乎ＤＦＳ未來的爭奪戰都成功躲過了媒體的注意。但現在告上了法院，情勢也就改變了。DFS不得不在十月三十日發出一份媒體聲明稿，交代菲尼和帕克預定把股權售予LVMH的細節。《紐約時報》報導「雄心勃勃的億萬富豪」米勒想阻止菲尼和帕克售出股權，因為他和皮拉洛「不想在一個由DFS最大的供應商兼主要對手所控制的公司裡當小股東」。文中還引述了一些對菲尼「廣泛的各種事業相當了解」的人士，說菲尼的身價比最新的《富比士》富豪排行榜所估計的九億七千五百萬要「多太多了」。《華爾街日報》和英國《金融時報》也報導了這起糾紛。報導中引用阿諾的一名發言人說，米勒和皮拉洛的堅持，只是想爭取到更好的條件罷了。

報導登出當天，卡洛琳走在紐約的哥倫布大道上，看到安德魯．皮拉洛迎面走來。他們從小就是朋友，住香港時，菲尼一家和皮拉洛的孩子會搭公司的舢舨度週末。總之，這回碰到，他們沒有迴避，而是彼此擁抱。「這件事跟我們無關，那是上一輩的事情。」卡洛琳記得安德魯這麼說。

野蠻人也來攪局

DFS要賣的消息傳出，也引發了野蠻人上門。KKR公司（Kohlberg Kravis Roberts & Co.）的克萊維斯（Henry Kravis）於一九八八年融資併購雷諾—納貝斯克公司（RJR Nabisco）的故事，已經生動記錄在《門口的野蠻人》一書中*，這回克萊維斯寫信給米爾斯坦，表達他有興趣以高於LVMH的出價，收購DFS。

這位企業掠奪者出了名地會在收購企業後，予以重組，選擇某些資產賣掉，獲利後再擺脫這些公司，他曾經買賣過的美國企業品牌包括吉列（Gillette）、德士古（Texaco）、新秀麗（Samsonite），以及Safeway連鎖食品超市。他信中說，他可以動用五十億美元以上的股票當購併資金。「我們相信KKR具備適時促成交易的獨到優勢。」他寫道。

LVMH沒理會克萊維斯的攪局。一個發言人表示，菲尼和帕克已經跟該公司簽訂了同意出售股權的協定，因此不能接受其他公司的出價。而DFS的四名股東也都沒人把克萊維斯的提議當回事。

米爾斯坦邀請四名股東的法律代表，於十一月六日上五十點到他辦公室，開始法定仲裁程序。十一名收費昂貴的紐約律師擠進了那個房間。菲尼的律師團由柯史莫律師事務所的許瓦茲（Frederick Schwarz）領軍，他曾在一九七五年參議員邱區（Frank Church）所主持調查美國情報機構的參議院委員會中，擔任總法律顧問。代表米勒的律師是可達事律師事務所（Curtis Mallet-Prevost Colt & Mosle）的弗萊明（Peter Fleming）和布瑞肯（William Brickern），弗萊明曾在水門案聽證會中，代表前司法部長密契爾（John Mitchell）出席。

皮拉洛雇用了兩組律師，一組是世達律師事務所（Skadden, Arps, Slate, Meagher & Flom）的施瓦茨（Thomas Schwarz）領軍，另一組由羅布律師事務所（Robinson, Brog, Leinwand, Greene, Genovese & Gluck）的詹諾維斯（Anthony Genovese）率領。代表帕克的律師則是沃里羅卡律師事務所的納斯鮑姆（Bernard Nussbaum），他曾擔任柯林頓總統的白宮法律總顧問，一九九四年辭職。

米爾斯坦帶著幾分倦意開口。四名股東都是他的朋友，他說。他試過各種辦法以避免仲裁。「從第一天開始，我就參與討論過各式各樣賣給ＬＶＭＨ的提案，一開始是查克想賣掉他自己的股權，之後持續發展出各種結盟的可能，其中有的要賣、有的不賣，有的同意、有的不同意。這些組合我跟每一個股東全都討論過。查克單獨來找過我。羅伯特單獨來找過我。東尼單獨來找過我。他們一起或各自單獨、或以各式各樣結伴的組合，都來找過我談。」

他也跟阿諾討論過「無數次」，要求他幫忙與一個、兩個、三個，甚至全部四個股東達成協議。結果什麼都沒用。「我是個一點也不成功的仲裁人，始終沒辦法讓他們一致同意做這件事。」他說。「我失敗了。」然後他繼續說，現在他會聽聽每個人的理由，然後做出他自己的決定。

「我得設法把孩子切成兩半，」他說，「會有人很不高興的。」

米勒的律師希望延期，以考慮是否對米爾斯坦放棄異議權，不追究他過去與個別ＤＦＳ股東交涉所可能產生的利益衝突，米爾斯坦很火大。他說，再過兩天的星期五，就是他的七十歲生日。他計畫週末和家人出城，要到下個星期三才會回紐約。如果米勒不棄權，「我就不接這個案子了。」他說，到時候他們得很快再去挑另一個仲裁人。他這輩子的事業相當美好，他希望繼續保持下去，所以他不希望有任何人以後指控他利益衝突。米勒的律師群圍在一起商量了一會兒。然後弗萊明說，「米勒先生棄權。」

米爾斯坦要求兩方提出摘要，並於十二月四日前回應，之後他就會做出裁決。在此之前，菲尼和帕克售出股權所簽訂的法律文件都暫時擱置。趁著律師們忙著把檔案塞回公事包裡，他說，另外還有一件事。他希望任何應該付給他的未付帳單都立刻解決，免得有人質疑他有所偏袒。米爾斯坦身為這家律師事務所的資深合夥人，每個小時收費五百美元，他同時也要求一張二十五萬美元的支票，以做為他仲裁的費用。

接下來幾天，各種權利請求和反請求堆滿了米爾斯坦的辦公桌。阿諾從巴黎寄來一份宣示過的陳述，說他會讓DFS保持獨立經營。他指出「好便宜」連鎖百貨的例子，LVMH在一九八八年收購後，他宣稱從未干擾其運作。他還附上一份建築平面圖，顯示在LVMH收購後，眾多有競爭關係的精品專櫃在「好便宜」內的位置重要性並未改變。

米勒和皮拉洛在書面證詞中主張，〈智者協議〉禁止菲尼和帕克做出這類交易。他們宣稱這項股權出售，會損害DFS和其他奢侈品廠商的關係，因而造成DFS的傷害。他們還提示了種種信件和備忘錄，以說明菲尼知道其他股東有權同意或不同意他出售股權。

菲尼和帕克的回應資料包括八份宣誓書，還有好幾箱信件。他們主張〈智者協議〉並未禁止股東出售股權，而且LVMH也無意干預DFS既有的獨立運作模式。他們答辯說，如果這次出售被阻止，他們可能再也找不到另一個買家了。他們同時也以皮拉洛在一九九〇年將查克的代表逐出董事會時，所說過的話回敬他：多數人的意願「可以、也會取得控制」。

然後代表米勒的弗萊明再度要求延期，指出他的委託人必須讀完這些宣示書，「很不幸，這個雜務必須花一些時間。」帕克的律師納斯鮑姆尖銳地回應：「米勒先生與皮拉洛先生只要坐下來專心閱讀，幾個小時內就可以完成這件雜務。」而菲尼的律師許瓦茲則被磨得失去耐性，指控米勒和皮拉洛只想繼續任性下去。

十一月十八日，菲尼提出一份宣示書，是他在倫敦於美國律師多爾切（Robert Dolce）面前宣示過的，裡頭說明他「通用大西洋集團」的資產，包括ＤＦＳ的三八・七五%股權，都已經於一九八四年不可撤回地移轉給「大西洋基金會」，後來一部分又轉到「大西洋信託」名下，「只能用於慈善用途。」他主張，這就凸顯了股東們「絕對不曾同意限制」他們出售ＤＦＳ的權利。菲尼表示，「大西洋基金會」至此時已經捐出超過五億美元，同時也是全世界最大的國際慈善機構之一。為了慈善捐款所需，其持股必須可以自由轉讓，這樣投資收益的風險和波動，才能維持在尚可忍受的水準。

之前只有菲尼的律師知道他已經捨棄一切：許瓦茲已經在菲尼的基金會擔任股東有一段時間了。四名股東及其律師都可以查閱這份證詞，但這個驚人的消息尚未洩漏給媒體。總之，菲尼的陳述也附在呈交給宣絲威特法官的文件中，而這位法官可望在米爾斯坦仲裁後，就要做出裁決。現在這件事的公諸於世，只是遲早的問題了。

這公司，再也不是我的寶寶了

為了要說服米爾斯坦相信阿諾不是個可以接受的買家，米勒的律師弗萊明在十二月初提交的資料中，對阿諾的職業道德展開猛烈攻擊。弗萊明表示，這名法國商人根本不可信。英國的《星期日泰晤士報》（*The Sunday Times*）曾描述阿諾為了取得ＬＶＭＨ的四年鬥爭是「法國企業史上空前惡毒的一場戰役」，而英國的《星期日郵報》（*Mail on Sunday*）則指控阿諾為了替ＬＶＭＨ籌措現金，確保迪奧和「好便宜」超市承擔大額的債務，便犧牲這兩家公司其他小股東的權益。他要求阿諾簽訂一份嚴格的不干預公司協議，以確保米勒和皮拉洛若變成小股東，權益不會受損。

帕克看到這份資料後很震驚。「他們呈交各式各樣有關阿諾先生的資料，說他有多壞；我後來聽說一般人都可以取得這類私人官司的資料，簡直嚇壞了。」他說。

阿諾和米勒的敵對狀態，也引發了紐約時尚界的一場小危機。米勒的女兒瑪麗香朵（Marie-Chantal）嫁給了希臘的流亡王儲帕伏洛斯王子（Crown Prince Pavlos），兩夫妻住在曼哈頓，她本來是紐約大都會博物館十二月九日時裝館宴會——曼哈頓最受矚目的正式社交盛事——的共同主持人之一，但因為阿諾是貴賓之一，瑪麗香朵臨時被撤換掉主持人一職。

十二月十二日，米爾斯坦收到了阿諾寄來的一封信和一箱文件，再度向他保證米勒和皮拉洛身為小股東的權益會受到保護。那個箱子裡裝了高度機密的投資銀行報告影本和備忘錄，只有他可以看。但四位股東的代表律師群吵了一整個早上，爭執米爾斯坦該不該閱讀這些資料，後來終於同意他在攝影機拍攝下閱讀。只不過米爾斯坦一開始翻閱那些LVMH的文件，才發現全是法文，他不得不找個懂法文的同事來幫忙。

這次會面終場，出現了一番敵意的評語，代表帕克的律師納斯鮑姆指控米勒和皮拉洛不願正視現實的鴕鳥心態。「這是一筆好生意，」他說。「米勒知道，皮拉洛知道。他們很清楚，做這筆交易對他們有益。但這個公司將不再是他們的了，米勒再也不能老說這是『我的公司』了。這公司將再也不是『我的寶寶』了。癥結就在這裡。這跟經濟或傷害根本無關，而是關乎自我和權威。」

弗萊明氣死了：「把話收回去，取消這些話。」他說。然後「智者」插話說，「這只是一個論點，不過我跟你保證，這不會影響我的決定。」

此時，皮拉洛為了要加強他和米勒的論點，便刻意激起仲裁人對DFS在檀香山特許權的疑慮。如果DFS經營權換手，夏威夷當局有可能抽回他們的免稅特許權。夏威夷「土地及自然資源委員會」已經排定於十二月十三日在檀香山討論這個議題。這個八人組成的委員會本來可望與DFS新業主繼續合作，但在夏威夷時間清晨五點半，皮拉洛打電話給DFS檀香山的負責人瑞德，懇求他把這項批准DFS賣給新業主的議程抽掉，拖到新年過後。瑞德把這個要求向DFS舊金山總部報告，得到的建議是這樣的干預並不適當。DFS董事長奧蒙接著便私下通知米爾斯坦這件事。

十二月十二日，夏威夷「土地及自然資源委員會」的八名委員齊集在檀香山潘趣鉢街的辦公室開會時，其中一名委員詢問瑞德，他們為什麼要介入這件DFS股東間的爭執。瑞德回答，「我告訴你們這是怎麼一回事吧。我們那些未過半數的股東現在是大池塘裡的大魚，如果這次出售股權完成，他們就會變成大池塘裡的小魚。其次，如果這次出售股權完成，未過半數的股東們會有五年拿不到任何現金股利。」根據代表米勒和皮拉洛出席這個會議的律師瀧谷（Anthony Takitani）表示，瑞德接著宣稱盈餘的紅利將會用來清償LVMH的債務本息。於是該委員會表明，DFS的股權出售沒有問題。

阿諾其實兩天前就已經告訴過米爾斯坦，雖然LVMH無法像以前一樣，繼續把盈餘的九〇%拿來發放給股東，但他們會「按照一般慣例，發放至少五〇%」。

接著皮拉洛直接聯繫米爾斯坦，引用瑞德說過的話。「警鈴已經響起，艾拉，」他在十二月十四日所寫的信中說。「羅伯特和我沒有保障。我們有將近二十億美元處於風險中……」如果他們的股權變成少數，他和米勒就再也領不到任何紅利，因為阿諾必須拿來還債，所以他認為米爾斯坦必須保護他們。

他信中還附上一些紀錄，顯示DFS的股利已經從一九七七年的三千四百萬美元，一路增加到一九九五年的三億零九百萬美元。才不到二十年，已經有二十八億五千萬美元的現金流入四名股東的帳戶裡。可見這位「智者」的決定影響有多麼重大。「你可以，也應該，同時我也祈禱，你要保護我們。」皮拉洛寫道。最後他要求這位「智者」終止這項股權出售，否則就命令菲尼和帕克把九%股權賣給他和米勒，好讓他們成為多數股，足以控制LVMH。

十二月十五日，米爾斯坦收到了弗萊明的最後一份申訴書，其中他攻擊阿諾「根本就鄙視占少數的股東」，並指控帕克「無恥地」想迴避他在〈智者協議〉之下的責任。他附上一封信，是米勒所提名的DFS董事——八十歲的拉區曼（Lawrence Lachman）——所寫的，他曾是紐約布魯明岱爾百貨的董事長，把這家店從地區性公司轉為全國性的百貨連鎖。他警告說，一家大公司如果兼有零售和製造業務，將會帶來種種傷害。他說，布魯明岱爾的成功，就是因為他擺脫了一家賠錢的自製自銷藥妝公司。

代表帕克的律師納斯鮑姆拿到這封信的影本後，寫信指控米勒想透過拉區曼而拖延時間，又說瑞德根本不可能知道LVMH會怎麼分紅。

為了跑回銀行，行員穿著運動鞋出現

「智者」米爾斯坦終於準備好，要在十二月十七日星期四宣布他的決定。那天氣象預報會下雪，菲尼走過冰冷的街道，來到位於第八大道和四十二街交叉口的世界廣場，進入柯史莫律師事務所，等待仲裁人的裁決。如果仲裁結果對他有利，這筆買賣就可以確認，股權立刻轉移。

在這家以綠紅兩色義大利大理石和德國木材裝潢的高雅律師事務所中，會議室內擠進了大約三十名律師、投資銀行代表、銀行主管、簽署人、助理。等著簽署的文件攤在會議桌上。有個人帶了一部傳真機進來，插上了插頭。LVMH的律師也到了，從好幾天前起，他口袋裡就揣著幾張高達數億美元的支票，帕克說。桌上還放著信件、法律文件、存款單。

一名摩根銀行（J. P. Morgan）的行員穿著運動鞋出現，這樣他就可以拿著支票和存款單跑回銀行：在聖誕節前擁擠的曼哈頓街道上，他根本別想叫到計程車。他們得立刻把錢存入戶頭：十億美元的隔夜拆款利息就是好幾萬美元。另一家新澤西州的銀行也在待命中，如果米爾斯坦的裁決對菲尼他們有利，這家銀行可以在營業時間過後，照樣進行票據交換的動作。每個人都在等，一邊喝著咖啡。

到了下午三點半，傳真機響起。米爾斯坦的十一頁仲裁書決定緩緩吐出，最後出現了「這筆交易可以繼續進行」的字樣。但這位智者提出一個條件——占少數的股東必須有所保障，所以LVMH必須簽訂一份合作協議，讓DFS保持獨立運作。其實這點阿諾早就答應了。

有個人說：「開始吧！」整個會議室忽然動了起來，購買股份的支票簽了名，「七億元這裡，四億元那裡。」奧克思利笑著回憶。摩根銀行那位穿著運動鞋的行員動身要跑回銀行了。LVMH的律師簽下了那份合作協議，派一名信差送到十七個街區外第五大道上米爾斯坦的辦公室。同時，一封由查克的律師許瓦茲簽名的信傳真到紐約州最高法院，要求如果米勒和皮拉洛申請法院禁制令，菲尼應該要有反對的機會。這招沒有必要。「我們事前滿心預期，仲裁結果出來之後，他們會試圖要法院發出禁制令，以阻止那些支票進行票據交換，結果他們並沒有。」帕克說。最後所有文件都簽妥並經過見證，支票也已由摩根銀行交換完畢之後，已經是晚上八點了。

菲尼的基金會收到了阿諾所付的十六億兩千七百五十萬美元現金。帕克則收到了八億四千萬美元。

米勒和皮拉洛也一半猜到自己會輸掉這場仲裁。「艾拉在三點宣布他的決定，」皮拉洛回憶。「之後阿諾的購買交易就立刻結清。立刻！太明顯了，他們的律師事前就很清楚仲裁結果會對他們有利，所以早就準備好要進行結算。」

菲尼、帕克，還有十來名律師當晚舉行了一場香檳晚宴慶祝，地點在西四十六街一家以羅馬式猶太料理聞名的家族自營餐廳「拉提齊」（Lattanzi's）。受邀賓客中有兩名LVMH雇用的資深律師，而LVMH旗下擁有酩悅香檳廠，不過奧克思利說，當晚的香檳由DFS的賣方付錢。他們付得起。

---

*Bryan Burrough and John Helyar, *Barbarians at the Gates* (HaperCollins, 1990)。譯按：中譯本《門口的野蠻人》，新北：左岸文化，二〇〇七。

第25章
遇上天生的生意仔

米勒和皮拉洛沒有放棄。不過智者裁決當天，他們並沒有立刻申請禁制令以阻止這場交易；新年過後，他們重返紐約州最高法院，要求宣絲威特法官裁決「智者」越權，而他允許兩位股東售出DFS股權的決定也應該無效。皮拉洛說，「我們希望能有非常迅速的行動。」一九九七年一月十日星期五，法官下令菲尼和帕克在一個月內向法官提出說明，為何不該推翻「智者」的決定。

次日上午，LVMH可以說已經入主DFS，只等反托辣斯法的三十天期限到期。股權和資金都已經轉移，整個買賣已經完成。阿諾已經成功贏得控制權，然而市場上卻擔心收購DFS後，可能影響這個法國時尚帝國的獲利能力，因而LVMH股價重挫。

皮拉洛還有一張牌可以打。他重新提出當初引起爭論、尚未解決的那些夏威夷零售店。一九九一年二月二十日的〈智者協議〉中，約定好菲尼要在一九九三年一月三十一日把「夏威夷零售集團」交給第三方。但他毫無動作，又把期限延到了一九九四年一月三十一日。然而這回還是沒有動靜。在更多犯規和延期之後，皮拉洛於一九九六年一月要求「智者」指示「通用大西洋集團」將其「夏威夷零售集團」的股份轉移給DFS。菲尼因而在一九九六年三月二十五日簽訂一項原則性協議，承諾將「夏威夷零售集團」賣給四位DFS股東所擁有的組織或個人。但自此過了十個月，還是毫無動靜。

「從第一天開始，查克根本就不理會〈智者協議〉的這個部分，」奧克思利說。「結果就是拖了又拖。我們花了很多、很多個小時，談要怎麼調整這個零售集團──結果卻從沒去做。我們很聰明。我還記得訂出一大堆計謀，但最後卻什麼都沒做。」

從一九九六年開始負責經營「夏威夷零售集團」的溫哲回憶，菲尼有回提出，願意把該集團交給DFS股東所挑選的一個特定慈善機構。「但他們拒絕了。他們想拿這點一再揭查克瘡疤；他們三個人只想贏，根本不想要一個合理的解決辦法。我們從來沒把『夏威夷零售集團』賣掉，因為查克不想賣。這場戰爭進行時，我老是問查克，『拜託，這個零售生意根本不賺錢。不值得嘛。為什麼不擺脫掉算了？』他說。『他們惹起我的愛爾蘭牛脾氣了，我才不投降呢。』」

先鬧得轟轟烈烈，然後在最後一刻改變心意

一九九七年一月二日，皮拉洛指示他第二組法律團隊的律師詹諾維斯寫信給米爾斯坦，要求他逼菲尼把夏威夷的那些店轉給四名DFS股東，如果他不在兩個星期內轉移，就要面臨一天五萬美元的罰款，而且要回溯至一九九六年三月二十五日。米勒也隨即在第二天去信向米爾斯坦提出相同的要

求。菲尼叫奧克思利安排一個會議，在一月十七日前和皮拉洛與米勒的代表碰面，以商討轉移事宜。他說，這回不會有問題了。

但這段插曲很快就被更戲劇化的事件蓋過。一月十五日星期三，阿諾收購期限的最後一天，皮拉洛飛到倫敦，住進克雷里吉飯店（Claridge's），然後邀請米勒共進午餐。他們到伯克利廣場（Bekeley Square）旁一家僅服務會員的餐廳「馬克俱樂部」，皮拉洛是那裡的會員，一起用餐的還有皮拉洛所指派的DFS董事布拉達克（Rick Braddock）。

他們圍坐在一張骨董餐桌旁，旁邊織品覆蓋的牆面上掛著油畫，吃到主菜時，皮拉洛告訴米勒，他最終還是決定接受阿諾的條件，賣掉他二・五%的股份，因此總額將會是一億一千萬元現金。米勒很震驚。「你想做的事情，就去做吧。」他只能勉強說出這句話。

「我們午飯吃到一半，東尼說，『羅伯特，我打算賣了。』」米勒回憶。他回想起三十二年前皮拉洛以為公司要破產而離開的那天。「很不幸，這就是東尼的作風：他會鬧得轟轟烈烈，然後在最後一刻就可能完全改變心意。」他說。

他們吃完午餐，去凱伯特廣場（Cabot Square）上的摩根士丹利公司，打電話給阿諾。由於涉及的金額龐大，該公司提供了一間辦公室給他們，還找了名資深顧問泰能特（Anthony Tennant）代表他們打電話。泰能特曾擔任佳士得（Christie's）拍賣公司的董事，後來因為涉嫌與蘇富比（Sotheby's）拍賣公司的董事長陶布曼（A. Alfred Taubman）串謀，向客戶收取固定比例的拍賣佣金，而遭美國法院起訴：陶布曼被定罪，但否認罪行的泰能特則因為無法引渡到美國，躲過了審判。

「泰能特打電話去，」皮拉洛說。「他說，『皮拉洛先生和米勒先生在我這裡。他們有幾個問題。他們想知道，你提過願意給他們的額外加價，有這回事嗎？』阿諾先生說：『是有這回事。』泰能特說：『那現在還有嗎？』他說：『現在我無法回答。』我告訴泰能特：『問他什麼時候能回答。』然後阿諾先生說：『星期五。』當天是星期三，我們出售股權的截止日就是那天。我說：『泰能特先生，麻煩你問阿諾先生，他是否願意把我出售股權的期限延到星期五。』阿諾說：『不行。』我說：『那告訴阿諾先生，我今天會執行股權出售，我的律師會跟他聯絡。』」

然後他們聽到阿諾跟旁邊的人說，「至少我們搞定其中一個了。」皮拉洛認為意思是「至少我們搞定皮拉洛肯賣了」，但後來他想他可能意思是，「至少我們搞定米勒留下，這樣我就不必再花一億六千萬，同樣能控制這個公司了。」

米勒那天「非常自閉，非常若有所思，猜不透他在想什麼」，皮拉洛回憶。「他可能在想，阿諾那麼不喜歡我，因此或許我走了之後，他們兩個的關係會比較友好。」皮拉洛提議要以一億一千萬美元把自己的二．五％股份賣給米勒，但米勒沒興趣。隨後ＬＶＭＨ要求皮拉洛簽下一份非競爭協議。「我說，『老天，要我簽什麼都行。』我從此洗手不碰免稅業了。」

皮拉洛賣掉股權的那天，菲尼和帕克人在巴黎，要跟阿諾在當地最頂級的一家餐廳吃晚餐慶祝。晚餐之前，兩人去阿諾的辦公室會合。一名瑞得集團的銀行代表匆匆衝下樓梯來說，「你們不會相信發生了什麼事。東尼剛剛簽字了。」

那場晚宴有大約二十人參加，氣氛非常愉快。菲尼坐在主位，左右邊是阿諾，還有他苗條的金髮妻子梅西耶（Hélène Mercier），她是知名的鋼琴家。

戴爾也幾乎立刻就知道皮拉洛決定要售出股權。「我不敢相信，他之前一直惡意攻擊這筆交易。」他回憶。戴爾打電話給米爾斯坦。這位「智者」正在開會，但戴爾堅持要他來接電話。米爾斯坦來接了之後。「東尼賣了！」戴爾說。「我操！」米爾斯坦說。

多年後的一個春日，皮拉洛在他位於瑞士伯恩南邊的滑雪勝地格施塔德的尖頂木屋中，喝著咖啡回憶當年。他說，對於是否留在DFS，他心中從來沒有疑問。「他們那筆交易完成後，我怎麼會想去當阿諾的小股東？他已經取得控制了。」皮拉洛知道阿諾把他視為搗蛋人物。他承認自己從一開始就反對賣掉股權是錯的。「查克是掌握時機的天才。他對於未知的事物有一種了不起的直覺，可以感覺到哪裡有什麼不對勁。這在我們的公司裡發生過不止一次，他會走進來說，『我們來做這個吧。』但我們採取別的策略，最後都證明查克才是對的。」

時尚業大亨，買下一家萎縮的公司

米勒和皮拉洛的關係始終沒能復原。「最少可以說，我對東尼很失望，從此再也沒跟他講過話。」米勒說。而皮拉洛和「智者」的友誼也告終了。幾年後，米爾斯坦寫信給皮拉洛，說儘管他從沒替阿諾做過任何事，但他想通知他，這位LVMH的董事長剛剛找他代表處理一件法律事務。皮拉洛說他在回信中提到，「我們都不是小孩了，彼此認識也已經夠久了，坦白告訴你，我確實相信你所做的

〔允許那樁ＤＦＳ股權交易〕違反了受託的權力，因此你虧欠我。」從此他們再也沒有聯絡過。

皮拉洛決定售出自己股權的當天，奧克思利和皮拉洛的律師藍諾德（Craig Leonard）在紐約碰面，討論賣掉菲尼的夏威夷零售集團。「然後我們聽到東尼剛剛決定要賣，從那一刻起，『夏威夷零售集團』的事情就完全擱下了。」奧克思利說。再也沒人有興趣了。那些夏威夷的零售店依然屬於「通用大西洋」。

隨著皮拉洛離開，阿諾實際掌握了ＤＦＳ，米勒和皮拉洛告上法院的案子也就進行不下去了。二月開始聽審時，皮拉洛的名字從訴訟書中「無條件」刪除。聽審延期到三月二十七日時，米勒的律師告訴法官，這個官司他不會再打下去了。

同時米勒向阿諾施壓，希望用更高的價錢收購他三八．七五%的股權，儘管他一度認為可以賣掉，但阿諾拒絕了，還是沒有加價。於是他就乖乖當個少數派股東。

「整件事情帶給我很大的創傷，」多年後米勒在英格蘭約克郡他的打獵小屋中說。「我的健康受到損害，得了帶狀皰疹，我想是因為我那段時間的情緒混亂所引起的。」他擔心自己的決定是否正確，也擔心自己的律師曾嚴厲攻擊阿諾做生意的作風，以後兩個人該如何相處。他明白「一旦阿倫決定要賣，整個遊戲差不多就結束了」，也覺得東尼把他丟下不管。他說他留下來，是因為他不希望切斷和ＤＦＳ的聯繫，也因為他以為可以跟阿諾拿到更高的價錢。

《華爾街日報》報導，米勒淪為「一個不高興的小股東，對著一個大供貨商、也是取得控制權的大股東公然唱反調」。法國財經作家魯提耶（Airy Routier）曾寫道，阿諾「把溫和的米勒像煎餅似地耍得團團轉」，又說米勒決定留下來當股東是「自找苦吃」*。

但魯提耶也報導，有些人覺得阿諾自己也像個菜鳥似的，被菲尼耍得團團轉。魯提耶引用一個著名商人的意見說，阿諾這位法國時尚業的大亨在一九九六至九七年的亞洲金融風暴前買下DFS，是不折不扣的「策略錯誤」。

事實上，阿諾買下的是一個衰退中的公司。這筆交易磋商的十八個月之間，DFS的營業額從三十億掉到十五億美元。隨著日本的不景氣，亞洲經濟衰退，加上歐洲貨幣的走軟，DFS的核心消費者也更捨不得花錢了。紅利也隨之枯竭。這筆買賣完成一年後，三百二十名員工被資遣，香港部分更出現了有史以來第一次虧損。至於在夏威夷這個DFS航空母艦的營業額，也從一九九五—九六年的四億兩千六百萬，掉到一九九九—二〇〇〇年的兩億兩千九百萬美元。到了二〇〇〇年，儘管路易威登和瑟琳精品店都已經在DFS環球免稅店設櫃，但DFS每季利潤還不到兩千萬美元。

對米勒來說，有利的一面是，他對阿諾擁有重要事務的否決權。米爾斯坦曾確保LVMH十年內不會干預DFS的運作。而且未經米勒同意，也不會採取重大的新策略或舉債行動。米勒的態度是，既然他和新夥伴已經睡在同一張床上了，倒還不如盡量好好合作。他告訴阿諾，他會盡力做任何能做的事情，以確保阿諾花的錢總有一天會值回票價。這樣做也是為了他自己的利益。現在他們合作得很好，他說。

至於他和菲尼的關係，拆夥對他的影響不大。「無論如何，當時我們就已經很疏遠了。我從一九九六年就沒再跟查克碰過面。所有的合夥關係到了某個階段都會拆夥，就連披頭四也不例外。我們的爭執起於誰對這個公司的成功貢獻最大。然後老婆也捲入，事情變得非常複雜。我們賺了太多錢，多得都不曉得該怎麼花。所以每個人都很高興。算了吧。那些事根本不值得操心。

「LVMH用很好的價錢買下查克和阿倫的股份。如果拿了那些錢他們很高興，上帝保佑他們。我沒有同時賣掉，後不後悔呢？不曉得。這個問題我想過很多次。我不知道拿到那麼一大筆錢，是不是會讓我比現在更快樂。我真的很喜歡DFS和這個公司。但我們跟米爾斯坦所做的那一切法律事務，老實說，全都是狗屎。我們其實根本不需要那些花俏的法律玩意兒。律師總有辦法把你拖進去，讓事情變得比原來更複雜。我們當時付了龐大的律師費，但我不認為那對結果有任何影響。等到一切塵埃落定，你會發現那只是浪費了大批的時間、精力，和金錢。」

DFS的成功，源於他們在正確的時間處於正確的地方，多年後帕克在他位於日內瓦湖畔的宅邸中說。「沒有人掏出一毛錢投入這個企業：我們從中賺走了八十億美元左右。沒有人聰明到那個地步。你一定要交上很多好運才行。」他相信，由於查克預料到公司走下坡的先見之明，才導致他們做出最大的決定，賣出股權。他們最高明的一招，就是在DFS萎縮、不得不裁員之前，把股權賣掉。

「那對我們會是一個可怕的經驗，我們也無法做得更好。要裁員幾千人，對我和查克一定會是很大的打擊。他們從一九九七年以來裁掉了大概有五千人。那一定是一場大災難，尤其我們對員工向來很大方。我想換了查克，一定會非常傷心。」

「查克最神奇的一點，就是他做出決定的方式，」貝勒密回想起來這麼說，多年後他人在倫敦，擔任「美體小鋪」（Body Shop）的執行董事長。「如果你分析查克，他會做出某個決定，似乎沒有清楚而一貫的方式；不像我們大部分人要做決定，就是透過跟不同的人談，理性地去把事情釐清。他會跟大量的人談，問大量的問題。你根本不曉得他要談到什麼時候。然後忽然間，他就想清楚了。

「最有趣的一個例子，就是他為什麼會相信他該賣掉公司，然後又如何處理ＬＶＭＨ的狀況，他可不是那種『各位，我們坐下來談，決定是不是應該賣掉』。他的想法比大部分人超前太多了。查克是怎麼想透這件事的？我得到的結論是，在他的直覺中，有一個非常出色的部分，是我們無法輕易看出的。就因為不容易看出來，可是又非常、非常可靠。他有一種能力，可以在正確的時間按下正確的按鍵，那不是一般智力所能理解的。」

一份有好多零的慷慨禮物

「每個人都說，我在那個時間、以那個價錢賣掉股權，真是天才。」菲尼說，這天他在克拉克小館後方擁擠的用餐室吃午飯。「不是天才！早有機會的話，我們會更早賣掉，大概拿到的錢也會更少。」他堅持他原先能賺那麼多錢，就是「狗運好」，而不是有什麼過人的本事。他常常納悶，「羅伯特的態度是不是也有助於我們最後拿到那個好價錢。」他猜想米勒真的很後悔沒賣掉。據估計，二〇〇五年ＤＦＳ價值約十億美元，米勒的股份占四億，不算利息的話，只有當初菲尼他們賣掉價格的四分之一。

皮拉洛堅持認為，因為他提出的競爭收購機會，才迫使阿諾付這麼高的價錢，他很想對查克說，

「別低估當時的競爭，競爭往往有哄抬價格的作用。」

至於四名股東所擁有另一個賺錢的企業，就是卡慕干邑白蘭地和雅馬邑白蘭地的全球經銷公司「卡慕海外有限公司」，也以頗為棘手的方式收場。在協商賣出DFS股份期間，卡慕寄給DFS四名股東一封手寫的信，詢問如果他們賣掉的話，他們之間的特殊條件會怎麼辦。卡慕當時還是得到干邑白蘭地商品類最好的待遇：過去四年，DFS賣掉了價值兩億四千兩百萬美元的卡慕干邑白蘭地，而軒尼詩白蘭地只有五千萬。如果DFS易主之後，旗下擁有軒尼詩的阿諾會改變這個狀況嗎？阿諾的回應是，他保證不會干涉DFS與卡慕之間長期的協定。

但卡慕還有別的麻煩。他們的工廠只能製造出一小部分酒，大部分都是對外收購而來，因此借了很多錢。卡慕已經接近破產了，銀行想找其他人來分攤這些貸款。菲尼和帕克被找去巴黎一家銀行開會。帕克回憶，在場有十來個法國銀行主管。那些銀行主管說，「你們從卡慕身上賺了很多錢，這是你們的問題，不是我們的。」他反駁，「我們對卡慕有承諾，也會遵守，我們會買下承諾過要買的那些干邑白蘭地，就這樣，其他就是你們的問題了。」菲尼和帕克走出那家銀行。根據摩根士丹利估計，「卡慕海外有限公司」價值六億美元，但「最後我們一切免費奉送給卡慕，把全球經銷權還給他們，以求脫身」，帕克說。

至於在一九六五年離開DFS、追求個人事業的司特齡和默斯代特，在聽說這家他們也曾占股的公司，發生了高達數十億美元的股權交易之後，也想過當初是否應該離開。「我想我早走了幾年，」司特齡說。「我不後悔，但如果留下一定很棒！」「我遺憾嗎？」默斯代特說。「換了任何腦袋正常的人都一定會說，『那當然！』」

賣掉DFS股權後，菲尼和帕克從這筆錢中撥出一部分來，安排將支票送給公司內兩千四百名長期員工。菲尼拿出兩千六百萬，帕克拿出一千三百五十萬。符合資格的包括年資滿五年的管理人員，以及年資滿十年的員工，還有之前五年內退休、年資滿十五年的員工。在附上的信中，菲尼說這筆錢是禮物，「用以顯示我們的善意、珍惜，以及友好之情。」

這幾乎是企業界前所未聞的慷慨之舉。菲尼和帕克收到幾百封感激的員工寄來的信，他們之前完全不曉得會收到這些支票。一名檀香山的生產經理描述員工們打開信封時，紛紛「驚喜大叫，掉淚，有些人還緊張得必須坐下——因為收到一份慷慨的禮物，出現了各式各樣的情緒反應」。

一名在威奇奇灘免稅店工作的女職員告訴帕克，她得到通知說有一份禮物給她時，她還期待會是手錶或皮包。「然後第二天我去上班，有人遞給我兩個信封，我先打開你那封，心臟停了一下，我嚇到了，完全無法思考。我哭了又哭，就是無法相信。然後我打開菲尼先生的信！有個經理還得過來安撫我半天，我才有辦法開始值班。」

DFS內部很多人懷念菲尼和帕克擔任股東時期的歲月。兩個人——尤其是菲尼——都在DFS反覆灌輸一種關懷他人的企業文化，貝勒密說。「查克總是關心小人物、銷售小姐，還有他們的家人。」DFS一度是個快樂的企業，從上到下人人都愛這個公司。「我們年底總是會辦派對，管理人員會穿上滑稽的服裝，上台告訴銷售小姐他們有多棒。我們薪水好，福利好。大家都不懷疑，這大概都得歸功於查克。」

二〇〇六年一月在威奇奇灘，一群ＤＦＳ員工公開表達不滿，因為自從那次公司股權易手後，他們的福利和工作條件日益惡化。他們說，以往原始股東所採用的員工醫療保險、獎學金、紅利的水準，都已經是往事了。謠傳ＤＦＳ環球免稅店繼九一一事件重創航空旅遊業之後的大幅裁員，還會進行進一步裁員行動。

「現在來夏威夷的日本遊客更年輕，而且都來過好幾次了，」菲爾·方說，他曾在夏威夷ＤＦＳ的檀香山倉庫擔任存貨管理員，現在在當地經營牛仔褲生意。「ＤＦＳ現在的重點更偏向於節省成本與效率。跟賣掉之前的企業文化百分之百不同。」他提起一九九八年，他被上司要求，去告訴ＤＦＳ檀香山會計部門三十個員工，說他們全都得走路。他一完成這個不愉快的任務後，上司就告訴他，他的職位也被砍掉，他必須立刻離開。

二〇〇六年一月，在夏威夷威奇奇灘的ＤＦＳ環球免稅店，一名年老的日裔銷售助理一聽到有人提到菲尼的名字，立刻開心地笑瞇了眼。她雙手緊握。「啊，我記得菲尼桑。大好人。他給了我一萬美元。帕克先生給了我兩千五百元。我接到那兩張支票時，我丈夫說，『你算算，有好多個零！』我們心中充滿感激！」

---

* Airy Routier, *L'ange exterminateur: La vraie vie de Bernard Arnault* (Editions Albin Michel S.A., 2003).

IV

捐出去

第26章
錢，不能支配我的人生

查克把他基金會所擁有的DFS股權出售，意味著他匿名的日子也即將告終。他交給「智者」和最高法院的資料，都揭露了他已經將他在這個免稅王國的股權，祕密轉移到他的慈善基金會，消息隨時都可能被媒體取得。在這個本來就已經被種種投資和財產塞得爆滿的藏寶箱上頭，加上出售DFS所得到的十六億美元之後，菲尼的基金會實在太龐大了，要逃過媒體注意不可能太久了。

戴爾擔心，如果不好好處理公關問題，人們會懷疑基金會的這些錢不乾淨。兩年前，曾有人把匿名捐贈當成犯罪的工具，犯下美國慈善機構有史以來最大的詐騙案，當時由基督徒商人班奈特（John Bennett Jr.）在費城地區創辦的「新紀元慈善基金會」，詐取了一億三千五百美元捐款，方法是請捐款人在某個固定期間，捐出龐大金額給他的基金會，而一批祕密捐款人則會相對捐出同樣的金額——結果這些祕密捐款人根本不存在。

一九九七年一月十三日，揭開「大西洋基金會」祕密的策略已經擬定，開始付諸行動。這天，該基金會服務公司的總裁弗萊許曼打電話給《紐約時報》的發行人薩茲柏格（Arthur Sulzberger），要求趕緊碰個面。他們是多年老友，但擔任杜克大學（Duke University）法律與公共政策教授、一度還曾為《浮華世界》（*Vanity Fair*）撰寫葡萄酒專欄的弗萊許曼，卻從沒告訴過薩茲柏格，他也暗中在為一個大型的全球慈善機構經營服務公司。

薩茲柏格當時感冒了，於是邀弗萊許曼到他位於第五大道的公寓。弗萊許曼見面後告訴他，「唔，我以前一直不能告訴你我真正的工作。之前你問起，我總是含糊其詞。現在我可以說了，因為再過十天，我們就要宣布這個組織的存在，我們可以提供《紐約時報》獨家新聞。」

這則報導預定於一月二十三日星期四登出。《紐約時報》資深主編歐瑞斯基（Michael Oreskes）派記者蜜勒（Judith Miller）和強斯頓（David Johnston）負責報導並確認一切內容。他們確定菲尼的慷慨捐贈和他對保密的狂熱的確是獨一無二。他們曾打電話到華府的凱卓律師事務所（Caplin & Drysdale），請教一名慈善事業相關法律的專家綽耶（Thomas Troyer），他向這兩位記者保證，「這種事我從來沒聽說過。」不必別人說，強斯頓很清楚這個祕密的公布有多麼重要。好幾年來，他一直知道有一個很大的慈善人物，會定期資助全球各地的大學和非營利組織，但只知道他叫「無名氏」。

唐納・川普的相反詞

一月二十二日，在曼哈頓中城的一家餐廳裡，戴爾告訴三個學校裡的同事，次日《紐約時報》將會報導，他是全世界最大私人慈善基金會之一的總裁。他親近的朋友沒人知道他的祕密生活。戴爾已經成為紐約大學法學院「全國慈善事業與法律研究中心」的主任委員，卻從沒告訴其他委員，這個研究中心的資金是從哪來的。他告訴他們，他知道公布這件事是正確的，但他會懷念以前匿名的日子。

同一天，在事先安排好的情況下，菲尼拿起舊金山機場一具公用電話的聽筒，伴著背景中噴射機引擎的轟然聲響，打電話給《紐約時報》。他告訴蜜勒，他準備要將他的祕密公諸於世，他不是財經版常提到的億萬富豪，因為他早就把一切財產、包括DFS股權和其他企業，捐給他的兩個基金會：設於百慕達的「大西洋基金會」和「大西洋信託」。他個人的財產不到兩百萬美元，這件事只有親近的家人和朋友才知道。過去十五年，他——或該說他的基金會——已經捐出六億美元給美國和全世界各地，用於慈善工作。現在他計畫把其他的也捐出去——在DFS股權賣掉後，總計約三十五億美元。

「我只是決定，我的錢已經夠用了。錢不能支配我的人生。我是那種表裡如一的人，」菲尼告訴蜜勒。「對某些人來說，錢很有吸引力，但你一次也只能穿一雙鞋。」他透露了一些他個人生活方式的細節。沒錯，他的朋友說他搭經濟艙是真的，他戴十五美元的手錶也是真的。

次日《紐約時報》以顯著位置報導這則消息，標題是「他捐出了六億美元，但沒有人知道」。蜜勒那篇一千八百字的報導非常正面。文中描述過去十五年來，這位出身新澤西州的商人如何捐出大筆金額給各地的大學、醫學中心，以及其他受惠對象——但因為他太會保密了，因此「大部分收到捐款的人都從來不知道捐助人是誰」。蜜勒報導，這位捐款人查爾斯．F．菲尼把自己的形跡隱瞞得很好，因而財經雜誌多年來都估計他的身價有數十億，根本不曉得他早就捐出了一切。她的報導繼續引用幾位受贈對象的話，這些人多年來發誓保密憋了很久，現在終於獲得解放，紛紛熱情讚美菲尼的捐獻方式，以及這些捐款對自己的幫助。

菲尼雖然準備好要跟《紐約時報》談話，但還是不答應拍照。他很高興該報唯一能找到的照片，是十七年前拍的，看起來年輕多了。

這個小心計畫過的公布行動，並不是事事順利。《紐約每日新聞報》（*New York Daily News*）的杜懷爾（Jim Dwyer）當天也報導了這件事。「他得到線報，拚命打電話找我。」戴爾回憶，他拒絕接電話。杜懷爾對菲尼的報導也極為正面。「我對他很好奇，」杜懷爾回憶，他之前去愛爾蘭報導和平進程時，曾在當地遇到菲尼。「數十年來，怪誕消費和鋪張作風盛行於美國社會，豪奢之舉不以為恥，反而沾沾自喜，而菲尼完全相反。他徹底扭轉了那種奢侈觀，對抗我們社會種種不可取的常規。」

「如果唐納・川普過著完全相反的生活，」他在報導中寫道，「那就會是查克・菲尼。」

菲尼的姊姊阿琳從新澤西州打電話給他，說他上了《紐約時報》的頭版，查克假裝很驚訝。她叫他出去買報紙，「不要等到幾天後才去公共圖書館看免費的。」一個熟人則以為菲尼死了才會上報，還從夏威夷打電話給他的秘書致哀。

公諸於世那天，戴爾發出一份長達二十三頁的正式聲明給媒體，希望能平息該基金會設立於百慕達所可能引起的負面懷疑。他還公布了慈善基金會的董事會名單，以表明這些董事都是名列美國慈善界和教育界的頂尖名人。

直到一九九〇年代中期，這個基金會還是只有四名董事，分別是菲尼本人、戴爾、馬區，以及祖爾，後來馬區警告，「如果董事會只有菲尼和兩名律師和一名銀行家，在決定要怎麼用這麼多錢，看起來就好像其中的確有鬼。」於是董事會才有所擴充。就在售出DFS股權前那段時期，「大西洋基金會」聘任了一些新董事，包括洛克斐勒家族的顧問及麥克阿瑟基金會副董事長馬康梅克（Elizabeth McCormack）；英國「裴瑞多夥伴」創投公司（Pareto Partners）共同創辦人、同時也是倫敦政經學院和金斯頓大學（Kingston University）董事的道吞（Christine Downton）；數個聲譽卓著之組織的董事長、也是在DFS那場戰役中菲尼的首席律師許瓦茲；康乃爾大學卸任校長若茲；以及哥倫比亞大學榮譽校長索溫（Michael Sovern）。

在那份正式聲明中，也公布了從一九八二年以來的一千五百筆、共計六億一千萬美元捐款中，有兩億九千一百萬美元用於高等教育，八千九百萬美元用於兒童與青少年，四千八百萬美元捐給非營利組織，兩千三百五十萬用於老年和醫療。另有一億四千八百萬捐給海外慈善組織。最大的單一受贈對象是康乃爾大學。這份聲明中還列出了二十七名獲得授權的捐款受贈者「代表」，可以證實他們曾經收到捐款用於不同的計畫。聲明中還指出，普華會計顧問公司可以向媒體擔保，他們多年一直祕密為「大西洋基金會」與「大西洋信託」擔任會計稽核工作。

戴爾手下的主任潘吉（Chris Pendry）隨後狂發傳真給數百個捐款受贈者，他們之前只知道那些錢來自一個紐約的顧問公司，代表一群匿名捐贈者。現在他們正式接到通知，前述說法是虛構的。其實只有一個匿名捐贈人，就是查克・菲尼。

戴著廉價手錶的大亨，有著一顆純金之心

這個消息轟動了美國慈善圈，原來有這麼一個先前沒人知道的活躍基金會，如果是在美國登記的，就會是全美第四大的慈善基金會。其資產僅次於福特、家樂氏（Kellogg），以及嬌生基金會。比皮烏（Pew）、禮萊（Lilly）、麥克阿瑟、洛克斐勒、美隆等基金會都要大，但其專職工作人員很少，包括美國和海外，總共只有數十人而已。

蜜勒這篇正面的報導為其他人定了調。平面媒體與電子媒體熱心報導這位祕密捐贈人，他實在太沒名氣了，因而有個電視網還在電視上播出錯誤的照片。全美國各地的報紙都刊載了美聯社一篇熱情洋溢的報導，例如菲尼的家人和童年朋友們看到的、新澤西州紐華克的《星報》（*The Star-Ledger*），其標題是：「企業大亨戴的手錶也許廉價，但他慈善的心卻是純金的。」（譯註：英語中「純金的心」意指心地善良。）百慕達的《皇家公報》（*Royal Gazette*）則欣然指出，「百慕達謹慎的銀行法令，為他的祕密贈與行動提供絕佳的掩護。」

在《華盛頓郵報》上，劇作家希區考克（Jane Hitchcock）建議菲尼恢復「無名氏」這個好名字，她還提議為了向他致敬，應該設立一個「無名捐贈人之室」，供人們在裡面思考去做一些「既滿足又合法的事情，不會被任何人發現」。

《時代》週刊也公然表示讚揚，一九九七年該雜誌選出的年度人物是晶片霸主英特爾（Intel）的董事長兼執行長葛洛夫（Andrew Grove），但該雜誌將菲尼、黛安娜王妃、聯準會主席葛林斯潘（Alan

Greenspan）並列為第二名，「菲尼的捐贈善行，已經讓他名列最了不起的美國人之一，有朝一日可能會讓他成為有史以來最慷慨的美國慈善家。」在一個擴張的年代，「菲尼證明了謙卑之心依然搏動。從許多方面來說，這個真相的揭露，比他所捐贈出去的金額，還要令人感到欣慰。」

菲尼善行的新聞讓哈沃爾很高興，哈沃爾曾經因為厭惡ＤＦＳ各股東累積財富的作風，於一九七年離開ＤＦＳ，後來成為「好便宜」連鎖百貨的執行長。「我剛讀到有關查克匿名的慷慨慈善行為時，立刻想到當初我離開ＤＦＳ的原因，也想到我完全誤解了他。」他說。

菲尼收到幾百封康乃爾校友、愛爾蘭裔美國人、生意上所認識的人、受贈者，以及伊麗莎白鎮以前老同學所寄來的信，充滿溫暖、驕傲，並讚美他的行為。可口可樂前總裁基歐寫信給菲尼說，「你是我們所有人的榜樣。」菲尼早年在免稅業的夥伴阿德勒，則寫信讚美他達到了猶太信仰中的慈善境界，亦即匿名贈與他人，好讓他們能自給自足。

他的康乃爾老友安提爾寄給菲尼一封信，說《紐約時報》漏掉了重點——他對人類最大的貢獻是介紹他認識他太太安（Ann）。菲尼回信說：「很高興得知這點。不過我想你沒看到上頭的小字。婚姻介紹費要抽終身收入的一成。附記，如果婚姻不保，一成介紹費原款奉還。」以前在康乃爾幫他做三明治的老友杜蘭，此時已經是獸醫學教授，住在威斯康辛州麥迪森市，他回憶看到這個新聞時很高興。「另外順便問他一聲，因為我是他第一個員工，他什麼時候要發退休金給我？」

蜜勒常常報導恐怖主義活動（後來將因為不肯透露布希政府洩漏消息的來源而入獄），但她對於菲尼支持愛爾蘭共和軍的政治分支新芬黨，卻只是一筆帶過。大部分美國人對於北愛爾蘭的衝突所知甚少。至於了解情況的愛爾蘭裔美國人領袖，都很重視、甚至是敬畏菲尼對他們先祖那塊土地邁向和平的貢獻。只有一封批評的信登在《紐約時報》上，署名者是康乃迪克州菲爾費德城（Fairfield）的福林（Thomas Flynn），他不懂菲尼怎麼會「被愛爾蘭民族主義的謊言唬過，以為他捐給新芬黨的錢只會用於非暴力活動」。

在愛爾蘭，則是出現了更多公開讚許之聲。都柏林的重要日報《愛爾蘭時報》將焦點集中在菲尼揭露了他贈與愛爾蘭各大學的巨額捐款，並將他的慈善行為跟愛爾蘭最富有的商人之一歐萊利（Anthony O'Reilly）比較。「這兩位做法的主要差別非常明顯，」《愛爾蘭時報》的哈瑞森（Bernice Harrison）寫道，「菲尼先生大部分都是匿名捐贈……歐萊利博士的捐款則非常公開，而且或許能夠替這位商人買到某種不朽名聲。」

英國小報對菲尼的報導大體上都很正面，但《每日鏡報》（*Daily Mirror*）一篇標題為「捐助新芬黨四十億引發憤慨」的報導中，宣稱這位「年老怪異」的億萬富豪所捐給新芬黨的捐款，引來「憤怒的和平團體與新教徒」的抨擊。但文中所引用的，只不過是兩個跟壓力團體「對抗北愛爾蘭威脅與恐怖的家庭」有關的人，這個壓力團體大力反對武裝部隊以槍擊穿膝蓋的懲罰，同情親英派的愛爾蘭裔美國人也曾捐款資助他們。其創辦成員之一葛瑞希（Nancy Gracey）向該報抱怨菲尼：「就是那批人引起這一切傷害和痛苦，他還捐錢給他們。」但《鏡報》也注意到，菲尼是「不偏頗於某個特定派別的捐款人」，對北愛爾蘭兩派都曾捐助。

一篇題為「查克有一顆純金的心」的社論，則在結語中說，在一個充滿貪婪的世界裡，菲尼先生的慈善行為「與眾不同又令人耳目一新」。

事實上，和平團體對菲尼一點也不憤慨。光是跨黨派的重要和平團體「合作北方」——後來更名為「合作愛爾蘭」（Cooperation Ireland）——就收到了「大西洋基金會」一千萬美元的捐款。許多這類非營利團體，都是仰賴菲尼和「大西洋基金會」的資助才能存在。「和解與人權，都是愛爾蘭需要資助的重要領域，我們希望能看到其他人也捐助這類團體。」菲尼說。「媒體上說，我所資助的北愛爾蘭人有一半是共和派；但推演下去，那是因為另一半一定是親英派。」

希利本來很擔心「大西洋基金會」貝爾法斯特辦公室那些工作人員的安全，怕萬一有人誤解菲尼對和平的貢獻，引來「親英派的人來扔炸彈」，於是他找了一家國際保全公司「國際風險管理」（Risk Management International）諮詢。「我們的憂慮毫無根據。我們在貝爾法斯特根本一通電話都沒接到，在貝爾法斯特過得好得很。至於愛爾蘭共和國那邊，則是收到一大堆募款申請。」

揭祕行動，成功！

出售ＤＦＳ股權，導致許多人對菲尼在愛爾蘭的角色有所評價，其中一個評價的確讓菲尼很心煩。這個意見出現在魯提耶在法國所出版一本談阿諾的專書。「與繼承的概念相反……菲尼把他的錢捐作各種不同的慈善之用，但他也同時捐給愛爾蘭共和軍，成為其背後的金主之一，」魯提耶寫道。「菲尼向阿諾保證，出售ＤＦＳ股權將能讓他資助醫療研究。但只有天主教的上帝和菲尼，才知道他會怎麼利用LVMH給他的錢！」

菲尼曾定居法國，很多當時所認識的朋友都會看到這些中傷文字。而且菲尼的兩個子女茱麗葉和派屈克就住在法國，朋友們曾問他們，「令尊支持愛爾蘭共和軍嗎？」他們看到自己的父親有多麼傷心。「真是太爛了，」他女兒萊絲麗說。「他是這麼一個和平主義者，人道主義者。那些影射對他太不公平了。那本書真的讓他很火大。」

幾年後，澳洲維多利亞省議會一名來自渥倫戴特選區的自由黨議員杭尼伍德（Phillip Honeywood）在議會辯論中宣稱，墨爾本理工學院（Melbourne Institute of Technology）收到的捐款是來自「一個百慕達的組織，查爾斯．菲尼先生，他長年是愛爾蘭共和軍的大金主」。墨爾本的主流大報《時代報》（*The Age*）次日報導了這番評論，標題是「省議員表示，大學捐款人與愛爾蘭共和軍有關」。這番評論也讓菲尼很「火大」，他說一個小政客「沒有別的辦法吸引媒體注意，非要來惹我不可」。這篇報導一時引起「大西洋基金會」某些澳洲受贈對象的恐慌，直到他們跟愛爾蘭的熟人打聽過後，才知道不是這麼回事。

一切塵埃落定，且媒體的關注也逐漸褪淡之後，戴爾為了這次公布行動的成功，向基金會的每個人道賀。「那篇《紐約時報》的報導，還有隨後的國際媒體報導，都對我們讚許有加。」他在一篇給董事的報告中，寫到這件他們基金會歷史上「最重大的事件」。「我們最害怕的扭曲，或是不利於我們的『詮釋』全都沒有發生。」事實上，他誇耀說，他一個曾服務於柯林頓總統「外國情報顧問委員會」的「特務」朋友曾說，這次菲尼公布真相是「一次大為成功的行動」。

撇開一切，菲尼和戴爾還是不打算放棄他們的保密作風。在售出ＤＦＳ股權之後，「大西洋基金會」和「大西洋信託」統稱為「大西洋慈善事業」，然後隨著公布行動的結束，又再度恢復保密的沉潛狀態。匿名捐贈讓他們可以避免「排擠效應」——一個高知名度又富有的捐贈人，往往會讓其他潛在的捐款人改變心意，不願意捐款給同樣的單位——戴爾在他的報告中如此指出。「對於捐款的方式，我們還是堅持兩個長年的原則：我們不接受未經請求的申請案，我們堅持受贈者對捐款來源保密。」「大西洋慈善事業」發給所有受贈人一份通知，用粗黑的醒目字體表示他們，除非特別經過授權，否則他們依然要遵守保密的承諾。「當初要求諸位不能透露捐款來源的捐款條件，至今依然有效。」通知上如此宣布。「請確保貴組織相關人員了解這點。」其他的規定也依然不變：不准宣布頒獎給他們，受贈人還是必須簽訂保密文件，並承諾不會聯絡捐款人。

正當各方焦點集中在ＤＦＳ的股權出售案時，菲尼的各種投資帶來了更多巨額進帳。一九九六年，他在諸如Priceline.com股份有限公司、E*Trade Group股份有限公司、Sierra Online以及Baan公司的投資，得到了共四億零三百萬美元的資本報酬。而一九九五年將Legent公司的股權出售給Computer Associates，則又帶進了一億七千三百萬美元。

現在基金會的四十億美元總資產中，十億屬於「國家」，亦即企業和財產；其他的則屬於「教堂」。「大西洋基金會」剛創辦時，其資產的九〇%屬於「國家」，而流動形式的資產只有一〇%。但現在現金所占的比例，已經上升到七五%。往後還會繼續上升。經過二十多年的收購和擴張之後，菲尼現在要逐漸結束他的多國企業集團，或者就像戴爾在他給董事們的書面報告中所說的，帶領「通用大西洋集團」的各種企業進入「成熟收割期」。

「通用大西洋集團」有個對基金會有利的「引爆點」，奧克思利回憶，從那時開始，「我們就處於一條新軌道上，開始放棄經營各種資產。」他們已經開始一些出售的處理過程，把倫敦的「加農健身俱樂部」以四千萬美元賣給瓦爾登公司（Vardon）——亦即知名的「倫敦地牢」（London Dungeon）博物館當時的業主。另外德州和奧克拉荷馬州的「獎章」連鎖高級飯店，則在一九九八年一月售出，帶進了額外的一億五千萬美元。

戴爾在他一九九〇年代初期的報告中曾指出，他們資產的流動性太小，以致造成「受贈者和我們都極度痛苦」——指的是波灣戰爭期間，DFS的紅利大幅縮減。現在他們再也不必擔心紅利縮減了。出售了DFS股權後，「大西洋慈善事業」有能力每年捐出資產額的五%以上。「即使我們的資產額將隨著時間而逐漸減少。」百分之五就是每年約兩億美元。在前一年，他們已經捐出總計一億四千萬美元。現在他們可以捐的數字，要比前一年多出太多了。

再度消失，遁入無名氏狀態

在那篇《紐約時報》的報導之後，一大堆人都想找菲尼。美國各電視網都吵著要訪問他。然而，在舊金山機場的那通電話後，菲尼好幾年都沒有接受過任何媒體採訪，哥倫比亞廣播公司的新聞節目《六十分鐘》製作人每隔一陣子就跟菲尼的基金會聯繫，要請菲尼上節目，但基金會也置之不理。他在舊金山機場以公用電話接受蜜勒的採訪之後，就飛離美國，進行他頻繁的環遊世界之旅。

在遭遇過各種他無法控制的狀況下被公然報導之後，他決心再度消失，遁入他以往慣常的無名氏狀態。戴爾建議過，在旅行途中碰到跟拍的狗仔隊應該如何應付。他雇了一名專業攝影師，示範如何防止別人拍到清楚可辨識的照片。他把建議轉達給菲尼：攝影師拿起照相機時就閉上眼睛，或者一隻手遮住鼻子和嘴巴。

不過菲尼破例過一兩次，顯示他對愛爾蘭人特別偏心。有回他在一家舊金山餐廳裡，被愛爾蘭人馬林斯（Gerry Mullins）認出來，過來希望他支持一部紀錄片，內容是有關知名攝影家蘭恩（Dorothea Lange）在愛爾蘭所拍攝的一批照片，菲尼很熱心地回應，結果就是一部得獎的紀錄片《送出的照片》（*Photos to Send*），由馬林斯和愛爾蘭裔美國人林區（Deirdre Lynch）共同製作。

然後在一九九七年，《美國愛爾蘭人》雜誌選出他為年度愛爾蘭裔美國人，他答應親自領獎，讓他的朋友歐道得嚇一大跳。菲尼厭惡這種表彰自己成就的場合，但他喜歡歐道得，於是答應參加在紐約西五十二街「二十一俱樂部」所舉辦的頒獎午宴。歐道得向兩個全國性媒體的朋友透露這個消息，一個是《紐約時報》專欄作家道得（Maureen Dowd），另一個是紐約《每日新聞報》的杜懷爾。

在午宴中，菲尼告訴兩位專欄作家，他在康乃爾大學念書時，曾填寫一份有關金錢和金融主題的問卷，得到的教授評語是：「你有寫作的才華，但卻沒有關於金錢和金融的知識。改學新聞學吧。」道得問菲尼第一次公開演講會不會緊張。「唔，他們答應給我二十元做這場演講。」他打趣道。

「在這個時代，人人都努力在各種地方印上自己的名字，因而菲尼對匿名的渴望特別令人感到驚奇。」道得在《紐約時報》的專欄中如此寫道。「他是老電視劇《百萬富翁》（*The Millionaire*）裡那位慈善富翁提普登的真實版，他不露臉，只交代秘書捐錢給某個不知情的人一張一百萬美元的支票，條件是不能對外透露捐款人是誰。」

杜懷爾則回憶，菲尼的演講就像某個沒準備的叔叔在婚宴上的祝酒致詞，而菲尼對自己這場演講的評語則是，「夠了，我再也不做這種事了。」

菲尼之前不願意曝光的原因之一，是擔心他的生活再也不會一樣了。但那場午宴之後，道得注意到他穿著一件灰色舊風衣、頭戴花呢扁帽徒步離去，過路行人沒有人留意他，而其他企業界名人則紛紛爬進自己的豪華禮車。公布慈善基金會的事情之後，菲尼其實仍可以退回自己半匿名的狀態，在紐約街頭叫計程車時不會被認出來，在克拉克小館的角落裡用餐時，侍者也都假裝不知道他是誰。他遍布全世界的各路朋友——學者、建築師、醫學專業人士、作家、藝術家、律師——都出於忠誠和感激，努力保護他的隱私。

「戴爾以前老嚇唬查克，讓他相信如果他公開的話，他的生活就會有很大的轉變，所以哈維就把事情搞得像中央情報局似的。」菲尼以前的法律顧問漢能說。「但我想查克發現，他的生活一點也沒有改變。他在克拉克小館並沒有得到更好的服務。」

第27章
保險箱裡裝滿了十六億美元

一九九七年四月二十七日，DFS股權售出後四個月，菲尼在舊金山機場等飛機時，看到《舊金山觀察家報》（*San Francisco Examiner*）後頭版面上有一篇只占一欄的報導。標題是「美國基金會是許多越南貧民的最後希望」。記者海麗斯（Sandra Harris）報導一個母親生了七個小孩，全家住在越南一個單間小棚屋中，沒有窗子也沒有門。她沒辦法養活自己的子女，只能仰賴設於洛杉磯的一個人道組織「東方遇見西方基金會」（East Meets West Foundation）。但這個組織的越南主任康若伊（Mark Conroy）在報導中表示，該基金會之前從美國國際開發署拿到了五年四十萬美元的補助，現在只能再撐五個月，如果沒有新的資助進來，他們可能就無法再幫助這些窮人了。

菲尼撕下那篇報導。等他再度回到舊金山，便要求「泛太平洋」辦事處的行政經理碧昂琪（Gail Bianchi）去查「東方遇見西方基金會」的狀況。

儘管已經年屆六十六歲，菲尼還是不考慮退休。還早呢。他跟家人說，3G——高爾夫（golf）、孫子女（grandchildren）、園藝（gardening）不適合他。投資新事業對他已經是往事，但他決定把時間奉獻在慈善事業中。他變得更執著於生前捐贈。

「我們賣掉DFS時，世界就變了，」菲尼回憶。「我們的保險櫃裡裝滿了那次交易得到的十六億美元。我覺得我們可以拿那些錢去做更多好事，可是挑戰在於，要用在哪裡？」他的慈善事業往往是靠機緣，但他也不會隨便亂捐。他會調查並詳細審核，有時先捐幾筆小額款項以測試一些人。通常都要看他直覺上認為負責運用捐款那些人的素質如何。

然後他得知，「東方遇見西方基金會」由一位越南裔女子黎莉・海斯利普（Le Ly Hayslip）創辦，她身為越戰受害者的一生，曾被導演奧利佛・史東（Oliver Stone）拍成一九九三年的電影《天地》（*Heaven and Earth*）。她本名馮氏黎莉（Phung Thi Le Ly），生於越南中部大城峴港一個信奉佛教的小村奇異村（Ky La），小時候就加入越共，十五歲時曾被南越軍隊抓去刑求，可是後來又被越共錯判為叛徒，迫使她逃離家鄉。

她靠著小聰明設法求生，一度還曾在美軍基地賣淫，但一九六九年，她嫁給一位美國公民，他安排她來到美國。四年後他死了，黎莉再嫁給一名美國人海斯利普（Dannis Hayslip），他在一九八二年過世，留給黎莉一筆信託基金，讓她得以投資致富。她寫過兩本書敘述自己的一生*。一九八七年，她創立了慈善團體「東方遇見西方基金會」，致力於改善越南最貧苦人民的健康與福祉，並藉著建學校、提供安全的飲用水，以協助這些貧民能自力更生。

這個故事深深吸引了菲尼，他相信幫助他人的目的，就是要讓這些人能幫助自己。他同時認為，越南人受到美國不公平的對待。

「我看過很多談美國參與越戰的書，」他說。「這是一場美國贏不了的戰爭。越南最讓我深有感覺的一件事，就是我覺得整個概念似乎都是錯的……闖進一個村子，屠殺那些農民家庭。在對一個我們不可能擊敗的民族展開戰爭後，美國空軍上將勒梅（General Curtis LeMay）曾說，『我們要把他們炸回石器時代。』然後我們又對他們實施貿易禁運。坦白說，如果你不能跟美國做生意，就等於不能跟任何國家做生意了。這是個懲罰。現在美國已經跟越南恢復貿易往來，我覺得這是正確的，也是應該的，因為我們曾那樣對待過越南人民。」

在蛇鼠出沒的山洞，東方遇見西方

菲尼約了「東方遇見西方」的執行主任史都華（Mark Stewart）到舊金山碰面談談。史都華以前是海軍陸戰隊軍人，曾在峴港受重傷。「他來的時候可能不是太興奮，不過他離開時很高興，因為查克跟他說，『這樣吧，我會給你十萬元，你拿去看要怎麼用。』」康若伊回憶。事實上菲尼還告訴史都華，「下次回來告訴我，看你做了些什麼。如果我覺得不錯，唔，那我口袋裡還有很多錢，或許我們可以再進一步合作。」

「東方遇見西方」把那十萬美元用來修建幾所小學和幼稚園，並設立一些淨水系統。史都華把他們做的事情向菲尼報告，菲尼很快又捐了二十萬美元給他們。這是菲尼的作風，要先看看初期捐款如何運用，才決定要不要給予大額捐助。菲尼也喜歡從以前的經驗中找信得過的朋友，去幫他看看事情進行的狀況。他打電話給當時住在舊金山近郊的馬圖謝克，建議他去越南跑一趟，看看「東方遇見西方」的相關人員素質如何，了解他們所進行工作的型態，同時看共黨政府是否會干預。

馬圖謝克於一九九八年初飛到胡志明市（舊名西貢）——這是他第一次去，往後他將會去十來次——然後來到峴港，找到康若伊，向他自我介紹。康若伊這位越南主任花了一個星期，帶他看不同的工作項目。看到那些貧苦的農村父母無法妥善照顧自己的兒女，馬圖謝克深有感觸。平常騎著腳踏車穿過稻田去拜訪農民的康若伊，帶著馬圖謝克去看他們在峴港郊區蓋的「慈善家屋」：一棟棟小而乾燥的磚造建築，裡頭有抽水馬桶，每棟造價只要一千美元出頭。在越南，很多人的家是用油布蓋的，會漏水，也沒有抽水馬桶或烹飪設施。

馬圖謝克向菲尼回報，說他對那些工作人員以及他們的工作成果印象深刻，當地也沒有政府干預或官員索取回扣的跡象。此外，百慕達匯款到越南沒有任何管制。

一九九八年十月，菲尼飛到越南，還找了《舊金山觀察家報》那篇報導的記者海麗斯同行。他從胡志明市飛到東岸的峴港，親自去看看「東方遇見西方」的運作狀況。

「查克進了我辦公室坐下來——大家都把我那辦公室稱為『山洞』，」康若伊回憶。「裡頭常常有蛇和老鼠，還有各式各樣山洞裡面會有的東西。後來他又進了廚房，跟我談了大約有兩小時。現在回想起來，我真有點不好意思，因為我一直盤問查克的目的是什麼，還問他對這個組織有什麼興趣。當時『東方遇見西方』的董事會已經查出查克是誰，他們一直在問，『怎麼回事？這個有錢人是什麼來頭？他對我們這個小組織有什麼興趣？』他們很擔心查克會進來接管這個組織，做他想做的事情。我也聽到了一些風聲。於是我問他，『查克，你為什麼來越南？你想在這裡做什麼？』他說：『我只是覺得越南受到不公平待遇，我想幫忙。』其實他不必再多說什麼，這樣就夠了。」

菲尼來到越南的時機，對康若伊來說真是再恰當不過了，他當時的經費只夠照顧一家孤兒院和峴港的一家主要醫療中心，另外再做一些小額募款和借貸。基金會的錢緊得要命，他不得不去找進入峴港的觀光遊輪，向那些西方遊客介紹基金會的工作，好設法當場募款。

他們在「山洞」裡交談時，康若伊逐漸明白，菲尼有興趣做的是可以大幅改善人民生活的大型計畫，需要的經費當然也很多。「他對一般很基本的東西好像興趣就沒那麼大，以他的財力，他可以做太多事情了。他希望能造成更大的影響。他相信，如果你教育人民，他們就可以發展自己的國家。我們是個小組織，所以想法是從下往上，設法讓小孩健康成長，讓他們受教育；但查克則是從上往下想。我們雙方剛好能配合。」

他帶這位美國訪客到峴港的醫院，得知該院非常需要設立一個新的燙傷醫療中心。在醫院裡，菲尼問那些主管，他們其次迫切需要的是什麼。他們說，他們很想整修十分破舊的小兒科中心。菲尼說，「那我們何不兩個都做？」

離開醫院時，菲尼問：「你想那要花多少錢？」康若伊回答：「可能三十萬美元左右吧。」回到山洞，菲尼給了他「一位哈維．戴爾先生」的詳細聯絡資料，並要求他替醫院的兩個建設計畫寫一份提案。「我把一堆資料寫在一張紙上，寫了有四分之三頁，」康若伊說。「然後查克說，『看起來不錯。』接著在上面簽名，傳真給哈維。一個月後，錢就匯來了。」

被越南吸引，就好像飛蛾被火吸引

從那時開始，菲尼就成為越南的常客。在峴港這個越南第四大城，他下榻在一晚二十五元美元的旅館裡，然後到各個醫院和學校探險，經過的街道上充滿出租三輪車、計程摩托車，以及身穿飄逸白長衫騎腳踏車的女學生。

他會確保「東方遇見西方」把錢持續用在改善淨水系統、學校、幼稚園、慈善家屋上頭，不過「他絕對不會以任何形式接管這個組織」，康若伊說。而菲尼則說：「他們會說，『好吧，這個月我們要把重點放在小學，或幼稚園。』然後我們就會資助他們。」一九九〇年代的後半期，「東方遇見西方」只蓋了二十四所學校，但有了新的金主之後，光是在二〇〇一年，他們就蓋了四十八所學校。

菲尼開始認真調查越南的教育與醫療需求。他閱讀種種調查與分析資料，還找了海麗斯去和康若伊工作六個月，交出一份針對越南學校教育系統的報告：「困境中的教育」。他帶了越南的英語報紙回美國，設法從各種點滴資訊中了解這個國家。

就像他對愛爾蘭幾乎每個大學都做過的，菲尼順道去了峴港大學的校長室，問校長對未來有什麼計畫。當時最迫切需要的是一所新的圖書館，但該大學花不起這個錢。菲尼安排了需要的七十萬美元資金，透過「東方遇見西方」轉過去。康若伊有天接到一通電話，要他到胡志明市的瑞克斯飯店（Rex Hotel）見菲尼。「他告訴我，『那個圖書館需要一具好電梯。我已經花了兩天找電梯。這裡的奧的斯（Otis）電梯做得不好，只是把零件拼湊起來而已，我找到唯一好的電梯是迅達（Schindler）。』」

他帶康若伊去找迅達公司的人，跟他們說，「我要你們跟他合作。」此時康若伊才恍然大悟。菲尼正在計畫要買很多電梯。這所圖書館只不過是頭一個。

「他建構案子有一種傾向，他會跟好的機構以及好的領導者合作，然後建築好的設施去支持他們的計畫：他喜歡創造有形資產和機構，當成主要的使用工具。」奧克思利說。「我還記得查克拿過那篇《舊金山觀察家報》的報導給我看。但當時他也沒表示什麼。那是查克的迂迴作風。你要到事後才明白這點。他常拿文章資料之類的給別人看，完全沒頭沒腦，沒有任何背景，有時跟你所知的一切完全無關。你看不出這些文章是表示他希望你去做什麼事，或者只是清掉他桌上不想要的文件而已。太模糊了。這種事情很常見。」

有一小段時間，菲尼還找了一個在越南的愛爾蘭學生喬伊斯（John Joyce），以及從「通用大西洋夥伴」退休的瑞諾茲（Steve Reynolds），擔任他在越南的代理人，然後他開始帶「大西洋慈善事業」的董事們去越南，親眼看看那裡的種種行善機會。

菲尼也善加利用之前慈善事業所累積的人脈。他邀請「美國老年醫學會」（American Geriatrics Society）前任會長波茲醫師（Walter Bortz），到河內進行實地調查。他找了愛爾蘭兩所大學的校長歐海爾和華許，跟他到峴港和順化，視察當地高等教育的需求。「很多人來了，沒有人知道有個計畫在進行，至少查克是這麼想的，然後忽然間這些人碰到一起，湧現出各種想法和可能性。」奧克思利說，他後來成為「大西洋慈善事業」在越南的主任，負責主持種種鄉村與醫療計畫。

「查克被越南吸引，就好像飛蛾被火吸引，」馬圖謝克說。「他知道錢在越南花得很划算，而且他自己也充滿興趣。他會去視察那些破舊失修的醫院和學校，然後說，『我想我們可以整修這個，重建那個。』他會在六個月之後回來，那些醫院和學校都完工了，當地負責人看到他會露出感激的表情，因為他們知道是他的錢完成了這一切。我想，他非常欣慰能看到那些主事的教育工作者和醫師臉上的表情，也看到這些完成的好事：更多病患能進入醫院治療，更多小孩能上學。」

在河內的一個公共衛生研討會中，一名三十三歲的越南裔美國醫師黎仁方（Le Nhan Phuong），遇見了菲尼和「大西洋慈善事業」的其他人員。黎仁方當時正與美國大使彼得森（Pete Peterson）的醫療專員李南醫師（Michael Linnan），負責當地一個公共衛生計畫。「這些人是誰？」他問。李南回答：「你可千萬別小看這些人，他們可以替越南做很多事情。」

稍後，「大西洋慈善事業」決定，他們需要一個具有醫療背景的駐越南主任，於是就找上了黎仁方——當時他正打算接受一筆傅爾布萊特獎學金，回到美國——並說服他留下，負責督導「大西洋慈善事業」在當地資助的種種計畫。

黎仁方十歲那年，也就是一九七五年，北越軍隊即將攻下西貢。當時只要與南越政府有關的人士都人心惶惶，黎仁方的父母也包括在內。他的母親黎氏姮（Le Thi Hang）把他和他姊姊送進一所孤兒院，希望他們能跟著「孤兒空運行動」（Operation Babylift）撤退，那是美國政府所主導的撤離計畫，將數萬名越南孤兒空運救出。為了隱瞞與家人的關係，黎仁方的父母給了兩姊弟假的出生證明和假名。空運撤退行動從一九七五年四月四日展開。

兩個星期後，黎仁方的父母想辦法弄到了離開西貢的機位，母親回到那所孤兒院接小孩，卻被錯誤地告知兩姊弟已經撤離越南了。一星期後的四月二十七日，在越戰最大一場單日撤退行動中，黎仁方和其餘七千多名越南難民搭乘飛機離開。他和姊姊黎夢凰（Le Mong Hoang）被轉到了美國在菲律賓的克拉克空軍基地，接著到關島，然後是舊金山，最後來到奧瑞岡州波特蘭，在不同的寄養家庭中過了一年。他們無從知道母親在哪裡。

黎仁方渴望能與家人重聚，他隨身帶著一張父母的照片，是他和家人唯一的聯繫，但也被一名波特蘭的社工人員拿走了。後來一對擁有四名子女的波特蘭夫婦申請收養他。就在簽下收養文件的三天前，黎仁方的母親來到他們波特蘭的家門前，找到她失散的子女。她和丈夫范世傳（Pham The Truyen）之前逃出越南，被安置在阿肯色州首府小岩城的一個難民營，然後又遷移到亞特蘭大。她到處拚命尋找失散的孩子，拿著他們的照片去教會和難民團體詢問。後來總算有人認出他們。最後黎仁方和姊姊終於在亞特蘭大與父母團圓。

在美國，黎仁方成為一名醫師，又在約翰霍普金斯大學取得公共衛生碩士。雖然他已經在美國開始當執業醫師，卻覺得越南有一股力量要把他拉回去。「一方面我想適應，當個美國人；但另一方面我感覺到這股召喚，覺得我必須回去。」他說。

一九九八年，他和一群越南裔美國人醫師前往河內時，在河內美國大使館擔任醫療專員的李南醫師有個工作找上他，要他協助河內的各個學校建立公共衛生系統，月薪三百美元。他回到美國，辭掉原來月薪一萬美元的工作，賣掉房子和他的福特野馬（Mustang）敞篷車——「真的很捨不得。」他笑著說——然後回到越南定居並工作。「那種自由的感覺真是太美好了。」他說。

徘徊在學生背後的可疑男子

就跟之前的人一樣，黎仁方逐漸把菲尼視若父親。他成為「大西洋慈善事業」駐越南的經理與計畫執行人，陪著菲尼四處訪問、介紹、翻譯，彼此說笑，晚上共飲白葡萄酒。「他對人很關心，」他說。「他曾告訴我，我該多關心我的父母，常打電話給他們。我始終忘不了。我們拚命工作，好達成他的願望。」

由於菲尼親身參與，越南各個醫院和大學的主事者逐漸認識他，也對他的遠見和行動力所推動的慈善事業表達感激之情。他們很不情願地尊重他保持匿名的願望。「他們一直糾纏我們，說要掛個感謝牌，但查克什麼都不要，所以我們就是不肯答應。」康若伊說。不過還是有一些在越南出現的牌子間接向菲尼致敬，比方一九八八年創校的崔和小學就掛了一個牌子寫著：「由純金的心資助成立」。「我常被要求替捐款人寫感謝信，有些貧窮沒受過什麼教育的人就會用這個字眼。」康若伊說。「越南全國各地大概有一打『純金的心』的牌子。查克從來沒跟我說過什麼，不過馬圖謝克說不應該再有這種事情了。」

昇平縣鄉間一所學校因為地處偏遠，不知道捐款人要求匿名。校長掛了一個牌子寫著，「資金由菲尼提供」。這大概可以確定是全世界唯一一棟公然把菲尼名字掛出來，宣布他是捐款人的建築物。

峴港醫院的主管們倒是找到了一個有趣的方式，向「純金的心」致敬。菲尼曾捐款給他們蓋了一個診療中心，屋頂還設有直升機停機坪。當菲尼於二〇〇五年十一月來到峴港醫院參觀完成的大樓，院長自豪地說，「看看那個顏色！」那棟六層樓的建築全都漆成了綠色，以向菲尼的愛爾蘭血統致敬。

後來在醫院狹小的會議室中（角落還放著一尊胡志明的雕像），菲尼向醫院的高層主管們解釋為什麼他堅拒居功的誘惑。「事實上，所有的功勞都是你們的。我們完成了我們這邊的任務，但這部分其實很簡單。真正的工作落在你們那邊。能跟這群高品質、說到做到的人共事，我們覺得很榮幸。」醫院的院長還指出，菲尼所達成的高標準，隨後也吸引到其他外國基金會的捐款。

菲尼很少親眼看到政府干預的證據，不過有回在峴港大學教育與外語學院所附設的「峴港學習資源中心」內，有人低聲告訴他，在學生上網的電腦後頭徘徊的那名男子，是個共產黨政府的審查員，大家稱之為「人身防火牆」。

跟學生在一起的時候，菲尼最能放鬆。那回去峴港，他放棄了不拍照的原則，笑容滿面跟一群群學生站在一起，手攬著他們合照。他告訴那些學生，「世界上有很多人需要幫助，如果你幫了他們，你就能成為更好的人。」

身為醫生的黎仁方，還利用他「大西洋慈善事業」的職位，在越南推行反菸運動，當地每年至少有四萬人死於吸菸相關疾病。與其掛匾額表彰捐贈人，他堅持在每個地方都掛上「禁止吸菸」的牌子，而且切實執行。「只要有『禁止吸菸』的越南文標誌，就表示這地方是『大西洋慈善事業』資助的。」順化的一個醫院主管打趣道。

菲尼的低調作風讓他可以保持匿名狀態，只有幾個認識他的醫院和大學的領導人除外。有時某些人知道他就在房間裡，卻又不能跟其他西方人指出他來。在越南，菲尼通常穿著他的夏威夷衫，看起來就像個省錢出遊的和善美國觀光客。澳洲駐越南大使曼恩（Michael Mann）有回在河內，邀請菲尼和一群「大西洋慈善事業」來視察的董事吃晚餐。「我知道他是誰，也知道背景，但很少人知道，因為一切都非常保密。」曼恩說。「他跟一群很傑出的人一起進來，但查克是裡頭最不起眼的。他坐在角落裡，跟我八歲的女兒亞歷珊卓聊天，沒參與其他人的討論。」

晚餐時，曼恩安排菲尼坐在他太太莫妮克（Monique）旁邊，知道兩個人都會講法語。莫妮克對菲尼印象深刻，他跟她聊自己的五個小孩，說全都大學畢業了，現在從事什麼工作。晚餐後，她問丈夫，「晚餐時坐在我隔壁那位和善的老先生是誰？」他回答，「老婆，坐你隔壁的就是查克．菲尼！」她原先還以為，坐在她丈夫旁邊、貌似重要人物的，才是那位「億萬富豪」。戴爾記得當時自己坐在曼恩旁邊。「查克知道了一定很樂。」他說起這個故事，不禁低聲笑了起來。

「『大西洋』對越南的影響太大了，」黎仁方說，他在菲尼初次訪問的七年後回顧。「大西洋跟其他在越南運作的慈善團體完全不同。查克不會去指揮別人。他不時會引導我們朝向他有興趣的方向。他可以看清『大西洋』何時何地應該採取行動。而只要我們真的行動起來，那就是一定是認真盡責。一旦我們確定該做的事情，就一定盡快辦好。」

在越南的成功，也反映出「大西洋慈善事業」驚人的靈活度，能夠配合菲尼以各種獨創的大膽方式去解決問題。奧克思利回憶，有時查克的建議在基金會通過的方式很草率，甚至還是在董事會開會前最後一刻，才只有一點點文件，然後董事會就通過。「查克想好好『做』越南，董事會就大方配合，讓我們去做許多低成本的重要建設。」然後董事會便通過一個策略計畫，協助越南發展醫療和教育。

從一九九八年到二〇〇六年，「大西洋」投注了兩億兩千萬美元，在越南蓋了許多學校和醫院大樓，設立獎學金，並資助醫療計畫。其中包括在四個主要地區（芹苴、順化、峴港、太原）的大學內蓋起圖書館，並充實其設備與館藏，以成為當地的學習資源中心，如今這些圖書館已經成為越南最現代化的圖書館。另外還在峴港、順化、太原等大學興建宿舍、學生活動中心、運動設施。

「大西洋」還資助峴港大學設立一個英語學習中心，以加強越南中部的英語訓練。菲尼堅信，這對越南中部那些想在世界出人頭地的學生來說，是不可或缺的。「我不是盲目地愛國，英語好是很重要的。」他說。

幾乎有一半的錢，都投入了初步醫療計畫。峴港綜合醫院的建築物予以現代化，大部分部門都整修一新，包括婦產科、燒燙傷中心、小兒科、內科、外科、熱帶醫學中心、腫瘤科，太平間，以及廢棄物處理部門。「大西洋」還提供資金給廣治省立醫院修建小兒科和外科，另外也資助順化中央醫院的小兒科蓋新建築、採購設備，並建立心血管中心——這是越南中部唯一的一所心血管中心。

「大西洋」同時還資助胡志明市心臟醫療中心的心導管室添購設備，為河內的「國立小兒科醫院」第一階段工程提供資金，資助「河內公共衛生學院」建設新校區。「我們開始投入一大筆錢，成為建立越南公共衛生系統的驅動力。」菲尼說。「大西洋」還提供資金設立一個輪椅製造處，由馬圖謝克監督，並於二〇〇七年正式營運。

「峴港眼科醫院」則讓菲尼親身體驗到，他的善舉如何影響越南那些因白內障而眼盲的貧苦農民。他身穿綠色手術服，臉上戴著綠色口罩，進入開刀房，親眼觀看那位外科醫師——他們曾資助八名醫師到泰國習醫，這是其中一位——用超現代的設備，恢復一位越南老農民的視力。由「大西洋」資助整修並添購設備的「峴港眼科醫院」，現在每年可以治療三千五百名病患的白內障。

一如往常，菲尼也希望他的計畫有相對配合的資金。他的基金會（於二〇〇〇年開始在越南獨立運作，不再透過「東方遇見西方基金會」）後來資助一個峴港及慶和省的醫療系統改善計畫，在各鄉鎮設立衛生所，可以直接造福兩百萬人民；兩地省政府都提供了總建設經費與設備成本的三〇%。在「大西洋」的協助下，慶和省衛生局長張新明醫師得以將慶和省建設成為越南全國醫療體系改革的模範。

菲尼在越南所資助最具野心的單一計畫，就是投資三千三百六十萬美元，在胡志明市的南西貢新城區設立一所最先進的大學，成為澳洲墨爾本皇家理工大學（Royal Institute of Technology Melbourne，簡稱ＲＭＩＴ）的越南分校，其創校資金五〇%來自「大西洋慈善事業」。原澳洲駐越南大使曼恩在經歷二十五年外交官生涯後辭職，成為這所大學的創校校長。

「這所大學要求我參與，我說，有菲尼這樣的人在背後支持，這件事非常可靠，」他走在校園內回憶，環繞著四層樓的主校舍周圍是綠色的草坪和棕櫚樹。「如果不是他，越南就不會有這所大學，也不會有這些建築物。」他說，指向澳洲建築師戴伊（Norman Day）所設計的校舍。

由於「大西洋」在二〇〇二年六月提供擔保，ＲＭＩＴ才有辦法從國際金融公司（International Finance Corporation）和亞洲開發銀行（Asian Development Bank）申請到總數一千四百五十萬美元的貸款，興建這所大學，並在校內裝設了一排排的康柏（Compaq）電腦工作站。到了二〇〇六年，該校共有一千四百名學生，越南年輕人只要花墨爾本不到一半的錢，就可以拿到這家國際知名澳洲大學的學位。越南總理潘文凱（Phan Van Khai）告訴曼恩，他希望這所大學成為其他越南大學的模範。曼恩也打算讓這所學校成為亞洲第一的「網球學校」。

「認識菲尼是我人生的一大高潮，」曼恩說。「他這麼低調，卻又充滿活力；他的腦子每小時跑一百哩。」

康若伊也認為，菲尼是他這輩子遇到「最棒、最思慮縝密的人」之一。「我們每個人總有一天會進棺材，」他說。「你不可能真的用錢把全身包起來。很多人以為可以。他們想累積財富。他們沒有什麼人生目標。如果你從事這類工作，你不會想著錢，只會想著要幫助他人。很多人說，『我只有兩百元；我很想幫助別人，但我無法像有錢人捐那麼多。』我會對他們說，『你知道嗎，那個曾受惠於兩百元的臉部燒傷病患，他可不會這麼想。』幫助他人的目的，是要讓他們有能力幫助自己，希望有朝一日，他們可以接受教育，看到夠多的機會，跟其他人分享這個世界。」

---

*Le Ly Hayslip, *When Heaven and Earth Changed Places* (Doubleday, 1989), and *Child of War, Woman of Peace* (Doubleday, 1993).

第28章
一通兩毛錢的電話

菲尼很喜歡講他首次遇到澳洲移民官員的趣事，當時是一九七〇年代，他為了DFS的業務第一次到澳洲。「他問我有沒有前科。我說，『我不曉得現在澳洲還是只收犯人！』把那傢伙給氣炸了。」

菲尼有個朋友弗萊徹（Ken Fletcher）曾是澳洲網球選手，後來搬到倫敦，一九九三年有天，他抱怨，「我受夠了，我想回澳洲。」菲尼回答，「好，我跟你一起去。」他們飛到雪梨，然後從那裡北上到弗萊徹的家鄉布里斯班，即昆士蘭省的首府，當時位於太平洋岸的這個城市正急速成長，有街邊的露天咖啡座、河濱步道、水上計程車，還有宜人的亞熱帶氣候。從此菲尼就常去澳洲拜訪。

在愛爾蘭和越南，菲尼都會仰賴私人朋友介紹他認識這個國家。在澳洲也一樣，而這個介紹人就是弗萊徹。弗萊徹是澳洲網球黃金年代的英雄之一，一九六〇年代，他曾贏得十個重要賽事的雙打冠軍，包括與澳洲網球天后寇特（Margaret Court）搭檔，奪下英國溫布頓網球公開賽的男女混合雙打冠軍。他在職業生涯全盛時急流勇退，搬到香港，頗有浪子的聲譽──藐視權威，享受人生。

在香港，他和菲尼一家成為朋友，偶爾會在「婦女遊樂會」教他們打網球。多年後，他們在倫敦重逢，弗萊徹之前經營過一個郊區網球中心，才剛辭掉那個沒有前途的工作，而菲尼向來欣賞運動傳奇人物，就找他當運動與房地產投資方面的顧問。

在布里斯班，菲尼把弗萊徹安頓在一個河濱公寓，簡短說了要他當自己的眼睛和耳朵，還提供他一輛汽車。「我們給了他一份類似密探的工作，替我們尋找機會，再向我們匯報。」菲尼說。弗萊徹的一個老友、退休的新聞記者休・藍恩（Hugh Lunn）也住在布里斯班，他安排在港邊公寓賓館買了一個「落腳處」，出租給「泛太平洋」，這樣查克和賀爾佳夫婦來的時候，就有地方住了。

外面那艘遊艇不是我的！

弗萊徹和藍恩這兩個澳洲佬很快就發現，查克對支出很留意。「有回查克來，休拿一份電話帳單給他看──沒幾個錢──結果查克在那邊仔細檢查，我就說，『休，你看看，這個億萬富豪竟然在計較一通兩毛錢的電話。』」弗萊徹回憶。

「我想他的節儉是源自於他先天和後天都是個零售商。走在街上，他會拉我去看商店櫥窗，一個億萬富豪竟然在那邊查卡西歐手錶的價格。但他會說，『如果我們可以用一元買下這些手錶，再以十元轉賣，就能賺到利潤。』他在澳洲出門從來不訂豪華禮車，都是我開車載他。另外他很氣有人以為停在他公寓區外頭那艘遊艇是他的！可是他也可以很大方。有回他帶我去買了一雙法國的馬飛仕（Mephisto）鞋子，那牌子貴死人了。」

賣掉DFS股權之後，由於在愛爾蘭和越南的捐款模式成功，讓菲尼大受激勵，開始在澳洲尋求類似的行善機會。一九九八年三月，他和弗萊徹去拜訪布里斯班的市長蘇爾利（Jim Soorley），要他幫忙引見一些大學領袖。

蘇爾利曾是聖母昆仲會的教士，從一九九一年開始擔任市長。他作東在當地的愛爾蘭俱樂部請吃晚飯，邀請兩位學術界領袖來，一位是昆士蘭大學（University of Queensland）的副校長海伊（John Hay），另一位是昆士蘭醫學研究院（Queensland Institute of Medical Research）的主任鮑爾（Laurie Powell）。他事先向這兩位教授透露要靈光一些，因為菲尼可能會資助他們手頭上的計畫。

那場晚餐在愛爾蘭俱樂部的貴賓室內進行，牆上一幅裱框的複製品，是愛爾蘭革命領袖柯林斯（Michael Collins）於愛蘭獨立戰爭中所寫的信件。海伊和鮑爾告訴菲尼，他們的發展計畫長年因缺乏經費而無法進行，使得他們的學校表現甚差。這跟愛爾蘭的情況是一樣的。澳洲的高等教育機構只能仰賴學費和政府補助，當地並沒有企業界和富有校友資助學校的傳統。

菲尼不浪費時間，次日便打電話約海伊，到昆士蘭大學拜訪他。這位年輕卻成就不凡的副校長有個頗具雄心的計畫，要創立一個分子生物科學的研究機構。才幾個星期，菲尼就安排「大西洋」為這個計畫提供一千萬澳幣（七百五十萬美元）的種子基金。昆士蘭省政府同意提供一千五百萬澳幣，坎培拉的聯邦政府也另外提供一千五百萬澳幣，該校再從學校預算中拿出一千五百萬澳幣來。現在海伊有了五千五百萬澳幣設立這個研究所。「於是忽然間，這成了個大計畫了。」他回憶。計畫展開後，戴爾從美國來訪，明白告訴海伊，「大西洋」資金的來源必須嚴格保密。

稍後不久，勞工黨的貝提（Peter Beattie）當選昆士蘭的省長，對這個計畫大表讚許，因而又追加了八千萬澳幣。「從此經由競爭式研究補助，我們又拿到一大堆錢，總共有幾十億元。」海伊說。「這是澳洲有史以來最令人興奮的大學科學研究機構之一。」

菲尼常會利用對等式捐款（matching grant）的策略，好讓投資金額成倍數增加，這個研究所的創建正是個模範，也因此引發了隨後一連串其他計畫。海伊繼而在昆士蘭大學創立「澳洲生物工程與奈米技術研究所」，由「大西洋」拿出七千萬澳幣的三分之一，昆士蘭省和該校則各出另外三分之一。到了二〇〇六年，菲尼總共已經捐給該校一億兩千五百萬澳幣。「由於我們的知名度大增，現在也可以從其他美國團體得到捐款，還跟哈佛大學一起拿到一筆蓋茲基金會（Gates Foundation）的大額捐款。」海伊說。「如果沒有菲尼，這一切都不會發生。毫無疑問，他是我留在布里斯班的原因。」

菲尼後來得知，昆士蘭大學校史上唯一的另外一筆大額捐贈，也是一名愛爾蘭裔人士捐的，這個故事讓他覺得有點好玩。那是一九二六年，緬恩（James Mayne）捐了兩百七十英畝土地給昆士蘭大學，成為該校的校地。這塊土地是他從父親派屈克（Patrick Mayne）手上繼承而來。派屈克年輕時從愛爾蘭的托倫郡（County Tyrone）移民到澳洲，後來神祕地發了大財，而在他發財前夕，有一名外地來的陌生人酒醉後被搶劫並謀害。派屈克在臨終前告解，坦承自己犯下這樁謀殺。昆士蘭大學的評議會對緬恩的致富原因不太能接受，後來只投了一次票，還是接受了這筆捐贈。

該校最大的一棟建築物名為「緬恩大樓」（Mayne Hall），菲尼捐出了七百五十萬澳幣，將這棟大樓改建為美術館，裡頭有一個自畫像展廳，由澳洲藝術家免費提供作品。這個點子之前是由華許首度在李默瑞克大學施行。「這很簡單，」菲尼解釋，他們先請藝術家捐出自畫像，然後找人認捐款項，而畫像依然掛在牆上展出，校方則可以運用這些捐款。「有許多優秀藝術家很樂意有一幅他們的畫像成為館藏，可以增加他們的名望。」藍恩說，「這樣可以免費拿到畫，很合查克的胃口。」

這個展廳開幕時，一名攝影師走向這名慈善家詢問，「你是查克．菲尼嗎？」菲尼回答，「不，他就在那邊。」那個攝影師便走向查克所指的藍恩。「我想跟你握手，謝謝你為布里斯班的科學所作的貢獻。」「所以我就跟他握手，覺得很不好意思，」藍恩說。「然後那個攝影師就離開了，連半張照片都沒拍。」

剪報不離手的園丁鳥

菲尼在澳洲開始大幅捐贈，也剛巧碰上了工黨的貝提省長想提升昆士蘭州的計畫。截至那時為止，許多澳洲人都還是把昆士蘭視為落後的遙遠邊疆。當時五十三歲的貝提有個計畫，要把昆士蘭改造為「聰明省」（Smart State），推動知識、創造、創新，一部分也是為了避免其優秀人才外流。他希望把布里斯班從以往「布里斯維加斯」（Brisvegas）——位於一連串賭場中央的賭城——轉變為高科技首都。他還在自己的車牌上印了「聰明省」字樣。他這個計畫的頭一個，就是重建教育系統，並鼓勵資訊科技和生物科技的研究發展。

菲尼完全贊同這個想法。「你愈聰明，就能得到愈多智慧。」他說，同時補充，「顯然昆士蘭有許多聰明、優秀的年輕人。」菲尼成為建立「聰明省」的關鍵夥伴，貝提說。

鮑爾也發現在那頓俱樂部的晚餐之後，他的研究院開始轉變了。菲尼提供初期資金，協助昆士蘭醫學研究院設立一所耗資六千萬澳幣的「癌症研究中心」，是南半球第一個癌症研究中心。接近完工時，還需要五百萬澳幣，菲尼就建議鮑爾售出命名權。一名昆士蘭的房地產開發商柏格侯弗（Clive Berghofer）於是認捐了五百萬澳幣，買下命名權——以澳洲的標準而言，是一個相當大手筆的慈善之舉。「我沒有任何東西是租的、借的，或者分期付款的，」柏格侯弗開出支票時說。「我所有東西都完全屬於我自己，所以我很高興可以將屬於我的回饋給社會，建立這所研究中心。」

菲尼很高興。後來他和弗萊徹開車經過「柏格侯弗癌症研究中心」斗大的霓虹燈招牌，弗萊徹批評「那個傻瓜的名字在上面」，菲尼聽了很不高興。「查克厲聲打斷我，『他不是傻瓜！』他說。我說，『我不是那個意思啦；只是你人太好了。你才是出錢蓋這大樓的人。』」菲尼有回說起他對建築命名權的態度是：「圖書館用誰的名字並不重要，只要有一座圖書館在那邊給大家就好了。」

「查克的捐款對昆士蘭的影響太大了，」藍恩說。「『大西洋』曾捐出兩千萬，資助昆士蘭大學設立『昆士蘭腦部研究所』。後來有回這個所請雷諾茲（Brent Reynolds）博士來演講，談從人類腦部取得幹細胞的研究，結果有一千個人來聽。從這點可以多少了解查克在布里斯班所創造的——一千個人來聽一場腦部演講！」

「大西洋」在澳洲的捐款，幾乎每一筆都是「只有所需經費總額的三分之一」，菲尼頗為滿意地說。「我們出三分之一，創立機構出三分之一，政府再出三分之一。」他的「大西洋慈善事業」採取這種局部出資、以吸引其他資金的方式，總共捐出了超過五億元澳幣。

菲尼也把吸引資金的方式用於機構合作上頭。他說他的態度是：「我們可以幫你，但你也得幫其他人。」他把澳洲各大學納入他日益擴大的事業網絡中，利用一開始康乃爾大學幫助李默瑞克大學的原始模式——若茲稱之為「典範」。美國、愛爾蘭、澳洲，加上後來的南非和越南的大學領袖、學者、科學家，都在菲尼和「大西洋慈善事業」的推動下合作，彼此互助。

「查克利用澳洲當跳板，協助越南發展知識與科技。」黎仁方說。「大西洋」資助一個計畫，送越南學生到昆士蘭大學求學。二〇〇五年十一月的一天，菲尼在校園中遇到幾個越南來的留學生。他身上穿著夏威夷衫、寬鬆長褲、外罩一件淺黃褐色開襟毛衣，看起來一點也不像個慷慨的慈善家。那些學生不知怎地，感覺到菲尼應該就是協助他們留學的人，於是簇擁著他合照——他從來不准那些大學校長跟他合照的。這群留學生裡，包括幾個未滿二十歲的亮眼女孩。菲尼告訴他們，「要用功，長得漂亮是不夠的。你們成功了，我們才會成功。一定要盡力，越南等著你們回國服務。」

就像在每個停留的國家一樣，菲尼溫和的舉止和社交能力，還有他的獨特風格，都讓他備受新朋友的喜愛。「我覺得他很獨特。他是個了不起的人。他簡直一點虛榮習氣都沒有。」海伊說。「他老是帶一疊又一疊文件和文章給我，覺得我該看，有時還真是堆積如山。『上回你來還只有兩吋高，』我有回說，『拜託你也放鬆一下，查克！』」

昆士蘭科技大學（Queensland University of Technology）的副校長寇綴克（Peter Coaldrake）則老是期盼查克來訪，可以討論他們都很愛談的美國政治。「他會提著一個塑膠袋來，裡頭裝著要送我的剪報和新書。他真是不可思議，像隻園丁鳥。看看我的辦公桌，我也像園丁鳥。」他指著堆滿紙張的辦公桌，然後解釋園丁鳥是一種澳洲的特有鳥類，會收集各式各樣零星雜物去築巢。

全世界耗資最龐大的度假村，卻一直在虧損

儘管菲尼在澳洲的慈善事業大獲成功，但他在那裡的企業投資卻沒有那麼順利。一開始是源於一九八九年，當時的「泛太平洋」總裁司婁森買下了昆士蘭海岸旁的南史垂布若島（South Stradbroke Island）的一片土地，覺得有可能開發成高級度假村，吸引日本觀光客。這個十四哩長的狹長島嶼位於布里斯班南郊，擁有海灘、沙丘、熱帶棕櫚樹，以及當地特有的黃金沙袋鼠。

「我們在這個島上發現這塊地方，簡直愛死了，」當時「泛太平洋」的財務長大衛．史密斯說。「島上一側可以讓你深海釣魚，另一側的海灣可以玩風帆衝浪等等。然後我們開始計算數字，最後才明白行不通。你得在大陸那邊有個停車場，然後要築個碼頭，讓渡船把人載過來，更別說還得先讓外國遊客飛到雪梨，再轉到布里斯班。我們在那個島上所需要的一切，全都得用船運過去。然後還有垃圾處理問題。我們覺得原來的想法實在很爛，於是就擱下了。」

菲尼和弗萊徹是在一九九三年首度訪問那個小島，他們搭了四十分鐘的渡輪，想去那兒看一下。

弗萊徹回憶，當時他們對於當地是否適合發展成度假村頗有疑慮。於是他們安排，想以島上這片土地，跟昆士蘭省政府換來澳洲大陸上一塊三十一英畝的土地，以供「泛太平洋」發展成一個體育與健身中心，並將利潤捐給布里斯班市。然而這個交換計畫破局，因為省政府要求另外補貼三百萬澳幣，菲尼拒絕了。他很氣布里斯班的官員，他們不明白他是認真想提供該市一個超級體育中心，弗萊徹說。「查克一頑固起來，那可真不得了。」

倫敦「加農健身俱樂部」經理朗恩．克拉克於一九九四年聖誕節回澳洲玩，也去看了這個小島。他發現這個小島「美得令人屏息」，回到倫敦後，就興奮地拿著一些建築草圖和照片給菲尼看。他推薦說，島上東北邊的可人灣（Couran Cove）是「設立環保式家庭度假村的絕佳地點」，並說服菲尼讓他回澳洲，在那裡替「泛太平洋」開發一個度假村。克拉克就像以前的弗萊徹一樣想念家鄉。在經營加農俱樂部十三年後，他已經準備好要做點新事業。菲尼同意了。

「泛太平洋」的董事們很震驚。他們強烈反對讓這位昔日長跑健將去建設一個度假村的全權委任狀。奧克思利寄了一張短箋給查克，說克拉克需要有人監督。蘇爾利說他告訴過查克，「別去那裡，你會輸得慘兮兮。」他相信菲尼當初換地不成而對省政府的怒氣，可能也是讓他不顧各方勸阻，堅持決定建那個度假村的原因。「查克有點像我，都是腦袋頑固的愛爾蘭人。」不過根據吉姆．道尼的回憶，菲尼認為克拉克是個苦幹型的經營者，也是個偉大的運動家，他很敬佩他在加農俱樂部的成就。

弗萊徹很不高興克拉克入侵他的領域。他感覺到查克對他「變得冷淡」，因為他反對可人灣的開發，也知道他不喜歡克拉克。奧克思利則是很不滿克拉克沒提供「泛太平洋」一份適當的企業計畫書，就逕自展開了開發案。他批評克拉克，「像個獨自練跑的人，自己一個人就起跑了。」他記得這個開發案一開始沒有充分研究過可行性，而且陸續補來的資料又沒有什麼說明性。菲尼當時正在忙DFS股權出售的事情，也沒時間自己去評估。

要在一個太平洋案的小島上開發一個生態度假村，有種種難以克服的問題。有大約二十二萬五千噸的酸性硫酸鹽土得運走，還有一個沼澤必須疏濬後才能成為天然的礁湖。而且由於島上沒有任何跟大陸連接的電力設施，所以這個度假村必須自己發電、淨水、處理垃圾。

這個度假村的成本原來預估是三千萬澳幣，「但接下來就變成六千萬澳幣，隨後又逐步增加。」奧克思利說。後來成本追加到九千萬澳幣，到了一九九八年完工時，花了驚人的一億八千五百萬澳幣，成為全世界耗資最龐大的度假村之一。這個數字足以讓很多開發商破產，但「泛太平洋」的母公司「通用大西洋集團」那一年的投資利潤逼近十億美金。弗萊徹對於成本透支頗有微辭。「我永遠搞不懂，查克怎麼會讓克拉克多花那麼多錢。查克真是個大好人。」

「在工程期間，詳細的成本報告每個月都會送回美國，而且由他們的會計人員控制，同時也會提供各種的解釋。」克拉克為了回答成本一直追加的問題，在一封回覆的電子郵件中這麼寫道。「主要的問題是遍布當地的酸性硫酸鹽土，比原始調查的狀況要嚴重太多了，而且為了要處理這些泥土，必須由當地大學開發出一套全新的技術。此外，當地政府又大幅提高了對基礎設施的要求，他們堅持所有污水都必須經過三級處理，因而必須採用新的廠房設備，另外清除礁湖時也必須採取更嚴格的水資源循環系統。」

「可人灣島嶼度假村」於一九九八年九月開幕。有超過四百名貴賓，包括數名奧林匹克徑賽名將以及全國知名的人物，一起在一處木板步道上的露台用餐。媒體盛讚克拉克是個有遠見的開發者。

可人灣贏得十五個環保、設計、建築的全國獎項。這裡所擁有的娛樂與體育設施，是全世界所有spa度假村中最多的。其中包括有一條一百五十公尺的三線短跑跑道，上頭運用先進的雷射技術，每隔五公尺會通過一道光束，以此計算跑者每一段的精確時間。另外還有一個二十五米的溫水游泳池，以及網球場、籃球場、攀岩場、高低繩網場、自由車橢圓形賽道、戶外體操場、推圓盤遊戲場，以及棒球打擊練習場。還有完美融入森林的木屋、水邊小屋、餐廳、一個可停靠八十四艘船的碼頭、一條雨林木板步道、一個藝術工作室、一家商店，甚至還有個舉辦婚禮的小禮拜堂。

但這個度假村卻從沒賺到錢。一年接一年都處於虧損狀態，到了二〇〇六年五月，約占總員工二分之一的一百名正職與臨時員工被告知資遣，說是因為「工作場地整修」。菲尼的態度是，他們不可能等賺錢永遠等下去，這是該賣掉的時候了。他說，這個度假村的問題出在：「我們花了五星級飯店的成本，卻只有生態度假村的收入。」

菲尼還是對克拉克很忠實，又給了他另一個計畫，去監督一個最先進的體育中心興建工程，將由「泛太平洋」出資，地點是克拉克在布里斯班逃亡灣（Runaway Bay）所選中的一塊土地。這個中心將會有Mondo公司出品的合成橡膠跑道、體操場、游泳池、運動醫療設施，以及供選手住宿的選手村。菲尼打算將這個體育中心的利潤分給市議會，以交換更多體育活動在此舉行，並將盈餘捐給一個「需要幫助的兒童」的慈善團體。結果這個工程的成本也同樣一直追加，從一千萬澳幣追加到兩千萬澳幣，又到三千萬澳幣，奧克思利說。

等到這個體育中心落成，菲尼又支持克拉克的一個提案，讓他回到他澳洲東南方的老家維多利亞省，設立「澳洲慈善勸募會」。三年所需經費為七百五十萬澳幣，「大西洋慈善事業」拿出了初期的兩百萬。克拉克搬到維多利亞省首府墨爾本，這個委員會於二〇〇一年九月開始運作。他開始強烈批評澳洲缺乏慈善捐獻的文化。「我非常驚訝，在慈善捐款部分，我們落後給所有國家。」他說。

一場失敗的努力

菲尼也開始資助維多利亞省幾所重要大學的專案計畫，克拉克回憶有天早晨，菲尼從布里斯班來訪，花了一整天跟他拜訪了幾個主要受贈對象，包括皇家墨爾本醫院（Royal Melbourne Hospital）、華特與伊萊莎醫學研究所（Walter & Elaza Hall Institute of Medical Research）、艾佛瑞德醫院（Alfred Hospital）、墨爾本大學（Melbourne University），「大西洋」總共捐了一億兩千五百萬澳幣給這些地方。

「我們走出大學時，我轉向右邊準備要叫計程車，」克拉克說。「查克問，電車站不是往左邊走嗎？是沒錯。於是我們走向左邊，跳上一輛電車，大老遠繞回去。我覺得好諷刺，捐了一億兩千五百萬元，卻要省下搭計程車的十元。」

克拉克和「大西洋慈善事業」的關係後來變得很緊張，起因是二〇〇一年四月一日星期天出現在墨爾本《時代報》的一篇短文，上頭錯誤報導克拉克是「『大西洋基金會』與『大西洋信託』的代表」，又說他「為澳洲的一系列專案計畫募得一億六千三百萬匿名捐款」。戴爾懷疑消息來源就是克拉克。「坦白說，我覺得這很侮辱我，他居然以為我會違背任何保密的規定。」克拉克回憶。

後來在二〇〇二年十月六日，又有一篇類似的文章登在昆士蘭的《週日郵報》（*Sunday Mail*），說「當這位美國的利他主義者想找人建議澳洲的捐款對象時，克拉克變成他的眼睛和耳朵……截至上個月為止，他們總共安排捐出了將近兩億澳幣」。

二〇〇三年，由於一件克拉克與逃亡灣控告澳洲廣播公司的官司，菲尼和克拉克的友誼因而惡化。一九九九年十一月，澳洲廣播公司在黃金時段的節目《七點半報導》中宣稱，「逃亡灣運動超級中心」是蓋在一片有毒的垃圾掩埋地上，而且是「昆士蘭有史以來最惡劣的開發醜聞之一」。克拉克想在布里斯班提起誹謗訴訟，但「泛太平洋」的律師反對，因為經濟上的損失很難明確估計。於是克拉克改而在墨爾本提告，要求對方道歉，並負擔訴訟費用。

根據報導，這位六十四歲的前長跑健將於二〇〇一年六月十五日在維多利亞最高法院出庭作證時「差點掉淚」，他以顫抖的聲音說，他被描述成一個破壞環境的野蠻人。七月四日，六人陪審團判決克拉克獲得七十一萬零七百澳幣的損失賠償，而「逃跑灣中心」則獲得三十八萬六千兩百二十元的損失賠償，並要求澳洲廣播公司負擔訴訟費用。這是維多利亞省有史以來最高的誹謗賠償金。

澳洲廣播公司上訴，官司排定將於二〇〇三年六月在維多利亞省上訴法院由三名法官聽審。克拉克和代表體育中心的葛瑞夫（Werner Graef）同意庭外和解，同時接受較低的賠償金額：克拉克是四十萬五千澳幣，逃跑灣中心是八萬一千澳幣。菲尼堅持賠償金應該全交給運動中心，於是克拉克又提起訴訟，主張自己有權利保留那些賠償金。後來在查克的勸告下，這件官司私下和解了。「我確實將所有收到的錢都捐做慈善了。」克拉克說。

「那是我這輩子第一次被人告。」菲尼說。這段插曲也讓他和克拉克的友誼告終。

二〇〇三年，「大西洋」在三年合約到期後，不再提供資金給「澳洲慈善勸募會」。這個勸募會每年只募到一百萬澳幣捐款，實在很難證明克拉克有辦法說服澳洲人像美國慈善家一樣樂善好施。到那時為止，菲尼已經成為澳洲有史以來最大的慈善家。澳洲首富是出版大亨佩克（Kerry Packer），身價超過四十億美元，但在二〇〇六年死時，連個慈善基金會都沒有。克拉克怪罪於澳洲富人之間的小氣文化。

「我很不想這麼說，但我覺得我們的企業界領袖還是跟以往一樣自私，儘管查克的捐款立下了這麼了不起的例子，而且全世界各地的商人都愈來愈肯回饋社會。」他說。

對於「澳洲慈善勸募會」的失敗，菲尼沒有指責。「一個失敗的努力也畢竟是努力。」他說。二〇〇七年有次到布里斯班拜訪，他注意到澳洲前兩百大富豪在二〇〇六年的身價是一千億澳幣。他們還沒發現從事慈善所帶來的滿足感，他說，然後呼籲他們帶頭捐助，以為眾人表率。

朗恩・克拉克回到昆士蘭，二〇〇四年當選黃金海岸（Gold Coast）的市長，這是布里斯班南邊的一個度假城市，以沙灘和觀光名勝聞名。

二〇〇五年十月一個晴朗的上午，弗萊徹坐在布里斯班港邊區的一家路邊咖啡座，思索查克對澳洲以及對他個人的慷慨。只不過當天上午，菲尼已經替他安排去看過布里斯班一個頂尖的癌症專家，檢查他的攝護腺狀況。那個專家不抱太大希望。弗萊徹半認真地想，為什麼查克不乾脆開張一百萬的支票給他，讓他好好享受餘生算了。「我不明白，我對他這麼忠實，」他說，說著咧嘴笑了，「如果他真這麼做，我就可以帶我所有的朋友一起參加遊輪之旅了！」

三個月後，二〇〇六年的二月十一日，弗萊徹過世。在布里斯班的一個追思禮拜中，很多人提到他傳奇的網球生涯，但所有悼詞中最讚美弗萊徹的一點，卻是他把菲尼帶來澳洲。

葬禮之後，菲尼難得破例，首次接受澳洲的電視訪問，以表彰他的朋友。到此時為止，儘管他向有匿名的原則，但他在澳洲已經擁有某種大師形象。二〇〇六年十月二十三日，他和昆士蘭省長貝提一起出現在「澳洲生物工程與奈米技術研究所」的開幕儀式上。布里斯班的《信使報》（*The Courier Mail*）難得拍到一張菲尼和貝提相對大笑的照片。記者李文斯頓（Tess Livingstone）寫道，「看看這兩個人。一個謙遜、害羞，在重建昆士蘭為『聰明省』的過程中厥功甚偉。另一個是省長。」

第29章
改造一個國家

正當菲尼在其他國家擴大他的捐贈範圍時，他也同時為愛爾蘭準備了更大的禮物。這個日後很可能成為他最著稱的慈善行動計畫，始於一九九七年十月二十一日，希利為來訪都柏林的「大西洋慈善事業」股東所籌畫的一個晚餐會。

受邀參加這個晚餐會的賓客之一，是愛爾蘭最高層的教育官員松席爾（Don Thornhill）。身為「教育與科學部」的主任秘書，他常接到許多應酬邀約，大部分都拒絕了。他對「大西洋慈善事業」所知不多，但曾風聞一個神祕慈善事業的基金會捐了幾百萬美元給愛爾蘭各大學，而直覺告訴他，這個晚宴可能是個重大的機會。

這位留著大鬍子、一身修整的教育官員來到聖史蒂芬綠地（St. Stephen's Green）上「通用大西洋集團」所擁有一棟喬治王朝風格的建築「祖業屋」，發現自己被安排在主桌。同桌的有愛爾蘭的諾貝爾獎詩人希尼（Seamus Heaney）；他的作家太太瑪麗（Marie Heaney）；還有兩個美國人，一個禿頭的威嚴高個子自我介紹叫哈維．戴爾，是紐約大學的法學教授，另一個和善的矮個子商人自稱名叫查克．菲尼。松席爾對菲尼這名字有點印象：他看到過報導，這個愛爾蘭裔美國人曾參與北愛爾蘭的和平進程。

希尼是希利邀來的，他希望有個愛爾蘭的重要人士在場，為這個董事會來訪的場合增光。他親自開車到希尼位於都柏林面海的家，告訴他菲尼曾匿名捐給愛爾蘭各地達數億美元的祕密。

希尼站起來向大約五十名賓客致詞。這位諾貝爾獎得主先講了幾句離題的話，然後才說，「各位女士，各位先生，現在你們將會發現，我是偷偷摸摸地進入我的主題，這是為了要模仿『大西洋基金會』多年來從事他們傳奇慈善工作的方法。」他說，他來這裡，「是為了要向該基金會了不起的成就，及其保持緘默的董事們致謝，其中最傳奇的查克・菲尼先生，他得原諒我今晚表演過火，說出了他的名字。」

希尼接著說，「大西洋基金會」在愛爾蘭的參與，「開創了一個新紀元」，不光是源於慈善事業的偉大傳統，更是「源於一個人擁有了不起的無私、方濟會的克己自制，以及文藝復興的壯美，這個人就是查克・菲尼先生」。最後這位詩人提到：「在我們這個世紀進入尾聲的種種事件所形成的音樂中，停火、天鵝絨革命，以及『大西洋基金會』，組成了一段補救的副歌。」結束前他引用了幾句動人的話，出自他的劇作《特洛伊的治癒》（*The Cure at Troy*），柯林頓總統訪問愛爾蘭時，也曾數度在演講中引用這幾句話。

歷史說，莫要期待此世，
然而，且懷抱希望，

那渴盼已久的正義浪潮
此生能漲起一次，
並與歷史諧和音韻

這是大師級的精采表演。連平常最不願意接受讚美與感謝的菲尼都深受感動。當在場賓客報以如雷掌聲時，有人聽到他低聲說，「我福杯滿溢。」

松席爾發現菲尼是個「非常謙遜，非常和氣的人」。他覺得自己被安排坐在那裡並不是意外，而是有人要仔細觀察他。「我完全搞不清狀況，」他回憶。「就像伊麗莎白．泰勒後來的某個丈夫，我對於他們的打算根本沒什麼概念。」

松席爾的猜想沒有錯。「我們的確是要仔細觀察他，」希利說。「我們向他獻殷勤。」查克、哈維，以及希利都以他們長年經驗累積的微妙手腕，輪流招呼這位重要的官員，因為他們對於愛爾蘭的教育有種種全面性的新計畫，他們在政府內部需要一個可靠的盟友。

頭一次，與一個主權政府談判

「查克真的很想做些大事情。」希利說。由於「大西洋慈善事業」的財務狀況更強了，菲尼想做的事情，已經不光是蓋大樓，而是希望能對愛爾蘭成長中的經濟力量有重大影響。他想改變策略，轉換到新層級，資助大學研究所的研究，規模將是愛爾蘭政府所無法想像的。愛爾蘭未來的繁榮要靠新知識的開創，但政府卻無法把公款投注到研究所的研究上頭。在經過數十年的管理不當與保護主義之後，愛爾蘭的經濟已經開始加溫，然而研究領域卻仍是一片荒涼。有些非商業資助來自歐盟，但愛爾蘭花在研究上的經費卻只有歐洲平均值的一一%。此外，各大學之間也互不來往，很少有校際合作。

這是「大西洋」有史以來頭一次，把目標設定為直接與一個主權政府談判，請對方提供相對資金，「我們會拿出一些錢來，然後逼他們也拿出一些錢來。」希利說。

令人驚奇的是，過去十年來，松席爾這位教科部的主任秘書，其實並不曉得菲尼在資助愛爾蘭各大學所扮演的角色。那天的晚餐後，他要求一個部裡的高級官員麥當納（Paddy McDonagh）去打聽「大西洋慈善事業」。麥當納去問了外交部一個熟人後回報，「他們很保密，如果你主動去找他們，完了，所有的溝通就到此為止，全部結束。」

這是戴爾所採取的手段，可以有效確保教育部門不知情。此外，各大學校長也不想讓外界知道他們的朋友查克，因為他們擔心高等教育司會因此把撥發的經費減少。各個大學校園紛紛蓋了新圖書館、科學大樓，以及學生宿舍，各校間也流傳著大學校長們有「華夏情結」，但教育部裡從來沒有人把這些事情湊起來。

愛爾蘭富豪們如史墨費特（Michael Smurfit）、歐馬洪尼（Tim O’Mahony）、昆恩（Laughlan Quinn）、萊恩（Tony Ryan）等人的捐款的確也有所助益，但他們的捐獻實在遠遠不如各大學在別處神祕募得的款項。這些大學校長們似乎開發出一種在美國募款的超凡能力。有些人會面不改色地拖怨，他們得越過大西洋到美國奔波找錢，但其實根本就是菲尼主動去找他們的。

希利在「祖業屋」所安排的晚宴，為日後可能成為現代歐洲最大筆教育捐助的行動踏出了第一步。晚宴後幾個星期，他邀請剛升任為高等教育司司長的松席爾共進早餐，地點就在都柏林葛瑞夫頓街旁的威斯伯瑞飯店。他同時也邀請繼任松席爾成為主任秘書的丹納希（John Dennehy），以及教科部長的顧問麥當納一起來。

他們各自喝著咖啡時，希利告訴他們，「你們應該了解我們的可信度，因為你們現在已經透過小道消息，知道我們對一些大學所做的貢獻。我們現在覺得，愛爾蘭的研究能力實在差得可憐，應該要予以強化。你們應該要投資更多才對。我們何不一起合作？」

如果「大西洋慈善事業」拿出七千五百萬愛爾蘭鎊（一億兩千萬美金）的話，希利問，他們有什麼回應？愛爾蘭政府會拿出相同的金額嗎？當場大家震驚得沉默半晌。「他們看著我，好像覺得我瘋了。」希利回憶。

「考慮一下吧，」希利接著說。「我們不必把錢花在愛爾蘭，很多地方我們都在努力，美國、澳洲、越南。事實上，我的同事麥可瑞（Colin McCrea）今天不能來，就是因為他要去機場搭飛機到澳洲，那邊的昆士蘭大學有一個非常有趣的機會。」

松席爾很快就取回主動權。「好，沒問題，我會做一份報告。」他說。松席爾自然希望爭取到更多研究經費。「之前我們的大學畢業生都出國深造，但當時愛爾蘭的經濟情勢已經開始要扭轉，缺乏的就是資訊和通訊技術領域的發展。」他回憶，一九九七年六月，新政府上台，而教科部最近有一筆五千萬愛爾蘭鎊的大學知識科技設備經費被財政部否決，他便說服了接任的教科部長馬丁（Micheál Martin），去跟財政部長「吵一架」。但那位可憐的教科部長見過財政部長後大受打擊。他要求五千萬鎊，結果只拿到五百萬鎊，最後還又刪減到四百萬鎊。

那頓戲劇化的早餐之後不久，戴爾來到愛爾蘭，他和希利到教育與科學部總辦公處，和那些官員進行了一場正式會議。當他們講到提案中的細節時，丹納希問他們，教科部是否能信賴「大西洋慈善事業」會拿出七千五百萬愛爾蘭鎊。「看看我們的紀錄。」希利說，同時戴爾眼神冷酷地盯著丹納希。然後戴爾反問這些公僕，「大西洋」又如何能信賴愛爾蘭政府。他們基金會從來沒有跟一個政府合作對等式捐款：如果政府換人了怎麼辦？如果有人問總理或教科部長關於匿名捐款者怎麼辦？如果愛爾蘭政府沒辦法履行他們的諾言呢？

「我們不能告政府，那是至高無上的。」戴爾告訴他們。松席爾反駁，「你們也是至高無上的！」松席爾明白，就跟愛爾蘭政府一樣，「大西洋慈善事業」的保證也是可以撤回的，而且如果他們不履行承諾，你也同樣不能告他們。戴爾很欣賞並尊重松席爾。「不過對他來說，我們也可能不兌現。」

松席爾成為這個計畫的關鍵建築師。中間充滿了各式各樣問題。他們必須完全保密。愛爾蘭的七所大學都極為獨立，向來努力捍衛自己的特權和自主權。希利表明，他們必須提出一個公開、真誠、具競爭力的捐助計畫，並由國際專家審核。各大學校長不能拿制式的資料充數：只有適合該機構全面性策略計畫的提案，才能拿到捐款。

有幾回，松席爾偷偷溜出辦公室，去都柏林一條綠蔭繁茂大道上的「大西洋慈善事業」跟希利及其副手麥可瑞碰面。「我向來把這當成個人的私事。」松席爾說，他對於跟「大西洋」交涉的事情，也變得像那些大學校長一樣保密。「如果來我辦公室碰面談，就會留下紀錄。」他也同時必須為政府保密，對外說話必須小心。在這些會面談話中，松席爾從來不記筆記，他的桌曆上也從來不會記下任何有關事項，免得在《資訊公開法》的規定下，日後這些資料必須公開。

有回菲尼到都柏林，又推了這個提案一把，他去拜訪了馬丁，跟這位部長說他相信愛爾蘭應該花更多錢在研究上。松席爾聽說了這件事，下回教科部和七位校長開會時，他就刻意提起，「喔，順便講一聲，部長前陣子跟菲尼談過了。」室內的氣溫當場掉了大概有十二度，他開心笑著回憶。「可想而知，一想到政客和官員入侵他們的地盤，他們就非常不安。」

「大西洋」的錢不會永遠等在那裡

在政府部會中，這個提案由資深官員麥當納，以及教科部長的政治顧問麥唐納（Peter McDonagh，與麥當納沒有親緣關係）負責推動。面對著這麼一個史無前例、甚至是古怪的提案，要求七千五百萬愛爾蘭鎊的對等式補助，財政部官員拖拖拉拉。眼看著耽擱的時間愈來愈長，菲尼便利用一個見到新總理艾亨的機會向他表明：現在有個非常令人興奮的提案正在發展中，但「大西洋慈善事業」的錢不會永遠等在那裡。

「基本上，我們不太高興政府不肯拿出這些錢，投資在他們該投資的地方。」菲尼說。「我們說，『坦白說，你們必須投資在研究上，現在我們已經蓋好了建築物，你們也擁有實驗室和教室了。』」松席爾說，之後財政部的態度就變得好配合得多。

然而跨部會的協商還是拖了又拖。「那真是痛苦極了。」松席爾說。希利變得愈來愈不耐。一九九八年十一月十日星期二，他向那些官員發出最後通牒。他說他星期六要去南非，下午一點前就得出發去機場。如果在此之前，這個提案沒通過，整件事情就吹了。

麥當納通知財政部情況有多危急。於是在十一月十三日星期五下午四點半，正當其他人都準備要下班去度週末時，財政部把當初麥當納送來那份提案的摘要文件交還給他，加上一份手寫的附加文件。結果附加的就是他們在等的批准文件。愛爾蘭政府將撥出七千五百萬鎊納稅人的錢，以配合「大西洋」匿名提供的七千五百萬鎊等額資助。艾亨下週四將會宣布這筆一億五千萬鎊的研究資金，屆時菲尼所提供的半數，將會被描述為「私人資金」。

然後教科部必須私下通知七位大學校長，告訴他們所謂的「私人資金」將由「大西洋慈善事業」提供，免得校長們以為要自己去募款而大為恐慌。松席爾約了「愛爾蘭大學校長聯合會」的會長歐海爾，要他十一月十四日星期六上午到他的辦公室碰面，同時要他別對外聲張。歐海爾依約前來，看到希利也在場，心知一定是跟「大西洋」有關的事情。

「政府和『大西洋慈善事業』已經談好一個協議，要拿出一億五千萬愛爾蘭鎊的經費，」松席爾告訴他。「我們希望你告訴其他大學校長，而且要保密。」歐海爾的反應充滿敬畏，「狗屎！」他離開時滿心納悶。「老天，我沒聽錯吧？」

「那真的很像間諜活動，」松席爾回憶。「我們都很擔心保密的問題，連電話都不敢打。」他們彼此間談到查克和「大西洋」時，不會說出名字來，而是說「我們的朋友」或是「我們的共同朋友」。教育圈內知情的人若是提到菲尼，都會用拐彎抹角的方式。「他們會說，『我跟我們不該提的那個人談過了。』」歐海爾說。當大學校長們跟政府要求補助金，那些公僕會問，「你想那幫祕密客會拿出一半來嗎？」歐海爾有回告訴希利，「看在天主分上，拜託不要再搞匿名這套了好嗎？因為現在真的變成一齣鬧劇了！」

下個星期四，在都柏林的記者會上，艾亨宣布這個一億五千萬愛爾蘭鎊的「高等教育機構研究計畫」（Program for Research in Third Level Institutions，簡稱ＰＲＴＬＩ），其中包括新的實驗室、電腦、研究設施，還將建設新的圖書館。他沒提到「大西洋」，只說一半的資金將會「由各大學與科技機構籌募等額的私人捐款」。

戴爾當初擔心愛爾蘭政府食言，後來證明果然沒錯。這個資助計畫為期數年，分為三個階段。二〇〇二年五月大選後，鄧普西（Noel Dempsey）接替馬丁成為教科部長。美國科技股泡沫化威脅到經濟成長，鄧普西有削減預算的壓力。他首要的目標是照顧弱勢，同時他的態度也比較傾向於視各大學為特權的堡壘。「大西洋慈善事業」希望官方能再度保證「高等教育機構研究計畫」的預算不受刪減，但教科部並不配合。松席爾請求鄧普西不要採取太激烈的行動，但二〇〇二年十一月十四日，這位新部長宣布所有研究經費「暫停」。對松席爾來說，那是「我公職生涯最悲慘的時刻之一」，不過得知預算是「暫停」而非「刪除」，讓他稍感安慰。

沒有人通知「大西洋慈善事業」。「說我不高興是太輕描淡寫了，」希利回憶，當時他已經搬回紐約，成為該基金會的執行長。愛爾蘭全國各地的大型研究計畫都面臨瓦解，大學的種種合約有違約的危險，研究圈的信心也動搖了。「據我所知，我們和政府有合夥關係，而這不是對待夥伴的方式。我們立刻告訴各大學和高等教育司，如果政府不拿出錢來，我們也不會拿錢出來。」希利說。「所以我們也暫停了。」

幾個月過去了，這段暫停繼續延長下去，顯然只有總理的干預，才能化解這個僵局。「大西洋」的幾位董事來到都柏林。二〇〇三年十月一日，菲尼、若茲、希利，以及接任希利成為都柏林主管的麥可瑞，四人一起前往政府辦公大樓區去見艾亨總理。在車上，菲尼打上領帶，同時四人商量誰要扮演「壞人」的角色。這個任務落在了希利頭上。

菲尼的眼鏡用一根迴紋針固定住，突出來像根天線。他靜坐在艾亨的辦公室裡，看著希利直言批評。「那天我在總理辦公室裡，把大家全得罪光了。」希利回憶。「我講得很直接。我們告訴總理，我們很不高興。身為夥伴卻沒被通知暫停的事情，我們非常不滿。我說我們不必把錢花在愛爾蘭，而且『如果你們不認真繼續下去，那我們就退出了』。」然後艾亨回答，「這件事情我們可以解決。」

這是私人會面，也沒對媒體宣布。「但接著好玩的事情發生了，」希利回憶。「第二天《愛爾蘭時報》竟然報導了這次會面。」該報跑教育線的記者伏林（Sean Flynn）寫道，「作風隱密的愛爾蘭裔美國人億萬富豪菲尼先生」和艾亨會面，警告他「除非政府對高等教育研究的經費刪減能夠恢復」，否則他捐給各大學的這筆私人基金將會不保。

希利認為，這個消息只可能是總理本人對外透露的。他猜想艾亨是以此向鄧普西施壓。五個星期後，原來的「暫停」結束了。

松席爾後來表示，「大西洋」所發想的這個計畫，對愛爾蘭的研究資助方式造成了很大的改變，愛爾蘭的研究單位也的確改頭換面。歐海爾說，這個計畫「對於愛爾蘭在研究方面的資助系統有出色的效果，一改舊日的陳規積習」。都柏林大學（University College Dublin）校長布瑞迪（Hugh Brady）說，「大西洋慈善事業」是改造愛爾蘭研究前景的催化劑。

「高等教育機構研究計畫」是「大西洋在全世界各地，最成功的單一計畫」，麥可瑞說。「查克的想法是，好的高等教育系統可以帶動全國大部分的狀況。我們改變了政府對大學研究的資助政策。讓政府撥出來的錢增加了很多倍。」

「慈善、高尚的好人」被誑了？

這個計畫前三期總成本為六億零五百萬歐元，而「大西洋」共計提供了一億七千八百萬歐元，然後功成身退。（一九九九年起歐元取代了愛爾蘭鎊。）愛爾蘭全國各地成立了四十六個新的研究機構或研究計畫，世界級的研究能力大幅進步，愛爾蘭優秀人才外流的狀況也逆轉了。二〇〇六年，財政部長柯溫（Brian Cowan）宣布，接下來五年將在研究所教育上投資十二億五千萬歐元。一九九〇年代末期至二〇〇一年的愛爾蘭經濟奇蹟，被譽為「凱爾特之虎」，其驅動的關鍵並不是愛爾蘭的低稅率政策，而是教育系統及其所培育出來的高水準人才。

「那是查克最大的贈禮，」米契爾說，他在卸下聖三一大學校長職務後，於二〇〇二年接受菲尼的邀約，成為「大西洋慈善事業」的董事。「那次的資助徹底改變了愛爾蘭的研究狀況。那是槓桿作用的完美範例。他們拿出錢來，然後對政府說——你們得去做事。那個例子示範了一個基金會如何結合政府，並利用自己對政府的槓桿力量，去改變政策。這是個非常重要的社會變革。」若茲說菲尼「讓愛爾蘭各大學彼此對話，他讓他們可以懷抱更大的夢想，他把研究提高到另一個新的水準」。

這個模式後來在北愛爾蘭複製，「大西洋慈善事業」和北愛爾蘭政府各提供四千七百萬英鎊，總計九千四百萬英鎊，投入一個「大學研究扶助計畫」。

然而「大西洋」在愛爾蘭最大的成功之後，接踵而來的，卻是其最難堪的失策。這個失策肇因於他們想在愛爾蘭設立一個組織，所引發的種種爭議。他們想仿效的模範，是美國華府由電視製作人路易斯（Charles Lewis）所負責、聲譽卓著的非營利組織「公共誠信中心」（Center for Public Intergrity）。在「大西洋」及其他美國大基金會的資助下，創立於一九九〇年的美國「公共誠信中心」曾發表許多調查報告，並成功揭發美國許多政治與企業的貪腐弊端。

愛爾蘭是少數高度民主、卻沒有這類獨立監督組織的國家之一。菲尼看到愛爾蘭媒體所報導政治界與企業界的腐敗程度，感到十分憂心。大約十五年前，他就已經取得愛爾蘭公民權——只要祖父母輩有一個生於愛爾蘭，就可以拿到公民權，他符合這個資格——因而擁有愛爾蘭和美國的雙重國籍。他有理由覺得，愛爾蘭的公民治理狀況，與他利害攸關。

之前參與愛爾蘭和平進程時，菲尼認識了一名調查記者法蘭克・康諾利（Frank Connolly）。在二○○四年，他請當時四十九歲的康諾利擬出一個提案，要在愛爾蘭成立一個類似美國「公共誠信中心」的組織。兩個月後，康諾利提出了一份五年的計畫，要成立一個「公共調查中心」（Centre for Public Inquiry），由他擔任執行長。二○○四年九月，他到李默瑞克的特洛伊城堡公園飯店，跟菲尼、希利、麥可瑞開會，把提案拿給他們看。

康諾利是個認真、有條理的調查記者，似乎是個理想的人選。七年前，主要就是因為他的報導，迫使政府設立一個調查庭，由高等法院的福拉德（Feargus Flood）法官主持，調查政府高層的弊案。他有證據可以證明執政的共和黨（Fianna Fail Party）中的一位部長柏克（Ray Burke），收受一名房地產開發商的賄賂，將土地重劃為開發區。柏克最後貪污罪確定，被判入獄服刑六個月。

菲尼和康諾利在愛爾蘭和國際政治的立場，都是中間偏左，曾一起吃過幾次飯。康諾利宣稱愛爾蘭的政治腐敗程度，比大部分人所知要嚴重得多，他還記得菲尼對於某些愛爾蘭政客多年來可以逃過適當檢驗，覺得「非常不解」。

二○○四年十二月，康諾利在紐約向「大西洋」董事會報告，說他可以邀請到當時七十六歲、已經退休的福拉德法官擔任「公共調查中心」的董事長。其他董事包括神學家麥當納神父（Enda McDonagh）、律師歐尼爾（Greg O'Neill）、曾任報社主編的凱柏（Damien Kiberd），以及遊民濟助組織「信賴」（Trust）的共同創辦人蕾西（Alice Leahy）。當天「大西洋慈善事業」同意五年內撥款四百萬歐元（五百萬美元），並訂於二○○五年在都柏林成立這個中心。

同時，康諾利邀請華府「公共誠信中心」的路易斯，到都柏林提供建議。路易斯婉拒了。「根據我讀到和聽說的，覺得康諾利這個人不太對勁。」他後來在一次報紙訪問中說。「我對他的專業操守非常擔心。」

路易斯曾向另一個他認識的愛爾蘭調查記者山姆・史密斯（Sam Smyth），透露過一些對康諾利不利的說法。但麥可瑞說，「大西洋慈善事業」卻沒理會這些說法。兩年前，愛爾蘭的《週日獨立報》（*Sunday Independent*）曾報導康諾利受到愛爾蘭警方調查，聲稱他曾於二〇〇一年持假護照赴哥倫比亞。警方並暗示，他到哥倫比亞與所謂的「哥倫比亞三人幫」（Colombia Three）有關。

哥倫比亞三人幫是三名堅持武裝路線的「臨時派愛爾蘭共和軍」（Provisional IRA）成員，於二〇〇一年八月在哥倫比亞被捕，並被判入獄十七年，罪名是他們為「哥倫比亞革命武裝力量」（Fuerzas Armadas Revolucionarias de Colombia）訓練叛軍。這三個人的其中之一，就是康諾利的弟弟尼爾（Niall Connolly）。康諾利否認自己曾參與任何不法情事。菲尼知道有關康諾利弟弟的事情，也知道康諾利很同情愛爾蘭共和軍的政治分支新芬黨，但不允許這點影響他的新聞判斷。

有關康諾利要成立一個監督團體的事情，愛爾蘭政府在公開前便已經接到情報。山姆・史密斯為《週日獨立報》的新聞集團工作，他和司法部長麥道爾（Michael McDowell）很熟，便把路易斯婉拒康諾利邀訪都柏林的事情，告訴了這位好鬥的部長。

對於康諾利要領導一個調查團體的消息，愛爾蘭政府內部的人士感到非常驚愕。根據麥道爾的說法，很多部長認為菲尼是一個「慈善、高尚的好人」，對愛爾蘭貢獻很多，但卻被康諾利給「誑了」。艾亨總理決定一有機會就私下警告菲尼。這件事對總理來說，既是基於私交，也是出於政治：幾年前康諾利就曾到處放話說一個商人宣稱曾以重金賄賂艾亨，但法官判定是「完完全全是假話，絕對不是事實」。

執行長到底有沒有持假護照赴哥倫比亞？

「公共調查中心」於一月三十一日在都柏林成立，宣布其目標是促進愛爾蘭社會的「誠信、道德、責任的最高標準」。康諾利強調該中心的目標不是針對個人，而是要監督「政商之間的關係」。

許多政治人物大感憤慨，宣稱康諾利的調查將會在政治上有所偏頗，因而對國家造成傷害。幾天後，《週日獨立報》重新刊出該報二〇〇二年七月的一篇報導，宣稱康諾利「於二〇〇一年持假護照前往哥倫比亞之事，將受到警方調查」。當記者們詢問福拉德有關康諾利被控的罪名，他憤怒反駁說他「絕對不參與任何抹黑異己的行動」。

整件事情愈來愈牽扯不清。二月時，一名操英格蘭口音的不明人士打電話到「大西洋慈善事業」位於倫敦的英國辦事處，指控康諾利與愛爾蘭共和軍關係密切。之後沒多久，「大西洋」的董事們開始收到匿名人士寄來的單頁文件，內容同樣是針對康諾利與愛爾蘭共和軍的關係，文件上方的標題是「期中報告」，看來似乎是情報機關的報告。後來這份文件也在愛爾蘭國會大廈到處流傳。

艾亨相信，他第一個私下和菲尼談康諾利的機會，就是在二〇〇五年三月他出訪美國期間，但結果這位愛爾蘭裔美國慈善家剛好沒空。後來麥道爾五月訪問美國，也去找菲尼。「我跟部裡的人說，去查菲尼在哪裡，」他回憶。「我要去美國很多地方，只要他人在美國，我都可以去見他。」結果菲尼正在旅行，還是沒見到面。

同時，對康諾利更嚴重的指控出現了。阿提蓋芬男爵雷爾德（Lord Laird of Artigarvin）是北愛爾蘭的親英派，向來強烈反對新芬黨，他於七月九日與十四日在英國上議院宣稱，康諾利曾和一名已知為愛爾蘭共和軍的男子前往哥倫比亞，收取約三百萬美元的款項，「那是『哥倫比亞革命武裝力量』恐怖分子支付的部分酬勞，以交換愛爾蘭共和軍提供訓練和製造炸彈的專業技術。」雷爾德說。雷爾德是愛爾蘭富商、「獨立新聞與媒體集團」（Independent News & Media Group）的執行長歐萊利的公關顧問，而該集團的《週日獨立報》，便以顯著篇幅報導雷爾德在上議院的這些發言。

人在紐約的希利接到一大堆消息，得知愛爾蘭的司法部長急著想找菲尼談。於是他七月到都柏林時，就去拜訪司法部的主任秘書艾爾沃德（Sean Aylward），問他到底是怎麼回事。艾爾沃德只告訴他事情跟康諾利有關，據說他和一些「顛覆分子」有來往。希利要求安排一次機密的警方簡報會，看有什麼不利康諾利的證據，但艾爾沃德婉拒了。

七月二十七日星期三，希利去見一個朋友班恩（Dermot Benn），班恩以前是愛爾蘭軍事情報的官員，後來成為私人保全公司「國際風險管理」的總經理。希利要求班恩利用他在警界的關係，趕緊查出警方手上有什麼關於康諾利的資料。班恩次日打電話給希利，告訴他警方目前對康諾利沒興趣，另外還說，警方認為「公共調查中心」是個「可敬的組織」。

菲尼在八月底到了都柏林，總理終於可以安排跟他見面了。菲尼和麥可瑞於八月三十一日星期三拜會艾亨。總理說，他擔心在康諾利的主掌之下，「公共調查中心」將會耽溺於羅織罪名，不過他建議菲尼應該去見麥道爾，他會告訴他更多詳細資料。兩天後，菲尼和麥可瑞到司法部去見這位部長。

向來對新芬黨直言批評的麥道爾，首先向菲尼強調自己是愛爾蘭民族獨立的堅定支持者，他指出他外祖父就是曾在愛爾蘭獨立建國的過程中扮演重要角色的歐因．麥克尼爾（Eoin MacNeill），並告訴菲尼他辦公室牆上那面有黑紗帶的大幅愛爾蘭國旗，就是他舅舅布萊恩．麥克尼爾（BrianMacNeill）葬禮上用的——他屬於支持獨立的共和派，在愛爾蘭內戰中遭到射殺。然後麥道爾拿出一份簡報，念出上頭所條列的康諾利背景。

康諾利在都柏林聖三一大學就讀時，曾跟一個極端組織「革命奮鬥社」來往，該社開槍射傷了一名來訪的英格蘭人，隨後康諾利被逮捕，但「在長時間訊問中都保持沉默」。一九八二年九月二十八日，康諾利於因為暴動行為被特別刑事法庭定罪，處以緩刑兩年。二〇〇一年四月十日，康諾利持假護照赴哥倫比亞，進入一個由共黨毒梟恐怖分子所控制的區域，他假護照上的名字是約翰．法蘭西斯．強森，生於貝爾法斯特安德森鎮。同行的有他弟弟尼爾，以及臨時派愛爾蘭共和軍的高層人員威爾森（Padraig Wilson），這兩個人也都是用假護照入境。

麥道爾的判斷是，康諾利參與了愛爾蘭共和軍「以技術換取現金」的計畫。資助他是很嚴重的事，他說，然後補充，「他會毀了你，而不是你毀了他。」然後他給了菲尼一份聲稱是康諾利所使用假護照的影印本，說是哥倫比亞當局交給他的。

菲尼從頭到尾都很仔細聽，很少開口。「他在評估我，看我只是在抹黑康諾利，或者是好意。」

麥道爾如此推斷。

菲尼陷入了兩難困境。之前是他鼓勵康諾利設立「公共調查中心」的。他深信這樣的組織值得資助。他一向忠於朋友，而且他喜歡康諾利。何況麥道爾拿不出不利於康諾利的確切證據。

回到「大西洋慈善事業」在都柏林的辦公室，他和麥可瑞研究那份影印本：照片上的輪廓看起來像康諾利，但五官實在看不清楚。這有可能是有人要抹黑康諾利，他們反覆猜想各種可能原因。政府擔心康諾利是顛覆分子，或以為他有可能毀掉他們，或是兩者皆是？新芬黨在愛爾蘭政壇是邊緣勢力，愛爾蘭的政客真的擔心康諾利會利用這個中心，去傷害其他比較大的政黨，以幫助新芬黨的候選人嗎？歐萊利擔心康諾利和他的人馬調查他的事業嗎？向來強烈批評新芬黨的《週日獨立報》是因為理念不同，才持續刊登不利康諾利的報導嗎？

錯綜複雜的輸送管騷動

不過有一個問題可以確定。「公共調查中心」必須以同樣的標準檢驗自己。康諾利被指稱持假護照到哥倫比亞的那個星期，到底人在哪裡，他本人從來沒交代過；他一直堅持，除非他被起訴，否則他不會回答這個問題。麥可瑞擬出了一份關於哥倫比亞事件的問題清單，打算請康諾利回答，以澄清一切。菲尼跟康諾利在下個星期三晚上碰面。但由於菲尼向來不喜歡正面對質，而且偏向於慢慢琢磨思考，於是沒有問那些問題。他只叫康諾利：「我們好好繼續工作吧。」

「這個事件發生期間，查克相當冷靜，他私下跟我說，『我們一直在設法處理這個問題，不過還是要往前走，我認為你現在的工作非常重要，我們知道接下來會有一場風暴。』」康諾利說。後來康諾利給了他們一份書面聲明，說他沒有參與被指控的那些事情，不過關於他那個星期的確切行蹤，他還是不肯回答。

這件事讓菲尼付出了沉重的代價。他睡得不好，憂慮自己做得是否正確。他怕向來低調的「大西洋慈善事業」聲譽會受到公然的傷害。這個爭議占用了他很多時間，他很難專心去做其他重要的事情。

之後沒多久，菲尼就離開愛爾蘭，到南非參加在開普敦召開的「大西洋慈善事業」董事會。董事會要求麥可瑞和米契爾去建議康諾利辭職，好讓「公共調查中心」能倖存。康諾利對於自己的地位不保感到苦惱，但試圖把事情交給「公共調查中心」的董事會處理。那些董事拒絕要求他辭職。「跟我預料的一樣，董事會成員的反應非常一致——如果你下台，我們全都會辭職，整個計畫就會垮掉了。」康諾利回憶。

於是「大西洋慈善事業」的董事們判斷，「公共調查中心」的董事會失職了。這個中心應該要成為公開與高標準的模範。「任何董事會的首要責任，就是要保護這個組織，」米契爾說。「這個董事會卻沒能做到。」

麥道爾回憶起這件事，對於這個董事會的角色根本沒放在眼裡。「那些人全都是康諾利的道具。」他說。

菲尼於十一月回到愛爾蘭，參加「大西洋」與「公共調查中心」之間的會議，結果會議氣氛非常火爆，什麼都沒解決。康諾利的董事會成員辯稱，一個人在被證明有罪之前，都是無辜的；而米契爾告訴他們，「你們現在不是在法庭上，而是在公眾意見的領域中。」不過米契爾這位聖三一大學前任校長認為，撇開一切不論，康諾利的態度從頭到尾都彬彬有禮。

大約在此時，康諾利交給菲尼一份八十三頁的預排稿，是「公共調查中心」針對殼牌石油公司一個頗受爭議的計畫所作的報告，該公司將鋪設一條輸送管，把未經處理的天然氣從靠近愛爾蘭西部農村的海底抽出。菲尼看了那份報告，一個小時後打電話向康諾利道賀。康諾利說菲尼稱這份報告「太精采了」，還說這就是「公共調查中心」成立的目的，他希望看到該中心繼續努力。

殼牌石油公司的輸送管在梅約郡引起了許多騷動。二〇〇六年稍早，五名羅斯港（Rossport）的村民拒絕讓工程人員進入他們的土地，殼牌公司申請了法院強制令，這五名村民於是被逮捕入獄。菲尼對這五名抗議者非常同情，曾告訴艾亨說監禁他們是很丟臉的事情。九月初，康諾利帶他到西都柏林克洛佛丘的監獄，探望「羅斯港五人」的其中一人，是一名退休教師歐善恩（Micheál O'Seighin）。菲尼告訴歐善恩，「我在政府裡頭可以討一點人情，我會盡力。」後來因為殼牌石油公司撤回法院強制令，這五個人在拘禁九十四天後終於獲釋。

「公共調查中心」的報告中，包括了那條輸送管不可能安全的證據。又指出艾亨與這個將天然氣從海底輸送到羅斯港的計畫「緊密相關」，同時科瑞布（Corrib）企業聯合組織——包括殼牌石油、挪威國家石油公司（Statoil）、美國馬拉松石油公司（Marathon）——的資深經理人有「不尋常的管道」，直通國家計畫委員會。

報告中宣稱，初步修正後的近海開採授權條款有利於能源公司，責任在於貪污的部長柏克。報告中同時指出，歐萊利在大西洋沿岸有財務利益，原來的福拉德調查庭現在由另一個法官接掌，通稱為梅恩調查庭（Mahon Tribunal），已經排定要調查一九八九年費茲威頓集團（Fitzwilton Group）所屬公司的一名股東所捐給柏克一筆三萬英鎊（四萬五千美元）的政治獻金，而費茲威爾頓集團的老闆，正是歐萊利。

巧合的是，這段期間菲尼和歐萊利剛好都參與資助貝爾法斯特大學（Queen's University, Belfast）一所造價四千五百萬英鎊（九千萬美元）、設備最先進的新圖書館。從二〇〇一年起，「大西洋慈善事業」捐給該校的三千七百萬英鎊中，有一千萬指定捐給該圖書館，但當然沒有對外公布。這所圖書館於二〇〇九年竣工時，將會命名為「歐萊利圖書館」，因為歐萊利捐出四百萬英鎊取得命名權——他私人捐了一半，另一半是他的「獨立新聞與媒體集團」和他所共同創辦的慈善機構「愛爾蘭信託」（Ireland Funds）所捐出。

到了十一月，康諾利從他的律師那裡得知，有關哥倫比亞的事件，由於缺乏證據，所以檢察官不打算起訴他。但麥道爾並沒有就此算了。在山姆．史密斯的要求下，麥道爾提供了有關康諾利的警方檔案。十一月二十六日星期六，史密斯在《愛爾蘭獨立報》（*Irish Independent*）登出一份據稱是康諾利以假名加上偽造一名貝爾法斯特神父的簽名，以取得護照的申請書。隨後該報又登出了據說是偽造護照的影本照片，旁邊並列的是康諾利的近照，以顯示兩張照片的輪廓相似。由於各方強烈抗議政府部長洩漏警方資料，麥道爾不得不在愛爾蘭的廣播節目中承認，是他私下把資料洩漏給史密斯。

一百份調查檔案，付諸流水

十二月六日星期二，菲尼在紐約參加「大西洋慈善事業」的董事會，會中主要討論的，就是有關康諾利的爭議。就在討論正事前，他們收到來自都柏林的一份傳真，上頭手寫著麥道爾在愛爾蘭國會的一份聲明。其中他宣稱——這是第一次向大眾公布——哥倫比亞當局已經證實，康諾利曾以化名進入哥倫比亞，同行的有一名愛爾蘭共和軍資深成員，而且根據「情報單位的報告」，康諾利和同伴此行牽涉到一筆交易，愛爾蘭共和軍將提供炸彈製造的專業技術，「哥倫比亞革命武裝力量」則回報以「一筆巨款」。麥道爾宣稱康諾利危及國家安全，並指控「公共調查中心」董事會對於這些有關公眾的真正問題，沒有採取「適當而足夠的嘗試」去調查。

由於司法部長都已經公開在國會指稱，「公共調查中心」的執行長牽涉到一個恐怖分子組織，而康諾利依然拒絕說出他被指稱在哥倫比亞的那個星期到底人在哪裡，「大西洋」的董事們實在沒有什麼選擇，只好在「公共調查中心」成立僅僅一年後，撤回其一年八十萬歐元的資助。他們這麼做是「因為該中心的董事會對於我們的疑慮似乎完全沒有回應」，「大西洋」的董事長若茲說。「感覺上，他們似乎沒有表現出我們所期望的領導能力。」

康諾利恨恨地抱怨「《週日獨立報》對抗『公共調查中心』的手段太野蠻了，他們特別針對我，但也同時是在對抗我們所有的董事會成員」。這個決定對福拉德法官是一大打擊，記者訪問他時，他幾乎老淚縱橫。他指控麥道爾「在私下和公開場合，對康諾利的人格進行抹黑」。

這件事引起愛爾蘭媒體界一陣騷動，有些法律專家批評麥道爾洩漏警方資料之舉，已經是一種顛覆國家的行為。作家歐菲倫（Nuala O'Faolain）在《週日論壇報》（*Sunday Tribune*）上撰文說麥道爾「行為可恥」，還說「他藉著攻擊法蘭克．康諾利，想除掉一個超越政治的勢力中心，顯示我們正需要一個超越政治的勢力中心」。

某些人在公開批評中，質疑菲尼設立這個中心的動機，「大西洋」的董事們對於這種說法很生氣。《愛爾蘭時報》的專欄作家瓦特斯（John Waters）寫道，「一個外國『慈善家』把他的鼻子和他的美金，伸進一個主權國家的事務，就像菲尼資助那個中心，讓我覺得很不舒服。」

當時的副總理、也是麥道爾所屬的共和黨黨魁哈妮（Mary Harney）則說：「一群公民根本沒有正當理由，就自以為能為更廣大的群眾提供服務，我覺得這種念頭邪惡無比，而且很不適當。」這些話得罪了所有董事。「哈妮的評論太冒犯人了，」一名「大西洋」的主管說。「我真不敢相信她真這麼說。」

回顧往事，麥道爾說，在愛爾蘭成立一個像「公共調查中心」這樣的調查團體，其實他並不覺得這個念頭「邪惡」，就算是由外國人出資也無所謂。「問題出在康諾利。」他說。「這個概念本身完全沒問題。我不相信菲尼曾想到過，他這是在幫助臨時派愛爾蘭共和軍陣線。如果他想過，他大可以叫我滾一邊去就好，說他想資助誰就資助誰，謝謝再聯絡。我能拿他怎麼辦？

「我的目的是要在那個機構開始運作之前私下警告他，只是跟他說一聲，『你們打交道的這個人，不是他表面上看起來那麼單純。』我很遺憾他因此感到心煩，因為我確定他是個不愛曝光的人，而且我也確定他只是想做些公益事業，不喜歡因此被捲入爭論中。就他的角度，這是個騙局，但愛爾蘭政府對他的觀感並沒有受到影響。我們還是認為他是個非常可敬的人。他被康諾利花言巧語的否認給蒙騙了。他真的不知道我們是不是為了政治原因想陷害康諾利，這對他來說，的確很難判斷。」

「菲尼對法蘭克做出了判斷，對他來說，要忘記很難。」米契爾說。「他就是這樣的人。他非常忠於朋友。因此醒悟也同樣重大。」

最後「大西洋慈善事業」和法蘭克．康諾利達成一項和解協議，隨之解散「公共調查中心」。康諾利說，大約一百份初步調查檔案就這樣付諸流水。這整個事件很不幸，希利說，讓大家都只注意到「大西洋慈善事業」這個不成功的計畫。到此時為止，在菲尼的監督下，他的基金會已經捐了超過十億美元給愛爾蘭的各種公益事業，但他的善行大部分都是匿名，許多愛爾蘭人現在對他的印象，只跟康諾利的爭議有關。

「我想我們捐過三千筆款項，就算其中一筆令人失望，應該也是難免的。」次年一月的一個雨天，菲尼在他舊金山的公寓裡沉吟道。康諾利無法說服菲尼他不是「去哥倫比亞的那個人……而且去那裡沒有正當的目的」。他反省說，當初華府「公共誠信中心」的路易斯拒絕見康諾利時，他本來有機會更深入了解狀況的，而且在愛爾蘭的那個中心成立之前，他應該仔細審查各種說法。「我們絕對不會再冒險做那個領域的事情，」他說。至於政治和媒體的負面評論，他說，「我很堅強，那些事我可以丟開的。」

第30章 你出兩千萬，我也出兩千萬

到了二十一世紀之始，菲尼已經在好幾個國家形成了重大的影響。他和他的祕密捐獻行為，在國外已經愈來愈廣為人知。反倒是在美國，知道他的人比較少，其實他大部分捐獻的對象都在美國，而且一九九七年時，他身為大慈善家的祕密已經披露，知名度也因此激增。到了二〇〇六年，菲尼捐給美國的款項已達十七億美元，比其他所有國家加起來還多，其中占最大比例的，就是捐給高等教育和研究。

由於美國地廣人眾，菲尼基金會的捐獻對美國的影響力，就不如對一些比較小的國家。但對其中一個單一機構的影響卻很巨大。從菲尼開始從事慈善捐助以來，已經安排捐贈給康乃爾大學超過六億美元。從來沒有其他美國大學從單一校友手中，收到過這麼大的金額。

截至二〇〇〇年代初，康乃爾大學提到菲尼通常都以「無名氏」稱之。但康乃爾的「無名氏」身分，卻是個公開的祕密。如果有人匿名捐贈給康乃爾，不該曉得的人會說，「啊！查克．菲尼！」「後來大家講到無名氏，就會碰碰手肘，擠擠眼睛，」若茲說。「那變得讓人有點不舒服，不過一開始，其實大家是很認真的。碰手肘和擠眼睛表示這個『無名氏』其實就是『大西洋慈善事業』，但如果講到無名氏而刻意面無表情，那就表示你不曉得是誰捐的。」

菲尼要求匿名，使得他跟其他康乃爾的大捐贈者完全不同，比方一九五五年畢業的校友魏爾（Sanford Weill），他曾任花旗集團（Citygroup）的董事長與執行長，總共捐贈給醫學院和醫院將近兩億美元，掛了他名字的「魏爾康乃爾醫學院」就是為了表彰他。康乃爾大學的達菲爾德大樓（Duffield Hall）則是以加州軟體業富豪達菲爾德（David Duffield）命名，他捐了兩千萬美元蓋了一個研究園區。菲尼的姓名從沒出現在他出資所蓋的眾多康乃爾建築物上，不過他有回為了表達對老友貝克的敬意，捐贈了一億六千萬元給飯店學院蓋了一棟全新的大樓，掛上貝克夫婦的名字。

負責為康乃爾一九五六年那屆畢業校友募款的史騰相信，菲尼在一九八〇年代初剛開始從事慈善捐贈時，便努力增加校友捐款數額，因而也影響了隨後魏爾這類校友的大額捐款。

「魏爾是一九五五年畢業的，」史騰說。「他們那屆本來沒什麼名氣。誰在乎我們一九五六年這屆捐了幾千萬美元？唔，一九五五年那屆就很在乎。還有一九五七年那屆也在乎。競爭是個很大的刺激因素。認真想想，其實很蠢，很瘋狂。但是有用。每個人都會看自己那屆，說，他們做得到，我們也做得到。我知道聽起來滿幼稚、滿沒意義的，不過我是講真的。康乃爾現在的校友捐款達到前所未有的程度。去年（二〇〇四）康乃爾募到三億五千萬元捐款，是全美國排名第三的大學，校友捐款更是全國第一，我想其中有部分原因，就是我們這屆所引起的競爭心態。」

雜誌撕下的一頁報導，可能是一筆巨額捐款

菲尼堅持匿名的作風相當不尋常。美國捐款人中，要求匿名的只有百分之一。許多美國有錢人競相要捐出最多的錢，比方科技企業家吉姆．克拉克（Jim Clark），他一度立志要成為世界首富。加州史丹佛大學有史以來所收到最大筆捐款之一，便剛好跟菲尼與克拉克有關。

一九九九年十月，網景（Netscape）、視算科技（Silicon Graphics）、Healtheon的創辦人克拉克宣布，他要捐一億五千萬美元給史丹佛大學，建立一個新的研究中心，名為克拉克中心（James H. Clark Center）。這將是史丹佛大學從一八九一年創校以來，最大的單筆捐獻。克拉克說，他覺得受惠於史丹佛大學太多：一九八〇年代早期他擔任史丹佛大學教授期間，獲准探索各種科技，後來在私人領域發展而獲利豐厚。該校讓他致富，他想要回報這份恩情。

《聖荷西信使報》（*San José Mercury News*）熱情報導克拉克捐出「令人大吃一驚的」一億五千萬美元設立這個中心，「一改矽谷大亨吝嗇的刻板形象」，這個研究中心將成為「Bio-X」這個生物醫學工程與科學計畫的核心。

就在這一波媒體的熱情頌讚中，沒有人發現菲尼也悄悄同意捐出六千萬美元給這個計畫。菲尼從一九九六年便開始匿名捐給史丹佛大學——當時他兒子派屈克是該校學生，所以一九九四年負責募款的副校長福特（John Ford）就聯絡過查克，以為他只是一般的學生家長而已——而且他已經捐過兩筆、共達六千五百萬美元的捐款，贊助史丹佛的研究計畫。

菲尼於二〇〇一年三月應邀到史丹佛大學校長漢納西（John Hennessy）家裡吃午餐，見到了克拉克。查克覺得他很奇怪。他有種感覺，克拉克是只捐一次錢、造成轟動的那種人。「我們很喜歡你的這個計畫，我們也很高興能有所貢獻。」他告訴克拉克。對方回答，「很好，只要我保有這個計畫的冠名權。」菲尼回答：「沒問題，請便。」

六個月後，克拉克付了他所承諾一億五千萬美元中的六千萬美元之後，丟給史丹佛大學一顆炸彈。他告訴漢納西和福特，剩下的九千萬他希望能「暫緩」支付，以抗議布希總統限制人類胚胎幹細胞研究的政策——這是該中心的研究目標之一。布希總統在二〇〇一年九月九日表示，聯邦政府對於幹細胞研究的補助，將僅限於這個日期之前所培養的細胞。

漢納西很為難。為什麼克拉克要為了布希總統一個引發爭議的決定，而懲罰在幹細胞研究方面領先的史丹佛大學？他們懇求克拉克再考慮。克拉克的態度稍微和緩了些，他告訴該校，剩下的九千萬他會再付三千萬，但往後就堅持不會再給了。

史丹佛大學沒有法律救濟途徑。他們寧可相信捐款人會信守自己的承諾，而不是逼他們簽下具有約束力的文件。史丹佛大學必須緊急籌出不足的六千萬美元，以完成Bio-X中心的建設。

Bio-X中心於二〇〇三年十月開幕，其建築上的成就廣受讚譽。儘管克拉克承諾的一億五千萬美元有六千萬沒付，卻仍然保有該中心的冠名權。直到今天，訪問該中心的民眾仍會被告知，克拉克中心的完成要「感謝吉姆．克拉克與大西洋慈善事業的慷慨捐助」。

克拉克抽腿之時，菲尼捐給史丹佛大學的總額已達一億兩千五百萬美元，比克拉克的捐款還多了三千五百萬美元，成為史丹佛有史以來前五大捐款人，但依照他的意思，沒有掛任何名。安能柏格基金會（Annenberg Foundation）於二〇〇一年曾同樣捐給賓州大學一億兩千五百萬美元，被《慈善紀事報》（*The Chronicle of Philanthropy*）譽為私人基金會捐給單一美國大學的最大筆金額。其實菲尼已經捐給康乃爾大學更高的金額，但當時還是祕密。

在慈善圈中，衝動撤回承諾的捐款雖然罕見，但也不是沒有前例。二〇〇五年六月，軟體公司「甲骨文」（Oracle）的執行長艾利森（Larry Ellison，一度也是克拉克的對手）承諾要捐出一億一千五百萬美元給哈佛大學，資助該校成立「艾利森世界健康研究所」（Ellison Institute for World Health）。這將會是哈佛大學有史以來所收到最大筆捐款，遠超過之前曾任美國駐丹麥大使羅布（John Loeb）所捐的七千零五十萬美元。但一年後，身價一百六十億美元、名列《富比士》富豪榜第十五名的艾利森宣布改變心意，因為當初構思這個計畫的哈佛大學校長桑默斯（Larry Summers）已經離職。結果原已雇用的二十名研究員、三名頂尖學者，以及所有管理人員全都得另覓工作。

早年「大西洋基金會」在美國的捐贈，許多都是出自「大西洋服務公司」董事長韓德倫的提議，一九九三年後，他的繼任者弗萊許曼也接棒提出許多建議。但頻繁來回紐約和舊金山之間的菲尼，始終都在觀察最新的行善機會。二〇〇四年他在舊金山待了幾星期後，得知舊金山加州大學（University of California at San Francisco）面臨的一個困境。該校於二〇〇三年收到房地產開發商狄勒（Sanford Diller）一筆三千五百萬美元的捐贈，要在該校教會灣（Mission Bay）校區蓋一座海倫・狄勒家族癌症研究大樓（Helen Diller Family Cancer Research Building）。但該校還需另外募集四千萬美元經費，花了一年多還籌不到。

菲尼和該校募款人員討論，請他們列出一份舊金山富人名單。他指著一個創投資本家洛克（Arthur Rock）的名字。他怎麼樣？校方人員回答說，他才剛捐了兩千五百萬美元給哈佛。「那只證明他有能力捐兩千五百萬，」菲尼說。「何不提供他一個挑戰式捐款？如果洛克拿出兩千萬，『大西洋』也會相對捐出兩千萬。」結果洛克不但答應了，後來建築經費因為延期而增加五百萬，他又把捐款增至兩千五百萬美元。「這就是你多拖兩年的結果，」菲尼說，「你收到的錢會變多。」二〇〇七年三月，「大西洋」捐給該校有史以來最大一筆現金捐款——五千萬美元，以興建一座心血管研究中心和診所。

菲尼也依賴熟人網絡替他尋找美國的捐助機會，而且他時常閱讀地區報、聽新聞，並研讀各種報導。一筆重大捐款可能是源自於菲尼從雜誌上撕下來的一頁報導，也可能是因為他與一名機構主任商談的結果。菲尼認真看過的雜誌，很少能完好無缺；任何大學校長都可能碰上這個穿著運動夾克和夏威夷衫、手裡塑膠袋裝著報紙的男子登門拜訪。有時候菲尼對小型學術機構的關注和所花的時間，就跟對常春藤大學一樣多，甚至更多。夏曼納德大學（Chaminade University）的狀況就是如此，這是一所小型的天主教學院，位於夏威夷檀香山市區外一座可俯瞰太平洋的山坡上。

一輛計程車，駛上校舍間蜿蜒陡峭的車道……

一九九七年，威瑟坎培（Mary Wesselkamper）成為夏曼納德大學有史以來第一位女性校長，她發現這所學校不但非常破敗，而且大學部學生（許多是夏威夷本地人，以及來自太平洋群島的居民）已經降到六百六十人。「財務狀況比我或董事會所能想像的要糟糕多了。」她說。「我們就要破產了。」她向當初創校、位於俄亥俄州戴頓大學的聖母昆仲會求助，他們派了普洛格（Brnard Ploeger）修士來擔任副校長，負責整頓財務。他告訴她，「你最害怕的事情成真了，這個學校快垮了。」戴頓那邊替他們清償了四百三十萬美元的債務，但設備老舊以及學生宿舍不合標準的基本問題，卻依然沒有解決。

幾個月後，一輛計程車駛上校舍間蜿蜒陡峭的車道。「那位非常謙遜的男士下了車，想知道這所學校的一切。」威瑟坎培說。「我帶著他參觀學校。他甚至想看學生宿舍的浴室。他說，『我會再回來找你。』」

菲尼每隔一陣子就會到檀香山出差，那回他去了，從一個朋友處聽說了夏曼納德大學的困境。他到校園參觀後，便邀請威瑟坎培到紐約見戴爾。「我們平常的原則是不做宗教性的捐贈，戴爾對這些事情向來很堅持。」菲尼說——他其實已經違背過這個原則，在愛爾蘭捐了兩百萬給一所本篤會修道院蓋圖書館。在紐約，威瑟坎培解釋他們學校的董事會是雙層系統並行，一層是治校董事會，另一層是宗教法人董事會。戴爾希望宗教那邊能夠保持更明確的距離。她離開時心想，「我們只不過是個小學校！我不能去跟聖母昆仲會說我們希望跟他們保持距離啊！」

菲尼要求威瑟坎培匯集一份該校的策略計畫，她跟普洛格修士一起完成了。他們把計畫交給菲尼。「大部分人拿了只會翻一下，」她說。「但查克真的從頭到尾仔細閱讀，那份計畫很厚呢。」

「稍後在一九八八年，查克忽然又來學校辦公室找我——當時我們的家具舊得多，他坐在這麼一張破沙發上——他說：『我真的很佩服你們在這裡為學生做的事情。我們希望幫助你們開始。』我提起要跟宗教保持距離的問題，『我想我們可以解決，』他說，『我要給你一張三百萬美元的支票。』我問他：『你能不能再說一次？』然後他遞給我一張三百萬美元的支票。」

戴爾寄來一封制式的信，告訴她如果任何人發現捐款來源，她就得把錢歸還。她記得當時心想，「這裡是夏威夷，我們是個小島：島上沒有祕密的。」但她很盡責地告訴學校董事會，「我不能告訴你們這筆捐款是從哪兒來的。」她認為有些人猜到是菲尼捐的——他在夏威夷很有名——但卻沒有聲張。

菲尼成為這個學校的常客，他特別關心興建新大樓和提供標準設備，以解決宿舍短缺的問題。威瑟坎培相信，吸引查克注意力的，是那些建築物破舊的狀況——實在應該整修了——以及住在裡面的學生。比起其他學校，這所學校的大部分學生都是來自低收入家庭和弱勢團體。很多人被評估有上大學的潛力，但是沒有完全「準備好」。有些學生來自菲律賓、薩摩亞，或是關島，英文並不是他們的母語。

「他的捐款帶來了很大的改變，」二〇〇六年一月，威瑟坎培走在校園裡面說。「他的捐款到現在已經將近一千四百萬元了。」學校裡蓋了一所新的圖書館，其中五百萬美元經費來自「大西洋」，另外五百萬是沃爾（Jenai Sullivan Wall）捐的，她父親薩樂文（Maurice Sullivan）是查克在DFS早期認識的朋友，也是愛爾蘭裔，他擁有麥當勞連鎖店在夏威夷的經銷權，而且創辦了夏威夷最大的連鎖雜貨商「食物場」（Foodland），他在一九九八年過世。

按照慣例，菲尼會促成各大學彼此交流，他曾帶威瑟坎培到越南拜訪，而且贊助一名越南學生到威瑟坎培的學校就讀。

儘管夏威夷是美國的一州，但查克的捐贈事業卻因此延伸到另一個新的地理區域。「大西洋」成功的關鍵，就在於菲尼四處尋找並查核值得資助的計畫。但「大西洋」的其他董事和員工很難跟上他的腳步。在好幾個國家從事認真而縝密的慈善事業，需要有良好的人員配備和管理作為後盾。

眼看菲尼沒有減速的跡象，董事們也對於「開拓新地區」的想法表達疑慮。一名董事提爾尼（Thomas Tierney）是波士頓橋跨（Bridgespan）管理顧問公司的創辦人，他在二〇〇〇年為「大西洋」所辦的一個內部研討會中，將他的憂慮歸結為一張活動掛圖，上頭寫著：「不再擴增地理區域」。「這引得大家大笑，後來一些文件之類的，都會寫著『不要擴增地區』，」戴爾說，「目的是希望限制查克，不要再開發另一個新地區了。」

不過菲尼在這個組織的道德權威太大了，董事們又實在太尊重他，因此如果他還想再開發新的領域，董事會也會順著他。在被問到如果菲尼想大額捐助一個新國家，比方辛巴威呢？戴爾回答，「以我的觀點，如果查克決定辛巴威有一些重要的事情要做，他的決定可能聰明也可能不聰明，但如果他真的、真的很想去做，我會說——我們可以處理。我們就去幫助他，而不是試著阻止他吧。」

｜第31章｜

練習簿上，多了古巴和南非

在二〇〇三年，儘管戴爾有異議，但菲尼還是開始計畫要到一個新國家，那就是古巴。這個國家會吸引他，或許也是無可避免的。他已經深入越南這個共產國家，結果運作得非常好。他相信古巴就像越南一樣，也受到美國的不公平待遇。菲尼的女兒茱麗葉說，他幫助古巴和越南的想法，都是源自於想改正美國的錯誤。

對大部分美國人來說，幫助越南毫無問題。在柯林頓總統執政時代，美國和越南的關係大幅改善。越戰的傷口開始癒合。美國對越南的貿易禁運於一九九四年解除，兩國關係於一九九五年正常化。

古巴就不同了。佛羅里達州有幾十萬古巴流亡人士，只要古巴獨裁者卡斯楚（Fidel Castro）不死，他們就強烈反對美國跟古巴有任何來往。這些流亡人士在華府兩黨都有支持者。一九九六年，柯林頓總統簽署了《賀姆斯－波頓法案》（Helms-Burton Act），對古巴採取嚴苛的常態禁運政策。華府和哈瓦那之間沒有外交關係。美國公民如果未經華府允許進入古巴，會被處以高額罰金。

因此，「大西洋」進入古巴的政治風險比越南高得多。「我們和越南和解了，但跟古巴還沒有，」奧克思利說。「美國政府允許我們重建越南，但卻還不會允許我們重建古巴。」

對於查克計畫去古巴開發捐贈機會，「大西洋」董事會沒有贊同，而是以不反對表達默許。「我自己不會去做，但如果查克決定去做，我也不會覺得那就是世界末日。」董事長若茲說。

然而許多欽佩查克的美國人都大感震驚。「我不明白他這個想法是哪裡來的。」他的老友安提爾說，「他是個好人，從小在天主教和藍領階級的環境中成長。」而「大西洋」的律師群也建議美國籍董事們，對於捐款給古巴，他們連討論都不該（結果他們也的確沒有）。希利於二〇〇一年搬到紐約接任執行長，他是愛爾蘭國籍，但在受訪時完全不肯談古巴，因為他是在紐約工作。查克是美國公民，不能指導基金會在古巴的運作。不過他可以予以「啟發」。

沒人敢打斷卡斯楚的話去上廁所

「大西洋慈善事業」為了資助古巴的慈善計畫，便在倫敦向「英格蘭與威爾斯慈善委員會」登記成立了一個組織，名叫「大西洋慈善信託」（Atlantic Charitable Trust），負責將資金從百慕達匯到古巴，一切相關事宜都絕對不會讓「大西洋慈善事業」的任何美國籍董事或員工經手。執行長由愛爾蘭籍的麥可瑞擔任，他也是都柏林國際部主管兼「大西洋慈善事業」的資深副總裁。

「我們對於美國法律的規定很小心，無論是精神上或實質上。」麥可瑞說。這個新組織的其他成員包括同樣住在愛爾蘭的董事米契爾，還有另外兩名英國人。米契爾對於自己的角色毫無疑慮。「我覺得美國對待古巴的方式很荒謬。」他說。如果是在冷戰期間，美國的政策還可以理解；但冷戰結束後，古巴對美國已經不構成真正的威脅了。「最重要的就是不玩花招。如果『大西洋慈善事業』要送大禮給古巴，就得拿到許可去做。絕對不能透過後門去做任何事。」

一開始奧克思利跑了古巴幾趟，視察幾個可以合法資助的計畫案，並確保哈瓦那了解狀況，把這個慈善機構當回事。古巴官員常常接到同情的美國人來詢問，但從來就沒有任何結果，主要是因為美國的貿易禁運政策。奧克思利察覺到，古巴政府對於菲尼這個祕密的行動，有種「不無根據的偏執狂」態度。因為「大西洋慈善事業」有一名董事許瓦茲，曾擔任一九七五年參議員邱區所主持參議院小組委員會的法律總顧問，該小組委員會當時負責調查美國中央情報局的種種過分行為：後來所公布的資料，有一半是有關中央情報局企圖殺掉卡斯楚的。

二〇〇四年十月，菲尼前往古巴，從巴黎直飛哈瓦那，同行的人包括董事米契爾，以及李默瑞克大學的校長道能。這其實不是菲尼第一次到古巴。當年他還沒結婚，正在跑遍世界賣車子時，就曾於一九五九年一月飛到哈瓦那，當時古巴革命剛發生一個星期。「卡斯楚和他軍隊的追隨者接管了希爾頓飯店。」他回憶。那時菲尼一路順利抵達關塔那摩灣的美軍基地，賣掉了兩輛汽車，還找了一個人當「汽車國際」的銷售代表。

二〇〇四年這個一週之旅的最後一夜，一名古巴官員建議菲尼和他的團員下午晚些到哈瓦那會議中心。到了下午五點半，兩輛黑色賓士禮車穿過草坪間的車道，第一輛慢下速度，然後又加速開走了。第二輛也一樣。直到完成保全部署，那兩輛兜圈子的車子才又開回來。

古巴總理卡斯楚大步走進門，滿臉大鬍子，神色憔悴，穿著綠色軍用工作服。他向菲尼打招呼，然後帶頭走進會議室。他好像才剛睡醒，身邊陪同的還有私人醫師賽爾曼－郝山（Eugenio Selman-Housein，以預言卡斯楚會活到一百四十歲而聞名），以及第一外交副部長拉米瑞茲（Fernando Remírez de Estenoz），在佛羅里達州發生著名的古巴難民學童岡薩雷斯（Elian Gonzales）遣返歸國事件時，他就擔任駐華府外交單位「古巴利益代表處」（Cuban Interests Section）的處長。

然而，卡斯楚一開口，整個人就彷彿完全甦醒過來，差不多全是他在講話。他的獨腳戲幾乎毫無間斷地持續六個小時，直到將近午夜十二點才結束。他展現出非凡的記憶力和對細節的專注。「一開始他的聲音很低，幾乎聽不見，會吸引你專心聽，幾個小時之後，你才發現自己面對著另一個層次的談話和能量，你全神貫注，完全被吸引了。」奧克思利說。「對我來說，從頭到尾都沒有一刻無聊。那段談話非常迷人。」中間有一度，卡斯楚認真和米契爾談起希臘哲學，菲尼插嘴說，「如果你們兩個要繼續談這個話題，我們其他人就可以聊棒球了。」卡斯楚回答，「不，我們還有更重要的事情要討論。」然後開始談全球暖化和世界衛生的話題。

其間客人們只吃喝了水果和果汁。菲尼喝了一點，從一開始就曉得這段談話將會很漫長。最後卡斯楚終於說，「真的很抱歉，我忍不住，一開始講就停不下來，真是太沒禮貌了。」查克大感解脫——沒有人敢打斷這位獨裁者的話去上廁所。他同意該是結束的時候，說時間很晚了，「我太太會以為我跟別的女人在一起！」卡斯楚則故作羞愧狀，「啊！我不曉得你太太也來了。我一定要送花給她。」

「如果你送她花，她就會知道我一定是跟另一個女人在一起。」菲尼回答，卡斯楚聽了大笑。

次日，就在查克和賀爾佳要離開之前，卡斯楚又出現了，這回只帶著一名翻譯員。他送給賀爾佳一束花，又給菲尼一盒雪茄。「你抽菸嗎？」他問。菲尼說，「不抽。」「唔，那你朋友抽嗎？」「不抽。」「那最好了，那就把這個送給你的敵人。」卡斯楚說，他自己在一九八五年戒菸了。

這回的會面在一個比較小的房間進行了兩個小時。卡斯楚對賀爾佳很殷勤。奧克思利也在場，他發現在比較私密的環境下，卡斯楚表現出真正的魅力，非常討人喜歡。這位古巴領導人又私下去找道能討論教育問題，說，「昨天晚上都是我在說，現在換你說給我聽了。」

在美國的規定之下，「大西洋慈善事業」可以資助一個重要的衛生研究計畫「青年島研究」（Isle of Youth Study），以研究慢性腎臟疾病的風險評估。另外也獲准提供醫療急救包給「拉丁美洲醫療學院」，這所學校是卡斯楚於一九九八年在哈瓦那創立的，免費為其他國家訓練醫師。卡斯楚向菲尼解釋，這是為拉丁美洲培育醫療人力資源的機會。

到了二〇〇七年，「大西洋」已經捐了約一千一百萬美元給古巴，主要用於醫療教育合作。不過美國的貿易禁運政策讓菲尼無法做他最拿手的事情，那就是看出各大學的資本需求，提供資金讓他們蓋新大樓、買新設備，提高全國的教育水準。

不過菲尼很熱心想幫助古巴的醫療計畫，該國的政策是預防重於治療，成功地讓古巴人的預期平均壽命高於美國人。有回他問一個駐古巴的美國記者芮德（Gail Reed），為什麼知道古巴醫療成就的人這麼少。她回答說其實有人寫過一本書，他反駁，「現在沒人看書了，拍部電影吧。」隨後「大西洋慈善信託」提供一百萬美元，於二〇〇六年完成了一部九十分鐘的紀錄片《祝你健康!》(*¡Salud!*)，由芮德和導演菲爾德（Connie Field）製作，「大西洋慈善事業」並承諾要給予資源，在全球各地放映。

菲尼依然決心，要在美國法律的容許範圍內盡一切力量。二〇〇七年一月他訪問古巴時，與古巴國民議會的議長阿拉孔（Ricardo Alarcon）在哈瓦那老城精緻的東方餐廳（Café del Oriente）共進晚餐，他告訴阿拉孔，「你還沒見過我的另一面。」

南非終於加進了「耶穌會士的筆記電腦」

在此同時，菲尼也「發現」了南非共和國。他在二〇〇五年秋天去了那裡。但那不是地理上的擴張。從一九九四年開始，「大西洋基金會」在南非就十分活躍，大部分是由戴爾所發起，自從一九九一年南非廢除種族隔離制度後，戴爾就要求希利去尋找機會。接下來十年，該基金會捐了約一億美元資助南非的教育、促進社會和諧、人權、醫療，同時大力捐助對抗愛滋病，成為南非前五大外國捐贈者之一。而希利也如他自己所說，成為「毫不掩飾的南非迷」，但他從來沒能真正勾起查克的興趣。二〇〇四年希利宣布明年董事會將在南非舉行，菲尼回嘴說，「唔，那我就不去了。」

「每回我跟查克談南非，想勾起他的興趣，他根本懶得考慮，」希利說。「他不想去那裡。他覺得那裡的種種問題太大了。而且最近幾年更是如此，這也完全可以理解，因為南非總統對愛滋重估運動的立場，也因為有經驗的醫療專業人士大量外流，再加上南非處理辛巴威危機的方式並不高明。這一切都讓他完全不想碰南非。」

菲尼則有不同的解釋。「我從來不怕問題有多難解決，因為如果你決定要幫忙，你就得假設會有很多問題的。」他說。「我之前沒去，是因為我只去我平常軌道經過的地方。」對他而言，南非在心理上和實質上都是個很大的轉換。他的旅行總是繞著地球跑，但每次都是在同一條固定的橢圓形路線來回移動，從紐約到舊金山、夏威夷、日本、澳洲、泰國、越南、英國、愛爾蘭，再回紐約，或者反方向繞回來，這條路線總是用原子筆記在一本學生用的練習簿上，討厭電腦的菲尼總說那本練習簿是他的「耶穌會士的筆記電腦」，走到哪裡都帶著。

然而菲尼後來改變心意，在董事會召開前幾天來到南非，於是希利有機會安排他見一些可能影響他意見的人。其中一位就是南非執政黨「非洲民族議會」（African National Congress）前任秘書長瑞瑪波撒（Cyril Ramaphosa），這位有聲望的工會領袖曾協助磋商，和平終止種族隔離制度。他們在約翰尼斯堡桑頓區（Sandton）一家餐廳的私人餐室裡碰面吃中飯，那家餐廳以前曾是妓院。

他們發現彼此對北愛爾蘭的和平進程都很有興趣。瑞瑪波撒和前芬蘭總統阿提沙利（Marti Ahtisaari）曾應愛爾蘭共和軍之邀，查核其儲存之祕密武器的解除武裝過程。他告訴菲尼有關愛爾蘭共和軍跟他聯繫的間諜故事。

「他們叫我到巴黎的一家酒吧，手裡拿著《金融時報》看，不要引人注意，」他說。「我？一個黑人？」然後一個戴深色墨鏡的愛爾蘭共和軍男子悄悄走過來，偷偷摸摸帶他到愛爾蘭，等到他最後來到愛爾蘭的泥沼地，清點著一箱箱打開的武器，還是得努力讓自己不要引人注意。菲尼也分享了自己在貝爾法斯特小街上碰到亞當斯的冒險故事。

「安排見瑞瑪波撒，是為了向菲尼證明，這裡不是一個沒救的國家，這裡有很了不起的人，他們會確保這個國家的未來；慈善單位可以放心把錢投入這裡，同時很確定可以得到回報。」希利說。結果這招成功了。分手時，菲尼兩手緊握著瑞瑪波撒的雙手說，「我們在南非的工作才剛開始。」

希利安排了董事會在霍華飯店共進晚餐，在場有南非最著名的新聞記者司帕克斯（Alistair Sparks），他向「大西洋」的董事們概要介紹南非這十一年來的歷史，如何從賤民階層蛻變為快速成長的穩定民主社會；另外已退休的南非大法官、也是現代南非的英雄之一查司寇森（Arthus Chaskalson），在晚餐中談到南非轉變為立憲政體的種種，菲尼都聽得十分專注。這個晚上最後的節目，是一群來自夸祖魯—納塔爾大學（University of KwaZulu-Natal）音樂學院的學生，演唱普契尼和威爾第的詠嘆調。

「大西洋慈善事業」資助南非的錢，大部分用於高等教育，他們捐贈了相當大的金額給幾所主要大學，比方約翰尼斯堡的金山大學（University of the Witwatersrand），以及納塔爾省的夸祖魯—納塔爾大學。「大西洋慈善事業」設於約翰尼斯堡的辦事處有五名員工，當地主任是作家卡拉克（Gerald Kraak），他的小說《肺中之冰》曾獲二〇〇六年歐盟文學獎。他們同時也資助各種不同的組織，從「彼德馬里茨堡同性戀者網絡」（Pietermaritzburg Gay and Lesbian Network）到曾拘禁南非前總統、民權鬥士曼德拉（Nelson Mandela）的海豹島（Robben Island）上的博物館，另外還曾出資邀請北愛爾蘭的激進分子到南非，討論衝突如何解決。

菲尼向來會留意有眼界且活力充沛的大學領導人，有天中午西開普敦大學（The University of the Western Cape）的校長歐康諾爾（Brian O'Connell）跟他共進午餐時，很熱情地向他解釋該校的使命，菲尼告訴他，「我們來對地方了。」

次日晚上在開普敦的葡萄園飯店所舉行的晚宴上，曾於一九六九年與學生運動領袖比科（Steve Biko，後來入獄遇害）等人發起南非「黑人覺醒運動」的南非領袖朗菲莉（Mamphela Ramphela），談起為什麼大家應該在南非投資。在希利的太太伊芳（Yvonne）的力促下，菲尼簡短說了幾句話，大意就是「大西洋慈善事業」在南非還有事情要做。

「隨著董事會訪問行程一天天過去，你幾乎可以看得出他的心態每天都有變化，因為他不斷遇到最棒的人，他們做過或正在做的事情都非常了不起，有很大的障礙要克服。他明白這是個特別的國家，不光是因為過去幾年全世界都看到這個國家從專制走向民主，也是因為這個國家有潛力帶領非洲，走出眼前的混亂，邁向更好的未來。」希利說。

菲尼也適時地吸收南非學者，進入他全球大學領導人的網絡中。在他的建議下，歐康諾爾帶領西開普敦大學的代表團到澳洲訪問，開啟與當地大學的交流。昆士蘭大學的校長海伊也開始與歐康諾爾針對公共衛生、愛滋病研究、語言學習方面進行合作。同時南非的學生有管道可以到布里斯班留學，以提升自己的能力。

二〇〇六年末，在被問到是否還要開拓新的地理區域時，此時七十五歲的菲尼回答，「我真希望我年輕幾歲。」

第32章
四大鉅富，四種生活

當年白手起家而成為鉅富的四名DFS創業股東，到了世紀之交，已各自過著截然不同的生活。現在他們彼此很少、甚至完全沒聯絡了，儘管在貴族化的瑞士滑雪勝地格施塔德同一片林木繁茂的山坡上，帕克、皮拉洛都各自擁有一棟尖頂木屋。

菲尼自從賣掉股權前和米勒見過最後一次面，從此再也沒有交談。米勒和皮拉洛也一樣。菲尼和皮拉洛後來只碰過一次面。只有帕克例外，跟其他三個人都還維持友好的關係，不過他自己在那次決裂之後，也有整整五年的時間沒見過米勒和皮拉洛。

有一件事是其他三個人意見一致的：能有菲尼這個愛爾蘭裔美國人企業家進入他們的人生，真是太幸運了；同時他們也樂於承認，菲尼在他們致富過程中扮演了重要的角色。

「菲尼是個非常特別的人，這一點毫無疑問，」米勒說。「查克絕對是DFS裡的遠見家和驅動力量，」帕克表示。「菲尼是個四處奔波的行動派，聰明、朝目標努力、有遠見……成功的氣質表露無遺。」皮拉洛思索道。

米勒對待財富的方式相當傳統。他和太太香朵成為全球上流社會的成員。香港的英語日報《南華早報》有回描述，他和菲尼恰恰相反的生活是「億萬王子和億萬貧民的故事」。米勒每年大部分的時間，都住在香港島山頂區的一棟豪宅裡，他是當地最富有的西方居民。而從八月初到次年一月底，是獵松雞的季節，他則會到英格蘭北部的約克郡，住在上史威爾谷地的小村落甘納賽（Gunnerside）一片私人產業的狩獵林屋中。全英格蘭最大一片獵松雞的沼澤地，就位於這個地帶。

這棟優雅的石牆林屋，位於一個遍布著青草地、覆蓋沼澤，以及石南地的盆地中。旁邊鄰接的園地上有放養的雉雞。二〇〇五年十一月的一個夜晚，七十二歲的米勒在晚餐中回憶他和菲尼的關係，還有他自己對巨額財富的態度。此時的他滿頭茂密的銀髮，身材保持得很好，一身曬成古銅色的皮膚，身穿印著他的遊艇「瑪麗香四號」（Mari-Cha IV）標誌的夾克。餐室內掛著獵犬與狩獵場景的大幅油畫，米勒吃著晚餐，不無遺憾地談起自己和協助他成為富豪的菲尼當年的決裂。他們從來就不親近，他說，但早年他們是「青年土耳其黨」，那是最美好的一段時光。

他的管家安德魯曾任英國皇太后第一男僕，身穿標準的黑背心和條紋長褲，在晚餐間替他斟上法國波爾多地區葛呂歐・拉羅斯堡酒莊（Château Gruqud Lqrose）一九九八年的紅葡萄酒，同時米勒思索著他對財富的態度，是由童年經驗所形塑而成；他的童年和菲尼的童年沒有什麼太大的差異，但帶來的影響卻截然不同。

「我生於一九三三年，在經濟大恐慌的年代成長，」他說。「我還記得我父親要到星期六上午才能領到薪水，所以星期五的晚餐通常都很寒酸，因為到那個時候，我媽的家用都已經花光了。晚餐通常都是燉扁豆和黑麵包。我父親很擅長運用手上的一點點小錢，所以我想這方面我都是跟他學的。我總是有辦法賺錢。我從小就送報，所以口袋裡通常都會有零用錢。我在康乃爾就讀時，晚上就去當快餐廚師。我還會去兄弟會的會館當侍者，可以免費吃飯。我高中一畢業就上大學，拿到了一筆補貼的小額獎學金。我父親得幫我付大約一半的費用，然後另一半我自己賺。」

他母親有蘇格蘭和愛爾蘭的血統，他說，母親總是告訴他，「錢就像肥料，到處施肥，就能讓莊稼生長——換句話說，你應該要享受金錢。」這是他的哲學，而且：「我想是很好的哲學。」當DFS的盈餘增加，他發現菲尼愈來愈困擾，不知道他們是不是真有資格得到這樣的成功，但對他來說，「賺更多錢好像從來不會讓我困擾；我覺得有錢就拿，然後好好用來享受。」

米勒，浮華世界的代名詞

米勒變得富有之後，他的生活方式也改變了。他們非常大手筆，會花幾百萬元辦宴會，和歐洲的君主來往。在紐約，他們於一九八〇年代中期以一千八百萬美元，買下「天才老爹」喜劇明星比爾·寇斯比（Bill Cosby）位於上東城的一戶連棟式住宅，裡頭布置了昂貴的藝術品和骨董。他們在香港、巴黎、倫敦都有精緻的住宅，還在格施塔德買了當地傳統的尖頂木屋，此外在巴哈馬群島的港灣島（Harbour Island）這個名流的避靜島上，他們也買了度假住宅，和滾石樂團的吉他手基斯·理查斯（Keith Richards）和影星茱莉亞·羅勃茲（Julia Roberts）當鄰居。

一九九四年，米勒一家花了一千三百萬美元，買下皮爾伯爵（Earl Peel）位於甘納賽這塊三萬兩千英畝的產業（現在擴張到四萬英畝），然後香朵又花了幾百萬美元，把狩獵林屋整修升級，在裡頭布置了骨董家具和藝術品，客房牆上貼著纖維織成的壁布，還放著精緻的法貝熱（Fabergé）手工藝鐘。米勒雇了一名獵場看守人，負責每年焚燒雜木、排掉沼澤的水，好提供理想的環境，讓他們從事這個貴族的傳統活動：養殖雉雞並予以射殺。

從一開始累積財富，米勒就耽溺於他對船的熱愛。他和香朵花很多時間在「瑪麗香三號」（Mari-Cha III）上航行，這艘遠洋遊艇上充斥著藝術品、大理石表面、還有宏都拉斯桃花心木的嵌花板。他那艘一千萬美元、一百四十呎長的超級遊艇「瑪麗香四號」，是有史以來橫越大西洋最快的遊艇。「這就是人生的目的。你努力賺錢的唯一原因，就是要用來做這樣的事情。」米勒於一九九八年首度打破橫越大西洋的紀錄後，這麼告訴一名《南華早報》的記者。他和他的二十三名船員於二〇〇三年駕著這艘船上有個紅龍標誌的風帆遊艇，創下從西到東橫越大西洋的新紀錄，速度比舊紀錄快了兩天多。米勒跟菲尼一樣，不會把自己的姓名拿出來到處掛。他有回輕蔑地評論，如果房地產大亨川普擁有瑪麗香三號，「他會在船上漆滿他的名字！」

米勒送他的三個女兒——皮雅、瑪麗香朵、亞歷珊卓——到最貴族化的瑞士私立寄宿學校蘿實中學（Institut Le Rosay），等到三個女兒進入社交圈，就被《浮華世界》雜誌封為「三美神」。「從十九世紀末的鍍金時代以來，就再也沒有出現過這麼宜人的待嫁三姊妹女繼承人了。」美國時裝雜誌《W》宣告，該雜誌報導米勒為了亞歷珊卓的二十一歲生日，包下了紐約洛克斐勒廣場上知名的舞廳彩虹屋

（Rainbow Room），改裝成一九二〇年代的地下酒吧，舉辦了一場隆重的正式晚宴，耗資超過五十萬美元。這三姊妹還常常被時裝作家選入全世界五十名最佳服裝女人榜。

三姊妹都嫁得很好。一九九二年，皮雅嫁給石油富豪蓋提（J. P. Getty）的孫子克里斯多佛（Christopher Getty），在印尼峇里島舉辦了場奢華的婚禮，幾百名印尼兒童朝這對新人撒玫瑰花瓣。

瑪麗香朵於一九九五年在倫敦嫁給希臘流亡王儲、丹麥王子帕伏洛斯，根據英國專門報導皇室消息的雜誌《君權》（*Majesty*）的報導，瑪麗香朵的父母給了她一億三千英鎊的嫁妝。米勒還花錢在亨利八世國王當年所居住的漢普敦宮舉辦了盛大的婚宴和晚宴，當天歐洲王公貴族冠蓋雲集，是一九八一年查爾斯王子和黛安娜王妃婚禮以來所僅見。

「英國女王和皇太后都來了，還有希臘、西班牙、丹麥、瑞典、挪威、比利時、盧森堡、列支敦斯登、義大利、荷蘭、保加利亞、約旦的皇室家族成員。」米勒邊吃著焦糖布丁邊低笑著回憶。「我以主婚人身分致詞的時候，一開始還得說，『陛下、王子殿下、公主殿下、聖座、閣下、王爵、各位女士、各位先生……』講得舌頭都要打結了！」

三個月後，他最小的女兒亞歷珊卓嫁給了富斯騰堡皇族的亞歷山大王子（Prince Alexandre von Fürstenburg）——富斯騰堡伊貢王子（Prince Egon）與時裝設計師黛安（Diane von Fürstenburg）的兒子。米勒出錢在紐約砲台公園（Battery Park）搭建了一個仿中國式涼亭的大帳篷，辦了場奢華的正式宴會，到場的六百五十名賓客中包括歌星桃莉・芭頓（Dolly Parton）、社交名人碧昂卡・傑格（Bianca Jagger），以及電視名主持人芭芭拉・華特絲（Barbara Walters）。

財富與聯姻讓米勒一家進入歐洲上流社會的最高層。米勒每年八月第一次獵紅松雞（拉丁文的學名Lagopus scoticus，原生於英倫諸島的一種特有種紅色松雞）的狩獵賽，通常都會有歐洲皇族參與。他有太多不同的皇族朋友了，因而有回康乃爾校友安提爾見到伊貢王子後，告訴米勒他見到了「那個王子」，米勒回答，「哪個王子？」

米勒於一九七〇年在香港設立了自己的投資機構「兆亞投資集團」（Search Investment Group），歷年來管理第三方資本，並投資在中國一個電視購物公司、義大利和希臘的賭場，以及美國的房地產。米勒一家也創辦了兩個慈善基金會，主要資助項目包括清寒獎學金、貧困兒童的醫療與福利、環境保護、青少年、藝術補助，以及亞洲協會（Asia Society）。不過他非常不喜歡談這些個人私事。他的捐款詳情也沒有公開紀錄可查。他表明大部分的財富都將會留給家人。

「或許太多財富會是個負擔，除非你知道怎麼處理——我覺得我就相當心安理得。」他說。「在某種程度上，你想用這些錢做好事。但同樣地，你必須為繼承做計畫，把責任交給下一代。很顯然，你必須訓練子女如何去管理財富，用這些錢做出一些有成效的事情。這是你這輩子最重要的任務之一，積極而有效地把這些觀念傳遞下去。你必須教導你的子女和孫輩，為他們設定準則，好讓他們遵守，過著有意義的生活，這樣他們就可以享受人生，享受這些財富。」

一個人當然可以像菲尼那樣把一切都捐出去，米勒說，但他打算把更多責任交給他的三個女兒和十個孫兒女，讓他們更進一步參與慈善工作。

「賺錢已經夠困難了，但保住賺來的錢可能更困難。我想，賺了錢又同時要設法捐出去是幾乎不可能的。你只能做其中一件。顯然如果你捐出大筆金額，你就得做很多調查，好確保這些錢用得適當，這要花很多時間，而且就得找人來幫你。你希望確保這些錢善加利用，確保不會有人唬弄你。」

米勒相信，菲尼對於賺那麼多錢有一種「罪惡感」。他說有回他告訴菲尼，他可以成為一個很好的天主教神父，因為賺錢似乎令他非常困擾。

依然處於菲尼和米勒兩端中間的帕克

在四名ＤＦＳ股東中，帕克目前擁有的財富最多，卻是最低調的。這位優雅而高大的前任會計師，是全世界最有錢的人之一，但光鮮的雜誌或名人專欄不會報導他，他的生活方式也毫不奢華鋪張。任何媒體都很少提到他。

倫敦的《泰晤士報》描述他是個「超級保密的」億萬富豪，在二〇〇六年身價約二十億美元。其實他的家族信託和慈善基金會所持有的資產，幾乎可以確定至少是三倍以上。帕克小心翼翼運用他的金錢，創造了自己的財富，包括賣掉他二〇％ＤＦＳ股權所得到的八億四千萬美元。另外他在世界各地的投資，賺的錢比從ＤＦＳ得到的還多。

帕克一家現在住在瑞士一棟歷史悠久的宅邸，可以俯瞰日內瓦湖。他驕傲地拿出一個盒子，裡頭裝著數百封感謝信，是他和查克在賣掉股份後送給ＤＦＳ員工禮物，那些員工寫來致謝的。

帕克剛開始擔任會計師、展開事業生涯時，從來沒想到能賺到一百萬美元，更別說十億了。他是生於辛巴威（當時叫羅德西亞）的英國公民，父親是那個英屬殖民地的小公務員。他承認，以前他的錢一直很緊。他還指出，他跟菲尼一樣，在DFS的前十年搭飛機都坐經濟艙，即使當時他已經身價好幾百萬了。他一直到一九七六年才開始搭頭等艙，而且還是因為從倫敦陪他去巴哈馬辦一件法律事務的律師說，「如果你想跟我談，你就得搭頭等艙：我們律師只搭頭等艙的。」

菲尼的例子讓他領悟到，慈善事業是人生中很重要的一件事；而且他見識到慈善事業在美國文化中占有多重的分量之後，對捐贈的看法也逐漸有了改變。他和太太潔黛創立了歐洲最大的慈善基金會之一——橡木基金會（Oak Foundation），總部設在日內瓦里翁街一棟不起眼辦公大樓的六樓，另外倫敦、波士頓，以及辛巴威首都哈拉雷（Harare）都有辦事處。監管基金會的董事會有五名成員，潔黛是董事長，帕克是副董事長，其他三名成員是他們的子女：卡洛琳、娜塔麗、克里斯臣。

帕克承認，有時他會覺得龐大財富所帶來的責任很沉重，在他心目中，這個慈善基金會的事情有時比打高爾夫還重要。而且身為億萬富豪，也不是無所不能——他等了超過十年，才終於成為他家附近的一個高爾夫俱樂部的會員。

橡木基金會主要致力於環境、遊民、人權、婦女議題、學習障礙，以及丹麥與辛巴威的慈善事業。潔黛原是丹麥人，她曾撥發資金給總部位於哥本哈根的「國際刑求受害人康復中心」。二〇〇五年，想成為慈善家的古巴裔美國人投資者維拉（Alberto Vilar）在紐約因詐欺罪被逮捕後，他在倫敦皇家歌劇院的青年藝術家贊助計畫便由她接手。

橡木基金會每年約有兩百筆捐贈，數額從兩萬五千至一千萬美元不等，都不會掛帕克的名。但帕克並非匿名捐贈，橡木基金會也不會採取嚴格的保密政策。二〇〇六年五月，他和潔黛接受美國緬因州科爾比學院（Colby College）的法學榮譽博士學位，之前在一九九八年，他們在該校設立了「橡木國際人權研究中心」，並資助「橡木生物科學講座」，另外還設立了「帕克肌肉研究中心」。

不同於菲尼的「大西洋慈善事業」，帕克的慈善基金會是打算當成家族事業，永續經營下去的。帕克的法律顧問弗萊許曼說，橡木基金會被公認為最成功的家族慈善基金會之一。至於帕克自己則說，他認為菲尼沒讓自己的子女參與基金會運作是個錯誤。

以前從事免稅業，帕克的立場總是處於菲尼和米勒兩端間的中間地帶，如今他對繼承的看法，也剛好介於昔日這兩位合夥人之間。

「你一定要權衡，因為我想你不能搞得孩子恨你，只因為你把所有的錢、或是大部分的錢，都捐去做慈善。」他說。他家族財富的一大部分將會「不可撤回地轉入慈善基金會，其他的則放在一個慈善與家庭兼具的信託基金中」。他說，以任何標準而言，他的子女都仍會十分富有。同時，他相信太多錢「毀掉的孩子比拯救的孩子要多」。

「我想我的基本假設是，一個人真正需要的錢不會超過一千萬美元，」他邊翻著DFS時期的信件和照片邊說，然後露出諷刺的微笑，「我居然就在一棟花了不只一千萬的房子裡這麼說。」他也認為菲尼幾乎完全保密的政策，其實是沒有必要的。帕克自己也很有錢的消息首次曝光之後，他只接到了十四通電話，大部分都是腦袋有毛病的人。

皮拉洛：資產大都投入「生活」與「給予」，從未擁有十億身價

皮拉洛當初持有DFS股份二．五％，後來以一千一百萬美元賣掉。他現在大部分的時間，都住在瑞士格施塔德山坡上那棟廣闊的尖頂木屋中。他在紐約和長島的南漢普頓也有住宅，他的投資公司「凱普顧問有限公司」（CAP Advisers）位於愛爾蘭的都柏林。跟米勒一樣，皮拉洛也放棄了他的美國公民權。在愛爾蘭政府的投資移民政策下，他於一九九三年拿到愛爾蘭公民權——因此也成為歐盟的公民。次日他走進都柏林的美國大使館，繳回他的美國護照，收下的那位官員一臉不以為然。

在格施塔德那棟木屋的暗色木板牆上，掛著他收藏的當代藝術作品，他還為這批龐大的收藏編製了一本厚厚的私人圖錄《凱普藏品》。皮拉洛創辦了凱普慈善基金會（CAP Charitable Foundation），專注於「教育、藝術，與環境」，同時他於一九九六年發起並設置了「朗恩．布朗獎學金」（Ron Brown Scholar Program），目的是「培育下一代非洲裔美國人領導者」。獎學金的名稱是為了紀念美國首任非洲裔商務部長朗恩．布朗，他於一九九六年在巴爾幹的墜機空難中身亡。

儘管皮拉洛所持有的股份最小，但他卻在DFS股東們的致富過程中扮演了重要的角色。身為稅務專家，他確保數百萬元的現金紅利在分給股東之前都不會被扣稅。菲尼總說，皮拉洛是他們四個人裡頭最聰明的。而皮拉洛解釋，自己對財富的態度是，如果一個人可以賺到免稅收入，他就可以把這些收入拿去投資，報酬率會比政府更高；而如果受惠對象是自己的家人或他的慈善事業，他的家人或慈善事業就能分到更多。

「查克對繳稅的態度跟我沒什麼兩樣，」他說，此時他置身於他格施塔德木屋中的客廳，架子上放著一張他和保羅．紐曼的裱框合照，這位影星專為重症兒童設立了「牆洞幫」（Hole in the Wall Gang）夏令營，皮拉洛也有所參與。

「我想有兩種方式。一個人或一個組織可以付錢給政府，由政府幫你花這些錢。查克和我的看法是，美國政府大概會是把這些錢花得最沒效率的組織。所以如果你可以把錢給自己，照自己想法，花在自己想做的慈善事業上，而且投資報酬率比政府高很多，那麼你就能為世人做更多事。」羅爾斯也是這麼說菲尼。「查克恨繳稅，」他說，「他相信我們用這些錢，可以比政府做更多事情。」

一九六〇年代早期，皮拉洛一度加入了拿騷的巴特勒銀行，因而認識了史上最惡名昭彰的企業惡棍之一韋斯科（Robert Vesco）。巴特勒於一九七〇年提供五百萬美元貸款給韋斯科，讓他得以接掌孔菲爾德（Bernie Cornfeld）在日內瓦的「ＩＳＯ基金」（Investors Overseas Services）。韋斯科收購這個共同基金之後，皮拉洛就擔任他的稅務顧問，後來韋斯科從中吸金兩億四千兩百萬美元。一九七三年，美國對韋斯科發出要求引渡的全球通緝令，他逃亡到卡斯楚治下的古巴，一九九五年因為企圖詐騙該國的製藥公司而被判十三年徒刑。

一九九六年，皮拉洛買下了一家美國公司「優美白」（BriteSmile）的多數股份，該公司擁有全國牙科診所的網絡，可以促銷「優美白」專業牙齒美白劑。

他現在擁有十億美元身價，或是曾經擁有過嗎？他沒回答，但次日早上他說：「我昨天晚上想過這個問題。天曉得我這輩子賺了多少錢，但我一直過著很不錯的日子，好得不得了。如果有天醒來我想去做什麼，我就去做。這種可以去做的自由和權力太巨大了。我過著很不錯的生活。」他開心地承認，他的資產所賺到的收入，有很大一部分是投入「生活」與「給予」，所以他從來不曾擁有十億美元的身價。

有人認為，皮拉洛和米勒當年所提起阻止DFS賣掉的訴訟，直接導致菲尼必須揭露其祕密慈善事業，皮拉洛對這個說法覺得很遺憾。「我們的友誼後來破裂，居然是歸咎於我，我覺得很驚訝，」他說。菲尼的慈善事業曝光不是因為那個官司，他說，而是因為戴爾於一九九七年一月寄了幾十封信，公布了查克的慈善事業。「哈維幹嘛要說出來？」他帶著幾分激動說。

二〇〇三年，菲尼和皮拉洛共同的朋友、愛爾蘭製片人皮耳森（Noel Pearson）邀請兩個人共進午餐，但菲尼婉拒了。皮拉洛還記得當時皮耳森告訴他，查克說，「我很願意跟東尼吃午餐，但告訴他他得說抱歉，他心裡明白他得為什麼事情道歉。」於是皮拉洛寫信給菲尼說，「如果是這樣，查克，那麼我向你致上深深的歉意。」菲尼咯咯笑著說，「我是愛爾蘭人，我會記仇記一輩子的。」

但結果他沒有。二〇〇五年後期，菲尼和皮拉洛在都柏林的「賈克兄弟」餐廳碰面吃午餐，他們一致同意，過去的事情就算了。

第33章

趁我們還活著

匿名捐贈是菲尼行善的標誌，但到了二十一世紀開始之時，「大西洋慈善事業」終於放棄這個政策了。一開始菲尼是不想自我吹噓，但他保密的其他許多原因，比方為了生意和他的子女，都已經隨著時間過去而不復存在了。更甚者，朋友和受惠者發現，明明每個人都知道，卻還是要遵守封口規範，實在是有點荒謬。「匿名捐贈的想法很好，但最後我們已經變成『無名氏』的同義詞了。」菲尼說。「最後變得很明顯，我們是在自欺欺人。」同時如果沒有人知道的話，他就不能現身說法，推廣「生前捐贈」的觀念了。

匿名政策被破壞之後，戴爾和基金會董事許瓦茲擬出了一份繼續保密優缺點的清單，然後在二〇〇一年六月建議「大西洋慈善事業」放棄原來所執行絕對機密的政策。那一年他們告訴所有的受贈者，不必再有保密的義務。同時通知二〇〇一年之前的受贈者，他們可以對外說出「大西洋慈善事業」是捐款來源，但「我們自己將不會說出你是我們的受贈者」。

二〇〇一年戴爾退休；二〇〇二年九月，接任執行長的希利推動「大西洋慈善事業」更進一步，首度開設網站。「我們明白，讓一般大眾得以獲知我們的捐贈工作，將對受贈者大有裨益，因此我們不再執行匿名政策。」網站上宣布道。「不過，我們仍會保持低調，不會宣傳我們的組織。」

網站上還宣布，截至當時為止，該基金會已經祕密捐出將近兩千九百筆捐款，總額達二十五億美元。未來他們將會列出每一筆捐贈。之前他們是全世界最祕密的慈善組織之一，但現在將會是最透明化的組織之一，不過他們不受美國必須揭露財務狀況的法律約束，所以其薪資結構仍屬機密。

開始思索：to be or not to be

放棄匿名的原因之一，與基金會的未來有關。如果「大西洋」決定逐漸停止運作並結束，就需要更透明化以推動合作。菲尼已經懷著哈姆雷特般不確定的心情，思索「生存還是毀滅」（to be or not to be）這個問題好些年了。他的長年顧問哈維比較支持一個永續性的基金會。在一份一九九三年交給董事會的關鍵報告中，戴爾曾指出：「我認為我們應該致力於將此機構發展為一個慈善目的之永續性資金來源，而非選擇將資金花光而結束。」他警告，如果要花光資金，就必須把可觀的資源轉移給受贈者，他們可能無法像常設性基金會運作得那麼好。

多年來，他和菲尼談過這個問題不下幾十次了，在董事會上，在飛往巴哈馬的飛機上，或者在曼哈頓的克拉克小館吃中餐時。「跟查克談話有點像是『布朗運動』，就像某種隨機的意識流，」戴爾說，他談的布朗運動，是指小微粒在液體中無規則、無定向移動的一種物理現象。「我們的話題沒有固定的脈絡。隨便一次談話很可能包括：『我們在越戰的所作所為真是太可怕了，我們得幫助越南的那些人，你知道福特基金會在那邊有個辦事處，可是又老又僵化，基金會運作太久的毛病就是會變得又老又僵化，我們不該讓這樣的事情發生。』」

戴爾所提出永續性基金會的優點，並沒有說服菲尼。卡內基曾在〈財富〉一文中說，百萬富豪只不過是窮人的受託人，死後留下幾百萬的人，將會「無人哀泣、無人尊崇，也無人頌讚」，無論他生前希望怎麼使用，這些錢都只是「帶不走的廢物」。在一九九七年一月，為了賣掉DFS股份的糾紛，菲尼不得不把基金會的事情公諸於世之時，就表明他傾向於把**一切**都捐光，然後結束基金會。他當時在一份媒體聲明草稿旁的空白處寫著，「我相信擁有龐大財富的人，很可能會為未來的子孫製造種種問題，除非他們負起責任，在有生之年將財富用於值得資助的善事。」

這樣做的優點很多。一個機構愈老舊，就會變得愈僵化。永續性基金會永遠不可能像「大西洋慈善事業」在他治下這麼靈活、有彈性、善於把握機會、充滿創業家精神。如果「大西洋」傾向於永續經營，那就得少花一點，而且總有一天菲尼會離開人世，往後這個基金會做的事情他可能喜歡、也可能不喜歡。戴爾承認，「亨利．福特對於福特基金會現在做的事，有的可能也不會喜歡，但不管他現在人在哪裡，反正現在不歸他管了。」

賣掉DFS股權後，這個辯論持續了幾個月，戴爾在一份機密備忘錄中，將菲尼最後可能的決定告訴各個董事。「我們不會受到『大西洋基金會』和『大西洋信託』必須永續經營的條件所限制。」他寫道。因此，在預防通貨膨脹的同時，基金會的持續捐贈比例，將可以高於五%的基準點。

「大西洋」的董事長若茲完全贊成在固定年限中把一切捐光，他所持的理由是，「延緩捐贈的做法，其實也就是否決了捐贈給未來顧不到的人。」他感覺，任何長壽基金會的危險，就在於員工和董事可能會逐漸覺得他們擁有那些錢。一九九八年在百慕達召開的一場董事會中，他就跟菲尼提到這個問題。「『大西洋慈善事業』留給世人的遺贈會是什麼？」他問。「我會想想這個問題。」菲尼說。

一九九九年十月十三日，在紐約康乃爾俱樂部一個鋪著嵌花木板的圖書室內，菲尼擬出了他的簡略回答。他交給董事們一份兩百字的備忘錄，談這個遺贈的主題，他先用鉛筆寫下來，然後前一天請戴爾的秘書幫忙打字。

他提出兩個問題。「大西洋慈善事業」的預期壽命會是多久？他們延長捐贈年限後，捐贈的數額能達到令人滿意的程度嗎？他指出，大部分基金會的捐贈金額，都是占其資產的一小部分比例，而可能就是因為這樣，世人對抗癌症、糖尿病、阿茲海默症，以及其他重大疾病的進展，才會如此遲緩。他們應該提高捐贈的水準，以達成花光基金的滿意目標，或者如此只是浪費而已？

他指出，現在基金會年度的捐贈金額，光是那年就已經達到四億美元，照這個速度，他們就會逐漸把基金花光。他提議往後增加到每年四億五千萬美元。這樣將會遠遠超過基金會資產的百分之十，是永續性基金會捐款比例的兩倍。他最後建議，他們應該將「大西洋慈善事業」的壽命設定為二十至三十年。

董事會「大體上」同意。「我的感覺是，菲尼想怎麼做，董事會都會同意的。」弗萊許曼說，但大部分董事的確是真心贊成。

這是一份歷史性文獻，戴爾說，這是菲尼第一次試著把自己的想法寫在一張紙上。「它的催化效果勝於開創效果。這份文獻促成了對話，朝正確的方向發展。」

希利於二〇〇一年接掌「大西洋慈善事業」執行長時，發現雖然沒有正式的決定，但大家已經有「共識」：這個基金會將會在大約十五年內把錢花光。希利在紐約召開了一個策略研討會，希望讓股東（包括菲尼）集中焦點，討論這個默契上的共識。一個大型慈善事業要把錢逐步花光，就必須經過謹慎的長期規畫，尤其是「大西洋」這麼獨特的慈善事業，旗下還擁有不動產和企業等非現金資產。

希利邀來了基金會顧問提爾尼前來指導，於二〇〇二年一月二十九日星期二，在「大西洋慈善事業」辦公室召開這個研討會。查克和其他所有董事全都到場，只有戴爾除外。希利覺得這位令人畏懼的前執行長如果不在場，大家講話會比較放得開，菲尼也贊成。

希利表明，基金會裡現有約一百名的員工，他們自己可以算得出來，照這個花錢的速度，基金會總有一天會撐不下去。這樣會打擊士氣。對於基金會的未來，董事們應該向員工坦白直說。如果真的要在十五年內把錢花光，在既有的資本與投資預期報酬之下，以既有基金加上利息，「大西洋」就必須在未來十五年捐出七十二至七十五億美元，這樣的捐款規模，一定要經過審慎的預算編製和規畫。

點石成金的手指，讓彌達斯國王很煩惱……

在此同時，「大西洋慈善事業」的既有基金也大幅暴增，與華爾街科技股的上漲行情一致。希利接掌時，「大西洋」的資產價值有三十五億美元。一九九九年，各項投資的未實現收益從原始的四千萬，暴漲到十六億七千五百萬美元。這比兩年前菲尼賣掉DFS股份所得到的錢還要多。

次年四月，投資在E*Trade的一千四百四十萬美元增加到五億美元。「通用大西洋夥伴」很早就開始投資於資訊科技類股，這類投資的收益為五一%，為《創投經濟》（*Venture Economics*）所報導各創投資本公司二十餘年來平均一七%收益的三倍之多。「通用大西洋夥伴」的十八項投資之中，只有三家賠錢。從一九八○年到二○○○年，在扣除投資費用與佣金之前，他們的投資年報酬率為二九%，高得嚇人。

菲尼和他的投資者擁有希臘神話中彌達斯國王點石成金的手指——他們所碰觸的一切，似乎都會變成黃金。但他們也碰到了跟彌達斯國王類似的問題：這麼多金子，要拿來做什麼？董事們達成了堅定的結論——雖然還是沒有正式的決議——最快在二○一六年便結束運作。「但我必須告訴你，最後一個簽字同意這個決議的，最後一個人，就是菲尼。」希利說。「為什麼？不是因為他不贊成。而是因為他從來就不喜歡被逼到沒有退路。他是典型的創業家。創業家通常會優先考慮各種靈活度。」不過，一旦做出決定，查克就變得「非常熱切支持」這個決議。

「對於窮困的人來說，金錢在艱困時要比順境時來得更有價值。」菲尼有天在紐約的基金會辦公室這麼說，當天他穿的開襟毛衣袖子上還有個破洞。「如果我口袋裡有十元，我今天用這些錢來作點好事，那麼這些錢就已經產生了價值十元的善果。今天你給的錢，明天就可以生出善果；但放著賺五%的利息，就生不出什麼善果了。」他說，他很認同那句愛爾蘭的古老諺語：「裹屍布上沒有口袋。」

在那個研討會中，股東們也評論基金會過往的成就。他們一致公認，捐給愛爾蘭各大學的款項和研究基金，是菲尼最成功的主動提案——那些案子改造了這些學校與機構，開創了改造整個國家的可能性，而且成功地以槓桿作用吸收到更多資金，整體上達到了改造的效果。有個股東說，那是個「全壘打」。

但仍有某些令人不愉快的質疑出現。查克對高等教育的支持，有可能被負面的眼光視為資助菁英階層，尤其是在美國。在美國和愛爾蘭，「大西洋」資助過的非窮人比例為七〇%，超過窮人的三〇%。但另一方面，在越南的部分，就完全是協助窮人的案例。

董事會一致贊成在某個特定時間點將基金會「收掉」後，也因此引發了一些問題。他們未來應該集中在哪方面，逐步有規律地把錢花掉？在哪個領域可以產生最大的效用？他們的討論範圍從老化與貧困兒童，到人權和藥物合法化。菲尼說得很少。但僅有的三次開口，他都言之有物，他提到了生物醫學研究。那個研討會的最後，八名與會的股東投票，選出他們認為「大西洋」往後應該專注的議題。

二〇〇三年三月二十二日，「大西洋慈善事業」調整方向以配合新的現實。菲尼和希利一起向董事會宣布一份關於策略會議總結的報告「遺贈與目標」。其中決定將中止十六個「大西洋」曾經積極支持的領域。對於高等教育、非營利部門、慈善團體，都將不再無限制地資助。未來他們會專注於四個策略領域：老化、貧困兒童與青少年、公共衛生與醫療、和解與人權。

「一個基金會成功的關鍵，」希利相信，「就在於專注，而且要大量且持續地投資在這些專注的目標上。」在「遺贈與目標」這份報告中，也向員工證實這個基金會將逐漸停止運作，好讓他們可以在適當時機準備自己的履歷，以另覓出路。「花光基金的列車已經離站了。」希利說。

這份報告反映了「大西洋基金會」創辦人的自由派立場。報告中警告，在美國的政治環境下（就在這個月，美國領導的聯軍入侵伊拉克），有意從事社會革新事務的基金會將會招來敵意，因此他們早晚會吸引「不友善的注意」。

隨著年紀漸長，菲尼愈加傾向於支持那些能強化公民社會的革新式組織。「遺贈與目標」中也宣告，「大西洋慈善事業」應該致力於「啟動社會變革，而非只是捐款」。菲尼個人曾在一九九〇年代捐款給民主黨，但從來沒有像索羅斯（George Soros）那些億萬富豪，捐贈大筆金額給政黨候選人。「大西洋」曾捐款給國際特赦組織（Amnesty International）、人權優先（Human Rights First）、人權觀察（Human Rights Watch）等組織。同時其一百萬美元的捐款也是贏得一場論戰的關鍵，促成了二〇〇五年美國聯邦最高法院裁定，對未滿十八歲的重刑犯處以死刑，乃殘酷且異常的懲罰，因而為憲法所禁止。同一年，「大西洋」捐了三百萬美元給公共電視台吉姆．利爾所主持的《新聞出擊》（*The News Hour with Jim Lehrer*），以支持非營利的公共電視節目。

菲尼長期關心政治入迷，無論旅行到哪裡都會閱讀《國際前鋒論壇報》（*International Herald Tribune*）、《經濟學人》（*Economists*）、《新聞週刊》（*Newsweek*），以及英國的《金融時報》、《衛報》、《泰晤士報》，他強烈反對伊拉克戰爭，也反對二〇〇四年美國總統布希連任。二〇〇三年，就在美國領導的聯合軍隊入侵伊拉克前夕，他在倫敦加入了英國「反戰聯盟」（Stop the War Coalition）所發行起的大規模抗議活動，默默跟著示威人群從梅菲爾區走到海德公園（Hyde Park）。

現在讓他擔心的，就是我們錢花得不夠快

將基金會逐漸結束的狀況很罕見，但仍有幾個先例可供「大西洋」借鏡。一手打造出席爾斯（Sears）這個連鎖百貨帝國的羅森瓦德（Julius Rosenwald），在一九三二年過世之前，花掉了他的六千三百萬美元財富（約合今天的七億美元），主要用來為非洲裔美國人在南方各州設立五千四百所學校；他的基金會董事會遵照他的遺願，在一九四八年花光他剩下的基金。羅森瓦德警告說，「我們眼前的需要太過清楚又太過急迫，讓我們無暇顧及未來的世代。」這是美國第一個刻意把基金用盡而結束的大型基金會。

而房地產商人戴蒙（Aaron Diamond）以三億美元所創立的基金會，則是在他死後由遺孀艾琳（Irene）創立了全美國最大的私立愛滋病研究機構，並於一九八七至九六年將基金用盡。其前任執行董事麥基（Vincent McGee）曾說，這個基金會的想法就是找出能形成重大影響的事情，然後持續堅守，而非把錢浪費在一個巨大的官僚組織裡。他說，危險在於「所有基金會都很容易變得愈來愈傲慢，且智力上愈來愈退化」。

另外一個例子是資產超過四億美元的「戈德曼夫婦基金」（Richard and Rhonda Goldman Fund），其捐款水準已經提高到每年一〇%，以期在戈德曼先生死後十年內能結束營運（戈德曼太太已經死於一九九六年）。戈德曼告訴國家廣播公司電視網，各基金會應該別再老擔心自己會像恐龍般滅絕，而應該把焦點集中在自己今天能做的善事。

「我很確定我們將會關門，」希利說，他在擔任執行長六年後，於二〇〇七年四月退休。「看起來查克是愈來愈不可能改變心意了。我也看不出現在的董事會有可能不忠於他的願望，何況他們大體上都很支持要把錢用光的想法。」

菲尼自己則覺得愈來愈迫切，也不時有懷疑。「我不知道十年或十二年後，我是不是還活著。」他說。「我想在我們手中，是不可能把錢花光的，因為你認真想想，你不可能給掉大筆捐款，除非是用來蓋房子之類的實體捐助。我們在全世界漫遊，想找出機會——問題是我們找到了不錯的機會，但全都太小了。而且每回看到計畫拖延，我就覺得很挫折。」

「現在讓他擔心的，就是我們花錢花得不夠快。」若茲說。他不太相信菲尼或董事會願意「把整家店賭在任何單一計畫上」。不過，的確是有機會做一些大型計畫。菲尼說，「賭大的沒有什麼錯，只要賭的目標夠好。」

「大西洋」的新策略並不禁止菲尼自己去找更多計畫。但當初把錢花光的決定，也同時附帶必須事先編製預算的條件，而不是等到年終，才把這一年所有答應捐出的金額加總起來。希利覺得，面對菲尼對新計畫的熱情，同時又要循序漸進讓基金會結束，他的任務就是要在兩者之間做權衡。於是他加進了第五個計畫：「創辦董事長計畫」，讓菲尼在之前的四個策略領域之外，還有一筆錢可以從事開創性的慈善事業。

在二〇〇四年，這筆專為創辦董事長保留的款項約為三千五百萬美元。如果他需要更多，只要理由適當，就可以撥出更多。事實上，二〇〇四年在菲尼個人的建議下，又經過董事會同意，他捐了五筆款項，總額為四千一百萬美元。

董事們從來沒忘記那些錢原來「是菲尼的」這個事實，儘管他已經把錢轉給了基金會，無法收回。二〇〇五年初在百慕達舉行的一場董事會中，仍然擔任董事的戴爾說，「我相信這一點我可以代表董事會發言，據我的了解，如果查克想花更多，或者答應捐款的額度超過三千五百萬美元，我們也應該接受，考慮相關提案。」大家都贊同他的想法。

但戴爾認為，他們所面對的問題，不光是找到好機會把錢捐出去，還要管理一個可預測的投資組合。「如果組合裡的收益真的很高，比一〇%還高很多，然後到了最後一年，突然間你有了一百億美元，那一年得全部花光，那就太荒謬了。或者你的投資組合表現不好，碰到時機很差，結果還沒到預定的時間，你的錢就花光了。同時，基金會的員工也沒辦法訂出預算，因為波動太大了。」

矛盾的是，正當基金會內部在討論要不要把錢花光時，基金總值持續增加的速度，卻比花掉還快。到了二〇〇七年初，「大西洋慈善事業」新的執行長拉馬謝（Gara LaMarche）上任時，基金總值已經達到四十億美元——儘管他們歷年捐贈的累積總額，已經從二〇〇二年的二十五億成長到此時的四十億美元。

五十二歲的拉馬謝是人權倡導者，也是「開放社會研究協會」美國計畫（U.S. Programs of the Open Society Institute）的董事，在二〇一六年之前，他有整整九年可以運作「大西洋」的捐款工作。但因為還有五億的資產綁在世界各地的飯店、度假村、健身中心、零售商上頭，使得他的任務更加複雜。

提著塑膠購物袋走出去，「我退出了！」

就像一艘大船，「大西洋慈善事業」要轉彎時特別慢。他們的捐款從二〇〇〇年五億九千五百萬美元的高點，降到了二〇〇五年的兩億八千九百萬。菲尼的創業本能頗受挫折。他認為如果要在指定年限內達成他「生前捐贈」的目標，每年捐贈金額就一定要增加到三億五千萬美元左右。到了二〇〇六年底，一切開始進入軌道，這一年承諾的捐贈超過了四億五千萬美元。

為了要促使基金會循序漸進把錢用盡，同時也避免其投資如希利所說的「挖到某些特別肥的金礦，製造出更大筆的現金」，在二〇〇五年，「大西洋慈善事業」將大約半數的流動資產都歸入絕對回報策略（absolute return strategies），這種策略要求投資組合不受公開市場大盤的波動影響，在任何經濟情況下都能表現良好。這在大型慈善事業中，是一個開創性的舉動。

「大西洋慈善事業」配置在「國家」這邊的資產，是由「通用大西洋集團」及其子公司「泛太平洋」持有，而且從一九九〇年代中期開始有所進展。對菲尼來說，要割捨其中的某些部分，有時是個痛苦的過程。這些資產從來不是專屬於他個人的，而是屬於「人民」的，他只是介入並奉獻自己的一些心力。

一個同事說，他把這些企業當成一個福利國家來經營。最傷心的一樁，就是賣掉愛爾蘭李默瑞克的特洛伊城堡公園飯店。菲尼當年親自監督這家飯店的設計與建造，一手呵護度過營運的初期階段。他把這家飯店當成與親友相聚的地方，而且到了後來幾年，他在這裡特別放鬆而開心。

有回他帶了一百名「通用大西洋集團」的員工和家人來這邊度週末，樂隊開始演奏時，菲尼和其他主管們穿著四角短褲出現，跳了一整段舞。一九九八年，他安排聖母升天中學當年的一百五十四名同學，到愛爾蘭旅行，舉行四六、四七、四八年畢業班的同學會。很多校友一輩子住在美國，還是生平第一次去申請護照。每個人只要付一千美金，從紐約甘迺迪機場到愛爾蘭夏農機場的來回機票，以及在飯店一星期的住宿全包括在內。其他的都由菲尼提供，包括三輛巴士把他們從機場接到飯店。到了飯店，一個穿著傳統愛爾蘭傳服裝的風笛手帶著他們走進大廳。這些校友絕大部分都是愛爾蘭裔，很多人感動得掉淚。

「這是我們畢生最棒的一星期，」菲尼的童年好友寇根說。「查理從來沒有離棄他的根。這些都是他最真誠、最實在的朋友。」

菲尼在二〇〇三年六月又開了一次同學會，不過參加的人少了，因為已經有些人因歲月而凋零。二〇〇四年七月十六日，飯店預定要另找買主脫手前的最後一個星期，菲尼找了世界各地「大西洋慈善事業」和「通用大西洋集團」的員工和家人來，紀念他和這個自己深愛的飯店告別。這位平常最省儉的慈善家，在這個紀念會上提供香檳給他的客人——其中包括許多他在李默瑞克交到的朋友，比方華許、歐瑞根，還有隱修士賀德曼。

到了二〇〇四年八月，菲尼在愛爾蘭的投資全部出清了，包括都柏林的「祖業屋」、克爾特南飯店（Kilternan Hotel），黑岩鎮（Blackrock）的貿易管理協會大樓，還有特洛伊城堡公園飯店。所有的資產都獲利豐厚：拜「凱爾特之虎」的經濟起飛所賜（菲尼對此也有所貢獻），這些房地產的價格大漲。

要把「泛太平洋」收掉比較複雜。到了一九九〇年代末期，其員工已經超過兩千人，每年營業額超過三億五千萬美元，持有的各種投資估計達六億五千萬美元。之前引起菲尼和DFS合夥人決裂的「夏威夷零售集團」，到二〇〇三年一月時不是收掉就是賣掉了。菲尼在檀香山喜來登飯店租了一個會議廳，為員工舉行了一場宴會。到了二〇〇七年初，還沒賣掉的包括塞班島的「太平洋島嶼俱樂部度假村」、澳洲的「可人灣島嶼度假村」和「逃亡灣運動超級中心」，以及美國的「西方運動俱樂部」。

「沒有跳樓大拍賣這回事，」菲尼說，不考慮要賤價出售。「我們會在價錢上漲時賣掉。」而「泛太平洋」也仍持有普吉島「拉古納海灘度假村」的半數股權，他和賀爾佳旅行途中，有時會去那邊休息幾天。二〇〇四年十二月二十六日南亞海嘯時，他們就在那兒。「當時賀爾佳和我正在接受雙人按摩，」他說。「我們聽到眾人尖叫，看到員工眼中的驚惶，他們喊著，『快出去！』」飯店逃過一劫，只有輕微損失。儘管觀光業衰退，但菲尼向員工保證不會裁員。

二〇〇五年一月，菲尼卸下了「通用大西洋集團」的董事長位置，交棒給溫哲，另外由吉米・道尼擔任副董事長，而奧克思利、戴爾、祖爾擔任董事。此時「大西洋慈善事業」旗下的企業已經縮小到只占總資產的一〇%出頭，剛好是二十年前「教堂」與「國家」為一比十比例的顛倒。

「在舊金山開完會，查克提著他的塑膠購物袋走出去說，『好吧，我退出了！』」溫哲如此描述菲尼擔任董事的最後一天。「不過這一切都是查克的，我從來沒忘記這點。如果我們有任何策略性舉動，最後還是要由他拍板決定。」

第34章
午餐之前，把樹種好

無論任何時候，都很難確知菲尼幾星期之後會在哪裡。他不斷在移動。二○○六年一月，在他舊金山的小公寓裡，他談到，「我剛剛才算過：這是我們兩個人這輩子頭一回在同一個定點待滿三個月。」但他和賀爾佳很快就又要上路長征，到紐約、都柏林、倫敦、布里斯班——在那裡要慶祝他的七十五歲生日——接著到曼谷、胡志明市、巴黎，然後回到舊金山。

有回被問到他的家在哪裡，他回答，「心在哪裡，家就在哪裡。」然後誠懇地補充。「還有，我的書放在哪裡，家就在哪裡。不管我去到哪裡，總會有我的書。」另一回他解釋，「我已經得到全世界最棒的一切了。每個地方都有魅力。但我現在考慮的是方便，還有能讀到好報紙的地方。」

如果家就是你繳交個人所得稅的地方，那麼菲尼住在美國。事實上，他沒有真正住在哪裡。他和賀爾佳沒有永久的住家——只有基金會在不同城市所租的小公寓，公寓的餐具櫃上也沒有各種炫耀他成功一生的獎盃，不過倒是有一堆堆的書和報紙。他也當然並不嚮往住在豪宅裡。「如果住在八千平方呎的家，我不會覺得自在的，」他說。「裡頭什麼人都沒有。」

他永遠都不停歇。查克和賀爾佳幾乎就住在三萬呎的高空上。而且他們搭經濟艙，旅程中常常坐在飛機後方的座位上超過十小時。他宣稱這是因為要省錢。「搭商務艙又不能讓我早一點到達目的地，所以坐哪裡還不是一樣。」他又補充說，儘管他考慮過要搭商務艙，但他實在不認為多花那些錢是正當的。「很多人攻擊我說，我只是想占用兩個經濟艙座位，躺在上頭罷了。」他開玩笑說。

或許潛意識中，他感覺搭商務艙就背棄了他藍領階級的出身。或許他比較喜歡跟搭經濟艙的人為伍。或許他感覺自己**沒資格**。不論原因是什麼，這是他堅持的原則之一，朋友和親人再怎麼懇求也不能改變。二〇〇四年，有回他們要從巴黎飛到古巴，航程十一個小時，他女兒茱麗葉和女婿提姆西特（Jean Timsit）被升等到商務艙，茱麗葉還記得她如何懇求父親換過去。當時查克和賀爾佳坐在經濟艙裡，「跟平常一樣提著三個塑膠袋，裡面裝滿了書和報紙。」茱麗葉說。但查克回答，「不，不，不。那是你們幸運抽中的。」

「大西洋」董事會也擔心這對夫婦長時間坐在狹窄的座位上，身體會吃不消，也懇求過菲尼改搭商務艙，但截至二〇〇七年，他還是堅持搭最便宜的座位。他不會要求他的經理人做出同樣的犧牲，某些人像大衛．史密斯，便有過很尷尬的經驗，他搭頭等艙而優先登機時，經過了正在排隊的菲尼面前，看著他拖著他那個新秀麗的滑輪小行李箱，提著一塑膠袋的報紙。

麥可瑞和米契爾有回要搭商務艙飛到百慕達參加董事會，在巴黎機場遇到查克，說服他至少跟他們一起進入商務艙休息室。但接待員不想讓他進去。最後她說，「他可以進去，但是什麼都不能吃。」但菲尼一進去，照樣喝了杯贈送的夏多內白葡萄酒。

喜歡賺錢，卻不喜歡擁有錢

「我從小就很節儉，不過我的節儉是討厭浪費，任何程度的都不行，」菲尼說。他向來穿成衣，戴便宜的塑膠手錶，老花眼鏡也是書店賣的那種便宜貨。「如果戴個十五元的手錶也照樣走得很準，那我又何必花大錢去買勞力士？」賀爾佳也跟他一樣生性節儉，這對夫婦買東西都喜歡挑特價品。

在地面上，菲尼總是搭巴士或計程車，而不是搭禮車。「我想不出有什麼理由，要找個人開著六門凱迪拉克載我，」他說。「計程車裡的座位也是一樣。而且走路說不定會讓你更長壽哩。」多年來菲尼每次要回新澤西州探望家人，都是從紐約搭火車。他外甥有回告訴杜懷爾，他去伊麗莎白火車站接菲尼時的狀況，「查克舅舅就站在火車月台上等，旁邊一堆毒蟲和妓女。」他的姊夫費茲派區求他，「查克，你要小心點。夜裡搭巴士回紐約很危險。」可是也沒用。

菲尼總是避免出席那種表揚捐贈人的正式場合。「有些人參加這類互相抬舉的社交晚宴會很開心，但我實在不是那種人。」他現在沒有正式的禮服。有回他在都柏林穿了針織衫去參加一個正式晚宴，後來是有人告訴他這樣的打扮反而會引人注目，才說服他跟一名侍者借了領結和外套。

他拒絕要求他的員工去替他做任何私人的事情。「我的上司向來都會要我去替他們取乾洗衣服、去幫他們買午餐，諸如此類的。」「泛太平洋」舊金山辦事處的碧昂琪說。「可是他從來不會。他有回跟我提到他有乾洗好的衣服要去拿，我說，『查克，把取件單給我，我開車到市中心拿吧。』然後他說，『不，不，你如果能讓我搭便車去取，這樣就很感激了。』」他不認為在街上順手撿起垃圾去丟進垃圾桶，是很卑賤的事情。「如果每個人都撿垃圾，街上就不會有垃圾了。」他解釋。

雖然菲尼節儉成癖，但他並不刻薄或小氣。他喜歡送人很體貼的禮物，通常是他託愛爾蘭藝術家朋友基尼（Desmond Kinney）拍的照片。基尼和他的搭檔艾斯蒙拉達（Esmeralda）偶爾會和查克夫婦一起旅行。去餐廳吃飯，查克總是堅持要付帳。而且他一點也不隱遁，全世界各地都有朋友熟人會與他和賀爾佳共進午餐或晚餐，共飲白葡萄酒，席間充滿他的急智打趣和爽朗的笑聲。

他常常會找不同的朋友一起聚會，這些人的背景截然不同，唯一共同點就是都認識他，成為他的朋友。「於是藝術家、政治人物、創業家、公司經理人、大學校長、作家、律師，有時還有他自己的家人，全都任意混雜在一起。」他的朋友歐道得說。這位雜誌發行人回憶，他一九八〇年代曾多次到菲尼位於康乃迪克州的房子去度週末，他會碰到其他訪客，卻不曉得那些人在菲尼的人生中扮演什麼角色。「每回你聽到他的一些新鮮事，就發現他的人生原來有這麼不同的層次。」

在這些週末假期中，他也見識到菲尼可以節省到什麼地步，有天菲尼帶他走很遠的路到薩爾斯柏瑞的郵局，然後在角落一個箱子裡翻裡頭的舊雜誌。「接下來，這位億萬富豪就喊道：『太好了！』——找到了一本過期的《時代》週刊或什麼的。」「如果你看到一本雜誌有幾頁被撕掉，」菲尼自嘲道，「那就表示是我看過的。」他這個習慣是有用意的。這些撕下來的雜誌頁面，就是他的溝通工具。他常常會遞給朋友一張剪報，藉此表示他心中的某些想法。

他的人生充滿矛盾。他替家人買了好幾棟精緻的豪宅，自己卻不住在裡面。他過著簡樸的生活，但偶爾會去「泛太平洋」的五星級度假村待幾天。他曾是全世界最大的香菸零售商，但他卻厭惡抽菸。他販賣奢侈品，但卻從來不用路易威登手提包。他靠推銷高級消費品致富，卻不喜歡鼓吹人們消費的聖誕節。他人生中最大的矛盾，就是他和金錢的關係。他喜歡賺錢，卻不喜歡擁有錢。在事業早期，他從沒跟丹妮葉提過要致富：他的目標是在事業冒險上成功。「我喜歡那種追逐的快感。」菲尼說。以前財富是他衡量成功的指標。而現在他的指標，則是把財富捐出助人的速度和效率。

親近菲尼的人相信，他非常與眾不同，是個道地的美國人。大家公認他一點自負的成分都沒有。若茲堅持，菲尼「是真正了不起的聖人——不光是名義上的聖人而已」，而且那些遍布世界各地的大學校長，每天都該跪下「感謝上帝賜給他們查克」。華許認為，菲尼本質上是個本篤會隱修士。索溫將他比作聖方濟——會講多國語言，愛喝葡萄酒，而且把一切東西都送給窮人。威瑟坎培博士則相信，他真的「非常虔誠」。而曼恩的意見是，「他一生中讓幾百萬人的生活更美好，因而如果任何人臨死前可以說自己有菲尼百分之一的成就，那麼他就是個非常特別的人。」他的朋友史騰談到他的節儉說，「我覺得他瘋了，神經病，但這跟他的慈善行為很一致；我愛查克，他是個大好人。」

菲尼不認為自己是個虔誠的人，他也不常去做禮拜。他說，他會從事慈善，只不過是覺得自己的財富超過自己所需罷了。「我心中有個想法從未改變——你必須用你的財富去幫助他人。我盡量過著普通的生活，就像我小時候一樣。我想你成長的環境，會對你的性格造成影響。我在乎的是認真工作，而不是要致富。我父母認真工作，他們並沒有發財，但他們一向會留心有誰需要幫助。」這些感染了他嗎？「當然。」替菲尼工作已經長達二十年的蘇雪，也用類似的話解釋他的施與。「我想，那是源自他的父母。他們有助於造就他的特質。他把財富全部捐掉，是因為他成長的環境就是這樣。」

菲尼的五個子女在談話中表明，他們相信父親捐贈的行動，是基於某種感恩和慶祝。他們很厭惡有人問起他們的爸爸是哪裡不對勁，怎麼把錢全部捐掉，而不是留給自己子女。他們根本不覺得被剝奪了繼承權。「我們並不這麼想，」黛安說。「我們從來不想過什麼奢華的生活。我們沒一個人是那樣的。」他們不會繼承幾十億財產，但父親替他們設立了適度的信託基金，「有足夠的錢供應他們一生所需。」而且他們的母親也有豐厚的家產。當有人說他們很幸運能過著這樣的生活：有好幾處漂亮的家宅，又可以出國到處旅行，他們會回答，沒錯，他們很幸運，但真正幸運的是擁有這樣的父母。

「我們對爸媽非常尊重，」卡洛琳說。「我向來喜歡我爸媽。我以為這是理所當然的。後來我在紐約上學，才發現其他小孩都不喜歡自己的父母，覺得好震驚。我愛我的父母。」

要自己的子子孫孫花一輩子去處理龐大的財富，菲尼認為是不合理的。「從一開始我就覺得，這樣只會讓他們的人生受到局限，這些財富不是他們掙來的，我這麼做只是利用他們而已。」他說。他見識過某些家族基金會如何被子孫敗壞。「他真心相信財富會使人腐化，」祖爾說。「他相信財富會毀掉家庭和個人。」他明白「不是所有的子女都有相同的價值觀、興趣，或能力」，茱麗葉說。

說謝謝時都是真心的，但對於別人謝他卻簡直是憤慨

不過菲尼的確希望子女參與慈善工作。一九九〇年，他在百慕達設立了一個小小的家族慈善基金會，並於一九九一年與丹妮葉離婚時，在這個基金會存入了四千萬美元。這個基金會叫「法裔美國人

慈善信託」（French American Charitable Trust，簡稱ＦＡＣＴ），現在由黛安負責，每年捐款三百五十萬美元以推動社會平等，並積極勸說其他基金會捐出更多錢。這個基金會的董事包括五個子女、丹妮葉，以及百慕達「史特林管理公司」的瑪格麗特．荷恩和她的丈夫布魯斯（Bruce），還有家族財務顧問卡路比。二〇〇四年，董事會決定要在二〇二〇年捐完所有的錢，然後結束這個基金會。

菲尼的五個子女都各自過著獨立的生活。黛安住在紐約，負責ＦＡＣＴ的運作；派屈克在法國南部的學校教書；卡洛琳是演員，住在洛杉磯，已經演出過十八部電影；萊絲麗住在倫敦，經營一家手提包製作公司；茱麗葉則在巴黎從事室內設計，而且取得了法律學位。他們沒有富家子女的優越感，反倒繼承了父親搭商務艙會產生的那種罪惡感。黛安說，「以我的看法，他對於自己賺那麼多錢、人生這麼順利有罪惡感。所以他得設法贖罪。這一點也影響到我們。我想他覺得自己擁有這麼多財富，責任也就愈重大——而且他想改變這個世界。」

卡洛琳感覺他父親這麼積極想改善世界的種種不幸和問題，是因為他對他人的痛苦比較感同身受。每個人的人際關係，可依親疏分為數個不同的圈子，她解釋：第一圈是自己；第二圈是親密的家人和伴侶；第三圈是朋友知己；第四圈是認識的人；第五圈是鄰居；第六圈是更大的世界。如果有一則不幸的消息發生在更大的世界，一般人會覺得難過，「但對我爸來說，那卻像是發生在他的第一圈。」

「我父親博愛極了，因此世界現狀會讓他感到沮喪，」他女兒萊絲麗說。「他對人出奇地有同情心，這是源自於他的愛爾蘭天主教背景。他真的是那個時代的產物。我們必須了解戰時和戰後那些愛爾蘭裔美國人街坊，了解他們如何努力工作，如何彼此幫助。那是他生命中很大的一部分。他曾親眼看著他父母親在街上幫助他人。而且他始終有種頑皮的幽默感，讓人感覺他單純而親切。」

「一直到今天，我們對自己擁有的，都還有一點不自在。」派屈克說，他感覺他父親因為住在美國，而繼承了一種**新教徒**的罪惡感，因而會對奢華和財富感到不自在。「他有這種沉重的負擔。也多少感染了我們。一切向來都很嚴肅。這個世界是個沉重的地方，而不是個享樂的地方。」

對這五個子女來說，儘管父親老在旅行而不在家，後來又跟母親離了婚，但最重要的是，他始終努力想參與他們的生活。他有回專程從香港飛到洛杉磯，只為了到伍蘭岡（Woodland Hills）的一個小劇院，看卡洛琳在舞台劇《阿瑪迪斯》（*Amadeus*）中的演出，次日又飛回香港。

「事實上，我父親非常快樂，」卡洛琳說。「他過著他想要的生活。他喜歡讀他的書、看他的報紙、吸收最新消息，他喜歡來瓶好葡萄酒，他喜歡美食。他的子女和他重視的事物都圍繞著他。我想他其實比大部分人更能得到快樂。現在社會上衡量一個人的指標，就是累積或追求種種財富與快樂的象徵，比方登上雜誌封面，或是開著時髦汽車。但我父親自有定見，他知道什麼能帶給他快樂。」

只要曾跟菲尼一起旅行，就能輕易看出慈善事業能帶給他的快樂是什麼。當他走進一所醫院——現在步伐比較小了，因為他的膝蓋有毛病——看到早產兒在運作正常的保溫箱裡；當他看著眼科醫生幫助一名農民恢復視力；當他看到醫院中數量增加到三倍的乾淨病房；或者當他走進學習中心，看到貧困兒童在使用電腦，這些時候，他就會喜悅得滿臉笑容。他施與行動的額外紅利，就是看到人們使用他協助建造的建築物，所帶給他的滿足感。他可能會走進一所圖書館，只為了看看學生們在裡頭用功。「我會坐在那兒，拿起一本雜誌來讀。」他說。朋友取笑說，他這麼做是因為那是免費的。

歷史上重要的企業家與慈善家中，菲尼顯得特別突出，原因有幾個。他白手起家，建立了龐大的財富，然後就在顛峰狀態之際，一口氣將財富轉移到他的慈善基金會，而且無法更改。他不光是建立了全世界最大且最成功的慈善事業之一，還常常獨自探索各國，尋找需要幫助的機構和人，然後就像他喜歡說的，去「踢踢輪胎」，實地視察狀況。

他把他的創業眼光帶入他有興趣的慈善事業中，協助各組織能自力更生。他以槓桿手段操作他的錢和人情，在全世界各地建立起人才網絡，讓他們彼此互助。他對他的受贈人表現出最大的尊重。他會去找他們，從來不曾要求別人來找他。他說謝謝時都是真心的，但對於別人謝他卻簡直是憤慨。他堅持，值得感激的是那些善加利用金錢的工作人員。

他的慈善事業模式非常獨特，因為結合了以下種種特質：規模大、位於海外、行動自由、靈活度高、匿名捐贈、壽命有限、願意押大賭注，而且造成全球性的影響。這是新世紀的慈善事業里程碑。菲尼不但建立了一個好的基金會，而且是偉大的基金會，擁有「第五級領導」（Level 5 Leadership）的特質。他鼓吹大膽解決問題、而非永續經營，完全不同於那些小氣富翁，以及每年只施捨一點小錢的基金會。「財富帶來責任，」菲尼說。「人們必須決定，自己是否有義務利用自己的部分財富，去改善其他人的生活，而不是為子孫後代製造問題。」

「有錢人怎麼用自己的錢，要看他們自己，」菲尼說。「我可不想逼任何有錢人接受我的想法——他可以把錢全部留著，或者全部花掉。如果他買大遊艇買得心安理得，那好，加油。」但儘管他非常不願意公開做這樣的表示，他確實深信富人應該及早行動，趁自己還充滿精力和幹勁時，就開始施與。如果他們致力於施與，參與得夠深，他們就會看到更多行善的機會。「等到你超過六十五歲才要展開捐贈計畫，那會有很多工作要做。如果你想要捐贈，那最好考慮趁自己活著就去做，因為比起死後才捐，你會得到更多滿足感。何況，生前捐贈也有趣多了。」

當他被要求再解釋得詳細點時，他一如慣例，拿出一張剪報，上頭是關於不快樂的美國億萬富翁的報導，結尾提到狄更斯的小說《小氣財神》（*A Christmas Carol*）裡的主角史古基驚訝地發現，把錢捐贈出去，是人生中最值得喜悅的行為。「看這篇吧。」他命令道。

菲尼的「生前捐贈」，已經超越了他在慈善公益方面的偶像卡內基——卡內基在一九一九年過世前，捐掉了三億五千萬美元，根據《紐約時報》的估計，約莫等於二〇〇〇年的三十億。

財富不能改變你，只會揭露你的眞面目

四分之一個世紀以來，「大西洋慈善事業」已經捐款超過四十億美元，其中超過二十億是捐給美國的機構和個人，超過十億是捐給愛爾蘭島，另外捐給澳洲和越南各兩億多，使得菲尼成為這些國家（截至目前為止）最大的私人外國捐款人。他的捐贈也對南非有重大的影響，此外英國、泰國、古巴、百慕達也是他慈善公益的受惠國家。

矛盾的是，在一個飽受貧困和疾病折磨的世界裡，慈善家今天所面對一大問題，就是找到金錢可以發揮作用的行善對象。「花錢不是問題，但要花得有意義，那就是個大問題了。」菲尼說。「大西

洋」如果想完成既定壽命的目標，平均每天就得花掉一百萬美元。為了說明這點，若茲在二〇〇六年的一場內部研討會中告訴員工一個故事：有個將軍命令一位中士去種一棵樹。那名中士說樹要一百年後才會長大。「那就在午餐之前種好，」那名將軍說。「一刻也不能耽誤。」

查克．菲尼領先他的時代。藉著捐掉自己的財富，親自監督這些錢做了最妥善的利用，並決定「大西洋慈善事業」應該把錢花光，他確保了自己遺留給世人的，將會是「生前捐贈」的典範。

「生前捐贈」最近也贏得了重要的鼓吹者。《富比士》排行榜上的當今首富、微軟創辦人比爾．蓋茲（Bill Gates），以及他的太太梅琳達（Melinda）決定專心經營蓋茲夫婦基金會（Bill & Melinda Gates Foundation），這是有史以來最大的基金會。二〇〇六年，名列《富比士》富豪榜第二名的投資家巴菲特（Warren Buffet）宣布，要將三百一十億美元的財富交給該基金會。蓋茲夫婦和巴菲特這三位基金會的受託管理人已經決定，最後一人死去後的五十年內，基金會將花光所有的資產，以便致力全球的健康、教育、經濟發展，而且「盡可能做更多，愈快愈好」。

「全世界有史以來最健康、最富有的世代，現在已經進入了慈善事業的黃金時段。」提爾尼說。「把基金會資產花光，已經成了新的趨勢。愈來愈多基金會成立，我們看得出有更多人朝向『生前捐贈』的方向努力：創辦人認為他們自己行善，可以得到更好的結果。查克是這個領域的先驅，人們都在尋找榜樣。」

全球各地——在美國、歐洲、亞太地區、澳洲、非洲——有數不清的人，他們的視力能恢復、身體能康復、或者能保住一條命，都該感激查克．菲尼，因為他在癌症和其他醫學研究上的資助，以及捐款設立心臟科醫療中心及眼科醫院，才能讓這些領域有所改善。數十個衛生、兒童、老年、人權組織能持續運作，都是靠菲尼的財富所協助的計畫。在世界各地，有數十萬名學生每天有部分的時間，都是待在菲尼所資助興建的學校大樓、運動館、或宿舍裡。其中許多人能進入該校就讀，是因為菲尼提供他們獎學金。

菲尼實踐了卡內基的忠告：富人應該「樹立謙遜的典範，生活不奢華，避免炫耀或鋪張」。他這麼做的原因，可能是因為他對應享權利的態度。他似乎從不認為，自己有資格享受那些隨富有而來的事物。他避開了財富的外在裝飾，也就免去了富人自以為比他人優越的那種誘惑。

他不時會顯露出認為自己無論如何不配有種種成就的感覺。「我本來不應該接受常春藤大學教育的，」有回他說。「我實在沒資格；住我們那一帶的人都去上聖母升天高中，而不是康乃爾。」他貶低自己賺錢的天賦，只說，「我們得到太多幸運，其實我們不配。」

就在他首度登上《富比士》富豪榜之後不久，一名從小也在伊麗莎白鎮長大的記者德拉札若（Boddy de Lazaro）在《伊麗莎白日報》的專欄上登了一篇文章，回憶菲尼童年歲月的點點滴滴。文章的結語說，菲尼成為億萬富翁的成就，「對一個兜售海灘傘和三明治的伊麗莎白小孩來說，還真是不賴。」菲尼寫信給德拉札若，說這篇文章給他的滿足感勝過《商業週刊》（*Business Week*）的封面報導。「我們在艾莫拉長大的小孩應該要團結起來。」他寫道。

「有一句東方諺語說，」查克補充道。「財富不能改變你，只會揭露你的真面目。我猜想在我的面具之下，是一個戴著棒球帽的艾莫拉男孩。」

國家圖書館出版品預行編目（CIP）資料

天堂裡用不到錢 : 查克 . 菲尼人生故事：一場散盡家財的神祕布局 / 康納 . 歐克勒瑞 (Conor O'Clery) 著 ; 尤傳莉譯 . -- 二版 . -- 臺北市 : 早安財經文化 , 2016.7
面； 公分 . --(早安財經講堂 ; 64)
譯自： The billionaire who wasn't : how chuck feeney secretly made and gave away a fortune
ISBN 978-986-6613-69-2 (平裝)

1. 菲尼 (Feeney, Chuck, 1931-) 2. 企業家 3. 傳記 4. 公益事業 5. 美國

785.28 103026274

早安財經講堂 64

天堂裡用不到錢

查克・菲尼人生故事：一場散盡家財的神祕布局

The Billionaire Who Wasn't

How Chuck Feeney Secretly Made and Gave Away a Fortune

作　　者：康納・歐克勒瑞 Conor O'Clery
譯　　者：尤傳莉
編 輯 協 力：傅月庵、呂佳真
封 面 設 計：Bert.design
責 任 編 輯：夏君佩、劉詢
行 銷 企 畫：陳威豪、游荏涵

發　行　人：沈雲驄
發行人特助：戴志靜、黃靜怡
出 版 發 行：早安財經文化有限公司
台北市郵政 30-178 號信箱
電話：(02) 2368-6840　傳真：(02) 2368-7115
早安財經網站：http://www.morningnet.com.tw
早安財經部落格：http://blog.udn.com/gmpress
早安財經粉絲專頁：http://www.facebook.com/gmpress

郵撥帳號：19708033　戶名：早安財經文化有限公司
讀者服務專線：(02) 2368-6840　服務時間：週一至週五 10:00~18:00
24 小時傳真服務：(02) 2368-7115
讀者服務信箱：service@morningnet.com.tw

總　經　銷：大和書報圖書股份有限公司
電話：(02) 8990-2588
製 版 印 刷：中原造像股份有限公司
二 版 1 刷：2016 年 7 月
二 版 5 刷：2019 年 11 月

定　　價：380 元
I S B N：978-986-6613-69-2（平裝）